中国能源统计年鉴

CHINA ENERGY STATISTICAL YEARBOOK

2020

国家统计局能源统计司 编

Compiled by
Department of Energy Statistics,
National Bureau of Statistics

图书在版编目（CIP）数据

中国能源统计年鉴. 2020：汉英对照 / 国家统计局能源统计司编. -- 北京 : 中国统计出版社, 2021.1
ISBN 978-7-5037-9460-5

Ⅰ. ①中… Ⅱ. ①国… Ⅲ. ①能源经济－经济统计－中国－2020－年鉴－汉、英 Ⅳ. ①F426.2-54

中国版本图书馆 CIP 数据核字(2021)第 026638 号

中国能源统计年鉴 2020

作　　者／国家统计局能源统计司
责任编辑／许立舫
装帧设计／李雪燕
出版发行／中国统计出版社
通信地址／北京市丰台区西三环南路甲 6 号　邮政编码/100073
电　　话／邮购（010）63376909　书店（010）68783171
网　　址／http://www.zgtjcbs.com
印　　刷／河北鑫兆源印刷有限公司
经　　销／新华书店
开　　本／880 × 1230mm　1/16
字　　数／726 千字
印　　张／23.25
版　　别／2021 年 1 月第 1 版
版　　次／2021 年 1 月第 1 次印刷
定　　价／298.00 元

如有印装差错，由本社发行部调换。

《中国能源统计年鉴2020》

编辑出版人员

顾　　　问： 宁吉喆　鲜祖德

总　编　辑： 刘文华

副总编辑： 王晓辉　于新华

编　　　委：（以姓氏笔画为序）

马　帅　安新莉　张　剑　张　展　赵　倩

编辑部主任： 张　展

编辑人员：（以姓氏笔画为序）

马　帅　王庆一　王依樊　宁颖丹　曲　莹　任宝莹
齐云晴　安新莉　孙如皎　李　蓓　杨　开　杨　筱
杨宜茜　张　刚　张　剑　张　展　张　聪　张　璐
武　斌　赵　倩　胡　卫　俞圣杰　高　镇　谢　欣
蔺文亭

China Energy Statistical Yearbook 2020
EDITORIAL BOARD AND STAFF

编 辑 说 明

一、《中国能源统计年鉴》是一部全面反映中国能源建设、生产、消费、供需平衡的权威性资料书，从 1986 年开始，由国家统计局工业交通统计司主编。2008 年版起，由国家统计局能源统计司主编，中国统计出版社出版，向国内外公开发行。

二、为满足广大读者对中国能源统计数据的需求，提高数据应用的时效性，从 2004 年起，《中国能源统计年鉴》由每两年出版一册改为每年出版一册。

三、《中国能源统计年鉴》共分为 7 个篇章：1.综合；2.能源建设；3.能源生产；4.能源消费；5.全国能源平衡表；6.地区能源平衡表；7.香港、澳门特别行政区能源数据；附录内容为台湾省及有关国家和地区能源数据、主要统计指标解释以及各种能源折标准煤参考系数。

四、本书大部分资料来源于国家统计局年度统计报表及《中国统计年鉴》。全国统计数字均未包括香港、澳门特别行政区和台湾省。能源平衡表核算范围不包括非商品能源，西藏自治区能源平衡表数据暂缺。

五、本书中，中国能源数据截止到 2019 年，世界和各国及地区能源数据截止到 2017 年。部分指标存在总计不等于分项之和情况，是数据四舍五入所致，未作机械调整。

六、符号使用说明：年鉴各表中“空格”表示该项统计指标数据不足本表最小位数、数据不详或无该项数据；“#”表示其中的主要项。

七、本书中，行业分类均采用 2017 年版最新行业分类标准。

PREFACE

China Energy Statistical Yearbook is an annual statistical publication, which covers very comprehensive data in energy construction, production, consumption, equilibrium of supply and demand in an all-round way, established in 1986, edited by Department of Industry and Transport Statistics, National Bureau of Statistics. 2008 annual is edited by Department of Energy Statistics, National Bureau of Statistics, published by China Statistics Press, to the domestic and international public publication.

In order to satisfy the masses of readers' demands for China energy statistics, improve the efficiency and timeliness of the data use, since 2004, *China Energy Statistical Yearbook* is published one volume every year instead of one volume every 2 years.

China Energy Statistical Yearbook consists of seven chapters: 1. General Survey; 2. Construction of Energy Industry; 3. Energy Production; 4. Energy Consumption; 5. Energy Balance Table of China; 6. Energy Balance Table by Region; 7. Energy data for Hong Kong and Macao Special Administrative Region. Additional information provided in the appendices include major energy data for Taiwan province, energy data for related countries or areas, explanatory notes of main statistical indicators and conversion factors from physical units to coal equivalent.

Annual statistical reports from the National Bureau of Statistics and the *China Statistical Yearbook* are the main data sources of this document. However, the national data in this book does not include that of the Hong Kong and Macao Special Administrative Region, the Taiwan province. Also, the data in the energy balance tables does not cover non-commercial energy. The Tibet energy balance data is unavailable yet.

The China energy data were by the year of 2019, energy data for the world and other countries or area were by the year of 2017.Statistical discrepancies on totals due to rounding are not adjusted in the yearbook.

Notations used in the yearbook: (blank space) indicates that the figure is not large enough to be measured with the smallest unit in the table, or data are unknown or are not available; " # "indicates a major breakdown of the total.

Classification for national standard of industry classification is implementing new version of 2017 except legal entities.

目　　录

CONTENTS

一、综合

Chapter 1　General Survey

二、能源建设

Chapter 2　Construction of Energy Industry

三、能源生产
Chapter 3　Energy Production

四、能源消费
Chapter 4 Energy Consumption

六、地区能源平衡表
Chapter 6 Energy Balance Table by Region

附录 1 台湾省能源数据
Appendix Ⅰ Energy Data For Taiwan Province

附录 2 有关国家和地区能源数据
Appendix Ⅱ Energy Data For Related Countries Or Areas

一、综　　合

Chapter 1　General Survey

1-1 能源生产、消费与国内生产总值增长速度

Growth Rate of Energy Production and Consumption Compared With Growth Rate of GDP

年 份 Year	国内生产总值增长速度(%) Growth Rate of GDP (%)	能源生产增长速度(%) Growth Rate of Energy Production	电力生产增长速度(%) Growth Rate of Electricity Production	能源消费增长速度(%) Growth Rate of Energy Consumption	电力消费增长速度(%) Growth Rate of Electricity Consumption	能源生产弹性系数 Elasticity Ratio of Energy Production	电力生产弹性系数 Elasticity Ratio of Electricity Production	能源消费弹性系数 Elasticity Ratio of Energy Consumption	电力消费弹性系数 Elasticity Ratio of Electricity Consumption
1980	7.8	-1.3	6.6	2.9	6.6		0.85	0.37	0.85
1981	5.1	-0.8	2.9	-1.4	3.0		0.57		0.59
1982	9.0	5.6	6.0	4.4	5.9	0.62	0.67	0.49	0.66
1983	10.8	6.7	7.2	6.4	7.3	0.62	0.67	0.59	0.68
1984	15.2	9.2	7.3	7.4	7.4	0.61	0.48	0.49	0.49
1985	13.4	9.9	8.9	8.1	9.0	0.74	0.66	0.60	0.67
1986	8.9	3.0	9.5	5.4	9.5	0.34	1.07	0.61	1.07
1987	11.7	3.6	10.6	7.2	10.6	0.31	0.91	0.62	0.91
1988	11.2	5.0	9.6	7.4	9.7	0.45	0.86	0.66	0.87
1989	4.2	6.1	7.3	4.2	7.3	1.45	1.74	1.00	1.74
1990	3.9	2.2	6.2	1.8	6.2	0.56	1.59	0.46	1.59
1991	9.3	0.9	9.1	5.1	9.2	0.10	0.98	0.55	0.99
1992	14.2	2.3	11.3	5.2	11.5	0.16	0.80	0.37	0.81
1993	13.9	3.6	15.3	6.3	11.0	0.26	1.10	0.45	0.79
1994	13.0	6.9	10.7	5.8	9.9	0.53	0.82	0.45	0.76
1995	11.0	8.7	8.6	6.9	8.2	0.79	0.78	0.63	0.75
1996	9.9	3.1	7.2	3.1	7.4	0.31	0.73	0.31	0.75
1997	9.2	0.3	5.1	0.5	4.8	0.03	0.55	0.05	0.52
1998	7.8	-2.7	2.7	0.2	2.8		0.35	0.03	0.36
1999	7.7	1.6	6.3	3.2	6.1	0.21	0.82	0.42	0.79
2000	8.5	5.0	9.4	4.5	9.5	0.59	1.11	0.53	1.12
2001	8.3	6.4	9.2	5.8	9.3	0.77	1.11	0.70	1.12
2002	9.1	6.0	11.7	9.0	11.8	0.66	1.29	0.99	1.30
2003	10.0	14.1	15.5	16.2	15.6	1.41	1.55	1.62	1.56
2004	10.1	15.6	15.3	16.8	15.4	1.54	1.51	1.66	1.52
2005	11.4	11.1	13.5	13.5	13.5	0.97	1.18	1.18	1.18
2006	12.7	6.9	14.6	9.6	14.6	0.54	1.15	0.76	1.15
2007	14.2	7.9	14.5	8.7	14.4	0.56	1.02	0.61	1.01
2008	9.7	5.0	5.6	2.9	5.6	0.52	0.58	0.30	0.58
2009	9.4	3.1	7.1	4.8	7.2	0.33	0.76	0.51	0.77
2010	10.6	9.1	13.3	7.3	13.2	0.86	1.25	0.69	1.25
2011	9.6	9.0	12.0	7.3	12.1	0.94	1.25	0.76	1.26
2012	7.9	3.2	5.8	3.9	5.9	0.41	0.73	0.49	0.75
2013	7.8	2.2	8.9	3.7	8.9	0.28	1.14	0.47	1.14
2014	7.4	1.0	6.7	2.7	6.7	0.14	0.91	0.36	0.91
2015	7.0	0.0	0.3	1.3	0.3		0.04	0.19	0.04
2016	6.8	-4.5	5.5	1.7	5.5		0.81	0.25	0.81
2017	6.9	3.7	7.7	3.2	7.7	0.54	1.12	0.46	1.12
2018	6.7	5.6	8.5	3.5	8.5	0.84	1.27	0.52	1.27
2019	6.0	4.9	4.7	3.3	4.7	0.82	0.78	0.55	0.78

注：国内生产总值增长速度按可比价格计算，能源生产和消费增长速度采用等价值总量计算。

Note: The growth rate of GDP are calculated at constant prices. The growth rates of energy production and consumption are calculated by coal equivalent.

1-2 国民经济和能源经济主要指标

指　　标	Item	2000	2001	2002	2003	2004
1.年底人口总数(万人)	1.Year-end Population (10^4 persons)	126743	127627	128453	129227	129988
城镇	Urban	45906	48064	50212	52376	54283
乡村	Rural	80837	79563	78241	76851	75705
2.国内生产总值(亿元)*	2.Gross Domestic Products (10^8 yuan)	100280	110863	121717	137422	161840
第一产业	Primary Industry	14717	15503	16190	16970	20904
第二产业	Secondary Industry	45664	49659	54104	62696	74285
工业	Industry	40259	43854	47775	55362	65775
建筑业	Construction	5534	5946	6482	7511	8721
第三产业	Tertiary Industry	39899	45701	51423	57756	66651
3.进出口总额(亿元)	3.Total Value of Exports and Imports (10^8 yuan)	39273	42184	51378	70484	95539
出口总额	Exports	20634	22024	26948	36288	49103
进口总额	Imports	18639	20159	24430	34196	46436
4.一次能源生产总量(发电煤耗计算法)** (万吨标准煤)	4.Total Primary Energy Production (coal equivalent calculation) (10^4 tce)	138570	147425	156277	178299	206108
一次能源生产总量(电热当量计算法)*** (万吨标准煤)	Total Primary Energy Production (calorific value calculation) (10^4 tce)	132384	139928	148450	170305	196418
5.能源消费总量(发电煤耗计算法)** (万吨标准煤)	5.Total Energy Consumption (coal equivalent calculation) (10^4 tce)	146964	155547	169577	197083	230281
能源消费总量(电热当量计算法)*** (万吨标准煤)	Total Energy Consumption (calorific value calculation) (10^4 tce)	140993	148264	161935	189269	220738

注： * 国内生产总值按当年价格计算。
** 发电煤耗计算法是指电力按当年平均火力发电煤耗换算成标准煤(下表同)。
*** 电热当量计算法是指电力按自身的热功当量换算成标准煤。采用的折标系数为1万千瓦时=1.229吨标准煤(下表同)。

Main Indicators of National Economy and Energy Economy

2005	2006	2007	2008	2009	2010	2011	2012	2013	2014	2015	2016	2017	2018	2019
130756	131448	132129	132802	133450	134091	134735	135404	136072	136782	137462	138271	139008	139538	140005
56212	58288	60633	62403	64512	66978	69079	71182	73111	74916	77116	79298	81347	83137	84843
74544	73160	71496	70399	68938	67113	65656	64222	62961	61866	60346	58973	57661	56401	55162
187319	219439	270092	319245	348518	412119	487940	538580	592963	643563	688858	746395	832036	919281	986515
21807	23317	27674	32464	33584	38431	44782	49085	53028	55626	57775	60139	62100	64745	70474
88082	104359	126631	149953	160169	191627	227035	244639	261952	277283	281339	295428	331581	364835	380671
77958	92236	111691	131724	138093	165123	195139	208901	222333	233197	234969	245406	275119	301089	311859
10401	12450	15348	18808	22682	27259	32927	36896	40897	45402	47761	51499	57906	65493	70648
77430	91762	115788	136828	154765	182062	216124	244856	277984	310654	349745	390828	438356	489701	535371
116922	140974	166864	179921	150648	201722	236402	244160	258169	264242	245503	243386	278099	305008	315627
62648	77597	93564	100395	82030	107023	123241	129359	137131	143884	141167	138419	153309	164128	172374
54274	63377	73300	79527	68618	94699	113161	114801	121038	120358	104336	104967	124790	140880	143254
229037	244763	264173	277419	286092	312125	340178	351041	358784	362212	362193	345954	358867	378859	397317
218355	233269	251772	262992	271067	294807	323045	330203	336452	336314	334162	315217	325917	342312	357130
261369	286467	311442	320611	336126	360648	387043	402138	416913	428334	434113	441492	455827	471925	487488
250835	275134	299271	306455	321336	343601	370163	381515	394794	402649	406312	410984	423108	435649	447597

Note: * GDP is calculated at current prices.

** Electricity is converted to TCE by average quantity of fuel used for power generation (The same as in the following tables).

*** Electricity is converted to TCE by 10^4 kW·h=1.229TCE (The same as in the following tables).

1-3 万元国内生产总值能源消费量 Energy Intensity by GDP

年 份 Year	万元国内生产总值能源消费量 (吨标准煤/万元) Total (tce/10^4 yuan)	万元国内生产总值煤炭消费量 (吨/万元) Coal (ton/10^4 yuan)	万元国内生产总值焦炭消费量 (吨/万元) Coke (ton/10^4 yuan)	万元国内生产总值石油消费量 (吨/万元) Petroleum (ton/10^4 yuan)	万元国内生产总值原油消费量 (吨/万元) Crude Oil (ton/10^4 yuan)	万元国内生产总值燃料油消费量 (吨/万元) Fuel Oil (ton/10^4 yuan)	万元国内生产总值电力消费量 (万千瓦小时/万元) Electricity (10^4 kW·h/10^4 yuan)
	国内生产总值按1980年可比价格计算 GDP is calculated at 1980 constant price						
1980	13.14	13.30	0.94	1.91	2.01	0.67	0.66
1981	12.33	12.56	0.81	1.93	1.81	0.59	0.64
1982	11.81	12.20	0.76	1.56	1.65	0.53	0.62
1983	11.34	11.80	0.71	1.44	1.56	0.49	0.60
1984	10.57	11.18	0.66	1.29	1.37	0.43	0.56
1985	10.08	10.72	0.62	1.21	1.25	0.37	0.54
1986	9.75	10.38	0.63	1.17	1.23	0.36	0.54
1987	9.36	10.03	0.62	1.11	1.15	0.34	0.54
1988	9.03	9.65	0.59	1.08	1.09	0.31	0.53
1989	9.04	9.64	0.59	1.08	1.08	0.32	0.55
1990	8.85	9.47	0.62	1.03	1.06	0.30	0.56
	国内生产总值按1990年可比价格计算 GDP is calculated at 1990 constant price						
1990	5.23	5.59	0.37	0.61	0.62	0.18	0.33
1991	5.03	5.36	0.35	0.60	0.60	0.17	0.33
1992	4.63	4.84	0.33	0.57	0.56	0.15	0.32
1993	4.32	4.51	0.33	0.55	0.52	0.14	0.31
1994	4.05	4.24	0.30	0.49	0.46	0.12	0.31
1995	3.90	4.09	0.32	0.48	0.44	0.11	0.30
1996	3.66	3.79	0.32	0.48	0.43	0.10	0.29
1997	3.36	3.41	0.27	0.48	0.43	0.09	0.28
1998	3.13	3.10	0.26	0.45	0.40	0.09	0.27
1999	3.00	2.97	0.23	0.45	0.40	0.08	0.26
2000	2.89	2.67	0.21	0.44	0.42	0.08	0.26
	国内生产总值按2000年可比价格计算 GDP is calculated at 2000 constant price						
2000	1.47	1.35	0.11	0.22	0.21	0.04	0.13
2001	1.43	1.32	0.11	0.21	0.20	0.04	0.14
2002	1.43	1.30	0.11	0.21	0.19	0.03	0.14
2003	1.51	1.41	0.12	0.21	0.19	0.03	0.15
2004	1.60	1.48	0.13	0.22	0.20	0.03	0.15
2005	1.63	1.52	0.16	0.20	0.19	0.03	0.16
	国内生产总值按2005年可比价格计算 GDP is calculated at 2005 constant price						
2005	1.40	1.30	0.13	0.17	0.16	0.02	0.13
2006	1.36	1.28	0.13	0.17	0.15	0.02	0.14
2007	1.29	1.20	0.13	0.15	0.14	0.02	0.14
2008	1.21	1.14	0.12	0.14	0.13	0.01	0.13
2009	1.16	1.12	0.13	0.13	0.13	0.01	0.13
2010	1.13	1.09	0.12	0.14	0.13	0.01	0.13
	国内生产总值按2010年可比价格计算 GDP is calculated at 2010 constant price						
2010	0.88	0.85	0.09	0.11	0.10	0.01	0.10
2011	0.86	0.86	0.09	0.10	0.10	0.01	0.10
2012	0.83	0.85	0.09	0.10	0.10	0.01	0.10
2013	0.79	0.81	0.09	0.10	0.09	0.01	0.10
2014	0.76	0.73	0.08	0.09	0.09	0.01	0.10
2015	0.72	0.66	0.07	0.09	0.09	0.01	0.10
	国内生产总值按2015年可比价格计算 GDP is calculated at 2015 constant price						
2015	0.63	0.58	0.06	0.08	0.08	0.01	0.08
2016	0.60	0.53	0.06	0.08	0.08	0.01	0.08
2017	0.58	0.50	0.06	0.08	0.08	0.01	0.08
2018	0.56	0.47	0.05	0.07	0.07	0.01	0.09
2019	0.55	0.45	0.05	0.07	0.08	0.01	0.08

1-4 能源加工转换效率
Efficiency of Energy Transformation

单位：% (%)

年 份 Year	总效率 Total Efficiency	发电及供热 Power Generation and Heating	炼 焦 Coking	炼油及煤制油 Petroleum Refining and Coal-to-liquids
1980	69.5	36.0	88.7	99.0
1981	69.3	36.7	90.9	99.1
1982	69.2	36.8	90.5	99.1
1983	69.9	36.9	91.2	99.2
1984	69.2	37.0	90.1	99.2
1985	68.3	36.9	90.8	99.1
1986	68.3	36.7	90.6	99.0
1987	67.5	36.8	90.5	98.8
1988	66.5	36.3	90.8	98.8
1989	66.5	36.7	90.3	98.6
1990	66.5	37.3	91.3	90.2
1991	65.9	37.6	89.9	98.1
1992	66.0	37.8	92.7	96.8
1993	67.3	39.9	98.1	98.5
1994	65.2	39.4	89.6	97.5
1995	71.1	37.3	92.0	97.7
1996	70.2	36.6	94.1	97.5
1997	69.8	35.9	94.0	97.4
1998	69.3	37.1	95.0	96.4
1999	69.3	37.0	96.1	97.5
2000	69.4	37.8	96.2	97.3
2001	69.7	38.2	96.5	97.6
2002	69.0	38.7	96.6	96.7
2003	69.4	38.5	96.1	96.4
2004	70.6	38.6	97.1	96.5
2005	71.1	39.0	97.1	96.9
2006	70.9	39.1	97.0	96.9
2007	71.2	39.8	97.5	97.2
2008	71.5	40.5	98.5	96.2
2009	72.4	41.2	98.0	96.7
2010	72.5	42.0	96.4	97.0
2011	72.2	42.1	96.3	97.4
2012	72.7	42.8	95.7	97.1
2013	73.0	43.1	95.6	97.7
2014	73.1	43.5	93.7	97.5
2015	73.4	44.2	92.1	96.9
2016	73.5	44.6	92.8	96.4
2017	73.0	45.0	92.8	96.0
2018	72.8	45.5	92.4	95.6
2019	73.3	45.8	92.6	95.3

1-5 人均能源生产量和消费量
Energy Production and Consumption Per Capita

年份 Year	人均能源生产量 Per-Capita Energy Production				人均能源消费量 Per-Capita Energy Consumption			
	能源总量 (千克标准煤) Total Energy (kgce)	原煤 (千克) Raw Coal (kg)	原油 (千克) Crude Oil (kg)	电力 (千瓦小时) Electricity (kW•h)	能源总量 (千克标准煤) Total Energy (kgce)	煤炭 (千克) Coal (kg)	石油 (千克) Oil (kg)	电力 (千瓦小时) Electricity (kW•h)
1980	650	632	108	306	614	622	89	306
1981	636	625	102	311	598	610	84	311
1982	662	661	101	325	615	636	81	325
1983	696	698	104	343	645	671	82	344
1984	751	761	111	364	684	723	83	364
1985	814	830	119	391	730	776	87	392
1986	826	838	123	421	758	806	91	422
1987	842	856	124	459	799	856	95	460
1988	870	889	124	495	844	902	101	496
1989	909	942	123	523	867	925	104	524
1990	915	951	122	547	869	930	101	549
1991	911	945	123	589	902	960	108	591
1992	921	958	122	647	937	979	115	651
1993	942	976	123	711	984	1026	125	715
1994	996	1040	123	779	1030	1078	125	777
1995	1071	1129	125	836	1089	1143	133	832
1996	1093	1147	129	888	1110	1150	145	884
1997	1085	1128	131	923	1105	1120	157	917
1998	1045	1073	130	940	1097	1087	160	934
1999	1053	1089	128	989	1122	1112	168	982
2000	1097	1096	129	1074	1164	1075	178	1067
2001	1159	1157	129	1164	1223	1125	180	1158
2002	1221	1211	130	1292	1324	1200	194	1286
2003	1384	1424	132	1483	1530	1426	214	1477
2004	1590	1638	136	1700	1777	1637	247	1695
2005	1757	1814	139	1918	2005	1867	250	1913
2006	1867	1960	141	2186	2185	2064	266	2181
2007	2005	2094	141	2490	2363	2204	278	2482
2008	2094	2192	144	2617	2420	2269	282	2608
2009	2149	2340	142	2790	2525	2441	290	2782
2010	2333	2563	152	3145	2696	2609	330	3135
2011	2531	2801	151	3506	2880	2894	339	3497
2012	2599	2921	154	3693	2977	3048	354	3684
2013	2643	2928	155	4002	3071	3127	368	3993
2014	2655	2840	155	4247	3140	3032	380	4239
2015	2641	2732	156	4240	3166	2916	408	4231
2016	2509	2474	145	4449	3202	2820	418	4439
2017	2588	2542	138	4764	3288	2823	436	4754
2018	2720	2655	136	5145	3388	2854	447	5134
2019	2843	2752	137	5368	3488	2876	462	5356

注：本表按年平均人口数计算，下表同。
Note: This table is calculated by annual average population, the same applies to table following.

1-6 人均生活能源消费量
Residential Energy Consumption Per Capita

年 份 Year	人均生活能源消费量（千克标准煤） Annual Average (kgce)	煤炭（千克） Coal (kg)	电力（千瓦小时） Electricity (kW•h)	液化石油气（千克） Liquefied Petroleum Gas (kg)	天然气（立方米） Natural Gas (cu.m)	煤气（立方米） Gas (cu.m)	城镇人均生活能源消费量（千克标准煤） Urban (kgce)	乡村人均生活能源消费量（千克标准煤） Rural (kgce)
1980	112	118	11	0.4	0.2	1.4	332	60
1981	101	122	12	0.5	0.2	1.4	290	55
1982	102	124	12	0.5	0.2	1.5	281	56
1983	107	128	13	0.6	0.1	1.5	283	59
1984	113	135	15	0.6	0.4	1.6	288	63
1985	127	149	21	0.9	0.4	1.3	307	72
1986	127	148	23	1.1	0.6	1.3	306	71
1987	132	152	26	1.1	0.7	1.6	300	76
1988	141	159	31	1.2	1.4	1.6	307	84
1989	139	152	35	1.4	1.5	2.4	297	84
1990	139	147	42	1.4	1.6	2.5	298	83
1991	139	143	47	1.8	1.6	3.2	292	83
1992	134	127	55	2.1	1.8	4.4	267	85
1993	133	123	63	2.5	1.5	4.6	258	86
1994	129	109	73	3.2	1.7	6.3	238	86
1995	131	112	83	4.4	1.6	4.7	242	86
1996	121	83	88	5.9	1.7	6.4	238	71
1997	119	77	99	6.2	1.7	8.9	226	71
1998	119	73	104	6.9	1.9	9.7	218	71
1999	122	70	109	6.8	2.1	9.3	213	75
2000	132	67	115	6.8	2.6	10.0	213	88
2001	136	66	127	6.7	3.3	9.4	210	93
2002	146	66	138	7.6	3.6	9.8	215	103
2003	166	70	160	8.6	4.0	10.1	238	119
2004	191	75	184	10.4	5.2	10.7	264	140
2005	211	77	221	10.2	6.1	11.1	288	155
2006	230	77	256	11.5	7.8	12.7	248	169
2007	250	74	308	12.4	10.9	14.1	327	186
2008	254	69	332	11.0	12.8	13.9	324	194
2009	264	69	366	11.2	13.3	12.5	328	206
2010	273	68	383	10.5	17.0	12.5	320	227
2011	294	69	418	12.0	19.7	10.9	331	257
2012	313	69	460	12.1	21.3	10.2	344	280
2013	335	68	515	13.6	23.8	7.9	357	311
2014	346	68	526	15.9	25.1	7.1	364	325
2015	368	70	552	18.6	26.2	5.9	378	356
2016	394	69	611	21.4	27.5	4.6	395	392
2017	414	67	654	23.3	30.3	3.7	413	417
2018	434	55	722	22.6	33.6	3.4	434	434
2019	442	47	761	20.4	35.9	3.3	440	444

1-7 年末交通运输设备拥有量
Number of Transportation Equipment (Year-End)

指　标 Item	2000	2005	2010	2011	2012	2013	2014	2015	2016	2017	2018	2019
铁路机车合计(台) Total Railway Locomotives(unit)	15253	17473	19431	20721	20797	20835	21069	21366	21453	21420	21482	21733
蒸汽机车 Steam Locomotives	911	193	72	15	15	15	15	15	15	15	20	20
内燃机车 Diesel Locomotives	10826	12114	10990	11081	10602	9961	9485	9132	8974	8568	8296	8048
电力机车 Electric Locomotives	3516	5166	8369	9625	10180	10859	11596	12219	12464	12837	13166	13665
铁路客车(辆) Railway Passenger Coaches(coach)	35989	40328	50391	54731	57721	58965	60629	67706	70872	72262	73199	74848
铁路货车(辆) Railway Freight Cars(coach)	439943	541824	622284	651175	670891	721850	716578	768516	764783	808736	839213	877134
民用汽车合计(万辆) Total Civil Motor Vehicles(10^4 unit)	1609	3160	7802	9356	10933	12670	14598	16284	18575	20907	23231	25376
载客汽车 Passenger Vehicles	854	2132	6124	7478	8943	10562	12327	14096	16278	18470	20555	22474
载货汽车 Trucks	716	956	1598	1788	1895	2011	2125	2066	2172	2339	2568	2783
其他机动车(万辆) Others(10^4 unit)	4168	8595	11306	11549	11322	10547	9852	9570	7450	7608	6979	6899
公路部门营运车辆(万辆) Motor Vehicles Owned by Highway Department(10^4 unit)	703	733	1133	1264	1340	1505	1538	1473	1436	1450	1435	1165
私人汽车(万辆) Private Vehicles(10^4 unit)	625	1848	5939	7327	8839	10502	12339	14099	16330	18515	20575	22509
民航飞机合计(架) Total Civil Aircraft(unit)	982	1386	2405	3191	3589	4004	4168	4554	5046	5593	6134	6525
民用运输船舶合计(艘) Total Civil Transport Vessels(unit)	229676	207294	178407	179242	178591	172554	171977	165905	160144	144924	136975	131555
机动船 Motor Vessels	185018	165900	155624	157950	158309	155340	154974	149659	144568	131746	125754	121440
驳船 Barges	44658	41394	22783	21292	20282	17214	17003	16246	15576	13178	11221	10115
#私人运输船舶 #Private Transport Vessels	142117	95838										

1-8 主要能源品种进、出口量
Imports and Exports of Major Energy Products

指 标 Item	2000	2005	2010	2011	2012	2013	2014	2015	2016	2017	2018	2019
进口量 Import												
煤(万吨) Coal(10^4 tons)	218	2622	18307	22236	28841	32702	29122	20406	25555	27092	28210	29977
焦炭及半焦炭（万吨） Coke and Semi-coke(10^4 tons)		1	11	12	8	3				1	9	52
原油(万吨) Crude Oil(10^4 tons)	7027	12682	23768	25378	27103	28174	30837	33548	38101	41946	46189	50568
汽油(万吨) Gasoline(10^4 tons)				3			3	17	21	2	45	33
煤油(万吨) Kerosene(10^4 tons)	255	328	487	618	621	669	414	348	352	376	413	367
柴油(万吨) Diesel Oil(10^4 tons)	26	53	180	233	91	27	47	43	92	75	71	119
燃料油(万吨) Fuel Oil(10^4 tons)	1480	2609	2299	2684	2683	2347	1785	1540	1174	1357	1666	1486
液化石油气(万吨) Liquefied Petroleum Gas (10^4 tons)	482	617	327	350	359	452	739	1244	1679	1922	1966	2109
其他石油制品(万吨) Other Petroleum Products(10^4 tons)	161	443	1731	1648	1548	1924	1677	2083	2067	2396	2592	2288
天然气(亿立方米) Natural Gas(10^8 cu.m)			165	312	421	525	591	611	746	946	1246	1332
电力(亿千瓦小时) Electricity(10^8 kW•h)	15	50	56	66	69	75	68	62	62	64	57	49
出口量 Export												
煤(万吨) Coal(10^4 tons)	5505	7172	1910	1466	928	751	574	534	879	802	494	603
焦炭及半焦炭（万吨） Coke and Semi-coke(10^4 tons)	1520	1276	335	330	102	467	851	965	1012	808	976	652
原油(万吨) Crude Oil(10^4 tons)	1031	807	303	252	243	162	60	287	294	486	263	81
汽油(万吨) Gasoline(10^4 tons)	455	560	517	406	292	469	508	589	969	1051	1288	1637
煤油(万吨) Kerosene(10^4 tons)	199	269	605	656	745	917	1067	1237	1310	1313	1467	1761
柴油(万吨) Diesel Oil(10^4 tons)	55	148	464	202	185	278	410	716	1540	1719	1853	2138
燃料油(万吨) Fuel Oil(10^4 tons)	33	230	990	1227	1162	1135	948	1052	986	1109	1230	1118
液化石油气(万吨) Liquefied Petroleum Gas (10^4 tons)	2	3	93	119	128	127	144	144	132	132	113	141
其他石油制品(万吨) Other Petroleum Products(10^4 tons)	280	473	386	459	328	315	342	348	367	338	400	375
天然气(亿立方米) Natural Gas(10^8 cu.m)		30	40	32	29	27	26	33	34	35	34	36
电力(亿千瓦小时) Electricity(10^8 kW•h)	99	112	191	193	177	187	182	187	189	195	209	217

1-9 主要高耗能产品的进、出口量
Imports and Exports of Energy Intensive Products

指 标 Item	2000	2005	2010	2011	2012	2013	2014	2015	2016	2017	2018	2019
进口量 Import												
钢材（万吨） Rolled Steel(10^4 tons)	1596	2582	1643	1558	1366	1408	1443	1278	1322	1330	1317	1230
未锻轧的铜及铜合金(万吨) Unwrought Copper and Copper Alloys(10^4 tons)	81	142	338	329	398	389	422	425	439	411	475	448
未锻轧的铝及铝合金(万吨) Aluminum and Aluminum Alloys(10^4 tons)	91	64	36	33	64	48	35	22	26	19	20	29
纯碱(万吨) Soda Ash(10^4 tons)	13	7										
肥料(万吨) Chemical Fertilizers(10^4 tons)	1189	1397	718	795	843	793	959	1116	832	918	950	1111
纸浆(万吨) Paper Pulp(10^4 tons)	335	759	1137	1445	1646	1685	1796	1984	2107	2372	2479	2718
纺织用合成纤维(万吨) Synthetic Fiber Suitable for Spinning(10^4 tons)	100	84	37	35	33	38	34	34	32	40	45	42
出口量 Export												
水泥及水泥熟料(万吨) Cement and Cement Clinkers(10^4 tons)	605	2216	1616	1061	1200	1454	1391	1575	1785	1286	904	553
平板玻璃(万平方米) Plate Glass(10^4 sq.m)	5592	19925	17398	18726	17632	19546	21896	21460	22661	21032	19347	18822
钢材（万吨） Rolled Steel(10^4 tons)	621	2052	4256	4888	5573	6234	9378	11240	10853	7541	6933	6429
铜材(吨) Rolled Copper(ton)	144484	463560	508580	500347	492980	489000	507858	466077	452313	477898	509868	524233
铝材(万吨) Rolled Aluminum(10^4 tons)	13	71	218	300	283	307	367	420	407	424	523	515
未锻轧的锌及锌合金(吨) Unwrought Zinc and Zinc Alloys(ton)	593336	146845	43395	48369	7937	5395	132719	96683	22642	16445	24283	64040
纸及纸板(未切成形)(万吨) Paper and Paperboard in Rolls(10^4 tons)	65	167	380	450	471	565	630	593	683	652	565	629

1-10 分地区废气中主要污染物排放情况（2019年）
Main Pollutant Emission in Waste Gas by Region (2019)

地 区	Region	废气中主要污染物排放量 Main Pollutant Emission in Waste Gas 二氧化硫(万吨) Sulphur Dioxide (10^4 tons)	氮氧化物(万吨) Nitrogen Oxides (10^4 tons)	颗粒物(万吨) Particulate Matter (10^4 tons)
全 国	**National Total**	**457.29**	**1233.85**	**1088.48**
北 京	Beijing	0.19	9.86	1.68
天 津	Tianjin	1.78	11.42	2.92
河 北	Hebei	28.69	101.65	48.22
山 西	Shanxi	22.86	57.63	39.35
内蒙古	Inner Mongolia	35.24	58.97	95.76
辽 宁	Liaoning	26.31	70.30	78.84
吉 林	Jilin	9.84	24.52	23.19
黑龙江	Heilongjiang	13.49	36.84	51.62
上 海	Shanghai	0.75	15.16	1.54
江 苏	Jiangsu	28.46	87.56	40.87
浙 江	Zhejiang	7.78	38.04	24.07
安 徽	Anhui	15.10	57.34	55.97
福 建	Fujian	12.54	30.58	49.09
江 西	Jiangxi	22.71	40.68	39.98
山 东	Shandong	28.15	109.33	37.16
河 南	Henan	10.44	60.77	17.53
湖 北	Hubei	11.68	35.63	31.87
湖 南	Hunan	19.13	37.07	50.04
广 东	Guangdong	12.04	69.97	58.67
广 西	Guangxi	9.51	36.52	38.37
海 南	Hainan	0.69	4.87	2.31
重 庆	Chongqing	7.50	17.52	15.70
四 川	Sichuan	18.82	48.40	34.57
贵 州	Guizhou	23.37	23.15	18.93
云 南	Yunnan	23.58	32.88	52.20
西 藏	Tibet	0.34	4.09	13.52
陕 西	Shaanxi	14.33	32.89	29.93
甘 肃	Gansu	11.29	21.97	51.63
青 海	Qinghai	4.32	7.62	10.03
宁 夏	Ningxia	12.50	15.49	19.78
新 疆	Xinjiang	23.86	35.14	53.14

注：以第二次全国污染源普查成果为基准，生态环境部对2019年污染源统计初步数据进行了更新(下表同)。
Note: The Ministry of Ecology and Environment has adjusted and updated the relevant data of pollution sources in 2019 reference to the benchmarks of the Second National Pollution Sources Census (the same as in the following table).

1-11 分地区废水中主要污染物排放情况（2019年）

地 区	Region	废水中主要污染物排放量 Main Pullutant Emission in Waste Water			
		化学需氧量（万吨）COD (10[4] tons)	氨氮（万吨）Ammonia Nitrogen (10[4] tons)	总氮（万吨）Total Nitrogen (10[4] tons)	总磷（万吨）Total Phosphorus (10[4] tons)
全 国	**National Total**	**567.1**	**46.3**	**117.6**	**5.9**
北 京	Beijing	4.3	0.3	1.3	0.1
天 津	Tianjin	3.8	0.2	1.1	
河 北	Hebei	22.4	1.8	4.6	0.2
山 西	Shanxi	10.9	1.1	2.6	0.1
内蒙古	Inner Mongolia	5.9	0.3	1.3	
辽 宁	Liaoning	13.1	1.0	3.9	0.2
吉 林	Jilin	7.7	0.5	1.7	0.1
黑龙江	Heilongjiang	15.9	1.4	3.3	0.1
上 海	Shanghai	5.6	0.7	2.3	0.1
江 苏	Jiangsu	47.4	3.3	8.8	0.4
浙 江	Zhejiang	20.6	1.3	5.4	0.2
安 徽	Anhui	34.2	2.0	4.8	0.3
福 建	Fujian	25.2	1.6	3.9	0.2
江 西	Jiangxi	32.2	2.8	4.9	0.5
山 东	Shandong	27.6	2.3	6.9	0.3
河 南	Henan	25.2	2.1	6.4	0.2
湖 北	Hubei	26.8	2.3	5.3	0.3
湖 南	Hunan	31.2	3.0	5.5	0.5
广 东	Guangdong	63.5	4.5	13.2	0.7
广 西	Guangxi	32.7	2.5	4.7	0.4
海 南	Hainan	4.5	0.5	0.9	0.1
重 庆	Chongqing	5.2	0.5	2.0	0.1
四 川	Sichuan	32.9	3.4	7.3	0.4
贵 州	Guizhou	12.4	1.6	3.0	0.2
云 南	Yunnan	11.1	1.3	2.4	0.1
西 藏	Tibet	1.8	0.2	0.3	
陕 西	Shaanxi	9.8	0.9	2.9	0.1
甘 肃	Gansu	6.0	0.5	1.3	0.1
青 海	Qinghai	2.0	0.3	0.8	
宁 夏	Ningxia	9.0	0.3	1.3	0.1
新 疆	Xinjiang	16.5	1.9	3.4	0.2

Main Pollutant Emission in Waste Water by Region (2019)

废水中主要污染物排放量 Main Pullutant Emission in Waste Water			
石油类 (吨) Petroleum (ton)	挥发酚 (吨) Volatile Phenol (ton)	氰化物 (吨) Cyanide (ton)	重金属 (吨) Heavy Metal (ton)
6293.0	**147.1**	**38.3**	**120.7**
1.6			0.1
107.2	2.7	0.1	0.4
192.6	14.1	4.5	13.7
64.4	1.4	2.3	2.3
43.6	1.9	0.1	1.9
350.7	13.8	2.7	1.4
647.5	4.2	0.9	0.4
162.0	3.1	0.8	0.3
115.1	0.7	0.3	0.4
788.0	3.6	2.1	8.0
388.1	2.4	2.5	9.0
343.9	5.1	3.4	5.4
390.2	0.6	1.1	6.8
194.6	3.7	1.5	15.0
362.6	34.1	3.7	3.5
96.8	1.4	1.4	3.9
248.9	2.0	2.8	2.6
132.9	26.2	0.4	6.5
769.5	1.3	2.2	6.2
108.6	0.6		6.0
10.1	11.6		0.1
209.4	0.8	0.1	0.8
242.1	1.4	0.7	3.2
23.0	0.7	0.2	0.7
45.0	2.4		4.1
90.0	0.6	1.0	6.9
44.7	0.5	0.5	8.5
4.4	1.0	0.3	0.1
65.7	2.4	0.7	1.0
49.9	2.9	2.0	1.6

二、能源建设

Chapter 2 Construction of Energy Industry

2-1 国有经济能源工业分行业固定资产投资比上年增长情况
Investment In Fixed Assets of State-Owned Units in Energy Industry over Preceding Year

单位：% (%)

项 目 Item	2018	2019
能源工业 Energy Industry	-12.7	8.7
煤炭采选业 Coal Mining and Processing	-4.9	34.0
石油和天然气开采业 Petroleum and Natural Gas Extraction	-42.6	18.9
电力、蒸汽、热水生产和供应业 Electricity, Steam, Hot Water Producing and Supply	-9.6	5.9
石油加工及炼焦业 Petroleum Processing and Coking	-7.3	-3.8
煤气生产和供应业 Coal Gas and Coal Products	-23.3	22.8

注：自2011年起，除房地产开发投资和农户投资，固定资产投资统计起点由50万元提高到500万元；城镇固定资产投资数据发布口径改为固定资产投资(不含农户)，该口径等于原来城镇固定资产投资加上农村企事业组织的项目投资,下表同。
根据第三次全国农业普查、第四次全国经济普查、统计执法检查和统计调查制度规定，对相应年度固定资产投资数据进行了调整，2017年以后各年增速按可比口径计算，下表同。

Note: Since 2011, the cut-off point has changed from 500 000 yuan to 5 million yuan, published coverage of investment in fixed assets in urban area changed into investment in fixed assets (excluding rural households) which included investment in urban area and investment in rural enterprises (units). The same applies to the tables following.

2-2 国有经济能源工业分行业固定资产投资构成
Proportions of Investment in Fixed Assets of State-Owned Units in Energy Industry

单位：% (%)

项 目 Item	1995	2000	2005	2010	2011	2012	2013	2014	2015	2016	2017	2018	2019
能源工业 Energy Industry	100.0	100.0	100.0	100.0	100.0	100.0	100.0	100.0	100.0	100.0	100.0	100.0	100.0
煤炭采选业 Coal Mining and Processing	13.9	7.0	13.1	13.2	14.3	14.4	11.8	9.7	8.3	4.8	5.0	4.4	5.1
石油和天然气开采业 Petroleum and Natural Gas Extraction	24.7	12.5	5.8	16.0	17.5	15.8	17.7	17.5	13.4	6.9	7.9	5.8	13.4
电力、蒸汽、热水生产和供应业 Electricity, Steam, Hot Water Producing and Supply	51.5	75.0	72.4	62.9	59.3	61.8	60.4	64.4	70.4	79.2	78.3	81.9	74.3
石油加工及炼焦业 Petroleum Processing and Coking	8.0	3.3	6.3	5.0	5.7	4.4	5.2	4.1	3.9	4.9	3.9	5.0	4.2
煤气生产和供应业 Coal Gas and Coal Products	1.9	2.1	2.4	3.0	3.2	3.6	4.9	4.4	4.0	4.2	4.8	2.9	3.0

2-3 分地区国有经济能源工业固定资产投资比上年增长情况
Investment in Fixed Assets of State-Owned Units in Energy Industry over Preceding Year by Region

单位：% (%)

地 区	Region	2018	2019
北 京	Beijing	-47.2	-21.5
天 津	Tianjin	16.1	19.9
河 北	Hebei	19.6	-22.1
山 西	Shanxi	18.1	-5.7
内蒙古	Inner Mongolia	-21.9	19.0
辽 宁	Liaoning	-24.1	33.9
吉 林	Jilin	-26.4	-25.4
黑龙江	Heilongjiang	-31.1	-10.0
上 海	Shanghai	6.2	-22.9
江 苏	Jiangsu	-35.1	-8.6
浙 江	Zhejiang	-7.2	-8.8
安 徽	Anhui	-15.0	-23.1
福 建	Fujian	0.0	39.3
江 西	Jiangxi	-23.9	3.1
山 东	Shandong	-28.9	14.7
河 南	Henan	17.3	23.2
湖 北	Hubei	-0.1	11.6
湖 南	Hunan	13.3	26.6
广 东	Guangdong	4.5	5.4
广 西	Guangxi	1.7	71.3
海 南	Hainan	36.0	15.4
重 庆	Chongqing	-19.6	-2.4
四 川	Sichuan	-3.4	11.4
贵 州	Guizhou	-0.7	90.6
云 南	Yunnan	39.2	42.2
西 藏	Tibet	-25.4	-19.4
陕 西	Shaanxi	-11.5	-8.5
甘 肃	Gansu	-15.3	63.7
青 海	Qinghai	42.9	82.3
宁 夏	Ningxia	-39.0	46.6
新 疆	Xinjiang	-7.3	-10.5

2-4 分地区国有经济煤炭采选业固定资产投资比上年增长情况
Investment in Fixed Assets of State-Owned Units in Coal Mining and Processing over Preceding Year by Region

单位：% (%)

地 区	Region	2018	2019
北 京	Beijing		
天 津	Tianjin		
河 北	Hebei	42.9	26.2
山 西	Shanxi	29.5	21.8
内蒙古	Inner Mongolia	-31.7	45.7
辽 宁	Liaoning	97.8	7.7
吉 林	Jilin	212.6	-43.4
黑龙江	Heilongjiang	30.7	-4.1
上 海	Shanghai		
江 苏	Jiangsu		
浙 江	Zhejiang		
安 徽	Anhui	45.3	-7.8
福 建	Fujian	-100.0	
江 西	Jiangxi	283.0	-61.8
山 东	Shandong	3.7	56.0
河 南	Henan	-4.7	350.0
湖 北	Hubei		
湖 南	Hunan	-31.8	93.7
广 东	Guangdong		
广 西	Guangxi	-100.0	
海 南	Hainan		
重 庆	Chongqing	-84.6	-67.3
四 川	Sichuan	-21.0	66.3
贵 州	Guizhou	-56.5	168.3
云 南	Yunnan	34.4	80.1
西 藏	Tibet		
陕 西	Shaanxi	-34.1	75.3
甘 肃	Gansu	133.7	-19.4
青 海	Qinghai	-100.0	
宁 夏	Ningxia	50.2	-7.6
新 疆	Xinjiang	-36.4	93.6

2-5 分地区国有经济石油和天然气开采业固定资产投资比上年增长情况

Investment in Fixed Assets of State-Owned Units in Petroleum and Natural Gas Extraction over Preceding Year by Region

单位：% (%)

地 区	Region	2018	2019
北 京	Beijing		
天 津	Tianjin	-91.5	-100.0
河 北	Hebei		
山 西	Shanxi	20.1	141.8
内蒙古	Inner Mongolia	-46.5	438.6
辽 宁	Liaoning	126.6	255.5
吉 林	Jilin	-25.2	-54.3
黑龙江	Heilongjiang		
上 海	Shanghai		
江 苏	Jiangsu	-6.1	-84.9
浙 江	Zhejiang		
安 徽	Anhui		
福 建	Fujian		
江 西	Jiangxi		
山 东	Shandong	38.5	-33.6
河 南	Henan	20.9	-23.7
湖 北	Hubei		
湖 南	Hunan	-100.0	
广 东	Guangdong		
广 西	Guangxi		
海 南	Hainan	-10.2	10.1
重 庆	Chongqing	-95.6	1786.7
四 川	Sichuan	44.0	-6.6
贵 州	Guizhou		
云 南	Yunnan		-49.9
西 藏	Tibet		-100.0
陕 西	Shaanxi	-3.9	67.8
甘 肃	Gansu	295.3	2.3
青 海	Qinghai		
宁 夏	Ningxia		
新 疆	Xinjiang	14.6	-1.7

2-6 分地区国有经济电力、蒸汽、热水生产和供应业固定资产投资比上年增长情况

Investment in Fixed Assets of State-Owned Units in Electricity, Steam, Hot Water Production and Supply over Preceding Year by Region

单位：%　　　　(%)

地　区	Region	2018	2019
北　京	Beijing	-46.6	-19.5
天　津	Tianjin	22.9	20.2
河　北	Hebei	34.4	-22.5
山　西	Shanxi	19.7	-15.3
内蒙古	Inner Mongolia	-16.6	10.8
辽　宁	Liaoning	-27.6	22.5
吉　林	Jilin	-28.2	-27.2
黑龙江	Heilongjiang	-38.2	-15.5
上　海	Shanghai	13.6	-25.2
江　苏	Jiangsu	-35.7	-5.0
浙　江	Zhejiang	-7.3	-8.0
安　徽	Anhui	-19.2	-25.5
福　建	Fujian	-13.3	34.2
江　西	Jiangxi	-25.4	1.6
山　东	Shandong	-30.9	20.3
河　南	Henan	15.8	15.8
湖　北	Hubei	-0.5	10.4
湖　南	Hunan	14.4	25.5
广　东	Guangdong	15.7	-0.5
广　西	Guangxi	-1.1	78.2
海　南	Hainan	40.4	9.9
重　庆	Chongqing	-8.1	-5.4
四　川	Sichuan	-14.7	17.4
贵　州	Guizhou	9.3	76.6
云　南	Yunnan	37.3	43.7
西　藏	Tibet	-25.5	-19.3
陕　西	Shaanxi	-12.5	-15.5
甘　肃	Gansu	-28.1	88.0
青　海	Qinghai	43.4	80.5
宁　夏	Ningxia	-64.0	108.9
新　疆	Xinjiang	-3.9	-10.3

2-7 分地区国有经济石油加工及炼焦业固定资产投资比上年增长情况
Investment in Fixed Assets of State-Owned Units in Petroleum Processing and Coking over Preceding Year by Region

单位：% (%)

地 区	Region	2018	2019
北 京	Beijing	-78.7	-100.0
天 津	Tianjin	134.2	38.1
河 北	Hebei	-59.5	-17.2
山 西	Shanxi	67.5	-60.6
内蒙古	Inner Mongolia	-27.7	12.0
辽 宁	Liaoning	85.5	174.1
吉 林	Jilin		
黑龙江	Heilongjiang	-89.0	932.7
上 海	Shanghai	-100.0	
江 苏	Jiangsu	-6.5	159.2
浙 江	Zhejiang	-74.7	307.7
安 徽	Anhui	-29.6	131.7
福 建	Fujian	42.7	47.4
江 西	Jiangxi	-18.9	13.7
山 东	Shandong	-47.3	-70.2
河 南	Henan	29.0	63.1
湖 北	Hubei	8.0	90.9
湖 南	Hunan	115.6	81.1
广 东	Guangdong	-87.5	-13.0
广 西	Guangxi	-4.1	-100.0
海 南	Hainan		
重 庆	Chongqing	-47.9	36.5
四 川	Sichuan	39.0	-97.1
贵 州	Guizhou		235.6
云 南	Yunnan		-18.5
西 藏	Tibet		-87.3
陕 西	Shaanxi	5.1	-31.7
甘 肃	Gansu	658.5	-38.4
青 海	Qinghai	-58.0	-100.0
宁 夏	Ningxia		
新 疆	Xinjiang	-34.1	-53.9

2-8 分地区国有经济煤气生产和供应业固定资产投资比上年增长情况

Investment in Fixed Assets of State-Owned Units in Gas Production and Supply over Preceding Year by Region

单位：% (%)

地区	Region	2018	2019
北京	Beijing	-61.5	-92.5
天津	Tianjin	-77.2	-87.6
河北	Hebei	-63.2	-24.5
山西	Shanxi	-59.8	2.9
内蒙古	Inner Mongolia	-89.4	31.2
辽宁	Liaoning	-77.0	-76.6
吉林	Jilin	-38.7	110.0
黑龙江	Heilongjiang	-30.1	-24.6
上海	Shanghai	-93.5	992.7
江苏	Jiangsu	-65.9	-30.7
浙江	Zhejiang	-0.3	-39.0
安徽	Anhui	-11.5	-47.2
福建	Fujian	18.8	66.6
江西	Jiangxi	-43.9	174.4
山东	Shandong	1.7	-11.1
河南	Henan	56.4	163.9
湖北	Hubei	5.6	14.7
湖南	Hunan	10.8	29.0
广东	Guangdong	-17.8	316.5
广西	Guangxi	705.6	-45.0
海南	Hainan	-56.1	3106.8
重庆	Chongqing	-66.8	8.0
四川	Sichuan	157.6	-4.7
贵州	Guizhou	21.4	114.6
云南	Yunnan	24.0	32.9
西藏	Tibet	159.6	-92.1
陕西	Shaanxi	-12.4	-38.1
甘肃	Gansu	-28.3	25.8
青海	Qinghai	-34.8	1124.1
宁夏	Ningxia	123.0	222.0
新疆	Xinjiang	-34.3	-79.2

2-9 能源工业分行业投资比上年增长情况
Investment in Energy Industry over Preceding Year

单位：% (%)

项 目 Item	2018	2019
能源工业 Energy Industry	-7.1	7.7
煤炭采选业 Coal Mining and Processing	5.9	29.6
石油和天然气开采业 Petroleum and Natural Gas Extraction	-0.7	25.7
电力、蒸汽、热水生产和供应业 Electricity, Steam, Hot Water Producing and Supply	-12.3	-0.2
石油加工及炼焦业 Petroleum Processing and Coking	10.1	12.4
煤气生产和供应业 Gas Production and Supply	6.4	18.1

2-10 能源工业分行业投资构成
Investment in Energy Industry by Proportions

单位：% (%)

项 目 Item	1995	2000	2005	2010	2011	2012	2013	2014	2015	2016	2017	2018	2019
能源工业 Energy Industry	100.00	100.00	100.00	100.00	100.00	100.00	100.00	100.00	100.00	100.00	100.00	100.00	100.00
煤炭采选业 Coal Mining and Processing	12.05	5.30	11.40	17.50	21.29	21.06	17.97	14.86	12.30	9.25	8.21	7.3	8.6
石油和天然气开采业 Petroleum and Natural Gas Extraction	21.27	19.78	14.34	13.54	13.11	12.06	13.17	12.53	10.52	7.10	8.21	11.0	15.5
电力、蒸汽、热水生产和供应业 Electricity, Steam, Hot Water Producing and Supply	56.43	68.76	63.72	55.09	50.35	50.78	50.76	55.32	62.22	68.94	68.37	65.8	59.5
石油加工及炼焦业 Petroleum Processing and Coking	8.20	4.32	7.85	9.41	9.84	9.81	10.48	10.18	7.80	8.21	8.30	10.0	10.1
煤气生产和供应业 Gas Production and Supply	2.05	1.85	2.69	4.46	5.40	6.29	7.62	7.11	7.16	6.50	6.91	5.9	6.3

2-11 分地区能源工业投资比上年增长情况
Investment in Energy Industry over Preceding Year by Region

单位：% (%)

地 区	Region	2018	2019
北 京	Beijing	-47.0	-16.8
天 津	Tianjin	19.3	26.1
河 北	Hebei	16.5	-2.5
山 西	Shanxi	5.8	13.6
内蒙古	Inner Mongolia	-12.4	12.7
辽 宁	Liaoning	-4.0	22.3
吉 林	Jilin	-11.5	-34.2
黑龙江	Heilongjiang	5.3	16.3
上 海	Shanghai	4.7	-9.2
江 苏	Jiangsu	-24.5	-6.5
浙 江	Zhejiang	-21.1	-9.4
安 徽	Anhui	-23.8	-10.2
福 建	Fujian	-11.4	11.6
江 西	Jiangxi	-24.6	9.8
山 东	Shandong	-21.2	-13.9
河 南	Henan	-4.6	17.6
湖 北	Hubei	-4.6	-2.3
湖 南	Hunan	18.6	10.4
广 东	Guangdong	5.1	13.1
广 西	Guangxi	-16.7	15.5
海 南	Hainan	81.1	18.2
重 庆	Chongqing	-16.6	14.7
四 川	Sichuan	-5.4	11.2
贵 州	Guizhou	10.3	65.5
云 南	Yunnan	12.8	17.3
西 藏	Tibet	-20.0	1.0
陕 西	Shaanxi	2.0	13.5
甘 肃	Gansu	-10.4	26.6
青 海	Qinghai	27.7	34.7
宁 夏	Ningxia	-1.7	-22.5
新 疆	Xinjiang	1.3	10.5

2-12 分地区煤炭采选业投资比上年增长情况
Investment in Coal Mining and Processing over Preceding Year by Region

单位：% (%)

地 区	Region	2018	2019
北 京	Beijing		
天 津	Tianjin	381.3	-100.0
河 北	Hebei	5.2	-35.9
山 西	Shanxi	6.3	16.7
内蒙古	Inner Mongolia	-34.7	20.1
辽 宁	Liaoning	10.9	65.5
吉 林	Jilin	33.4	39.5
黑龙江	Heilongjiang	32.7	5.8
上 海	Shanghai		
江 苏	Jiangsu	10.2	4.3
浙 江	Zhejiang		
安 徽	Anhui	36.7	4.7
福 建	Fujian	204.2	-75.6
江 西	Jiangxi	-49.8	-72.2
山 东	Shandong	-45.2	35.7
河 南	Henan	-17.4	31.9
湖 北	Hubei	-68.7	-61.9
湖 南	Hunan	15.4	-25.0
广 东	Guangdong		
广 西	Guangxi	-57.3	-38.8
海 南	Hainan		
重 庆	Chongqing	-53.2	-19.1
四 川	Sichuan	81.8	32.9
贵 州	Guizhou	132.9	105.5
云 南	Yunnan	-11.4	51.9
西 藏	Tibet		
陕 西	Shaanxi	6.8	41.7
甘 肃	Gansu	61.1	-3.7
青 海	Qinghai	-54.8	-27.1
宁 夏	Ningxia	7.4	1.8
新 疆	Xinjiang	9.1	28.1

2-13 分地区石油和天然气开采业投资比上年增长情况
Investment in Petroleum and Natural Gas Extraction over Preceding Year by Region

单位：% (%)

地 区	Region	2018	2019
北 京	Beijing		
天 津	Tianjin	36.0	47.5
河 北	Hebei	-19.2	51.5
山 西	Shanxi	20.5	55.0
内蒙古	Inner Mongolia	-54.4	118.3
辽 宁	Liaoning	-11.8	9.2
吉 林	Jilin	-20.0	6.8
黑龙江	Heilongjiang	-19.2	22.5
上 海	Shanghai		
江 苏	Jiangsu	-28.2	-80.6
浙 江	Zhejiang		
安 徽	Anhui		935.6
福 建	Fujian		
江 西	Jiangxi		
山 东	Shandong	21.0	19.4
河 南	Henan	-16.8	60.8
湖 北	Hubei	150.6	14.1
湖 南	Hunan	-100.0	
广 东	Guangdong	32.6	23.8
广 西	Guangxi	40.1	-100.0
海 南	Hainan	566.0	14.0
重 庆	Chongqing	-33.3	69.9
四 川	Sichuan	67.5	17.6
贵 州	Guizhou	-38.2	41.6
云 南	Yunnan		-42.7
西 藏	Tibet		-100.0
陕 西	Shaanxi	53.4	22.6
甘 肃	Gansu	-30.4	161.6
青 海	Qinghai	22.5	11.0
宁 夏	Ningxia		
新 疆	Xinjiang	21.9	31.7

2-14 分地区电力、蒸汽、热水生产和供应业投资比上年增长情况
Investment in Electricity, Steam, Hot Water Production and Supply over Preceding Year by Region

单位：% (%)

地 区	Region	2018	2019
北 京	Beijing	-47.9	-14.5
天 津	Tianjin	-12.0	15.3
河 北	Hebei	15.5	-3.0
山 西	Shanxi	6.5	-2.7
内蒙古	Inner Mongolia	0.2	4.0
辽 宁	Liaoning	-13.7	6.5
吉 林	Jilin	-14.4	-49.2
黑龙江	Heilongjiang	14.0	-0.3
上 海	Shanghai	11.5	-20.9
江 苏	Jiangsu	-25.5	-11.6
浙 江	Zhejiang	-21.6	-10.7
安 徽	Anhui	-29.6	-17.5
福 建	Fujian	-20.4	3.2
江 西	Jiangxi	-27.8	6.0
山 东	Shandong	-25.6	-13.4
河 南	Henan	-5.1	10.3
湖 北	Hubei	-11.7	0.3
湖 南	Hunan	14.3	-0.1
广 东	Guangdong	5.3	9.5
广 西	Guangxi	-20.3	12.6
海 南	Hainan	67.4	12.4
重 庆	Chongqing	-3.4	2.1
四 川	Sichuan	-22.6	13.2
贵 州	Guizhou	-23.3	38.2
云 南	Yunnan	17.6	9.3
西 藏	Tibet	-19.9	1.2
陕 西	Shaanxi	-24.9	2.0
甘 肃	Gansu	-21.4	31.2
青 海	Qinghai	29.7	37.5
宁 夏	Ningxia	-18.9	-28.7
新 疆	Xinjiang	-12.6	-9.3

2-15 分地区石油加工及炼焦业投资比上年增长情况
Investment in Petroleum Processing and Coking over Preceding Year by Region

单位：% (%)

地 区	Region	2018	2019
北 京	Beijing	42.3	31.1
天 津	Tianjin	122.0	45.4
河 北	Hebei	27.3	-22.7
山 西	Shanxi	17.3	148.2
内蒙古	Inner Mongolia	-40.3	102.6
辽 宁	Liaoning	17.7	64.7
吉 林	Jilin	71.7	-34.2
黑龙江	Heilongjiang	193.5	100.9
上 海	Shanghai	-55.1	185.6
江 苏	Jiangsu	-14.6	47.6
浙 江	Zhejiang	-19.1	-15.1
安 徽	Anhui	65.8	34.6
福 建	Fujian	24.1	38.9
江 西	Jiangxi	12.9	35.3
山 东	Shandong	-15.9	-39.0
河 南	Henan	11.0	24.1
湖 北	Hubei	56.3	-17.2
湖 南	Hunan	306.1	83.5
广 东	Guangdong	0.0	13.6
广 西	Guangxi	77.7	64.2
海 南	Hainan	-40.2	78.9
重 庆	Chongqing	-39.0	-30.2
四 川	Sichuan	-41.7	11.3
贵 州	Guizhou	846.0	-5.1
云 南	Yunnan	63.3	110.0
西 藏	Tibet	-81.6	-87.3
陕 西	Shaanxi	19.6	-8.5
甘 肃	Gansu	87.6	16.1
青 海	Qinghai	-84.7	480.8
宁 夏	Ningxia	337.6	-16.4
新 疆	Xinjiang	15.0	-12.8

2-16 分地区煤气生产和供应业投资比上年增长情况
Investment in Gas Production and Supply over Preceding Year by Region

单位：% (%)

地　区	Region	2018	2019
北　京	Beijing	-46.6	-39.7
天　津	Tianjin	170.1	-22.1
河　北	Hebei	13.1	30.8
山　西	Shanxi	-20.0	27.4
内蒙古	Inner Mongolia	-38.2	38.6
辽　宁	Liaoning	91.0	-16.6
吉　林	Jilin	9.5	-37.2
黑龙江	Heilongjiang	-7.9	12.9
上　海	Shanghai	-27.7	179.2
江　苏	Jiangsu	-21.7	-3.1
浙　江	Zhejiang	-16.4	22.0
安　徽	Anhui	-16.3	59.6
福　建	Fujian	1.5	36.5
江　西	Jiangxi	6.6	45.2
山　东	Shandong	-21.0	-5.4
河　南	Henan	-0.5	62.7
湖　北	Hubei	17.7	-7.0
湖　南	Hunan	17.7	79.4
广　东	Guangdong	-10.4	62.8
广　西	Guangxi	5.4	14.0
海　南	Hainan	-11.2	346.2
重　庆	Chongqing	-42.8	27.2
四　川	Sichuan	91.8	-15.1
贵　州	Guizhou	58.2	71.1
云　南	Yunnan	-5.8	26.1
西　藏	Tibet	22.3	-96.9
陕　西	Shaanxi	38.0	8.3
甘　肃	Gansu	-29.7	22.5
青　海	Qinghai	62.0	379.4
宁　夏	Ningxia	283.0	-29.6
新　疆	Xinjiang	-47.0	-18.5

三、能源生产

Chapter 3　Energy Production

3-1 一次能源生产总量及构成

Total Primary Energy Production and Its Composition

年 份 Year	电热当量计算法 Calorific Value Calculation						
	一次能源生产总量（万吨标准煤）Total Primary Energy Production (10^4 tce)	比重（%） Proportion (%)					
		原 煤 Raw Coal	原 油 Crude Oil	天然气 Natural Gas	一次电力及其他能源 Primary Electricity and Other Energy	#水电 Hydro Power	#核电 Nuclear Power
1980	62046	71.4	24.4	3.0	1.2	1.2	-
1981	61364	72.4	23.6	2.7	1.3	1.3	-
1982	64686	73.5	22.6	2.5	1.4	1.4	-
1983	68877	74.1	22.0	2.4	1.5	1.5	-
1984	75493	74.7	21.7	2.2	1.4	1.4	-
1985	83005	75.1	21.5	2.1	1.3	1.3	-
1986	85523	74.7	21.8	2.1	1.4	1.4	-
1987	88524	74.9	21.6	2.1	1.4	1.4	-
1988	92809	75.5	21.1	2.0	1.4	1.4	-
1989	98418	76.5	20.0	2.0	1.5	1.5	-
1990	100487	76.8	19.7	2.0	1.5	1.5	-
1991	101490	76.5	19.9	2.1	1.5	1.5	-
1992	103771	76.9	19.6	2.0	1.5	1.5	-
1993	107059	76.6	19.4	2.2	1.8	1.8	
1994	114009	77.2	18.3	2.3	2.2	2.1	0.1
1995	123519	78.7	17.4	1.9	2.0	1.9	0.1
1996	127404	78.3	17.6	2.1	2.0	1.8	0.1
1997	127431	77.8	18.0	2.2	2.0	1.9	0.1
1998	123713	76.9	18.6	2.3	2.2	2.1	0.1
1999	126264	77.1	18.1	2.7	2.1	1.9	0.2
2000	132384	76.3	17.6	2.7	3.4	2.1	0.2
2001	139928	76.5	16.7	2.9	3.9	2.4	0.2
2002	148450	77.0	16.1	2.9	4.0	2.4	0.2
2003	170305	79.3	14.2	2.7	3.8	2.0	0.3
2004	196418	80.5	12.8	2.8	3.9	2.2	0.3
2005	218355	81.2	11.9	3.0	3.9	2.2	0.3
2006	233269	81.4	11.3	3.3	4.0	2.3	0.3
2007	251772	81.6	10.6	3.7	4.1	2.4	0.3
2008	262992	81.0	10.3	4.1	4.6	2.7	0.3
2009	271067	81.0	10.0	4.2	4.8	2.8	0.3
2010	294807	80.7	9.8	4.3	5.2	3.0	0.3
2011	323045	81.9	9.0	4.3	4.8	2.7	0.3
2012	330203	81.0	9.0	4.4	5.6	3.2	0.4
2013	336452	80.4	8.9	4.7	6.0	3.4	0.4
2014	336314	79.2	9.0	5.0	6.8	3.9	0.5
2015	334162	78.2	9.2	5.2	7.4	4.2	0.6
2016	315217	76.7	9.0	5.7	8.6	4.6	0.8
2017	325917	76.6	8.4	6.0	9.0	4.5	0.9
2018	342312	76.6	7.9	6.0	9.5	4.4	1.1
2019	357130	76.2	7.6	6.3	9.9	4.5	1.2

3-1 续表 Continued

年 份 Year	发电煤耗计算法 Coal Equivalent Calculation 一次能源生产总量(万吨标准煤) Total Primary Energy Production (10^4 tce)	比重 (%) Proportion (%) 原 煤 Raw Coal	原 油 Crude Oil	天然气 Natural Gas	一次电力及其他能源 Primary Electricity and Other Energy	#水电 Hydro Power	#核电 Nuclear Power
1980	63735	69.4	23.8	3.0	3.8	3.8	-
1981	63227	70.2	22.9	2.7	4.2	4.2	-
1982	66778	71.3	21.8	2.4	4.5	4.5	-
1983	71270	71.6	21.3	2.3	4.8	4.8	-
1984	77855	72.4	21.0	2.1	4.5	4.5	-
1985	85546	72.8	20.9	2.0	4.3	4.3	-
1986	88124	72.4	21.2	2.1	4.3	4.3	-
1987	91266	72.6	21.0	2.0	4.4	4.4	-
1988	95801	73.1	20.4	2.0	4.5	4.5	-
1989	101639	74.1	19.3	2.0	4.6	4.6	-
1990	103922	74.2	19.0	2.0	4.8	4.8	-
1991	104844	74.1	19.2	2.0	4.7	4.7	-
1992	107256	74.3	18.9	2.0	4.8	4.8	-
1993	111059	74.0	18.7	2.0	5.3	5.2	0.1
1994	118729	74.6	17.6	1.9	5.9	5.4	0.5
1995	129034	75.3	16.6	1.9	6.2	5.8	0.4
1996	133032	75.0	16.9	2.0	6.1	5.7	0.4
1997	133460	74.2	17.2	2.1	6.5	6.0	0.4
1998	129834	73.3	17.7	2.2	6.8	6.4	0.4
1999	131935	73.9	17.3	2.5	6.3	5.9	0.4
2000	138570	72.9	16.8	2.6	7.7	6.1	0.5
2001	147425	72.6	15.9	2.7	8.8	7.1	0.4
2002	156277	73.1	15.3	2.8	8.8	6.8	0.6
2003	178299	75.7	13.6	2.6	8.1	5.8	0.9
2004	206108	76.7	12.2	2.7	8.4	6.2	0.9
2005	229037	77.4	11.3	2.9	8.4	6.2	0.8
2006	244763	77.5	10.8	3.2	8.5	6.3	0.8
2007	264173	77.8	10.1	3.5	8.6	6.3	0.8
2008	277419	76.8	9.8	3.9	9.5	7.1	0.8
2009	286092	76.8	9.4	4.0	9.8	7.1	0.8
2010	312125	76.2	9.3	4.1	10.4	7.4	0.8
2011	340178	77.8	8.5	4.1	9.6	6.5	0.8
2012	351041	76.2	8.5	4.1	11.2	7.8	0.9
2013	358784	75.4	8.4	4.4	11.8	8.0	1.0
2014	362212	73.5	8.3	4.7	13.5	9.1	1.1
2015	362193	72.2	8.5	4.8	14.5	9.6	1.4
2016	345954	69.8	8.3	5.2	16.7	10.4	1.9
2017	358867	69.6	7.6	5.4	17.4	10.0	2.1
2018	378859	69.2	7.2	5.4	18.2	9.7	2.3
2019	397317	68.5	6.9	5.6	19.0	9.8	2.6

3-2 分地区原煤生产量
Raw Coal Production by Region

单位：万吨 (10[4] tons)

地 区	Region	2014	2015	2016	2017	2018	2019
北 京	Beijing	457	450	318	255	176	36
天 津	Tianjin						
河 北	Hebei	7345	7437	6484	6020	5559	5075
山 西	Shanxi	92794	96680	83044	87221	92677	98795
内蒙古	Inner Mongolia	99391	90957	84559	90597	99102	109068
辽 宁	Liaoning	5001	4752	4170	3630	3403	3292
吉 林	Jilin	3100	2634	1684	1639	1620	1256
黑龙江	Heilongjiang	7059	6551	5890	6196	6133	5391
上 海	Shanghai						
江 苏	Jiangsu	2019	1919	1368	1278	1246	1103
浙 江	Zhejiang						
安 徽	Anhui	12804	13404	12236	11724	11412	10989
福 建	Fujian	1589	1591	1384	1130	941	846
江 西	Jiangxi	2814	2271	1557	939	551	504
山 东	Shandong	14684	14220	12818	13160	12556	11918
河 南	Henan	14416	13596	11947	11751	11467	10938
湖 北	Hubei	1057	860	594	316	119	41
湖 南	Hunan	5554	3559	2787	1938	1900	1473
广 东	Guangdong						
广 西	Guangxi	615	425	433	443	488	406
海 南	Hainan						
重 庆	Chongqing	3884	3562	2437	1194	1177	1171
四 川	Sichuan	7663	6406	6165	4799	3736	3397
贵 州	Guizhou	18508	17205	16851	16344	14335	13168
云 南	Yunnan	4741	5184	4587	4675	4573	5523
西 藏	Tibet						
陕 西	Shaanxi	52226	52576	51566	57102	62958	63630
甘 肃	Gansu	4753	4400	4254	3738	3630	3685
青 海	Qinghai	1833	816	787	842	821	1286
宁 夏	Ningxia	8563	7976	7069	7644	7840	7477
新 疆	Xinjiang	14520	15221	16073	17782	21352	24165

3-3 分地区焦炭生产量
Coke Production by Region

单位：万吨 (10⁴ tons)

地 区	Region	1995	2000	2005	2010	2011	2012	2013	2014	2015	2016	2017	2018	2019
北 京	Beijing	401	402	344	161									
天 津	Tianjin	175	171	361	238	234	229	260	229	196	205	158	165	158
河 北	Hebei	938	792	2613	5046	6290	6701	6382	5614	5481	5312	4814	5263	4983
山 西	Shanxi	5298	4967	7981	8505	9010	8608	9022	8766	8040	8186	8383	9252	9700
内蒙古	Inner Mongolia	395	394	1034	2034	2482	2569	3180	3446	3041	2817	3046	3423	3677
辽 宁	Liaoning	820	789	1238	1876	2027	2021	2147	2141	2097	2131	2216	2214	2281
吉 林	Jilin	136	154	270	411	485	524	489	448	372	315	314	298	338
黑龙江	Heilongjiang	190	129	474	957	1011	957	821	803	687	675	761	906	1076
上 海	Shanghai	651	776	762	631	641	633	540	489	534	543	557	545	549
江 苏	Jiangsu	191	237	576	1394	1855	2052	2253	2396	2433	2527	2060	1497	1611
浙 江	Zhejiang	57	60	55	282	292	295	296	297	294	228	229	203	209
安 徽	Anhui	293	330	488	875	869	899	904	930	958	973	1058	1130	1167
福 建	Fujian	39	45	91	143	151	190	167	196	152	127	158	174	202
江 西	Jiangxi	167	187	401	799	876	810	831	868	815	749	594	608	661
山 东	Shandong	465	362	1709	3429	3973	4225	4396	4608	4365	4420	3934	4376	4921
河 南	Henan	489	355	1381	2572	2417	2361	2766	2898	2942	2920	2291	2237	2030
湖 北	Hubei	398	411	678	947	994	922	943	932	920	892	885	874	834
湖 南	Hunan	215	207	446	582	677	640	652	660	657	667	654	656	586
广 东	Guangdong	54	54	125	195	194	178	178	193	244	483	591	574	591
广 西	Guangxi	64	61	223	392	411	420	540	606	586	678	704	692	729
海 南	Hainan													
重 庆	Chongqing		136	223	359	397	332	349	267	218	134	174	251	259
四 川	Sichuan	708	382	828	1159	1281	1312	1400	1356	1304	1275	1072	1084	1066
贵 州	Guizhou	426	134	716	713	685	839	891	762	729	659	510	401	392
云 南	Yunnan	370	221	1214	1607	1603	1573	1747	1508	1150	1090	964	930	1000
西 藏	Tibet													
陕 西	Shaanxi	341	175	591	1571	2172	2894	3475	3835	3658	3921	4050	4025	4687
甘 肃	Gansu	95	126	222	244	263	338	458	583	525	509	472	384	449
青 海	Qinghai	1	2	2	130	168	240	252	133		134	151	172	191
宁 夏	Ningxia	43	30	117	424	438	577	705	784	758	768	755	737	791
新 疆	Xinjiang	92	95	249	1188	1377	1441	2137	2235	1662	1574	1591	1765	1989

3-4 分地区原油生产量
Crude Oil Production by Region

单位：万吨 (10⁴ tons)

地区	Region	1995	2000	2005	2010	2011	2012	2013	2014	2015	2016	2017	2018	2019
北京	Beijing													
天津	Tianjin	620.8	764.0	1793.0	3332.7	3187.8	3098.3	3044.5	3074.8	3496.8	3273.3	3102.4	3085.5	3111.9
河北	Hebei	517.0	518.3	562.5	599.0	586.1	584.0	591.0	592.3	580.1	546.0	539.1	537.2	550.0
山西	Shanxi													
内蒙古	Inner Mongolia								21.5	45.8	44.9	12.2	12.0	14.9
辽宁	Liaoning	1552.7	1401.1	1261.0	950.0	1000.0	1000.0	1001.0	1021.9	1037.1	1017.3	1044.2	1040.7	1053.3
吉林	Jilin	342.7	348.5	550.6	702.3	739.4	810.4	703.7	663.9	665.5	610.7	420.9	387.4	401.9
黑龙江	Heilongjiang	5601.5	5306.7	4516.0	4004.9	4006.0	4001.5	4001.0	4000.0	3838.6	3656.0	3420.3	3224.2	3090.0
上海	Shanghai		52.7	25.3	8.3	8.1	5.3	7.9	5.7	6.8	6.5	6.8	6.5	39.1
江苏	Jiangsu	101.4	155.0	164.7	186.0	189.0	194.5	201.5	206.0	190.5	166.0	156.1	155.4	153.5
浙江	Zhejiang													
安徽	Anhui													
福建	Fujian													
江西	Jiangxi													
山东	Shandong	3006.3	2675.7	2694.5	2786.0	2713.5	2774.7	2726.4	2713.2	2608.0	2295.3	2234.9	2242.1	2226.0
河南	Henan	602.0	562.2	507.2	497.9	485.5	476.6	476.5	470.5	412.1	315.7	282.9	258.8	251.1
湖北	Hubei	85.0	75.1	78.1	86.5	79.0	78.9	80.1	79.0	71.0	58.1	55.5	54.3	53.6
湖南	Hunan													
广东	Guangdong	651.0	1393.2	1470.0	1287.1	1152.8	1209.3	1291.8	1245.4	1572.6	1556.3	1435.2	1393.5	1507.5
广西	Guangxi	3.6	3.3	3.4	2.7	2.3	2.3	43.8	58.7	50.5	47.4	44.1	51.9	50.3
海南	Hainan	0.1		10.1	20.0	19.7	19.0	26.5	28.5	30.0	29.4	30.0	30.4	30.5
重庆	Chongqing													
四川	Sichuan	17.2	17.3	13.9	15.1	16.2	17.5	22.4	19.2	15.4	10.8	8.7	8.1	8.4
贵州	Guizhou													
云南	Yunnan	10.2		0.1										
西藏	Tibet													
陕西	Shaanxi	166.9	746.4	1778.2	3017.3	3225.4	3527.6	3688.0	3767.8	3736.7	3502.4	3489.8	3522.0	2700.1
甘肃	Gansu	267.8	55.3	78.9	58.2	62.6	69.9	72.8	71.2	66.6	40.4	47.0	51.8	903.5
青海	Qinghai	121.7	200.0	221.5	186.1	195.0	205.0	214.5	220.0	223.0	221.0	228.0	223.3	228.0
宁夏	Ningxia	39.0	139.0		3.1	3.6	2.3	6.1	7.9	13.4	6.2	0.7		
新疆	Xinjiang	1297.8	1848.2	2406.4	2558.2	2615.6	2670.7	2792.5	2875.3	2795.1	2564.9	2591.8	2647.4	2789.4

 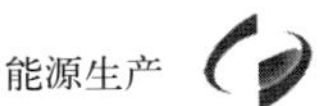

3-5 分地区汽油生产量
Gasoline Production by Region

单位：万吨 (10^4 tons)

地区	Region	1995	2000	2005	2010	2011	2012	2013	2014	2015	2016	2017	2018	2019
北京	Beijing	101.95	146.20	170.90	257.10	251.20	261.90	243.31	299.49	297.98	267.26	273.67	276.21	285.45
天津	Tianjin	94.02	122.02	145.42	164.60	178.20	183.60	211.31	199.60	245.84	229.06	251.95	288.53	291.18
河北	Hebei	135.11	159.04	223.60	270.00	292.80	293.60	304.68	322.21	432.83	475.88	385.86	446.42	536.06
山西	Shanxi				3.20	2.80		10.03	2.99	0.34		0.11		
内蒙古	Inner Mongolia	23.43		44.99	42.10	34.30	15.30	147.50	151.87	147.91	176.62	176.69	151.70	178.63
辽宁	Liaoning	398.22	683.88	965.60	1057.74	1017.43	1088.10	1059.99	1057.66	1128.52	1212.11	1316.49	1592.76	1789.13
吉林	Jilin	147.88	159.45	164.72	163.00	193.50	195.30	201.73	208.23	196.79	211.31	221.16	205.37	238.72
黑龙江	Heilongjiang	261.72	347.46	384.85	462.90	481.70	463.50	480.71	429.52	480.42	501.92	519.24	512.38	521.72
上海	Shanghai	111.00	263.69	263.45	259.70	274.40	305.00	499.24	471.59	537.31	536.12	570.01	528.43	607.57
江苏	Jiangsu	108.07	171.53	233.25	286.50	298.50	344.40	451.95	564.26	657.52	698.65	678.17	809.53	809.74
浙江	Zhejiang	124.15	178.98	288.69	305.10	315.20	284.53	285.10	308.46	333.27	307.69	352.08	338.83	351.70
安徽	Anhui	74.11	79.38	86.00	97.00	96.30	83.00	126.88	230.85	216.55	176.38	243.43	269.61	249.15
福建	Fujian	81.49	102.22	95.19	149.60	137.10	170.30	149.38	324.30	391.30	394.15	368.65	372.29	407.78
江西	Jiangxi	64.56	82.51	86.10	108.60	100.70	130.60	178.22	173.51	193.79	219.37	208.39	240.11	244.35
山东	Shandong	214.88	280.15	474.54	1195.46	1286.30	1525.36	1670.96	2188.35	2650.54	3252.16	3145.30	2782.04	2321.06
河南	Henan	138.68	136.86	127.65	208.00	191.40	239.20	222.47	209.60	163.95	203.62	186.87	226.65	206.60
湖北	Hubei	126.32	154.97	178.87	239.80	242.90	241.00	281.34	278.88	317.14	324.13	375.17	373.28	402.47
湖南	Hunan	90.38	120.19	122.83	125.50	191.00	240.70	241.34	199.02	228.33	240.18	220.89	279.12	280.30
广东	Guangdong	286.47	331.50	367.23	635.70	635.50	674.10	759.68	873.16	885.73	904.67	946.76	1153.08	1165.50
广西	Guangxi	15.09	15.64	19.38	77.30	229.70	300.60	337.39	409.34	432.15	432.04	497.45	519.67	516.93
海南	Hainan				263.20	295.20	302.70	233.78	218.06	248.19	233.44	224.41	276.56	301.03
重庆	Chongqing													
四川	Sichuan	5.92	8.42	23.20	57.80	76.20	65.20	74.07	194.80	217.44	256.58	280.34	181.21	262.39
贵州	Guizhou												84.68	
云南	Yunnan								2.91	2.08	0.66	103.76	347.32	397.65
西藏	Tibet													
陕西	Shaanxi	49.68	180.13	387.83	572.50	610.80	737.70	745.21	766.18	705.07	621.77	612.73	653.56	640.02
甘肃	Gansu	166.84	150.92	229.30	287.90	398.60	375.00	390.18	381.23	395.48	388.28	424.83	418.93	433.49
青海	Qinghai	29.48	20.78	29.40	40.80	46.30	42.10	44.89	49.34	53.91	52.47	51.68	45.83	53.01
宁夏	Ningxia	23.57	26.91	58.17	76.80	46.50	174.00	205.35	193.54	219.53	259.01	247.59	195.42	205.81
新疆	Xinjiang	178.53	211.86	238.06	268.15	233.53	239.28	277.35	320.88	323.63	356.48	392.49	395.17	423.24

3-6 分地区煤油生产量
Kerosene Production by Region

单位：万吨 (10^4 tons)

地 区	Region	1995	2000	2005	2010	2011	2012	2013	2014	2015	2016	2017	2018	2019
北 京	Beijing	0.26		12.36	116.10	126.40	132.90	99.38	152.31	160.00	149.79	190.77	187.57	191.30
天 津	Tianjin	8.85	32.57	25.83	81.20	115.00	94.50	130.76	134.14	157.42	125.62	172.09	190.85	209.52
河 北	Hebei	4.83	12.69	11.94	4.30		0.30	13.72	13.50	44.15	57.90	42.64	58.29	70.81
山 西	Shanxi													
内蒙古	Inner Mongolia	0.02						2.17	7.75	9.13	14.22	24.00	13.03	19.79
辽 宁	Liaoning	84.34	231.53	220.00	224.20	222.00	293.30	355.90	380.50	429.10	495.91	504.59	612.31	768.88
吉 林	Jilin	1.96	1.28						8.79	21.61	28.22	29.54	26.91	32.45
黑龙江	Heilongjiang	22.27	23.27	19.28	31.50	34.70	42.30	63.97	73.98	68.46	82.14	87.75	63.82	69.86
上 海	Shanghai	35.84	48.38	144.25	149.30	150.10	165.10	222.69	244.61	292.93	292.39	292.80	257.91	341.81
江 苏	Jiangsu	50.64	67.21	99.41	165.60	201.30	231.60	244.84	290.39	410.60	434.35	390.89	484.54	499.50
浙 江	Zhejiang	32.31	107.28	130.97	154.60	162.90	156.20	208.97	218.77	226.26	213.31	246.55	273.34	293.65
安 徽	Anhui									0.44	12.98	34.83	40.37	39.57
福 建	Fujian	3.49	8.64	5.81	94.70	106.80	103.20	79.34	118.40	274.82	359.34	332.32	356.58	399.12
江 西	Jiangxi	2.14	4.44	4.67			3.20	21.93	24.35	34.17	54.95	57.47	67.15	70.73
山 东	Shandong	24.89	44.96	34.65	86.70	92.20	114.90	163.50	199.53	200.79	257.86	289.02	305.29	270.03
河 南	Henan	21.10	17.04	20.07	56.90	47.70	72.10	78.28	72.63	49.48	62.78	62.80	66.66	62.71
湖 北	Hubei	13.64	16.38	8.85	46.20	51.20	50.90	63.78	84.84	107.75	98.25	120.88	124.71	149.06
湖 南	Hunan	7.49	8.57	10.99	4.80	12.50	28.30	35.22	38.98	51.69	63.35	64.36	85.44	98.85
广 东	Guangdong	72.28	147.68	156.29	344.00	366.10	399.10	438.34	535.00	641.13	682.88	713.39	828.92	840.45
广 西	Guangxi	0.55	0.05	0.01	3.30	18.40	35.10	23.80	90.30	105.67	88.60	112.66	128.72	159.56
海 南	Hainan				44.60	68.10	78.00	90.57	138.64	150.21	151.19	133.09	142.25	157.07
重 庆	Chongqing			0.02										
四 川	Sichuan	2.76	4.23	1.44	1.10	0.90	1.20	1.86	0.42	29.07	46.88	46.05	46.94	84.78
贵 州	Guizhou													
云 南	Yunnan											21.84	96.12	110.01
西 藏	Tibet													
陕 西	Shaanxi	1.65	8.46		27.70	25.70	30.80	29.84	35.28	33.08	30.25	49.76	78.28	78.67
甘 肃	Gansu	38.64	55.88	49.61	32.30	31.70	39.40	75.29	63.99	74.21	82.04	108.52	112.32	115.40
青 海	Qinghai													3.37
宁 夏	Ningxia							7.04	8.65	14.22	19.64	18.70	24.11	25.00
新 疆	Xinjiang	15.80	31.75	32.14	45.60	46.10	59.00	62.66	65.27	72.25	79.00	83.57	96.34	110.61

3-7 分地区柴油生产量
Diesel Oil Production by Region

单位：万吨 (10^4 tons)

地 区	Region	1995	2000	2005	2010	2011	2012	2013	2014	2015	2016	2017	2018	2019
北 京	Beijing	79.20	183.92	199.41	350.40	355.70	319.10	247.15	266.95	208.62	189.57	169.84	159.77	173.11
天 津	Tianjin	119.44	246.82	364.54	602.70	646.00	607.10	659.53	582.43	545.26	450.88	467.73	466.87	464.93
河 北	Hebei	165.81	271.19	403.42	486.90	538.30	547.00	438.50	394.36	497.79	501.92	437.34	412.39	556.48
山 西	Shanxi	0.16			0.20								1.79	47.29
内蒙古	Inner Mongolia	20.46		41.01	79.30	93.60	76.40	207.87	214.67	177.29	177.58	192.04	159.46	172.19
辽 宁	Liaoning	677.68	1202.07	1899.60	2379.82	2284.75	2357.95	2391.33	2331.03	2270.88	2044.31	2015.24	2176.62	2146.81
吉 林	Jilin	99.83	178.81	367.43	322.20	412.90	383.40	387.95	382.09	349.61	349.65	317.87	283.60	299.29
黑龙江	Heilongjiang	379.68	532.61	627.52	615.50	609.12	573.00	584.50	530.46	534.42	482.28	425.86	412.50	340.40
上 海	Shanghai	129.13	401.30	717.86	773.60	798.90	822.10	859.25	685.12	761.00	708.79	707.14	637.01	696.99
江 苏	Jiangsu	207.31	408.69	725.87	808.30	746.80	678.70	759.08	687.31	718.67	761.14	844.97	763.81	664.03
浙 江	Zhejiang	201.52	387.40	728.09	832.60	870.90	801.80	769.07	713.93	685.23	630.50	671.51	633.35	641.52
安 徽	Anhui	98.87	151.85	177.36	196.00	208.20	180.00	225.14	303.32	280.04	197.47	251.88	183.40	181.57
福 建	Fujian	85.15	161.49	150.34	388.00	253.20	327.70	283.36	559.96	506.29	422.46	388.11	486.48	571.75
江 西	Jiangxi	83.17	127.09	132.53	190.80	193.90	229.00	204.78	179.61	211.92	307.32	288.26	289.44	293.81
山 东	Shandong	328.63	540.04	939.01	2263.86	2463.50	2666.36	2885.08	3244.32	3952.20	4882.10	5083.25	3986.00	3125.04
河 南	Henan	121.69	213.42	219.02	297.57	274.32	310.60	250.19	191.22	138.43	143.80	176.43	218.12	204.16
湖 北	Hubei	153.05	247.01	329.83	379.60	389.32	354.80	464.28	459.65	450.42	426.58	489.65	447.14	465.94
湖 南	Hunan	104.36	215.53	229.25	215.00	291.60	342.50	322.40	243.25	287.41	258.99	193.40	221.37	219.22
广 东	Guangdong	377.36	654.02	875.28	1531.00	1551.70	1539.90	1580.73	1503.74	1419.41	1376.46	1370.60	1603.90	1469.20
广 西	Guangxi	14.98	24.92	36.33	145.50	474.80	650.90	595.46	574.82	592.35	528.41	608.97	581.09	576.94
海 南	Hainan				346.00	319.20	294.00	229.70	280.88	331.16	268.26	229.27	260.27	278.43
重 庆	Chongqing				0.60		0.40	0.44						
四 川	Sichuan	5.78	11.14	48.52	83.30	86.60	86.00	59.11	313.63	340.91	289.16	291.88	179.27	243.48
贵 州	Guizhou													
云 南	Yunnan											156.23	406.36	419.74
西 藏	Tibet													
陕 西	Shaanxi	52.93	223.19	513.38	854.40	853.30	921.50	883.97	895.75	841.99	744.20	722.63	697.53	676.91
甘 肃	Gansu	188.59	276.23	535.67	619.90	736.00	685.00	660.54	628.39	584.38	526.28	532.60	531.39	548.82
青 海	Qinghai	20.99	22.63	44.31	56.70	73.00	67.50	65.49	61.97	67.32	63.45	66.90	61.17	65.59
宁 夏	Ningxia	24.92	33.44	76.57	92.30	53.30	182.00	197.66	193.11	205.31	237.21	302.22	250.88	237.44
新 疆	Xinjiang	231.88	364.79	697.27	976.10	1097.40	1059.10	1063.15	1213.38	1049.58	948.91	916.21	849.09	857.19

3-8 分地区燃料油生产量
Fuel Oil Production by Region

单位：万吨 (10^4 tons)

地区	Region	1995	2000	2005	2010	2011	2012	2013	2014	2015	2016	2017	2018	2019
北京	Beijing	220.31	78.95	75.29	35.08	21.40	18.40	22.76	12.08	4.11	2.79	3.89	4.16	0.72
天津	Tianjin	142.38	40.60	29.38	62.68	21.90	23.30	19.34	12.16	5.69	2.67	0.64	2.11	2.07
河北	Hebei	44.26	30.17	25.37	116.94	17.40	25.00	109.49	132.27	123.01	160.31	194.12	163.60	152.50
山西	Shanxi													
内蒙古	Inner Mongolia	18.85		13.56	30.78	11.20	7.20	9.26	7.97	6.81	5.18	7.96	6.48	8.01
辽宁	Liaoning	610.43	413.40	466.15	602.36	572.80	454.20	377.60	297.25	194.80	165.79	149.20	205.17	195.06
吉林	Jilin	85.11	95.59	34.76	36.83	40.00	31.90	27.19	22.48	23.20	28.16	28.68	27.80	28.86
黑龙江	Heilongjiang	181.28	120.56	44.69	55.38	40.40	46.50	42.73	53.70	44.27	26.68	17.73	19.76	20.41
上海	Shanghai	290.40	139.03	119.67	29.57	29.30	17.30	40.79	42.94	27.82	21.70	12.99	19.59	36.04
江苏	Jiangsu	162.04	136.29	159.43	187.61	232.40	284.00	281.16	317.74	300.12	365.01	320.70	154.83	186.73
浙江	Zhejiang	78.33	123.40	109.76	134.66	157.80	115.50	104.12	98.85	110.50	108.74	139.63	139.83	483.31
安徽	Anhui	48.48	10.68	8.30	12.44	7.90	6.00	4.60	4.60	1.81	1.23	0.53	3.53	5.67
福建	Fujian	10.44	10.01	8.86	2.60	3.70	4.30	21.75	53.48	68.75	35.81	29.79	28.68	63.79
江西	Jiangxi	43.27	54.27	39.53	20.89	7.80	4.30	5.38	1.40	0.20		0.24	1.41	8.09
山东	Shandong	334.33	274.66	602.62	365.19	327.90	398.40	871.47	917.81	928.84	1192.75	1245.07	840.70	724.31
河南	Henan	19.56	30.42	40.02	17.20	14.70	14.50	43.65	49.78	41.55	26.22	12.07	8.42	3.93
湖北	Hubei	95.49	40.24	28.38	21.93	21.30	16.20	12.06	10.31	7.77	1.89	1.76	5.85	7.06
湖南	Hunan	55.29	33.95	31.55	22.66	24.00	25.10	55.67	53.53	24.87	5.27	4.53	4.69	4.31
广东	Guangdong	214.73	186.13	248.08	156.38	130.80	192.20	333.01	254.55	190.92	204.66	186.12	166.80	178.74
广西	Guangxi	3.60	4.37	9.16	30.82	60.80	72.70	63.92	31.17	19.41	17.63	6.30	5.91	11.66
海南	Hainan		9.45	4.36	27.04	36.70	33.70	17.02	24.86	24.23	80.45	50.51	56.47	56.56
重庆	Chongqing			0.06			5.20							
四川	Sichuan	3.58	4.10		14.39	26.20	27.30	27.90	40.72	49.51	46.04	30.59	24.48	28.32
贵州	Guizhou							0.05						
云南	Yunnan	0.58										7.57	1.92	
西藏	Tibet													
陕西	Shaanxi	55.64	41.54	83.69	85.30	30.90	61.80	21.64	18.68	23.32	12.41	157.08	152.93	162.58
甘肃	Gansu	101.21	91.65	39.57	20.57	15.50	19.80	22.67	25.11	16.92	6.78	2.28	3.91	3.30
青海	Qinghai	19.72	6.39	2.11	3.34	4.20	4.10	4.25	3.81	3.50	3.93	4.10	3.92	4.13
宁夏	Ningxia	10.24	10.54	3.23	3.10	1.70	9.90	7.71	7.67	25.64	19.95	25.92	38.42	61.85
新疆	Xinjiang	111.22	67.26	33.61	19.33	10.10	10.30	47.14	46.77	45.44	44.84	53.36	45.32	31.70

3-9 分地区天然气生产量
Natural Gas Production by Region

单位：亿立方米 (10^8 cu.m)

地 区	Region	1995	2000	2005	2010	2011	2012	2013	2014	2015	2016	2017	2018	2019
北 京	Beijing							7.50	12.80	16.88	21.68	15.41	17.28	14.55
天 津	Tianjin	7.57	9.10	8.79	17.20	18.40	18.70	18.73	21.15	20.54	19.69	21.50	33.94	34.90
河 北	Hebei	3.49	5.14	6.92	12.70	12.20	13.40	15.58	17.50	10.43	7.78	7.39	6.15	5.84
山 西	Shanxi	0.47	1.14	3.24				25.11	31.60	43.08	43.22	46.76	53.06	82.55
内蒙古	Inner Mongolia		4.55					10.04	15.45	9.24	0.27	0.19	16.07	22.07
辽 宁	Liaoning	21.12	14.70	11.72	8.00	7.20	7.20	8.32	8.11	6.59	5.52	5.11	5.87	6.18
吉 林	Jilin	1.83	2.05	5.40	13.70	15.00	22.20	23.91	22.28	20.31	19.77	18.58	18.35	19.82
黑龙江	Heilongjiang	25.91	23.04	24.43	30.00	31.00	33.70	34.99	35.39	35.82	38.04	40.54	43.54	45.66
上 海	Shanghai		2.60	6.04	3.30	3.00	2.90	2.35	2.12	1.88	2.02	1.71	14.54	12.47
江 苏	Jiangsu	0.19	0.24	0.64	0.60	0.50	0.60	0.51	0.52	0.37	1.33	2.94	9.97	4.09
浙 江	Zhejiang		0.04	0.03								6.14		
安 徽	Anhui										3.38	2.60	2.25	2.12
福 建	Fujian													
江 西	Jiangxi								0.43	0.35	0.23	0.21	0.17	0.03
山 东	Shandong	12.85	6.88	9.25	5.33	5.20	6.00	5.11	4.92	4.57	4.22	4.15	4.80	4.98
河 南	Henan	11.38	14.95	17.62	6.72	5.00	5.00	4.93	4.87	4.19	3.30	2.98	2.90	2.96
湖 北	Hubei	0.76	0.91	1.12	2.00	2.28	1.70	3.09	1.45	1.35	1.31	1.27	5.13	1.07
湖 南	Hunan													
广 东	Guangdong	1.03	34.60	44.75	78.40	83.30	83.50	75.26	83.66	96.57	79.25	89.23	102.50	112.08
广 西	Guangxi							0.10	0.16	0.16	0.20	0.21	0.19	0.23
海 南	Hainan			1.66	1.80	2.00	1.80	2.25	1.58	1.88	1.37	1.10	1.06	1.03
重 庆	Chongqing		1.94	3.27	1.20	0.46	0.40	1.70	7.78	33.32	51.75	60.70	61.17	72.74
四 川	Sichuan	76.64	88.60	142.30	237.65	265.53	242.26	244.81	253.53	267.22	296.91	356.39	369.86	416.88
贵 州	Guizhou		0.70	0.53	0.12			0.41	0.40	0.93	3.41	4.15	2.97	3.15
云 南	Yunnan	1.81	0.05	0.22	0.06	0.07	0.05	0.02	0.02		0.02	0.04		
西 藏	Tibet													
陕 西	Shaanxi	0.22	21.10	75.46	223.50	272.20	311.30	371.65	410.11	415.92	411.91	419.40	442.89	481.55
甘 肃	Gansu	1.13	0.20	0.84	0.20	0.20	0.20	0.17	0.15	0.08	0.06	0.60	1.03	1.58
青 海	Qinghai	0.64	3.91	22.26	56.10	65.00	64.28	68.06	68.90	61.37	60.81	64.01	64.05	64.00
宁 夏	Ningxia	0.62	0.15			3.02	3.33							
新 疆	Xinjiang	11.81	35.38	106.71	249.90	235.33	253.01	283.98	296.70	293.02	291.21	307.04	321.84	341.08

3-10 分地区发电量
Power Generation by Region

单位：亿千瓦小时 (10^8 kW•h)

地 区	Region	1995	2000	2005	2010	2011	2012	2013	2014	2015	2016	2017	2018	2019
北 京	Beijing	132	145	213	269	263	291	336	369	421	434	397	451	464
天 津	Tianjin	134	211	369	589	621	590	624	626	623	618	638	725	733
河 北	Hebei	607	844	1339	1993	2327	2411	2507	2559	2498	2631	2983	3229	3298
山 西	Shanxi	506	620	1312	2151	2344	2546	2641	2679	2449	2535	2861	3203	3362
内蒙古	Inner Mongolia	279	439	1057	2489	2973	3172	3567	3977	3929	3950	4413	4961	5495
辽 宁	Liaoning	540	646	904	1295	1370	1441	1554	1656	1665	1779	1844	1986	2073
吉 林	Jilin	285	314	433	605	710	692	779	781	731	760	760	869	946
黑龙江	Heilongjiang	388	427	596	777	835	849	839	889	874	900	954	1047	1112
上 海	Shanghai	403	553	734	876	949	886	959	793	793	807	852	848	822
江 苏	Jiangsu	700	910	2120	3359	3763	4001	4321	4346	4361	4709	4924	5146	5166
浙 江	Zhejiang	401	625	1456	2568	2777	2808	2942	2898	3011	3198	3336	3493	3538
安 徽	Anhui	310	355	648	1444	1635	1771	1970	2074	2062	2253	2478	2741	2887
福 建	Fujian	262	404	778	1356	1580	1623	1777	1907	1901	2007	2226	2479	2578
江 西	Jiangxi	176	203	373	664	730	728	875	882	982	1085	1160	1286	1376
山 东	Shandong	739	1005	1911	3043	3169	3212	3549	4655	4685	5329	5775	5920	5897
河 南	Henan	548	695	1415	2192	2585	2643	2864	2741	2625	2653	2747	3060	2888
湖 北	Hubei	453	559	1290	2043	2086	2238	2237	2351	2341	2479	2631	2817	2958
湖 南	Hunan	333	354	644	1226	1347	1398	1356	1337	1314	1385	1438	1540	1559
广 东	Guangdong	821	1293	2279	3237	3802	3764	3875	4013	4035	4170	4517	4716	5051
广 西	Guangxi	217	289	446	1032	1039	1186	1266	1336	1300	1347	1468	1732	1846
海 南	Hainan	32	39	82	153	173	199	231	245	261	288	305	325	346
重 庆	Chongqing		168	254	504	582	598	630	678	680	701	738	812	812
四 川	Sichuan	576	500	1019	1795	1981	2151	2631	3095	3130	3274	3452	3693	3924
贵 州	Guizhou	232	405	798	1386	1379	1618	1678	1746	1815	1904	1932	2021	2207
云 南	Yunnan	228	298	624	1365	1555	1759	2181	2526	2553	2693	2950	3242	3466
西 藏	Tibet	5	7	13	21	27	26	29	36	45	54	59	69	86
陕 西	Shaanxi	237	272	549	1112	1222	1342	1512	1630	1623	1757	1846	1920	2193
甘 肃	Gansu	238	254	506	792	1028	1103	1202	1241	1242	1214	1303	1540	1631
青 海	Qinghai	60	134	216	468	463	584	611	581	566	553	615	811	886
宁 夏	Ningxia	108	137	313	587	939	1010	1105	1196	1155	1144	1406	1672	1766
新 疆	Xinjiang	120	182	310	679	875	1237	1668	2100	2479	2719	3037	3306	3670

3-11 分地区水力发电量
Hydro Power Generation by Region

单位：亿千瓦小时 (10^8 kW•h)

地　区	Region	1995	2000	2005	2010	2011	2012	2013	2014	2015	2016	2017	2018	2019
北　京	Beijing	3.18	8.64	4.71	4.40	4.48	4.38	4.72	6.82	6.64	12.29	11.25	9.91	10.19
天　津	Tianjin	0.21	0.14					0.20	0.18	0.16	0.03	0.07	0.15	0.12
河　北	Hebei	12.63	4.70	5.61	5.55	7.25	4.70	10.93	11.00	9.98	22.26	15.56	10.54	16.44
山　西	Shanxi	7.11	13.04	20.32	36.63	34.63	43.79	38.87	33.06	29.26	37.50	42.46	43.18	49.07
内蒙古	Inner Mongolia	1.43	5.59	11.55	16.29	12.21	17.66	19.74	37.49	36.42	27.48	20.11	36.49	58.07
辽　宁	Liaoning	41.71	14.89	56.73	43.98	31.69	38.24	61.11	41.80	32.28	47.03	30.31	33.57	43.58
吉　林	Jilin	83.16	47.84	78.30	105.50	62.90	65.78	118.48	72.55	58.42	82.42	63.47	63.40	66.76
黑龙江	Heilongjiang	6.69	13.19	14.70	22.53	17.02	16.34	30.52	20.04	16.86	16.87	21.02	26.20	27.71
上　海	Shanghai													
江　苏	Jiangsu	0.35	0.13	2.66	2.98	2.02	11.22	11.09	11.65	11.69	17.35	28.93	33.22	30.76
浙　江	Zhejiang	78.25	65.23	135.11	230.85	161.72	187.01	173.28	176.18	229.06	274.41	204.06	180.02	256.58
安　徽	Anhui	11.39	4.58	12.52	18.85	17.90	19.60	34.15	40.51	48.67	63.17	57.13	53.84	51.09
福　建	Fujian	154.91	195.22	291.00	453.69	285.20	476.20	402.68	454.40	466.07	644.39	463.66	351.17	442.35
江　西	Jiangxi	55.13	53.50	67.88	117.85	79.82	111.66	128.93	138.16	178.31	198.53	153.21	120.28	167.74
山　东	Shandong	0.40	0.03	1.30	2.14	2.03	1.23	3.45	5.19	7.77	13.92	6.46	4.64	5.23
河　南	Henan	15.64	15.52	67.91	91.67	103.42	136.72	114.71	98.95	110.16	95.54	101.23	143.95	145.06
湖　北	Hubei	258.82	281.40	813.65	1263.83	1163.89	1415.34	1202.96	1375.99	1328.47	1410.72	1504.24	1465.49	1356.98
湖　南	Hunan	157.97	191.15	241.28	502.53	459.03	602.70	507.14	559.86	572.52	621.51	594.92	535.75	543.97
广　东	Guangdong	131.10	106.11	207.74	348.86	331.03	367.31	388.81	407.14	436.76	443.34	319.21	255.65	391.01
广　西	Guangxi	138.30	168.87	195.82	475.26	415.49	541.56	488.95	654.52	749.31	654.38	686.72	699.43	593.41
海　南	Hainan	11.32	11.54	10.64	13.34	12.55	15.36	23.93	24.55	11.39	19.13	26.37	25.51	17.27
重　庆	Chongqing		38.22	67.32	169.25	184.27	244.75	177.32	240.20	229.44	247.18	261.71	257.85	242.27
四　川	Sichuan	259.79	315.11	653.35	1213.42	1364.02	1562.46	2002.01	2501.14	2667.64	2852.07	3023.56	3162.67	3316.01
贵　州	Guizhou	114.90	183.44	213.35	416.58	355.00	582.05	477.80	683.96	789.22	733.73	723.72	714.93	769.36
云　南	Yunnan	162.05	196.53	349.19	814.12	1007.43	1238.23	1656.34	2058.76	2177.57	2278.15	2489.67	2695.31	2855.85
西　藏	Tibet	3.04	5.54	12.10	15.85	20.62	18.98	19.75	29.03	39.51	48.78	51.14	57.28	68.49
陕　西	Shaanxi	25.43	34.80	50.54	87.24	99.63	88.91	110.87	116.89	134.26	125.14	140.15	137.01	154.98
甘　肃	Gansu	96.18	102.54	165.57	262.32	252.00	294.67	332.98	354.18	335.98	313.51	350.58	411.37	496.12
青　海	Qinghai	42.57	107.69	160.58	371.11	370.87	455.50	435.49	391.28	364.33	300.85	328.14	517.90	554.04
宁　夏	Ningxia	9.30	8.18	16.41	18.02	16.75	19.06	18.76	17.46	15.53	14.02	15.45	19.76	21.87
新　疆	Xinjiang	22.82	30.83	42.33	97.08	114.58	139.66	206.95	165.91	209.05	224.75	244.12	251.42	292.00

3-12 分地区火力发电量
Thermal Power Generation by Region

单位：亿千瓦小时 (10⁸ kW•h)

地 区	Region	1995	2000	2005	2010	2011	2012	2013	2014	2015	2016	2017	2018	2019
北 京	Beijing	128.18	136.62	209.80	261.80	255.50	283.20	327.88	359.04	411.16	417.76	379.70	434.33	445.71
天 津	Tianjin	131.58	211.35	365.69	559.60	619.52	587.32	619.05	619.84	615.45	611.51	626.81	708.49	706.60
河 北	Hebei	593.72	839.53	1332.17	1926.28	2214.67	2246.36	2334.06	2368.85	2291.62	2372.47	2645.30	2809.74	2787.25
山 西	Shanxi	498.85	607.27	1291.65	2104.00	2301.73	2456.14	2551.32	2576.32	2330.26	2362.85	2607.22	2853.44	2960.80
内蒙古	Inner Mongolia	277.11	432.09	1042.28	2226.55	2639.00	2845.29	3167.64	3522.75	3427.49	3374.88	3741.98	4164.48	4608.41
辽 宁	Liaoning	496.63	628.00	845.00	1204.04	1260.40	1304.35	1333.65	1369.64	1357.71	1399.56	1415.04	1453.80	1476.74
吉 林	Jilin	201.45	265.48	354.16	463.29	591.97	577.62	606.13	647.82	597.05	592.28	620.75	676.94	725.24
黑龙江	Heilongjiang	381.30	413.54	581.13	720.35	771.57	765.88	732.66	795.87	790.43	803.48	821.13	876.20	911.73
上 海	Shanghai	401.93	553.09	728.74	864.79	946.00	882.45	951.51	789.53	787.55	800.14	836.13	823.75	797.45
江 苏	Jiangsu	698.42	909.57	2114.03	3166.32	3562.63	3779.05	4099.24	4093.76	4104.31	4403.02	4536.90	4578.08	4468.81
浙 江	Zhejiang	300.67	539.18	1094.64	2075.47	2323.10	2258.60	2412.80	2354.49	2259.86	2374.01	2560.25	2595.26	2500.95
安 徽	Anhui	297.94	350.87	636.37	1420.18	1609.86	1744.11	1928.35	2017.84	1988.11	2134.69	2319.56	2533.74	2663.97
福 建	Fujian	106.60	208.45	486.88	890.43	1272.58	1118.97	1263.03	1268.92	1092.25	900.20	1132.44	1398.71	1411.24
江 西	Jiangxi	121.35	149.85	305.61	545.36	648.70	615.04	745.34	734.55	785.61	856.93	949.00	1073.43	1100.96
山 东	Shandong	738.83	1005.14	1909.59	3003.60	3128.18	3141.53	3464.17	4528.47	4545.63	5142.88	5546.69	5524.79	5292.91
河 南	Henan	532.01	677.76	1346.77	2092.09	2467.24	2489.42	2741.34	2633.91	2498.99	2526.05	2581.06	2774.96	2553.50
湖 北	Hubei	193.71	277.73	476.15	752.72	913.63	813.88	1021.59	966.39	993.76	1016.50	1047.14	1238.39	1469.94
湖 南	Hunan	174.86	163.27	403.13	723.75	880.78	779.17	841.89	765.69	712.65	723.32	787.67	923.42	914.60
广 东	Guangdong	583.62	1038.61	1764.53	2487.86	3017.97	2880.99	2973.41	3019.24	2934.43	2971.70	3327.59	3467.52	3433.89
广 西	Guangxi	78.99	120.21	250.23	543.73	623.02	639.83	774.21	678.66	544.33	574.49	626.83	820.61	1006.51
海 南	Hainan	20.21	27.51	72.46	137.39	157.24	180.96	200.62	215.10	236.07	199.95	195.34	211.23	212.46
重 庆	Chongqing		129.68	185.81	333.76	393.50	338.80	450.92	436.45	448.28	449.37	467.58	543.42	554.93
四 川	Sichuan	316.18	185.13	365.42	570.21	609.42	587.90	628.10	589.62	450.13	397.83	374.28	453.47	508.47
贵 州	Guizhou	116.64	221.27	584.30	969.05	1024.00	1026.77	1185.44	1045.08	986.64	1114.21	1136.51	1221.96	1339.53
云 南	Yunnan	66.37	101.32	274.89	546.25	536.03	493.42	479.30	402.80	277.85	238.04	240.34	291.89	316.31
西 藏	Tibet	0.25	0.05	0.08	3.82	4.60	4.60	6.76	3.62	1.49	1.82	1.62	2.93	3.88
陕 西	Shaanxi	211.34	237.48	495.85	1024.89	1122.04	1252.07	1391.71	1490.57	1452.38	1581.48	1613.54	1639.69	1860.45
甘 肃	Gansu	141.56	150.98	339.70	502.29	709.90	717.50	734.64	731.51	719.76	704.18	694.45	803.44	787.82
青 海	Qinghai	17.85	26.10	55.63	97.15	91.80	114.70	134.43	129.86	122.00	152.19	161.24	124.36	107.37
宁 夏	Ningxia	98.48	128.43	295.19	551.36	909.42	954.70	1011.60	1086.89	1017.09	953.56	1167.14	1367.77	1443.87
新 疆	Xinjiang	97.27	149.29	265.48	550.90	731.02	1047.52	1357.29	1758.03	2061.52	2219.36	2384.74	2572.95	2829.19

3-13 分地区核能、风力、太阳能发电量
Nuclear,Wind,Solar Power Generation by Region

单位：亿千瓦小时 (10^{8} kW•h)

地 区	Region	核能发电量 (Nuclear Power Generation)					风力发电量 (Wind Power Generation)					太阳能发电量 (Solar Power Generation)				
		2015	2016	2017	2018	2019	2015	2016	2017	2018	2019	2015	2016	2017	2018	2019
北 京	Beijing						2.57	3.27	3.47	3.49	3.41	0.51	1.07	2.25	3.06	4.77
天 津	Tianjin						6.28	5.84	5.87	8.06	10.83	0.03	0.16	4.94	8.08	15.43
河 北	Hebei						186.18	209.32	249.59	282.64	317.66	9.47	26.54	73.01	126.47	176.31
山 西	Shanxi						85.80	120.28	164.32	212.13	224.30	3.24	14.45	47.25	94.05	127.50
内蒙古	Inner Mongolia						407.88	464.18	544.97	630.99	665.80	56.99	83.26	106.22	129.20	162.80
辽 宁	Liaoning	144.66	199.83	235.98	301.57	327.30	111.84	128.93	151.65	165.09	183.09	1.23	3.41	11.02	31.91	42.23
吉 林	Jilin						72.66	84.66	65.92	104.82	114.62	0.80	0.91	9.64	24.23	39.76
黑龙江	Heilongjiang						64.67	79.62	108.49	124.63	139.95	0.16	0.44	3.80	20.27	32.44
上 海	Shanghai						4.79	6.70	14.99	17.73	16.91	0.35	0.45	0.56	6.06	7.77
江 苏	Jiangsu	166.17	153.73	172.80	242.18	328.89	59.25	94.12	120.36	172.53	183.89	19.34	41.15	64.55	119.80	154.07
浙 江	Zhejiang	496.23	503.64	510.56	586.94	628.52	16.42	23.42	26.15	30.59	32.61	7.65	22.17	35.34	100.31	118.99
安 徽	Anhui						20.57	34.17	39.58	50.09	46.96	3.74	20.67	61.26	103.63	124.66
福 建	Fujian	289.97	409.12	560.08	643.68	621.17	44.97	50.26	65.93	72.30	87.27	4.71	3.46	3.91	13.60	15.94
江 西	Jiangxi						11.33	18.77	31.41	41.18	51.30	2.34	11.13	26.72	51.53	55.90
山 东	Shandong				38.67	207.20	102.91	142.51	164.24	213.55	224.99	21.05	29.96	56.54	136.83	166.90
河 南	Henan						13.69	18.01	26.21	56.89	87.99	0.90	13.06	38.02	83.78	101.75
湖 北	Hubei						17.19	40.40	54.79	64.40	73.83	1.36	11.40	24.34	48.89	56.76
湖 南	Hunan						28.35	39.63	49.00	60.35	74.98	0.37	0.63	6.03	20.49	25.87
广 东	Guangdong	606.48	703.45	799.87	892.41	1101.73	55.41	47.44	57.34	63.14	71.00	1.81	4.47	13.41	37.57	53.40
广 西	Guangxi		102.99	126.81	160.96	171.53	5.91	13.81	24.25	41.99	61.33	0.38	0.84	3.29	9.26	13.49
海 南	Hainan	4.37	60.11	74.59	77.17	97.20	5.95	6.41	5.36	5.14	4.75	1.94	2.14	2.87	6.31	14.00
重 庆	Chongqing						2.09	4.65	7.67	8.26	11.02			0.61	2.09	3.33
四 川	Sichuan						10.19	17.90	38.46	54.65	71.25	1.12	6.06	16.11	22.42	28.15
贵 州	Guizhou						39.00	55.17	64.51	68.41	78.05		0.88	7.47	15.76	19.60
云 南	Yunnan						92.28	155.32	191.70	220.00	245.29	5.68	21.03	27.76	35.08	48.18
西 藏	Tibet									0.14	0.16	2.61	2.88	4.76	8.36	12.77
陕 西	Shaanxi						27.87	37.46	51.92	72.22	83.62	8.07	13.34	40.63	71.28	94.15
甘 肃	Gansu						126.70	136.44	185.42	230.06	228.11	59.12	60.19	72.15	95.02	118.44
青 海	Qinghai						6.59	10.01	17.42	37.57	66.49	72.67	89.91	108.42	131.07	158.24
宁 夏	Ningxia						80.51	125.47	149.78	186.83	185.55	40.78	51.34	73.67	97.31	114.69
新 疆	Xinjiang						147.83	196.55	291.53	359.84	413.30	59.38	78.47	116.85	121.47	136.00

3-14 分地区城市天然气供应情况

地 区	Region	供气总量(万立方米) Total Gas Supply (10^4 cu.m)							
		2000	2005	2010	2015	2016	2017	2018	2019
全 国	**National Total**	**821476**	**2104951**	**4875808**	**10407906**	**11717186**	**12637546**	**14439538**	**16085570**
北 京	Beijing	95740	317397	719740	1444924	1622393	1641696	1915978	1924347
天 津	Tianjin	23474	68966	169453	306630	341705	422860	501030	576197
河 北	Hebei	4647	25374	106740	314237	366439	485113	511224	581672
山 西	Shanxi	5611	10802	141440	247397	261057	316260	380672	404718
内蒙古	Inner Mongolia		9444	69531	133207	152198	181191	206893	221198
辽 宁	Liaoning	24923	36817	66173	170434	204093	308119	320901	335858
吉 林	Jilin	13162	17333	43462	111432	130251	148205	174481	209125
黑龙江	Heilongjiang	4185	19555	72497	113245	121539	141437	158565	164258
上 海	Shanghai	25974	174962	450032	734776	770332	808141	892863	973605
江 苏	Jiangsu		87634	472309	969799	962542	1087514	1238706	1332189
浙 江	Zhejiang		10428	118884	319276	386397	484008	625647	656652
安 徽	Anhui	600	11564	112190	234585	285424	311230	342510	385150
福 建	Fujian			51101	148807	159641	197249	242393	263595
江 西	Jiangxi		1051	11263	73570	90645	118153	145718	169840
山 东	Shandong	84065	116691	326931	633917	675242	816265	981325	1074897
河 南	Henan	55018	53337	158928	332808	366133	454874	543823	601761
湖 北	Hubei	1	17422	152833	330397	377102	423990	482853	570290
湖 南	Hunan		5632	111757	215488	225562	236293	259348	283440
广 东	Guangdong	339	71597	170266	1232938	1662579	1247389	1330152	1918463
广 西	Guangxi		84	10320	38789	48713	69676	73588	87444
海 南	Hainan		6360	14264	29004	23611	24611	29818	36844
重 庆	Chongqing	68049	164614	254021	349378	384521	466511	492502	538136
四 川	Sichuan	388394	598531	525686	627976	688686	718967	847233	920112
贵 州	Guizhou	450	6199	3546	32906	39822	70939	82932	99848
云 南	Yunnan	1533	14500	119	7345	16799	28746	37632	48815
西 藏	Tibet		808		1346	1346	2772	3206	3862
陕 西	Shaanxi	17770	76285	164654	311286	342797	385643	473502	521589
甘 肃	Gansu	78	4100	72917	161907	168571	203741	235059	252040
青 海	Qinghai	2022	63606	61557	133022	136733	146460	157322	170390
宁 夏	Ningxia	56	68193	108485	199279	214980	182460	222697	216050
新 疆	Xinjiang	5385	45665	134711	447797	489334	507035	528964	543186

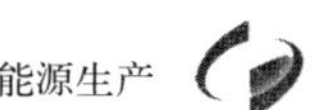

Basic Statistics on Supply of Natural Gas in Cities by Region

用气人口(万人) Population with Access(10^4 persons)							
2000	2005	2010	2015	2016	2017	2018	2019
2581	**7104**	**17021**	**28561**	**30856**	**33934**	**36902**	**39025**
295	880	1292	1446	1447	1445	1435	1436
304	412	574	847	891	811	1242	1252
31	142	839	1214	1374	1500	1598	1658
36	50	431	897	952	1003	1018	1071
	50	258	536	587	623	657	668
410	567	797	1068	1155	1417	1487	1571
77	167	290	677	674	740	821	840
56	104	568	747	802	868	928	948
67	522	1093	1594	1621	1720	1805	1881
	380	1300	2346	2506	2626	2918	3017
	119	553	1005	1170	1445	1591	1635
5	208	636	1184	1264	1342	1422	1503
		274	438	491	568	631	702
	38	157	503	538	685	763	838
62	381	1444	2454	2723	3015	3203	3395
186	399	831	1591	1652	1865	1977	2107
	264	700	1283	1414	1574	1737	1848
	62	422	852	888	1023	1109	1146
4	79	922	1885	2043	2304	2589	3019
	1	106	348	423	479	545	632
	21	77	149	170	187	256	264
329	509	861	1181	1296	1357	1391	1433
556	967	1164	1703	1910	2080	2255	2325
2	2	12	248	270	337	368	434
2	5	37	169	256	430	474	530
	15		24	26	24	31	33
126	359	547	812	877	940	1082	1168
2	118	197	372	404	444	476	488
4	33	89	139	144	158	161	167
1	34	108	204	216	232	241	251
27	220	445	648	671	692	690	768

3-15 分地区城市人工煤气供应情况

地 区	Region	供气总量(万立方米) Total Gas Supply (10^4 cu.m)							
		2000	2005	2010	2015	2016	2017	2018	2019
全 国	**National Total**	**1523615**	**2558343**	**2799380**	**471378**	**440944**	**270882**	**297893**	**276841**
北 京	Beijing	47310	20211						
天 津	Tianjin	9882	28803						
河 北	Hebei	45918	78435	89834	53538	73300	69573	55238	45218
山 西	Shanxi	241869	82291	87203	39450	30742	59857	54027	67845
内蒙古	Inner Mongolia	7485	6887	3069	3090	6800	4581	4446	3068
辽 宁	Liaoning	81957	63614	55177	57394	48835	43621	44139	34685
吉 林	Jilin	15508	13755	16727	7945	3868	3051	3426	3310
黑龙江	Heilongjiang	30347	40199	7587	7202	6832	3235	3501	2872
上 海	Shanghai	213147	199744	142167	5309				
江 苏	Jiangsu	362606	1290834	1931995					
浙 江	Zhejiang	27796	27686	484	488	421	429	426	454
安 徽	Anhui	22996	8723						
福 建	Fujian	12727	1810	2673	3000	3000	2689	1712	1208
江 西	Jiangxi	39463	31707	58208	25097	19362	17972	15040	15026
山 东	Shandong	43041	47743	35730	59			48302	48002
河 南	Henan	81775	117592	109500	53100	40302	36405	33624	31835
湖 北	Hubei	14588	9184	12042					
湖 南	Hunan	60375	44064	3044	2767	3032			
广 东	Guangdong	12097	29310	7037				6140	
广 西	Guangxi	2817	4483	4517	4439	4428	3495	3588	4199
海 南	Hainan								
重 庆	Chongqing	100							
四 川	Sichuan	111677	128252	159719	165604	166428	17004	17230	14192
贵 州	Guizhou	8727	19209	26963	5540	2705			
云 南	Yunnan	15407	20287	33818	33959	27293	5017	2910	816
西 藏	Tibet								
陕 西	Shaanxi	4447	4365					4	
甘 肃	Gansu	6691	3802	9438	1644	1845	2195	2383	2354
青 海	Qinghai	24							
宁 夏	Ningxia	2838	3013	697					
新 疆	Xinjiang		232340	1752	1752	1752	1757	1757	1757

Basic Statistics on Supply of Coal Gas in Cities by Region

用气人口(万人) Population with Access(10^4 persons)							
2000	2005	2010	2015	2016	2017	2018	2019
3944	**4369**	**2802**	**1322**	**1085**	**752**	**779**	**675**
83	22						
73	97						
279	401	180	159	67	59	51	47
295	395	238	66	62	43	66	40
78	93	52	39	16	11	27	16
422	532	542	531	506	401	399	361
150	169	165	41	43	40	40	41
211	289	74	57	58	35	31	36
450	662	358					
325	234	90					
48	83	5	4	4	4	4	4
169	67						
21	11	15	21	21	12	9	7
125	131	150	15	11	10	11	7
335	357	159					
136	142	165	15	3	0	0	0
180	22	41					
81	75	33	33	35			
150	163	18				3	
15	25	43	43	42	40	34	36
1							
30	33	41	52	52	49	60	58
73	125	167	31	31			
100	177	233	193	115	26	20	
33	27					0	
70	24	20	15	15	14	16	15
3							
10	9	6					
	5	9	5	5	7	7	7

3-16 分地区城市液化石油气供应情况

地 区	Region	供气总量(吨) Total Gas Supply (ton)							
		2000	2005	2010	2015	2016	2017	2018	2019
全 国	**National Total**	**10537147**	**12220141**	**12680054**	**10392169**	**10788042**	**9988088**	**10153298**	**10408110**
北 京	Beijing	176460	374358	323104	576306	500213	492288	480641	434286
天 津	Tianjin	44203	61503	53368	50494	55954	57567	57326	54448
河 北	Hebei	189612	327294	205007	166370	170737	241230	156663	141206
山 西	Shanxi	34152	42004	63331	66168	33614	90792	74579	63217
内蒙古	Inner Mongolia	59425	138348	74251	57950	69198	52364	53681	58654
辽 宁	Liaoning	379194	402659	395058	468889	492499	654818	683963	679254
吉 林	Jilin	169062	184269	214818	157752	177927	179750	157114	147208
黑龙江	Heilongjiang	601427	228630	219784	210492	197456	189183	198967	188058
上 海	Shanghai	490561	452613	398427	424112	397885	344534	313578	328008
江 苏	Jiangsu	705010	1129147	766586	593577	515611	577137	575121	558223
浙 江	Zhejiang	630895	1060572	877956	695947	759710	691203	730574	769427
安 徽	Anhui	458621	613614	615770	736312	731114	131054	156494	162157
福 建	Fujian	737609	378053	333758	286906	277437	308113	320141	326593
江 西	Jiangxi	164698	174521	188847	228912	242942	218325	202716	208151
山 东	Shandong	276543	572194	760332	366750	343724	347511	316551	298330
河 南	Henan	162199	225864	241602	217382	215099	214764	213694	176726
湖 北	Hubei	296179	311171	421507	352112	347891	336102	324048	329993
湖 南	Hunan	199873	294718	252906	241529	243865	203024	241126	256917
广 东	Guangdong	3108612	4101990	5055955	3340353	3901892	3636182	3789653	4123672
广 西	Guangxi	204904	315998	303804	262313	255863	264066	306242	304973
海 南	Hainan	77856	66866	63959	82189	82559	82108	87221	75319
重 庆	Chongqing	38769	95577	92807	76435	81603	73458	64503	61187
四 川	Sichuan	66154	164266	191071	173652	174570	195862	192033	194371
贵 州	Guizhou	28973	53779	63772	88670	94902	114085	113379	121083
云 南	Yunnan	82954	70436	166108	210095	207073	129316	149198	162123
西 藏	Tibet	16680	1500	5521	66661	66661	6059	6475	6894
陕 西	Shaanxi	79038	121943	43381	28796	24423	27949	52737	30336
甘 肃	Gansu	783739	71904	185523	85327	49611	44473	41432	47732
青 海	Qinghai	11496	14339	7142	6353	6763	7497	8528	11433
宁 夏	Ningxia	18231	22697	14984	13193	9145	8911	7619	13350
新 疆	Xinjiang	244018	147314	79617	60174	60103	68363	77302	74782

Basic Statistics on Supply of LPG in Cities by Region

用气人口(万人) Population with Access(10^4 persons)							
2000	2005	2010	2015	2016	2017	2018	2019
11107	**18013**	**16503**	**13955**	**13744**	**12616**	**11782**	**11297**
253	341	394	432	432	432	429	429
89	123	42	28	49	35	55	52
476	705	503	300	298	267	240	217
102	170	201	119	93	75	55	49
192	295	354	248	239	221	201	202
569	713	652	559	501	382	356	350
350	493	461	365	343	304	274	242
546	612	507	425	384	347	309	282
421	711	852	821	798	698	619	547
883	1765	1115	715	622	581	457	426
555	1135	1244	1157	1153	994	950	925
379	541	491	269	224	178	164	167
341	604	699	705	678	665	648	592
220	412	453	478	493	423	396	371
887	1836	1104	657	629	503	463	435
430	574	564	527	513	484	446	418
908	1142	862	581	573	582	493	433
461	648	612	494	515	644	512	464
1485	3223	3275	3140	3272	3002	2986	3059
374	551	634	596	577	586	576	537
117	113	111	137	115	107	98	76
35	72	114	95	100	89	78	67
81	152	131	140	135	129	118	107
90	189	199	261	279	306	314	311
138	141	290	322	367	263	250	252
14	3	36	37	37	18	30	31
206	243	165	71	61	66	70	54
102	142	185	159	149	127	95	94
30	37	19	21	19	22	21	26
70	90	83	43	42	43	37	30
306	240	151	55	54	42	45	49

3-17 分地区城市集中供热情况

地 区	Region	蒸汽供应能力(吨/小时) Capacity of Steam Supply (ton/hour)							
		2000	2005	2010	2015	2016	2017	2018	2019
全 国	**National Total**	**74148**	**106723**	**105084**	**80699**	**78307**	**98328**	**92322**	**100943**
北 京	Beijing	3408	2297	450	300	300			
天 津	Tianjin	9106	3294	3167	3568	3348	2696	2445	2445
河 北	Hebei	6427	9290	11570	7539	7944	8268	5142	4810
山 西	Shanxi	3316	3133	2674	1385	1262	3920	4434	16374
内蒙古	Inner Mongolia	1200	844	662	341	342	2769	1824	2451
辽 宁	Liaoning	11569	12583	13186	12933	12915	17536	18456	16092
吉 林	Jilin	3425	4749	5208	1403	1453	1960	2110	1767
黑龙江	Heilongjiang	4513	5937	4411	4574	4949	6003	4550	4516
上 海	Shanghai								
江 苏	Jiangsu	2554	19744	6280					
浙 江	Zhejiang	1516	4569	5438	3145				
安 徽	Anhui	1915	2006	3530	4593	4393	2681	2422	2514
福 建	Fujian								
江 西	Jiangxi								
山 东	Shandong	12498	22770	31086	24373	24690	30332	26500	29367
河 南	Henan	3261	4698	5590	6093	6477	6110	6903	6003
湖 北	Hubei	775	1404	1564	2680	2286	1596	1204	1204
湖 南	Hunan	493	105						
广 东	Guangdong								
广 西	Guangxi								
海 南	Hainan								
重 庆	Chongqing								
四 川	Sichuan		160	60					
贵 州	Guizhou								
云 南	Yunnan								
西 藏	Tibet				14	14			
陕 西	Shaanxi	1923	2240	3731	3728	3742	7359	9174	7292
甘 肃	Gansu	3949	4813	4525	26	26	700	1000	1000
青 海	Qinghai								
宁 夏	Ningxia	662	646	576	1795	1795	2538	2925	2004
新 疆	Xinjiang	1638	1441	1376	2210	2372	3860	3233	3105

Basic Statistics on Heating Supply in Cities by Region

热水供应能力(兆瓦) Capacity of Hot Water Supply(10^6 W)							
2000	2005	2010	2015	2016	2017	2018	2019
97417	**197976**	**315717**	**472556**	**493254**	**647827**	**578244**	**550530**
4755	30115	35684	41451	42951	123814	87982	45731
5608	10563	18055	24261	26312	28654	29256	30404
8388	13917	23177	32035	35556	39839	46799	45491
5347	8578	17405	30991	27389	31035	32941	25766
5687	10887	25850	45683	41988	42776	46267	47395
19154	36051	55770	71834	74373	68876	69692	66780
10564	18925	29145	42760	42992	43276	45107	46151
13750	23952	32052	46602	47511	50157	52234	52674
8	200	6055					2
	233	75	30				
214	135	182	142	142	90	370	280
43	286						
9206	16744	27587	47487	53700	54372	58438	63381
1334	2118	4767	11644	16446	20522	21298	24240
	78	278	478		220	100	100
				35	169	216	295
					148	225	232
					402	64	64
551	1806	4215	22023	23027	22083	21039	22791
3611	5791	10208	14331	15441	15648	16562	18249
89	173	370	348	348	4717	4739	4810
2963	5115	5945	7848	8286	66351	7363	16792
6145	12309	18897	32608	36758	34678	37551	38904

四、能源消费

Chapter 4　Energy Consumption

4-1 能源消费总量及构成
Total Energy Consumption and Its Composition

年 份 Year	电热当量计算法 Calorific Value Calculation						
	能源消费总量 (万吨标准煤) Total Energy Consumption (10^4 tce)	比重 (%) Proportion (%)					
		煤 炭 Coal	石 油 Petroleum	天然气 Natural Gas	一次电力及其他能源 Primary Electricity and Other Energy	#水电 Hydro Power	#核电 Nuclear Power
1980	58587	74.2	21.4	3.2	1.2	1.2	-
1981	57577	75.1	20.6	2.9	1.4	1.4	-
1982	59966	76.3	19.6	2.6	1.5	1.5	-
1983	63635	77.0	18.8	2.5	1.7	1.7	-
1984	68495	77.8	18.1	2.5	1.6	1.6	-
1985	74112	78.5	17.7	2.3	1.5	1.5	-
1986	77776	78.2	17.9	2.4	1.5	1.5	-
1987	83850	78.7	17.6	2.2	1.5	1.5	-
1988	89963	78.8	17.6	2.1	1.5	1.5	-
1989	93666	79.3	17.1	2.0	1.6	1.6	-
1990	95384	79.0	17.2	2.1	1.7	1.7	-
1991	100413	78.7	17.7	2.1	1.5	1.5	-
1992	105602	78.3	18.1	2.0	1.6	1.6	-
1993	111490	79.0	17.1	2.1	1.8	1.8	-
1994	118071	79.5	16.2	2.2	2.1	2.0	0.1
1995	123471	77.0	18.6	1.9	2.5	2.4	0.1
1996	129665	76.7	19.5	1.9	1.9	1.8	0.1
1997	130082	74.9	21.3	1.8	2.0	1.9	0.1
1998	130260	74.2	21.8	1.9	2.1	2.0	0.1
1999	135132	73.7	22.3	2.1	1.9	1.8	0.1
2000	140993	71.5	22.9	2.3	3.3	1.9	0.1
2001	148264	71.5	22.2	2.5	3.8	2.3	0.1
2002	161935	71.8	22.0	2.4	3.8	2.2	0.2
2003	189269	73.2	20.9	2.4	3.5	1.8	0.3
2004	220738	73.2	20.8	2.4	3.6	2.0	0.3
2005	250835	75.4	18.6	2.5	3.5	1.9	0.3
2006	275134	75.5	18.2	2.8	3.5	1.9	0.2
2007	299271	75.6	17.6	3.1	3.7	2.0	0.3
2008	306455	75.0	17.4	3.5	4.1	2.3	0.3
2009	321336	74.9	17.2	3.7	4.2	2.4	0.3
2010	343601	72.7	18.3	4.2	4.8	2.6	0.3
2011	370163	73.4	17.6	4.8	4.2	2.3	0.3
2012	381515	72.2	17.9	5.1	4.8	2.8	0.3
2013	394794	71.3	18.0	5.6	5.1	2.9	0.3
2014	402649	70.0	18.4	6.0	5.6	3.3	0.4
2015	406312	68.1	19.7	6.2	6.0	3.4	0.5
2016	410984	66.8	20.1	6.6	6.5	3.5	0.6
2017	423108	65.3	20.4	7.4	6.9	3.5	0.7
2018	435649	63.9	20.4	8.3	7.4	3.5	0.8
2019	447597	62.8	20.7	8.7	7.8	3.6	1.0

4-1 续表 continued

年 份 Year	发电煤耗计算法 Coal Equivalent Calculation						
	能源消费总量 (万吨标准煤) Total Energy Consumption (10^4 tce)	比重 (%) Proportion (%)					
		煤 炭 Coal	石 油 Petroleum	天然气 Natural Gas	一次电力及其他能源 Primary Electricity and Other Energy	#水电 Hydro Power	#核电 Nuclear Power
1980	60275	72.2	20.7	3.1	4.0	4.0	-
1981	59447	72.7	20.0	2.8	4.5	4.5	-
1982	62067	73.7	18.9	2.5	4.9	4.9	-
1983	66040	74.2	18.1	2.4	5.3	5.3	-
1984	70904	75.3	17.4	2.4	4.9	4.9	-
1985	76682	75.8	17.1	2.2	4.9	4.9	-
1986	80850	75.8	17.2	2.3	4.7	4.7	-
1987	86632	76.2	17.0	2.1	4.7	4.7	-
1988	92997	76.1	17.1	2.1	4.7	4.7	-
1989	96934	76.1	17.1	2.1	4.7	4.7	-
1990	98703	76.2	16.6	2.1	5.1	5.1	-
1991	103783	76.1	17.1	2.0	4.8	4.8	-
1992	109170	75.7	17.5	1.9	4.9	4.9	-
1993	115993	74.7	18.2	1.9	5.2	5.1	0.1
1994	122737	75.0	17.4	1.9	5.7	5.2	0.5
1995	131176	74.6	17.5	1.8	6.1	5.7	0.4
1996	135192	73.5	18.7	1.8	6.0	5.6	0.4
1997	135909	71.4	20.4	1.8	6.4	5.9	0.4
1998	136184	70.9	20.8	1.8	6.5	6.1	0.4
1999	140569	70.6	21.5	2.0	5.9	5.5	0.4
2000	146964	68.5	22.0	2.2	7.3	5.7	0.4
2001	155547	68.0	21.2	2.4	8.4	6.7	0.4
2002	169577	68.5	21.0	2.3	8.2	6.3	0.5
2003	197083	70.2	20.1	2.3	7.4	5.3	0.8
2004	230281	70.2	19.9	2.3	7.6	5.5	0.8
2005	261369	72.4	17.8	2.4	7.4	5.4	0.7
2006	286467	72.4	17.5	2.7	7.4	5.4	0.7
2007	311442	72.5	17.0	3.0	7.5	5.4	0.7
2008	320611	71.5	16.7	3.4	8.4	6.1	0.7
2009	336126	71.6	16.4	3.5	8.5	6.0	0.7
2010	360648	69.2	17.4	4.0	9.4	6.4	0.7
2011	387043	70.2	16.8	4.6	8.4	5.7	0.7
2012	402138	68.5	17.0	4.8	9.7	6.8	0.8
2013	416913	67.4	17.1	5.3	10.2	6.9	0.8
2014	428334	65.8	17.3	5.6	11.3	7.7	1.0
2015	434113	63.8	18.4	5.8	12.0	8.0	1.2
2016	441492	62.2	18.7	6.1	13.0	8.2	1.5
2017	455827	60.6	18.9	6.9	13.6	7.9	1.6
2018	471925	59.0	18.9	7.6	14.5	7.8	1.9
2019	487488	57.7	19.0	8.0	15.3	8.0	2.1

4-2 工业分行业终端能源消费量(实物量)-2019

行　业	Item	煤合计 (万吨) Coal Total (10^4 tons)
工业	**Industry**	**58802.35**
(一)采矿业	**Mining**	**3809.77**
煤炭开采和洗选业	Mining and Washing of Coal	2931.16
石油和天然气开采业	Extraction of Petroleum and Natural Gas	105.60
黑色金属矿采选业	Mining and Processing of Ferrous Metal Ores	175.95
有色金属矿采选业	Mining and Processing of Non-Ferrous Metal Ores	80.30
非金属矿采选业	Mining and Processing of Nonmetal Ores	509.68
开采专业及辅助性活动	Professional and Support Activities for Mining	6.95
其他采矿业	Mining of Other Ores	0.12
(二)制造业	**Manufacturing**	**53896.93**
农副食品加工业	Processing of Food from Agricultural Products	952.96
食品制造业	Manufacture of Foods	912.52
酒、饮料和精制茶制造业	Manufacture of Liquor, Beverages and Refined Tea	523.51
烟草制品业	Manufacture of Tobacco	6.57
纺织业	Manufacture of Textile	417.78
纺织服装、服饰业	Manufacture of Textile, Wearing Apparel and Accessories	36.67
皮革、毛皮、羽毛及其制品和制鞋业	Manufacture of Leather, Fur, Feather and Related Products and Footwear	21.78
木材加工和木、竹、藤、棕、草制品业	Processing of Timber,Manufacture of Wood,Bamboo,Rattan,Palm, and Straw Products	48.66
家具制造业	Manufacture of Furniture	2.09
造纸和纸制品业	Manufacture of Paper and Paper Products	715.50
印刷和记录媒介复制业	Printing and Reproduction of Recording Media	15.39
文教、工美、体育和娱乐用品制造业	Manufacture of Articles for Culture, Education, Arts and Crafts, Sport and Entertainment Activities	14.47
石油、煤炭及其他燃料加工业	Processing of Petroleum, Coal and Other Fuels	2588.48
化学原料和化学制品制造业	Manufacture of Raw Chemical Materials and Chemical Products	11986.77
医药制造业	Manufacture of Medicines	468.86
化学纤维制造业	Manufacture of Chemical Fibers	584.87
橡胶和塑料制品业	Manufacture of Rubber and Plastics Products	261.77
非金属矿物制品业	Manufacture of Non-metallic Mineral Products	22238.05
黑色金属冶炼和压延加工业	Smelting and Pressing of Ferrous Metals	9211.61
有色金属冶炼和压延加工业	Smelting and Pressing of Non-ferrous Metals	2361.87
金属制品业	Manufacture of Metal Products	255.08
通用设备制造业	Manufacture of General Purpose Machinery	18.99
专用设备制造业	Manufacture of Special Purpose Machinery	20.01
汽车制造业	Manufacture of Automobiles	21.53
铁路、船舶、航空航天和其他运输设备制造业	Manufacture of Railway, Ship, Aerospace and Other Transport Equipments	41.15
电气机械和器材制造业	Manufacture of Electrical Machinery and Apparatus	16.17
计算机、通信和其他电子设备制造业	Manufacture of Computers, Communication and Other Electronic Equipment	17.03
仪器仪表制造业	Manufacture of Measuring Instruments and Machinery	1.92
其他制造业	Other Manufacture	1.98
废弃资源综合利用业	Utilization of Waste Resources	132.40
金属制品、机械和设备修理业	Repair Service of Metal Products, Machinery and Equipment	0.50
(三)电力、热力、燃气及水生产和供应业	**Production and Supply of Electricity, Gas and Water**	**1095.66**
电力、热力生产和供应业	Production and Supply of Electric Power and Heat Power	948.29
燃气生产和供应业	Production and Supply of Gas	143.01
水的生产和供应业	Production and Supply of Water	4.35

Final Energy Consumption by Industrial Sector (Physical Quantity) -2019

原煤 (万吨) Raw Coal (10^4 tons)	洗精煤 (万吨) Cleaned Coal (10^4 tons)	其他洗煤 (万吨) Other Washed Coal (10^4 tons)	焦炭 (万吨) Coke (10^4 tons)	焦炉煤气 (亿立方米) Coke Oven Gas (10^8 cu.m)	高炉煤气 (亿立方米) Blast Furnace Gas (10^8 cu.m)	转炉煤气 (亿立方米) Converter Gas (10^8 cu.m)	其他煤气 (亿立方米) Other Gas (10^8 cu.m)	其他焦化产品 (万吨) Other Coking Products (10^4 tons)
45514.41		**12410.86**	**46230.86**	**701.86**	**8339.48**	**581.53**	**140.92**	**1133.12**
2234.07		**1561.46**	**207.97**	**5.32**	**43.25**	**2.67**	**1.42**	**6.67**
1628.55		1297.11	48.92	1.04	25.03	0.72	1.42	6.50
105.60								
167.23		5.54	147.75	3.17	18.22	0.56		0.17
77.93		1.84	3.57					
247.69		256.97	7.74	1.10		1.39		
6.95								
0.12								
42187.63		**10847.11**	**45983.81**	**694.83**	**8293.19**	**578.86**	**137.90**	**1126.01**
929.67		21.32	124.44	0.03	26.33	2.10	0.16	0.01
906.34		1.13	1.57					
516.79		5.74	0.08	0.03				0.01
6.09		0.44						
374.64		6.41	1.19			0.01		
35.95		0.43	0.05					
20.18		0.09						
47.78		0.88	0.05					
1.80		0.26	0.54					
654.92		39.31	0.23	0.09				
14.67		0.33	0.02	0.07			0.09	
13.69		0.37	0.43					
1309.11		1151.35	52.92	208.30	97.90		11.26	143.22
11475.78		175.06	3955.42	79.54	9.00	10.06	22.56	624.81
461.02		1.92	1.95	0.37				0.08
478.34		4.74	18.57					
244.32		2.53	0.03	0.62				5.33
13725.93		8413.71	1340.43	35.94	42.50	5.62	8.56	22.25
8451.73		669.94	39247.40	343.31	8060.77	556.61	1.51	304.58
2098.02		256.64	406.15	19.34		0.08	89.53	20.62
203.46		50.46	469.08	4.55	48.79	2.22	0.53	2.61
17.21		0.80	244.56	0.15	0.08	0.05		
17.18		1.50	6.54	1.34	2.34		3.51	0.57
20.87		0.11	14.23	0.06	0.03	0.01	0.18	
20.35		20.80	0.28	0.46			0.01	
16.05		0.07	0.56	0.02				
15.92		1.11		0.01	0.01			
1.92			0.01					
1.45		0.17		0.01				0.75
105.97		19.47	97.06	0.51	5.30	2.10		1.17
0.50				0.07	0.14			
1092.71		**2.29**	**39.08**	**1.71**	**3.04**		**1.60**	**0.43**
945.40		2.29	39.08	0.82	0.21		1.30	0.43
143.01				0.90	2.83		0.30	
4.30								

4-2 续表 1

行 业	Item	油品合计（万吨）Petroleum Products Total (10^4 tons)
工业	**Industry**	**21732.37**
（一）采矿业	**Mining**	**983.25**
煤炭开采和洗选业	Mining and Washing of Coal	351.52
石油和天然气开采业	Extraction of Petroleum and Natural Gas	347.07
黑色金属矿采选业	Mining and Processing of Ferrous Metal Ores	43.64
有色金属矿采选业	Mining and Processing of Non-Ferrous Metal Ores	25.06
非金属矿采选业	Mining and Processing of Nonmetal Ores	57.14
开采专业及辅助性活动	Professional and Support Activities for Mining	158.72
其他采矿业	Mining of Other Ores	0.11
（二）制造业	**Manufacturing**	**20675.47**
农副食品加工业	Processing of Food from Agricultural Products	33.01
食品制造业	Manufacture of Foods	15.51
酒、饮料和精制茶制造业	Manufacture of Liquor, Beverages and Refined Tea	8.81
烟草制品业	Manufacture of Tobacco	1.47
纺织业	Manufacture of Textile	19.13
纺织服装、服饰业	Manufacture of Textile, Wearing Apparel and Accessories	11.40
皮革、毛皮、羽毛及其制品和制鞋业	Manufacture of Leather, Fur, Feather and Related Products and Footwear	5.70
木材加工和木、竹、藤、棕、草制品业	Processing of Timber,Manufacture of Wood,Bamboo,Rattan,Palm, and Straw Products	9.07
家具制造业	Manufacture of Furniture	5.82
造纸和纸制品业	Manufacture of Paper and Paper Products	27.98
印刷和记录媒介复制业	Printing and Reproduction of Recording Media	9.06
文教、工美、体育和娱乐用品制造业	Manufacture of Articles for Culture, Education, Arts and Crafts, Sport and Entertainment Activities	20.34
石油、煤炭及其他燃料加工业	Processing of Petroleum, Coal and Other Fuels	9293.13
化学原料和化学制品制造业	Manufacture of Raw Chemical Materials and Chemical Products	7269.24
医药制造业	Manufacture of Medicines	13.70
化学纤维制造业	Manufacture of Chemical Fibers	2.87
橡胶和塑料制品业	Manufacture of Rubber and Plastics Products	32.62
非金属矿物制品业	Manufacture of Non-metallic Mineral Products	3189.68
黑色金属冶炼和压延加工业	Smelting and Pressing of Ferrous Metals	87.38
有色金属冶炼和压延加工业	Smelting and Pressing of Non-ferrous Metals	332.30
金属制品业	Manufacture of Metal Products	39.75
通用设备制造业	Manufacture of General Purpose Machinery	46.46
专用设备制造业	Manufacture of Special Purpose Machinery	37.97
汽车制造业	Manufacture of Automobiles	65.68
铁路、船舶、航空航天和其他运输设备制造业	Manufacture of Railway, Ship, Aerospace and Other Transport Equipments	19.08
电气机械和器材制造业	Manufacture of Electrical Machinery and Apparatus	35.46
计算机、通信和其他电子设备制造业	Manufacture of Computers, Communication and Other Electronic Equipment	19.39
仪器仪表制造业	Manufacture of Measuring Instruments and Machinery	5.52
其他制造业	Other Manufacture	4.94
废弃资源综合利用业	Utilization of Waste Resources	6.81
金属制品、机械和设备修理业	Repair Service of Metal Products, Machinery and Equipment	6.17
（三）电力、热力、燃气及水生产和供应业	**Production and Supply of Electricity, Gas and Water**	**73.66**
电力、热力生产和供应业	Production and Supply of Electric Power and Heat Power	64.26
燃气生产和供应业	Production and Supply of Gas	4.11
水的生产和供应业	Production and Supply of Water	5.29

Continued 1

原油 (万吨) Crude Oil (10⁴ tons)	汽油 (万吨) Gasoline (10⁴ tons)	煤油 (万吨) Kerosene (10⁴ tons)	柴油 (万吨) Diesel Oil (10⁴ tons)	燃料油 (万吨) Fuel Oil (10⁴ tons)	石脑油 (万吨) Naphtha (10⁴ tons)	润滑油 (万吨) Lubricants (10⁴ tons)	石蜡 (万吨) Paraffin Waxes (10⁴ tons)	溶剂油 (万吨) White Spirit (10⁴ tons)
326.50	**233.41**	**10.97**	**1178.27**	**217.56**	**5747.08**	**248.37**	**257.10**	**91.74**
268.51	**19.25**	**1.22**	**465.27**	**2.48**	**149.36**	**1.62**		
0.22	4.95	0.75	152.60	0.27	149.36	1.01		
268.20	6.99		40.56	0.87		0.01		
	0.81		42.54	0.05		0.23		
	1.64	0.46	21.82	0.96		0.03		
	1.05	0.02	53.79	0.04		0.05		
0.10	3.82		153.85	0.30		0.28		
			0.10					
57.82	**187.15**	**9.75**	**681.39**	**213.98**	**5597.72**	**246.46**	**257.10**	**91.74**
	7.09	0.09	21.51	1.51		0.09	0.03	1.50
	4.21		8.26	1.12			0.41	
	2.89	0.06	4.77	0.36		0.01		
	0.38		1.04					
	5.59	0.03	5.91	3.45		0.10		
	4.89	0.05	5.37	0.49		0.01		
	2.86	0.01	1.94	0.34	0.01	0.05	0.04	0.12
	1.70		5.21	0.21		0.04	1.71	
	2.40		2.99	0.14		0.01		
0.03	2.51	0.01	14.99	8.01		0.10	0.03	0.30
	3.59	0.01	4.22	0.40		0.03		0.05
	3.31	0.11	3.49	0.46	0.01	0.02	0.53	0.01
55.95	1.42	0.18	22.54	27.38	1390.01	219.89	0.06	6.03
1.35	12.09	1.90	37.97	44.02	4207.62	5.29	252.74	82.44
0.03	3.92	0.01	5.73	2.72	0.03		0.03	0.23
	0.61	0.02	1.64	0.38		0.05		0.04
0.01	9.45	0.06	11.90	3.38		0.45	0.43	0.41
0.10	14.75	0.83	314.07	96.29		0.59	0.73	0.16
	3.35	0.02	52.53	0.64		0.77	0.02	
0.30	3.39	0.54	33.38	13.82		0.42		0.10
	11.60	0.45	19.52	1.60		0.59	0.02	0.02
	15.29	1.62	21.25	0.70	0.03	2.92	0.08	0.04
	11.84	0.77	14.46	0.64		2.89	0.04	0.08
0.01	24.72	0.27	26.95	0.32	0.01	9.25	0.01	0.13
0.01	3.50	0.95	11.25	1.39		0.23		
	14.94	0.42	10.72	2.07		1.81	0.15	0.05
	9.59	0.15	6.43	0.41		0.66	0.02	0.02
	3.84	0.12	1.01	0.09		0.10	0.03	
	0.68	0.08	1.13					
	0.31	0.02	4.83	1.32		0.02		
0.01	0.44	0.93	4.40	0.31		0.05		
0.17	**27.01**		**31.62**	**1.10**		**0.29**		
0.17	21.50		28.23	0.90		0.27		
	2.55		1.38	0.11		0.02		
	2.96		2.00	0.09				

4-2 续表 2

行　业	Item	石油沥青 (万吨) Bitumen Asphalt (10^4 tons)
工业	**Industry**	**264.42**
(一)采矿业	**Mining**	**0.84**
煤炭开采和洗选业	Mining and Washing of Coal	0.10
石油和天然气开采业	Extraction of Petroleum and Natural Gas	
黑色金属矿采选业	Mining and Processing of Ferrous Metal Ores	
有色金属矿采选业	Mining and Processing of Non-Ferrous Metal Ores	0.15
非金属矿采选业	Mining and Processing of Nonmetal Ores	0.60
开采专业及辅助性活动	Professional and Support Activities for Mining	
其他采矿业	Mining of Other Ores	
(二)制造业	**Manufacturing**	**261.11**
农副食品加工业	Processing of Food from Agricultural Products	
食品制造业	Manufacture of Foods	
酒、饮料和精制茶制造业	Manufacture of Liquor, Beverages and Refined Tea	
烟草制品业	Manufacture of Tobacco	
纺织业	Manufacture of Textile	1.56
纺织服装、服饰业	Manufacture of Textile, Wearing Apparel and Accessories	
皮革、毛皮、羽毛及其制品和制鞋业	Manufacture of Leather, Fur, Feather and Related Products and Footwear	
木材加工和木、竹、藤、棕、草制品业	Processing of Timber,Manufacture of Wood,Bamboo,Rattan,Palm, and Straw Products	
家具制造业	Manufacture of Furniture	
造纸和纸制品业	Manufacture of Paper and Paper Products	
印刷和记录媒介复制业	Printing and Reproduction of Recording Media	
文教、工美、体育和娱乐用品制造业	Manufacture of Articles for Culture, Education, Arts and Crafts, Sport and Entertainment Activities	
石油、煤炭及其他燃料加工业	Processing of Petroleum, Coal and Other Fuels	4.87
化学原料和化学制品制造业	Manufacture of Raw Chemical Materials and Chemical Products	1.52
医药制造业	Manufacture of Medicines	
化学纤维制造业	Manufacture of Chemical Fibers	
橡胶和塑料制品业	Manufacture of Rubber and Plastics Products	1.54
非金属矿物制品业	Manufacture of Non-metallic Mineral Products	241.25
黑色金属冶炼和压延加工业	Smelting and Pressing of Ferrous Metals	
有色金属冶炼和压延加工业	Smelting and Pressing of Non-ferrous Metals	10.01
金属制品业	Manufacture of Metal Products	0.32
通用设备制造业	Manufacture of General Purpose Machinery	
专用设备制造业	Manufacture of Special Purpose Machinery	
汽车制造业	Manufacture of Automobiles	0.01
铁路、船舶、航空航天和其他运输设备制造业	Manufacture of Railway, Ship, Aerospace and Other Transport Equipments	
电气机械和器材制造业	Manufacture of Electrical Machinery and Apparatus	0.04
计算机、通信和其他电子设备制造业	Manufacture of Computers, Communication and Other Electronic Equipment	
仪器仪表制造业	Manufacture of Measuring Instruments and Machinery	
其他制造业	Other Manufacture	
废弃资源综合利用业	Utilization of Waste Resources	
金属制品、机械和设备修理业	Repair Service of Metal Products, Machinery and Equipment	
(三)电力、热力、燃气及水生产和供应业	**Production and Supply of Electricity, Gas and Water**	**2.47**
电力、热力生产和供应业	Production and Supply of Electric Power and Heat Power	2.47
燃气生产和供应业	Production and Supply of Gas	
水的生产和供应业	Production and Supply of Water	

Continued 2

石油焦 (万吨) Petroleum Coke (10^4 tons)	液化石油气 (万吨) Liquefied Petroleum Gas (10^4 tons)	炼厂干气 (万吨) Refinery Gas (10^4 tons)	其他石油制品 (万吨) Other Petroleum Products (10^4 tons)	天然气 (亿立方米) Natural Gas (10^8 cu.m)	液化天然气 (万吨) Liquefied Natural Gas (10^4 tons)	热力 (万百万千焦) Heat (10^{10} kJ)	电力 (亿千瓦小时) Electricity (10^8 kW·h)	其他能源 (万吨标准煤) Other Energy (10^4 tce)
3030.97	**2266.99**	**1830.56**	**6028.41**	**631.02**	**6508.45**	**380696.50**	**47368.20**	**976.87**
1.53	**41.97**	**12.82**	**18.37**	**150.41**	**25.65**	**6171.64**	**2776.92**	**6.51**
	41.75		0.52	14.35	13.45	705.50	1026.76	2.88
	0.13	12.82	17.51	132.38	4.59	2778.26	434.44	
				0.02		162.15	419.28	1.04
				0.66		0.09	386.17	2.41
1.53	0.01		0.05	0.62	7.24	2247.71	257.36	0.19
	0.08		0.29	2.38	0.38	277.93	41.30	
							211.62	
3020.64	**2224.73**	**1816.23**	**6009.65**	**471.67**	**6429.36**	**362590.30**	**38108.53**	**959.59**
	0.95		0.24	3.86	198.52	7615.31	797.43	221.48
	1.17		0.33	12.87	82.51	7297.60	301.94	39.14
	0.68		0.04	9.92	48.46	5461.59	173.56	13.23
	0.05			1.21		257.70	52.91	2.52
	1.54		0.95	14.83	217.53	32377.38	1760.15	65.49
	0.37		0.22	1.31	68.93	593.54	231.59	8.27
	0.29		0.04	0.12	14.82	227.80	156.81	9.70
	0.21			2.63	1.84	671.94	279.32	104.92
	0.27			1.35	2.34	60.67	115.36	5.01
	1.90		0.09	4.86	123.83	21416.18	744.61	90.62
	0.41		0.35	3.40	11.47	488.67	131.05	9.07
11.56	0.67		0.18	2.97	80.60	86.85	89.78	5.89
230.56	1057.39	1739.05	4537.82	26.77	835.63	63440.85	1198.93	6.16
51.52	1058.99	75.47	1436.30	206.99	1379.26	145178.14	5427.38	90.95
	0.21		0.78	7.46	53.64	10234.32	407.71	25.21
	0.06		0.07	1.71	90.04	11473.54	455.15	12.62
	2.26		2.73	7.95	63.03	3139.12	1426.38	16.28
2446.51	61.41	0.11	12.87	36.98	1024.69	2518.62	3760.64	90.04
18.02	9.60	1.58	0.85	46.60	654.50	19472.74	6459.68	101.48
262.09	3.24		5.01	20.75	256.51	21858.02	6673.67	5.96
	4.33	0.01	1.28	11.68	372.68	637.35	1672.84	4.88
	2.80		1.73	10.36	82.50	343.70	1007.43	5.11
	3.62		3.64	4.85	113.88	955.30	499.42	5.42
	2.07		1.94	7.29	140.31	2982.62	1031.41	3.01
	1.34		0.41	4.98	123.53	666.60	166.18	0.30
0.38	3.40		1.48	3.42	61.56	1414.40	859.31	6.19
	1.96		0.14	11.61	164.44	1558.86	1500.45	2.26
	0.17		0.15	0.52	3.94	57.44	74.53	1.47
	3.04			0.04	31.96	68.84	578.41	1.04
	0.31			2.19	123.44	19.73	57.94	5.87
	0.02			0.21	2.98	14.90	16.56	
8.80	**0.30**	**1.51**	**0.39**	**8.93**	**53.44**	**11934.56**	**6482.74**	**10.76**
8.80	0.03	1.51	0.38	1.25		9585.94	5703.13	10.76
	0.04		0.01	7.25	53.33	2201.27	185.85	
	0.23			0.43	0.11	147.34	593.76	

4-3 工业分行业终端能源消费量(标准量)-2019

单位：万吨标准煤

行　业	Sector	终端消费合计 Final Consumption Total (发电煤耗计算法) (Coal Equivalent Calculation)	终端消费合计 Final Consumption Total (电热当量计算法) (Calorific Value Calculation)
工业	**Industry**	**311541.68**	**228170.91**
(一)采矿业	**Mining**	**14704.93**	**9817.38**
煤炭开采和洗选业	Mining and Washing of Coal	5779.93	3972.78
石油和天然气开采业	Extraction of Petroleum and Natural Gas	3669.27	2904.63
黑色金属矿采选业	Mining and Processing of Ferrous Metal Ores	1655.37	917.42
有色金属矿采选业	Mining and Processing of Non-Ferrous Metal Ores	1260.98	581.29
非金属矿采选业	Mining and Processing of Nonmetal Ores	1305.96	853.00
开采专业及辅助性活动	Professional and Support Activities for Mining	400.62	327.94
其他采矿业	Mining of Other Ores	632.79	260.33
(二)制造业	**Manufacturing**	**275921.69**	**208848.46**
农副食品加工业	Processing of Food from Agricultural Products	4151.98	2748.45
食品制造业	Manufacture of Foods	1999.83	1468.40
酒、饮料和精制茶制造业	Manufacture of Liquor, Beverages and Refined Tea	1277.65	972.17
烟草制品业	Manufacture of Tobacco	192.09	98.97
纺织业	Manufacture of Textile	7347.67	4249.69
纺织服装、服饰业	Manufacture of Textile, Wearing Apparel and Accessories	904.33	496.72
皮革、毛皮、羽毛及其制品和制鞋业	Manufacture of Leather, Fur, Feather and Related Products and Footwear	538.88	262.88
木材加工和木、竹、藤、棕、草制品业	Processing of Timber,Manufacture of Wood,Bamboo,Rattan, Palm,and Straw Products	1050.22	558.60
家具制造业	Manufacture of Furniture	383.91	180.87
造纸和纸制品业	Manufacture of Paper and Paper Products	3839.71	2529.15
印刷和记录媒介复制业	Printing and Reproduction of Recording Media	506.51	275.86
文教、工美、体育和娱乐用品制造业	Manufacture of Articles for Culture, Education, Arts and Crafts, Sport and Entertainment Activities	493.36	335.35
石油、煤炭及其他燃料加工业	Processing of Petroleum, Coal and Other Fuels	24273.48	22163.29
化学原料和化学制品制造业	Manufacture of Raw Chemical Materials and Chemical Products	51424.21	41871.71
医药制造业	Manufacture of Medicines	2164.39	1446.79
化学纤维制造业	Manufacture of Chemical Fibers	2399.65	1598.55
橡胶和塑料制品业	Manufacture of Rubber and Plastics Products	4849.68	2339.16
非金属矿物制品业	Manufacture of Non-metallic Mineral Products	34298.86	27679.91
黑色金属冶炼和压延加工业	Smelting and Pressing of Ferrous Metals	82285.93	70916.51
有色金属冶炼和压延加工业	Smelting and Pressing of Non-ferrous Metals	24252.12	12506.07
金属制品业	Manufacture of Metal Products	6644.59	3700.29
通用设备制造业	Manufacture of General Purpose Machinery	3626.98	1853.84
专用设备制造业	Manufacture of Special Purpose Machinery	1887.75	1008.75
汽车制造业	Manufacture of Automobiles	3654.46	1839.12
铁路、船舶、航空航天和其他运输设备制造业	Manufacture of Railway, Ship, Aerospace and Other Transport Equipments	853.16	560.67
电气机械和器材制造业	Manufacture of Electrical Machinery and Apparatus	2841.16	1328.72
计算机、通信和其他电子设备制造业	Manufacture of Computers, Communication and Other Electronic Equipment	5019.84	2378.96
仪器仪表制造业	Manufacture of Measuring Instruments and Machinery	249.47	118.29
其他制造业	Other Manufacture	1799.44	781.41
废弃资源综合利用业	Utilization of Waste Resources	642.51	540.54
金属制品、机械和设备修理业	Repair Service of Metal Products, Machinery and Equipment	67.91	38.76
(三)电力、热力、燃气及水生产和供应业	**Production and Supply of Electricity, Gas and Water**	**20915.06**	**9505.06**
电力、热力生产和供应业	Production and Supply of Electric Power and Heat Power	18212.25	8174.40
燃气生产和供应业	Production and Supply of Gas	906.27	579.16
水的生产和供应业	Production and Supply of Water	1796.55	751.50

Final Energy Consumption by Industrial Sector (Standard Quantity) -2019

(10[4] tce)

煤合计 Coal Total	原煤 Raw Coal	洗精煤 Cleaned Coal	其他洗煤 Other Washed Coal	焦炭 Coke	焦炉煤气 Coke Oven Gas	高炉煤气 Blast Furnace Gas	转炉煤气 Converter Gas	其他煤气 Other Gas
43080.67	**35846.24**		**6701.86**	**44908.66**	**4010.45**	**10724.58**	**1578.28**	**251.68**
2476.67	**1624.84**		**843.19**	**202.02**	**30.38**	**55.62**	**7.24**	**2.54**
1850.19	1146.41		700.44	47.52	5.97	32.19	1.96	2.54
81.19	81.19							
145.01	140.09		2.99	143.52	18.11	23.43	1.51	
55.83	54.52		0.99	3.46				
339.01	197.20		138.76	7.52	6.31		3.77	
5.35	5.35							
0.09	0.09							
39850.94	**33469.98**		**5857.44**	**44668.67**	**3970.28**	**10665.05**	**1571.03**	**246.29**
679.19	666.49		11.52	120.88	0.16	33.85	5.69	0.29
475.38	471.70		0.61	1.53				
334.13	330.43		3.10	0.08	0.17			
4.99	4.73		0.24					
315.51	289.75		3.46	1.16			0.03	
28.75	28.35		0.23	0.05				
16.62	15.65		0.05					
37.52	37.05		0.47	0.04				
1.56	1.40		0.14	0.52				
471.30	437.16		21.23	0.22	0.52			
11.62	11.20		0.18	0.02	0.41			0.17
10.88	10.43		0.20	0.42				
1765.81	1066.35		621.73	51.40	1190.25	125.90		20.11
9166.60	8868.09		94.53	3842.30	454.49	11.58	27.30	40.29
357.85	353.22		1.04	1.90	2.10			
432.74	368.37		2.56	18.04				
193.12	182.69		1.37	0.03	3.55			
15359.62	10756.46		4543.40	1302.10	205.38	54.66	15.24	15.28
8024.63	7608.25		361.77	38124.93	1961.68	10366.15	1510.63	2.70
1771.45	1628.48		138.59	394.53	110.51		0.22	159.89
199.10	171.15		27.25	455.67	25.99	62.75	6.04	0.94
14.51	13.48		0.43	237.57	0.85	0.10	0.13	
14.67	13.05		0.81	6.36	7.68	3.01	0.01	6.27
16.24	15.85		0.06	13.82	0.33	0.04	0.03	0.32
21.32	10.09		11.23	0.27	2.65			0.01
13.17	13.10		0.04	0.55	0.13			
12.89	12.29		0.60		0.05	0.01		
1.55	1.55			0.01				
1.42	1.11		0.09		0.06			
96.39	81.64		10.51	94.29	2.91	6.82	5.71	
0.41	0.41				0.41	0.18		
753.06	**751.42**		**1.24**	**37.97**	**9.79**	**3.91**		**2.85**
675.86	674.25		1.24	37.97	4.67	0.27		2.33
73.91	73.90				5.12	3.64		0.53
3.29	3.26							

4-3 续表 1

单位：万吨标准煤

行业	Sector	其他焦化产品 Other Coking Products
工业	**Industry**	**1307.62**
(一)采矿业	**Mining**	**7.70**
煤炭开采和洗选业	Mining and Washing of Coal	7.50
石油和天然气开采业	Extraction of Petroleum and Natural Gas	
黑色金属矿采选业	Mining and Processing of Ferrous Metal Ores	0.20
有色金属矿采选业	Mining and Processing of Non-Ferrous Metal Ores	
非金属矿采选业	Mining and Processing of Nonmetal Ores	
开采专业及辅助性活动	Professional and Support Activities for Mining	
其他采矿业	Mining of Other Ores	
(二)制造业	**Manufacturing**	**1299.42**
农副食品加工业	Processing of Food from Agricultural Products	0.01
食品制造业	Manufacture of Foods	
酒、饮料和精制茶制造业	Manufacture of Liquor, Beverages and Refined Tea	0.01
烟草制品业	Manufacture of Tobacco	
纺织业	Manufacture of Textile	
纺织服装、服饰业	Manufacture of Textile, Wearing Apparel and Accessories	
皮革、毛皮、羽毛及其制品和制鞋业	Manufacture of Leather, Fur, Feather and Related Products and Footwear	
木材加工和木、竹、藤、棕、草制品业	Processing of Timber,Manufacture of Wood,Bamboo,Rattan, Palm,and Straw Products	
家具制造业	Manufacture of Furniture	
造纸和纸制品业	Manufacture of Paper and Paper Products	
印刷和记录媒介复制业	Printing and Reproduction of Recording Media	
文教、工美、体育和娱乐用品制造业	Manufacture of Articles for Culture, Education, Arts and Crafts, Sport and Entertainment Activities	
石油、煤炭及其他燃料加工业	Processing of Petroleum, Coal and Other Fuels	165.28
化学原料和化学制品制造业	Manufacture of Raw Chemical Materials and Chemical Products	721.04
医药制造业	Manufacture of Medicines	0.09
化学纤维制造业	Manufacture of Chemical Fibers	
橡胶和塑料制品业	Manufacture of Rubber and Plastics Products	6.15
非金属矿物制品业	Manufacture of Non-metallic Mineral Products	25.68
黑色金属冶炼和压延加工业	Smelting and Pressing of Ferrous Metals	351.48
有色金属冶炼和压延加工业	Smelting and Pressing of Non-ferrous Metals	23.80
金属制品业	Manufacture of Metal Products	3.01
通用设备制造业	Manufacture of General Purpose Machinery	
专用设备制造业	Manufacture of Special Purpose Machinery	0.65
汽车制造业	Manufacture of Automobiles	
铁路、船舶、航空航天和其他运输设备制造业	Manufacture of Railway, Ship, Aerospace and Other Transport Equipments	
电气机械和器材制造业	Manufacture of Electrical Machinery and Apparatus	
计算机、通信和其他电子设备制造业	Manufacture of Computers, Communication and Other Electronic Equipment	
仪器仪表制造业	Manufacture of Measuring Instruments and Machinery	
其他制造业	Other Manufacture	0.86
废弃资源综合利用业	Utilization of Waste Resources	1.35
金属制品、机械和设备修理业	Repair Service of Metal Products, Machinery and Equipment	
(三)电力、热力、燃气及水生产和供应业	**Production and Supply of Electricity, Gas and Water**	**0.50**
电力、热力生产和供应业	Production and Supply of Electric Power and Heat Power	0.50
燃气生产和供应业	Production and Supply of Gas	
水的生产和供应业	Production and Supply of Water	

Continued 1

(10⁴ tce)

油品合计 Petroleum Products Total	原油 Crude Oil	汽油 Gasoline	煤油 Kerosene	柴油 Diesel Oil	燃料油 Fuel Oil	石脑油 Naphtha	润滑油 Lubricants	石蜡 Paraffin Waxes	溶剂油 White Spirit
30620.63	**466.43**	**343.45**	**16.15**	**1716.85**	**310.81**	**8620.63**	**351.28**	**350.89**	**134.61**
1440.77	**383.59**	**28.33**	**1.80**	**677.94**	**3.55**	**224.05**	**2.28**		
529.29	0.31	7.28	1.10	222.35	0.38	224.05	1.43		
497.42	383.15	10.28		59.09	1.24		0.02		
63.58		1.19		61.99	0.07		0.32		
36.50		2.42	0.67	31.79	1.38		0.05		
82.55		1.54	0.03	78.38	0.05		0.08		
231.28	0.14	5.62		224.18	0.43		0.39		
0.15				0.15					
29075.94	**82.60**	**275.37**	**14.34**	**992.85**	**305.69**	**8396.58**	**348.58**	**350.89**	**134.61**
48.38		10.43	0.14	31.34	2.16		0.13	0.04	2.21
22.85		6.19	0.01	12.04	1.60		0.01	0.56	
13.04		4.26	0.09	6.95	0.51		0.02		
2.16		0.55		1.52					
27.90		8.22	0.04	8.61	4.93		0.15		
16.73		7.19	0.07	7.82	0.70		0.02		
8.41		4.21	0.02	2.82	0.49	0.01	0.07	0.06	0.18
13.13		2.50		7.59	0.29		0.05	2.34	
8.58		3.54		4.35	0.21		0.02		
41.04	0.05	3.69	0.01	21.85	11.44		0.14	0.04	0.44
13.30		5.29	0.02	6.14	0.57		0.04		0.07
25.07		4.87	0.15	5.09	0.66	0.01	0.03	0.73	0.01
13388.35	79.93	2.09	0.26	32.84	39.11	2085.02	310.99	0.08	8.85
10825.95	1.92	17.79	2.79	55.33	62.89	6311.43	7.48	344.95	120.96
19.90	0.04	5.77	0.02	8.35	3.89	0.05	0.01	0.04	0.34
4.18		0.90	0.03	2.39	0.55		0.07		0.06
47.53	0.01	13.91	0.09	17.34	4.82		0.64	0.59	0.60
3627.77	0.14	21.71	1.23	457.63	137.56		0.84	0.99	0.23
122.52		4.93	0.04	76.54	0.92		1.09	0.02	
375.86	0.43	4.99	0.79	48.64	19.75		0.60	0.01	0.15
58.92	0.01	17.06	0.67	28.44	2.29		0.84	0.02	0.03
68.29		22.50	2.38	30.96	0.99	0.05	4.12	0.11	0.06
55.83		17.42	1.13	21.07	0.92		4.08	0.05	0.11
95.95	0.01	36.38	0.40	39.27	0.45	0.02	13.08	0.01	0.19
28.11	0.01	5.15	1.40	16.40	1.98		0.33		
52.26		21.99	0.62	15.61	2.96		2.56	0.20	0.07
28.83	0.01	14.11	0.23	9.37	0.58		0.94	0.03	0.03
8.11		5.65	0.17	1.47	0.14		0.14	0.04	
7.99		1.00	0.12	1.65					
9.97		0.45	0.03	7.03	1.88		0.03		
9.00	0.02	0.64	1.37	6.41	0.45		0.07		0.01
103.92	**0.24**	**39.75**	**0.01**	**46.07**	**1.56**		**0.42**		
90.09	0.24	31.64		41.14	1.28		0.38		
6.02		3.76		2.01	0.15		0.03		
7.81		4.35		2.92	0.13				

4-3 续表 2

单位：万吨标准煤

行　业	Sector	石油沥青 Bitumen Asphalt
工业	**Industry**	**346.39**
(一)采矿业	**Mining**	**1.10**
煤炭开采和洗选业	Mining and Washing of Coal	0.13
石油和天然气开采业	Extraction of Petroleum and Natural Gas	
黑色金属矿采选业	Mining and Processing of Ferrous Metal Ores	
有色金属矿采选业	Mining and Processing of Non-Ferrous Metal Ores	0.19
非金属矿采选业	Mining and Processing of Nonmetal Ores	0.78
开采专业及辅助性活动	Professional and Support Activities for Mining	
其他采矿业	Mining of Other Ores	
(二)制造业	**Manufacturing**	**342.05**
农副食品加工业	Processing of Food from Agricultural Products	
食品制造业	Manufacture of Foods	
酒、饮料和精制茶制造业	Manufacture of Liquor, Beverages and Refined Tea	
烟草制品业	Manufacture of Tobacco	
纺织业	Manufacture of Textile	2.04
纺织服装、服饰业	Manufacture of Textile, Wearing Apparel and Accessories	
皮革、毛皮、羽毛及其制品和制鞋业	Manufacture of Leather, Fur, Feather and Related Products and Footwear	
木材加工和木、竹、藤、棕、草制品业	Processing of Timber,Manufacture of Wood,Bamboo,Rattan, Palm,and Straw Products	
家具制造业	Manufacture of Furniture	
造纸和纸制品业	Manufacture of Paper and Paper Products	
印刷和记录媒介复制业	Printing and Reproduction of Recording Media	
文教、工美、体育和娱乐用品制造业	Manufacture of Articles for Culture, Education, Arts and Crafts, Sport and Entertainment Activities	
石油、煤炭及其他燃料加工业	Processing of Petroleum, Coal and Other Fuels	6.37
化学原料和化学制品制造业	Manufacture of Raw Chemical Materials and Chemical Products	1.99
医药制造业	Manufacture of Medicines	
化学纤维制造业	Manufacture of Chemical Fibers	
橡胶和塑料制品业	Manufacture of Rubber and Plastics Products	2.01
非金属矿物制品业	Manufacture of Non-metallic Mineral Products	316.04
黑色金属冶炼和压延加工业	Smelting and Pressing of Ferrous Metals	
有色金属冶炼和压延加工业	Smelting and Pressing of Non-ferrous Metals	13.11
金属制品业	Manufacture of Metal Products	0.42
通用设备制造业	Manufacture of General Purpose Machinery	
专用设备制造业	Manufacture of Special Purpose Machinery	
汽车制造业	Manufacture of Automobiles	0.01
铁路、船舶、航空航天和其他运输设备制造业	Manufacture of Railway, Ship, Aerospace and Other Transport Equipments	
电气机械和器材制造业	Manufacture of Electrical Machinery and Apparatus	0.05
计算机、通信和其他电子设备制造业	Manufacture of Computers, Communication and Other Electronic Equipment	
仪器仪表制造业	Manufacture of Measuring Instruments and Machinery	
其他制造业	Other Manufacture	
废弃资源综合利用业	Utilization of Waste Resources	
金属制品、机械和设备修理业	Repair Service of Metal Products, Machinery and Equipment	
(三)电力、热力、燃气及水生产和供应业	**Production and Supply of Electricity, Gas and Water**	**3.24**
电力、热力生产和供应业	Production and Supply of Electric Power and Heat Power	3.24
燃气生产和供应业	Production and Supply of Gas	
水的生产和供应业	Production and Supply of Water	

 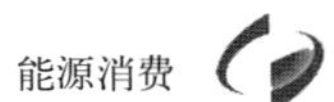

Continued 2

(10[4] tce)

石油焦 Petroleum Coke	液化石油气 Liquefied Petroleum Gas	炼厂干气 Refinery Gas	其他石油制品 Other Petroleum Products	天然气 Natural Gas	液化天然气 Liquefied Natural Gas	热力 Heat	电力 Electricity	其他能源 Other Energy
3182.52	**3886.31**	**2876.54**	**8017.79**	**8052.53**	**11461.68**	**12981.75**	**58215.51**	**976.87**
1.61	**71.95**	**20.14**	**24.44**	**1919.45**	**45.17**	**210.45**	**3412.84**	**6.51**
	71.58		0.69	183.12	23.68	24.06	1261.88	2.88
	0.22	20.14	23.29	1689.28	8.08	94.74	533.93	
			0.01	0.20		5.53	515.29	1.04
				8.48			474.61	2.41
1.61	0.02		0.07	7.97	12.75	76.65	316.29	0.19
	0.13		0.39	30.40	0.67	9.48	50.76	
							260.08	
3171.67	**3813.85**	**2854.03**	**7992.84**	**6019.13**	**11322.40**	**12364.33**	**46835.39**	**959.59**
	1.63		0.32	49.19	349.60	259.68	980.04	221.48
	2.00		0.44	164.27	145.30	248.85	371.08	39.14
	1.17		0.05	126.61	85.34	186.24	213.31	13.23
	0.09			15.48		8.79	65.03	2.52
	2.64		1.27	189.22	383.08	1104.07	2163.23	65.49
	0.63		0.29	16.68	121.39	20.24	284.62	8.27
	0.50		0.05	1.57	26.10	7.77	192.72	9.70
	0.36			33.56	3.24	22.91	343.28	104.92
	0.47			17.23	4.13	2.07	141.78	5.01
	3.26		0.13	61.96	218.07	730.29	915.12	90.62
	0.70		0.47	43.34	20.20	16.66	161.06	9.07
12.14	1.14		0.24	37.86	141.94	2.96	110.34	5.89
242.08	1812.69	2732.75	6035.31	341.61	1471.59	2163.33	1473.49	6.16
54.10	1815.43	118.60	1910.28	2641.46	2428.94	4950.57	6670.24	90.95
	0.36		1.03	95.20	94.47	348.99	501.08	25.21
	0.10		0.09	21.79	158.56	391.25	559.38	12.62
	3.87		3.64	101.44	110.99	107.04	1753.03	16.28
2568.84	105.27	0.18	17.12	471.89	1804.53	85.88	4621.83	90.04
18.92	16.45	2.48	1.13	594.73	1152.60	664.02	7938.95	101.48
275.19	5.55		6.66	264.81	451.72	745.36	8201.94	5.96
	7.42	0.02	1.71	149.04	656.31	21.73	2055.92	4.88
	4.80	0.01	2.30	132.15	145.28	11.72	1238.13	5.11
	6.20		4.83	61.94	200.55	32.58	613.79	5.42
	3.56		2.58	93.00	247.08	101.71	1267.60	3.01
	2.29		0.55	63.50	217.54	22.73	204.24	0.30
0.40	5.82		1.97	43.69	108.41	48.23	1056.09	6.19
	3.35		0.19	148.12	289.59	53.16	1844.05	2.26
	0.29		0.21	6.65	6.94	1.96	91.60	1.47
	5.22			0.53	56.29	2.35	710.86	1.04
	0.54			27.97	217.39	0.67	71.20	5.87
	0.04			2.65	5.25	0.51	20.35	
9.24	**0.51**	**2.37**	**0.51**	**113.95**	**94.11**	**406.97**	**7967.29**	**10.76**
9.24	0.05	2.37	0.50	15.94		326.88	7009.15	10.76
	0.07		0.01	92.56	93.91	75.06	228.41	
	0.39			5.45	0.20	5.02	729.73	

4-4 分行业能源消费总量

单位：万吨标准煤

行 业	Sector	1995	2000
消费总量	**Total Consumption**	**131176**	**146964**
农、林、牧、渔业	**Agriculture, Forestry, Animal Husbandry and Fishery**	**5505**	**4233**
工业	**Industry**	**96191**	**103014**
采矿业	**Mining**	**9941**	**10286**
煤炭开采和洗选业	Mining and Washing of Coal	5500	4576
石油和天然气开采业	Extraction of Petroleum and Natural Gas	2813	3966
黑色金属矿采选业	Mining and Processing of Ferrous Metal Ores	268	376
有色金属矿采选业	Mining and Processing of Non-Ferrous Metal Ores	557	427
非金属矿采选业	Mining and Processing of Nonmetal Ores	553	708
开采专业及辅助性活动	Professional and Support Activities for Mining		
其他采矿业	Mining of Other Ores	250	234
制造业	**Manufacturing**	**78368**	**80914**
农副食品加工业	Processing of Food from Agricultural Products	1973	1669
食品制造业	Manufacture of Foods	1208	1092
酒、饮料和精制茶制造业	Manufacture of Liquor, Beverages and Refined Tea	1000	844
烟草制品业	Manufacture of Tobacco	224	313
纺织业	Manufacture of Textile	3531	3020
纺织服装、服饰业	Manufacture of Textile, Wearing Apparel and Accessories	329	357
皮革、毛皮、羽毛及其制品和制鞋业	Manufacture of Leather, Fur, Feather and Related Products and Footwear	290	208
木材加工和木、竹、藤、棕、草制品业	Processing of Timber,Manufacture of Wood,Bamboo,Rattan,Palm, and Straw Products	380	376
家具制造业	Manufacture of Furniture	106	104
造纸和纸制品业	Manufacture of Paper and Paper Products	2138	2281
印刷和记录媒介复制业	Printing and Reproduction of Recording Media	203	207
文教、工美、体育和娱乐用品制造业	Manufacture of Articles for Culture, Education, Arts and Crafts, Sport and Entertainment Activities	62	123
石油、煤炭及其他燃料加工业	Processing of Petroleum, Coal and Other Fuels	5567	7956
化学原料和化学制品制造业	Manufacture of Raw Chemical Materials and Chemical Products	15822	14070
医药制造业	Manufacture of Medicines	1201	977
化学纤维制造业	Manufacture of Chemical Fibers	1278	1911
橡胶和塑料制品业	Manufacture of Rubber and Plastics Products	1186	1405
非金属矿物制品业	Manufacture of Non-metallic Mineral Products	13058	11515
黑色金属冶炼和压延加工业	Smelting and Pressing of Ferrous Metals	18533	20563
有色金属冶炼和压延加工业	Smelting and Pressing of Non-ferrous Metals	2842	4129
金属制品业	Manufacture of Metal Products	994	1218
通用设备制造业	Manufacture of General Purpose Machinery	1651	1266
专用设备制造业	Manufacture of Special Purpose Machinery	1089	883
汽车制造业	Manufacture of Automobiles	1376	1530
铁路、船舶、航空航天和其他运输设备制造业	Manufacture of Railway, Ship, Aerospace and Other Transport Equipments		
电气机械和器材制造业	Manufacture of Electrical Machinery and Apparatus	629	658
计算机、通信和其他电子设备制造业	Manufacture of Computers, Communication and Other Electronic Equipment	321	692
仪器仪表制造业	Manufacture of Measuring Instruments and Machinery	143	158
其他制造业	Other Manufacture	1234	1389
废弃资源综合利用业	Utilization of Waste Resources		
金属制品、机械和设备修理业	Repair Service of Metal Products, Machinery and Equipment		
电力、热力、燃气及水生产和供应业	**Production and Supply of Electricity, Gas and Water**	**7883**	**11814**
电力、热力生产和供应业	Production and Supply of Electric Power and Heat Power	7053	10584
燃气生产和供应业	Production and Supply of Gas	341	618
水的生产和供应业	Production and Supply of Water	489	611
建筑业	**Construction**	**1335**	**2207**
交通运输、仓储和邮政业	**Transport, Storage and Post**	**5863**	**11447**
批发和零售业、住宿和餐饮业	**Wholesale and Retail Trades, Hotels and Catering Services**	**2018**	**3251**
其他	**Others**	**4519**	**6118**
居民生活	**Residential**	**15745**	**16695**

Total Energy Consumption by Sector

(10[4] tce)

2005	2009	2010	2011	2012	2013	2014	2015	2016	2017	2018	2019
261369	**336126**	**360648**	**387043**	**402138**	**416913**	**428334**	**434113**	**441492**	**455827**	**471925**	**487488**
6860	**6978**	**7266**	**7675**	**7804**	**8055**	**8020**	**8271**	**8585**	**8945**	**8781**	**9018**
187914	**243567**	**261377**	**278048**	**284712**	**291130**	**298449**	**295953**	**295615**	**302308**	**311151**	**322503**
12429	**16636**	**20950**	**23417**	**24532**	**23924**	**21285**	**19489**	**17773**	**18099**	**18981**	**19233**
5634	8771	12436	14497	15083	14180	11376	10399	9436	9646	9983	10133
3741	3935	3987	3923	3897	4088	4263	4269	3916	3956	3818	3755
1135	1468	2089	2137	2065	2224	2169	1663	1458	1537	1566	1660
814	911	999	1202	1231	1280	1266	1177	1076	1106	1253	1258
995	1297	1224	1374	1469	1380	1401	1297	1260	1185	1312	1324
				481	407	397	337	286	321	464	470
111	254	214	283	305	365	414	348	341	347	584	633
158235	**206556**	**217329**	**229091**	**234539**	**239053**	**248976**	**248264**	**247658**	**252462**	**258604**	**268426**
3096	4111	3746	3681	3784	3905	4138	4266	4241	4145	4036	4126
1615	1967	1857	1935	1841	1890	1833	1840	1976	1965	1959	2042
1523	1767	1369	1454	1498	1610	1522	1501	1496	1403	1317	1283
278	229	234	286	257	256	238	230	206	200	198	192
6145	6884	6988	7379	7290	7366	6962	7159	7303	7518	7372	7398
669	813	848	867	978	971	938	923	946	882	866	905
375	481	475	461	679	652	619	631	607	563	546	539
929	1362	1382	1507	1575	1522	1409	1306	1194	1082	1059	1036
141	226	252	249	241	247	359	376	364	353	367	383
4078	4687	4475	4596	4275	4153	4042	4059	4115	4314	4102	3847
298	385	420	417	428	448	466	467	481	484	517	508
213	240	237	257	344	368	400	393	410	435	461	493
12481	17580	17874	18183	18831	19255	20139	24184	24165	26458	28689	32572
28626	33700	36741	40743	42551	44081	47415	49533	49722	49356	51278	53272
1521	1723	1816	1999	2105	2179	2189	2263	2323	2251	2179	2179
1789	1641	1644	1819	1840	1909	1835	1912	2075	2204	2329	2416
2894	3541	3853	3891	4195	4350	4458	4432	4538	4771	4793	4868
26215	30460	32512	38272	37799	36561	37197	35587	34772	33343	32798	33344
44724	65353	66873	64726	67376	68839	69296	64404	62879	62843	62279	65387
7966	12043	13628	14831	15621	16617	21326	20773	21028	23316	24628	24436
2375	3227	3804	3736	4164	4704	4808	4645	4974	6366	6283	6552
2495	3467	3774	4571	3619	3571	3632	3531	3665	3636	3705	3627
1299	1643	1902	1949	1853	1914	1986	1846	1739	1691	1691	1884
2060	3035	3782	4014	2770	3069	3187	3184	3276	3380	3646	3663
				1151	1045	863	856	867	979	1821	853
1410	2038	2347	2499	2511	2606	2587	2589	2623	2582	2698	2841
1518	2229	2547	2650	2689	2802	2968	3149	3377	3662	4628	5028
223	301	359	332	326	329	318	316	309	307	277	249
1237	1330	1459	1648	1714	1597	1597	1666	1708	1672	1620	1799
41	91	129	139	152	169	194	187	228	222	391	635
				83	66	54	53	52	76	72	68
17250	**20376**	**23099**	**25540**	**25640**	**28153**	**28188**	**28200**	**30184**	**31747**	**33566**	**34844**
15847	18937	21487	23861	23837	26295	26241	26191	28080	29258	30832	31759
692	565	627	633	689	697	723	718	739	994	1148	1309
711	873	985	1045	1114	1161	1225	1291	1365	1495	1587	1775
3486	**4712**	**5533**	**6052**	**6337**	**7017**	**7377**	**7545**	**7847**	**8243**	**8685**	**9142**
19136	**24460**	**27102**	**29694**	**32561**	**34819**	**36343**	**38510**	**39883**	**42140**	**43617**	**43909**
5917	**7303**	**7847**	**9147**	**10012**	**10598**	**10864**	**11447**	**12042**	**12456**	**12994**	**13624**
10484	**13933**	**15052**	**16843**	**18407**	**19763**	**20069**	**21925**	**23185**	**24277**	**26262**	**27582**
27573	**35173**	**36470**	**39584**	**42306**	**45531**	**47211**	**50461**	**54336**	**57459**	**60436**	**61709**

4-5 分行业煤炭消费总量

单位：万吨

行 业	Sector	1995	2000
消费总量	**Total Consumption**	**137677**	**135690**
农、林、牧、渔业	**Agriculture, Forestry, Animal Husbandry and Fishery**	**1857**	**1051**
工业	**Industry**	**117571**	**121807**
采矿业	**Mining**	**9861**	**10603**
煤炭开采和洗选业	Mining and Washing of Coal	8291	8913
石油和天然气开采业	Extraction of Petroleum and Natural Gas	637	847
黑色金属矿采选业	Mining and Processing of Ferrous Metal Ores	95	79
有色金属矿采选业	Mining and Processing of Non-Ferrous Metal Ores	175	100
非金属矿采选业	Mining and Processing of Nonmetal Ores	434	512
开采专业及辅助性活动	Professional and Support Activities for Mining		
其他采矿业	Mining of Other Ores	229	153
制造业	**Manufacturing**	**63109**	**53356**
农副食品加工业	Processing of Food from Agricultural Products	1754	1511
食品制造业	Manufacture of Foods	1215	761
酒、饮料和精制茶制造业	Manufacture of Liquor, Beverages and Refined Tea	983	733
烟草制品业	Manufacture of Tobacco	191	151
纺织业	Manufacture of Textile	2537	1564
纺织服装、服饰业	Manufacture of Textile, Wearing Apparel and Accessories	117	142
皮革、毛皮、羽毛及其制品和制鞋业	Manufacture of Leather, Fur, Feather and Related Products and Footwear	239	81
木材加工和木、竹、藤、棕、草制品业	Processing of Timber,Manufacture of Wood,Bamboo,Rattan,Palm, and Straw Products	363	265
家具制造业	Manufacture of Furniture	63	50
造纸和纸制品业	Manufacture of Paper and Paper Products	2132	1982
印刷和记录媒介复制业	Printing and Reproduction of Recording Media	87	58
文教、工美、体育和娱乐用品制造业	Manufacture of Articles for Culture, Education, Arts and Crafts, Sport and Entertainment Activities	33	20
石油、煤炭及其他燃料加工业	Processing of Petroleum, Coal and Other Fuels	8025	9718
化学原料和化学制品制造业	Manufacture of Raw Chemical Materials and Chemical Products	10804	8162
医药制造业	Manufacture of Medicines	915	615
化学纤维制造业	Manufacture of Chemical Fibers	823	993
橡胶和塑料制品业	Manufacture of Rubber and Plastics Products	878	485
非金属矿物制品业	Manufacture of Non-metallic Mineral Products	13424	9841
黑色金属冶炼和压延加工业	Smelting and Pressing of Ferrous Metals	12921	12109
有色金属冶炼和压延加工业	Smelting and Pressing of Non-ferrous Metals	1349	1528
金属制品业	Manufacture of Metal Products	462	274
通用设备制造业	Manufacture of General Purpose Machinery	821	413
专用设备制造业	Manufacture of Special Purpose Machinery	653	376
汽车制造业	Manufacture of Automobiles	860	827
铁路、船舶、航空航天和其他运输设备制	Manufacture of Railway, Ship, Aerospace and Other Transport Equipments		
电气机械和器材制造业	Manufacture of Electrical Machinery and Apparatus	344	220
计算机、通信和其他电子设备制造业	Manufacture of Computers, Communication and Other Electronic Equipment	142	84
仪器仪表制造业	Manufacture of Measuring Instruments and Machinery	71	37
其他制造业	Other Manufacture	906	353
废弃资源综合利用业	Utilization of Waste Resources		
金属制品、机械和设备修理业	Repair Service of Metal Products, Machinery and Equipment		
电力、热力、燃气及水生产和供应业	**Production and Supply of Electricity, Gas and Water**	**44600**	**57848**
电力、热力生产和供应业	Production and Supply of Electric Power and Heat Power	43800	56675
燃气生产和供应业	Production and Supply of Gas	763	1122
水的生产和供应业	Production and Supply of Water	38	51
建筑业	**Construction**	**440**	**537**
交通运输、仓储和邮政业	**Transport, Storage and Post**	**1315**	**882**
批发和零售业、住宿和餐饮业	**Wholesale and Retail Trades, Hotels and Catering Services**	**977**	**1461**
其他	**Others**	**1987**	**1495**
居民生活	**Residential**	**13530**	**8457**

Total Coal Consumption by Sector

(10⁴ tons)

2005	2009	2010	2011	2012	2013	2014	2015	2016	2017	2018	2019
243375	325003	349008	388961	411727	424426	413633	399834	388820	391403	397452	401915
1802	2081	2147	2207	2266	2451	2479	2625	2778	2834	2363	2202
224766	305900	329728	368916	391191	403157	392567	378190	367435	371160	380696	387268
13307	20527	27146	32914	43100	39165	35170	30802	25246	25106	26064	23850
11748	18372	24893	30664	40786	36772	33174	29103	23793	23874	24234	22140
367	541	541	564	495	481	195	186	174	131	122	112
275	406	482	447	438	481	440	378	283	245	222	198
220	192	212	223	220	206	203	199	120	105	137	93
686	1014	1016	1016	973	1037	997	819	774	662	753	742
				186	185	159	116	97	88	595	564
11	2	3		2	3	2	2	5	1		
105047	140382	151519	163946	165862	173152	179535	181345	172342	162194	161049	159894
2320	3297	3365	3381	3302	3211	2779	2601	2570	2234	1871	1720
1260	1589	1845	1834	1866	1961	1814	1617	1679	1526	1619	1642
1360	1601	1587	1602	1479	1587	1326	1185	1091	956	690	619
143	85	86	115	67	62	52	43	28	22	15	7
3282	3279	3710	3471	3053	2896	2460	4729	4211	3308	951	790
293	360	374	334	347	315	297	257	214	142	57	45
149	220	196	177	202	185	162	155	135	94	33	22
568	702	699	693	662	621	520	467	326	217	108	90
35	78	83	81	76	71	61	57	42	17	5	2
3827	4826	5242	5482	5271	5303	4829	4669	4603	4586	4272	3942
56	76	84	63	64	69	82	81	84	46	66	62
31	45	45	37	98	110	130	124	114	75	33	14
20390	32197	35103	39418	41838	47649	47825	48069	46561	45310	48515	53972
17337	21222	22379	24507	25843	25789	27051	30100	26916	24579	23504	22007
980	1187	1274	1357	1374	1382	1392	1511	1427	1184	913	786
1203	1039	921	1010	1049	1123	1070	1090	1370	1329	1330	1318
919	1223	1334	1237	1145	1143	1027	978	868	670	501	401
23834	29377	30844	33370	32205	31633	33016	31696	30691	27039	24321	22608
20835	29083	30749	33886	34104	34531	35527	33896	31184	30443	29308	27987
2931	4353	6928	7275	7368	9378	14448	14769	15656	16761	21888	20765
377	589	555	498	698	646	521	460	399	256	349	333
721	1109	1095	999	452	412	348	301	244	186	97	21
471	601	657	577	460	390	339	287	206	141	48	32
773	853	932	878	583	563	470	430	366	273	179	97
				307	285	143	118	92	159	75	41
333	617	569	783	701	708	660	731	560	104	37	24
153	192	192	168	249	161	148	150	131	108	196	411
38	40	41	35	45	41	30	20	20	13	4	2
406	501	563	618	876	850	937	687	483	365	4	2
21	43	67	60	68	63	65	61	68	49	60	132
				11	13	5	5	4	3		
106411	144991	151064	172056	182229	190840	177863	166043	169847	183860	193583	203524
105016	143904	149726	170949	181090	189848	177098	165422	169441	183107	192239	201798
1363	1068	1255	1052	1075	935	720	570	383	730	1318	1707
33	19	83	55	64	57	45	51	22	23	27	20
604	659	731	797	767	811	914	878	805	733	650	640
811	641	639	646	614	615	558	492	404	353	321	283
2627	3201	3192	3572	3752	3966	3767	3864	3826	3461	2686	2378
2727	3400	3412	3612	3883	4136	4046	4159	4081	3580	3021	2598
10039	9122	9159	9212	9253	9290	9303	9627	9492	9283	7714	6547

4-6 分行业焦炭消费总量

单位：万吨

行 业	Sector	1995
消费总量	**Total Consumption**	**10725**
农、林、牧、渔业	**Agriculture, Forestry, Animal Husbandry and Fishery**	**129**
工业	**Industry**	**10412**
采矿业	**Mining**	**151**
煤炭开采和洗选业	Mining and Washing of Coal	42
石油和天然气开采业	Extraction of Petroleum and Natural Gas	1
黑色金属矿采选业	Mining and Processing of Ferrous Metal Ores	57
有色金属矿采选业	Mining and Processing of Non-Ferrous Metal Ores	25
非金属矿采选业	Mining and Processing of Nonmetal Ores	26
开采专业及辅助性活动	Professional and Support Activities for Mining	
其他采矿业	Mining of Other Ores	1
制造业	**Manufacturing**	**10244**
农副食品加工业	Processing of Food from Agricultural Products	15
食品制造业	Manufacture of Foods	10
酒、饮料和精制茶制造业	Manufacture of Liquor, Beverages and Refined Tea	5
烟草制品业	Manufacture of Tobacco	2
纺织业	Manufacture of Textile	6
纺织服装、服饰业	Manufacture of Textile, Wearing Apparel and Accessories	1
皮革、毛皮、羽毛及其制品和制鞋业	Manufacture of Leather, Fur, Feather and Related Products and Footwear	1
木材加工和木、竹、藤、棕、草制品业	Processing of Timber,Manufacture of Wood,Bamboo,Rattan,Palm, and Straw Products	1
家具制造业	Manufacture of Furniture	1
造纸和纸制品业	Manufacture of Paper and Paper Products	4
印刷和记录媒介复制业	Printing and Reproduction of Recording Media	1
文教、工美、体育和娱乐用品制造业	Manufacture of Articles for Culture, Education, Arts and Crafts, Sport and Entertainment Activities	2
石油、煤炭及其他燃料加工业	Processing of Petroleum, Coal and Other Fuels	32
化学原料和化学制品制造业	Manufacture of Raw Chemical Materials and Chemical Products	1299
医药制造业	Manufacture of Medicines	3
化学纤维制造业	Manufacture of Chemical Fibers	24
橡胶和塑料制品业	Manufacture of Rubber and Plastics Products	3
非金属矿物制品业	Manufacture of Non-metallic Mineral Products	277
黑色金属冶炼和压延加工业	Smelting and Pressing of Ferrous Metals	7811
有色金属冶炼和压延加工业	Smelting and Pressing of Non-ferrous Metals	195
金属制品业	Manufacture of Metal Products	123
通用设备制造业	Manufacture of General Purpose Machinery	237
专用设备制造业	Manufacture of Special Purpose Machinery	101
汽车制造业	Manufacture of Automobiles	41
铁路、船舶、航空航天和其他运输设备制造业	Manufacture of Railway, Ship, Aerospace and Other Transport Equipments	
电气机械和器材制造业	Manufacture of Electrical Machinery and Apparatus	16
计算机、通信和其他电子设备制造业	Manufacture of Computers, Communication and Other Electronic Equipment	1
仪器仪表制造业	Manufacture of Measuring Instruments and Machinery	3
其他制造业	Other Manufacture	30
废弃资源综合利用业	Utilization of Waste Resources	
金属制品、机械和设备修理业	Repair Service of Metal Products, Machinery and Equipment	
电力、热力、燃气及水生产和供应业	**Production and Supply of Electricity, Gas and Water**	**17**
电力、热力生产和供应业	Production and Supply of Electric Power and Heat Power	4
燃气生产和供应业	Production and Supply of Gas	13
水的生产和供应业	Production and Supply of Water	
建筑业	**Construction**	**11**
交通运输、仓储和邮政业	**Transport, Storage and Post**	**10**
批发和零售业、住宿和餐饮业	**Wholesale and Retail Trades, Hotels and Catering Services**	**26**
其他	**Others**	**6**
居民生活	**Residential**	**132**

Total Coke Consumption by Sector

(10[4] tons)

2000	2005	2009	2010	2011	2012	2013	2014	2015	2016	2017	2018	2019
10841	**25106**	**36350**	**38703**	**42063**	**44805**	**45852**	**46885**	**44059**	**45462**	**43743**	**43717**	**46426**
71	**63**	**45**	**47**	**54**	**57**	**69**	**35**	**49**	**53**	**38**	**103**	**60**
10555	**24861**	**36243**	**38599**	**41952**	**44695**	**45694**	**46750**	**43923**	**45325**	**43609**	**43561**	**46320**
161	**150**	**156**	**421**	**258**	**251**	**282**	**292**	**236**	**243**	**203**	**174**	**208**
53	37	49	43	51	65	80	88	63	75	75	34	49
6												
52	84	84	353	185	126	180	187	158	153	116	128	148
22	16	15	16	14	14	10	10	9	5	3	4	4
27	13	8	9	8	46	11	7	7	10	8	9	8
10357	**24646**	**36055**	**38155**	**41670**	**44436**	**45401**	**46406**	**43646**	**45045**	**43366**	**43346**	**46067**
16	9	17	15	14	12	10	10	141	143	138	137	125
15	5	22	3	3	2	2	3	3	2	2	1	2
3	1	2	1	1	1	1	1	1	1	1		
1												
4	3	4	5	4	3	3	2	2	1	1	2	3
2	1	1	4	5	3	2	1	2	2	1		
2		3	1	1	1	1	1					
1	2	16	2	1			1	1	1			2
1	1	3	5	5	4	2	2	2	1	1	1	1
2	4	4	2	2	1	1	1	1	1			
		1										
2	4	5	4	4	5	4	4	3	3	4	2	
65	77	112	93	84	74	68	46	65	32	41	56	71
1105	1724	2485	2475	2932	3105	3200	3419	3579	3997	3674	3744	4014
1	1	6	3	3	2	1	1	1	1	2	2	3
27	51	3	2	2	1				17	17	18	20
9	4	19	15	11	4	3	5	3	2	1		
312	208	368	386	904	987	1048	1040	904	881	773	966	1340
8085	21429	31253	33448	35449	38367	39313	40146	37336	38439	37521	37152	39247
218	397	646	592	683	617	586	622	565	528	518	403	406
126	78	98	76	65	104	141	100	100	66	60	450	469
208	456	664	657	1182	839	695	699	684	686	444	328	245
74	69	77	126	78	45	54	75	68	71	64	20	7
32	94	194	169	176	185	199	162	129	123	69	31	14
					12	8	7	3	2	1	1	
11	17	23	27	25	18	17	14	12	7	5	2	1
	1	8	12	8	9	11	12	14	14	13		
4	3	8	6	4	4	5	4	3	2	1		
30	4	2	2	3	1				3	2		
	2	10	25	25	20	26	27	22	16	10	31	97
					12							
37	**65**	**32**	**23**	**24**	**8**	**11**	**51**	**40**	**37**	**40**	**40**	**45**
	6	8	4	8		7	49	39	35	39	39	44
37	59	24	19	16	7	4	2	2	2	2	2	1
19	**18**	**6**	**6**	**5**	**6**	**8**	**10**	**7**	**7**	**13**	**11**	**10**
11	**1**					**2**	**3**	**3**	**3**	**6**		
36	**64**	**4**	**5**	**9**	**7**	**36**	**47**	**40**	**41**	**49**	**19**	**17**
12	**8**	**3**	**3**	**2**	**2**	**5**	**5**	**5**	**6**	**6**	**6**	**6**
137	**90**	**49**	**43**	**41**	**38**	**38**	**36**	**31**	**27**	**22**	**16**	**13**

4-7 分行业原油消费总量

单位：万吨

行　业	Sector	1995
消费总量	**Total Consumption**	**14886.39**
农、林、牧、渔业	**Agriculture, Forestry, Animal Husbandry and Fishery**	**10.11**
工业	**Industry**	**14716.30**
采矿业	**Mining**	**1686.21**
煤炭开采和洗选业	Mining and Washing of Coal	
石油和天然气开采业	Extraction of Petroleum and Natural Gas	1686.16
黑色金属矿采选业	Mining and Processing of Ferrous Metal Ores	
有色金属矿采选业	Mining and Processing of Non-Ferrous Metal Ores	0.05
非金属矿采选业	Mining and Processing of Nonmetal Ores	
开采专业及辅助性活动	Professional and Support Activities for Mining	
其他采矿业	Mining of Other Ores	
制造业	**Manufacturing**	**12963.62**
农副食品加工业	Processing of Food from Agricultural Products	0.53
食品制造业	Manufacture of Foods	0.72
酒、饮料和精制茶制造业	Manufacture of Liquor, Beverages and Refined Tea	0.72
烟草制品业	Manufacture of Tobacco	
纺织业	Manufacture of Textile	1.29
纺织服装、服饰业	Manufacture of Textile, Wearing Apparel and Accessories	0.04
皮革、毛皮、羽毛及其制品和制鞋业	Manufacture of Leather, Fur, Feather and Related Products and Footwear	0.04
木材加工和木、竹、藤、棕、草制品业	Processing of Timber,Manufacture of Wood,Bamboo,Rattan,Palm, and Straw Products	
家具制造业	Manufacture of Furniture	
造纸和纸制品业	Manufacture of Paper and Paper Products	0.26
印刷和记录媒介复制业	Printing and Reproduction of Recording Media	0.10
文教、工美、体育和娱乐用品制造业	Manufacture of Articles for Culture, Education, Arts and Crafts, Sport and Entertainment Activities	
石油、煤炭及其他燃料加工业	Processing of Petroleum, Coal and Other Fuels	11338.36
化学原料和化学制品制造业	Manufacture of Raw Chemical Materials and Chemical Products	1078.84
医药制造业	Manufacture of Medicines	0.12
化学纤维制造业	Manufacture of Chemical Fibers	478.22
橡胶和塑料制品业	Manufacture of Rubber and Plastics Products	1.24
非金属矿物制品业	Manufacture of Non-metallic Mineral Products	56.32
黑色金属冶炼和压延加工业	Smelting and Pressing of Ferrous Metals	3.17
有色金属冶炼和压延加工业	Smelting and Pressing of Non-ferrous Metals	0.35
金属制品业	Manufacture of Metal Products	0.17
通用设备制造业	Manufacture of General Purpose Machinery	0.28
专用设备制造业	Manufacture of Special Purpose Machinery	0.20
汽车制造业	Manufacture of Automobiles	0.57
铁路、船舶、航空航天和其他运输设备制造业	Manufacture of Railway, Ship, Aerospace and Other Transport Equipments	
电气机械和器材制造业	Manufacture of Electrical Machinery and Apparatus	0.85
计算机、通信和其他电子设备制造业	Manufacture of Computers, Communication and Other Electronic Equipment	
仪器仪表制造业	Manufacture of Measuring Instruments and Machinery	
其他制造业	Other Manufacture	1.23
废弃资源综合利用业	Utilization of Waste Resources	
金属制品、机械和设备修理业	Repair Service of Metal Products, Machinery and Equipment	
电力、热力、燃气及水生产和供应业	**Production and Supply of Electricity, Gas and Water**	**66.47**
电力、热力生产和供应业	Production and Supply of Electric Power and Heat Power	66.47
燃气生产和供应业	Production and Supply of Gas	
水的生产和供应业	Production and Supply of Water	
建筑业	**Construction**	**2.71**
交通运输、仓储和邮政业	**Transport, Storage and Post**	**156.77**
批发和零售业、住宿和餐饮业	**Wholesale and Retail Trades, Hotels and Catering Services**	**0.50**
其他	**Others**	
居民生活	**Residential**	

Total Crude Oil Consumption by Sector

(10[4] tons)

2000	2005	2009	2010	2011	2012	2013	2014	2015	2016	2017	2018	2019
21232.01	**30088.94**	**38128.59**	**42874.55**	**43965.84**	**46678.92**	**48652.15**	**51596.95**	**54788.28**	**57125.93**	**59402.17**	**63004.33**	**67268.27**
21052.08	**29962.07**	**37975.17**	**42716.55**	**43860.44**	**46559.52**	**48503.42**	**51552.10**	**54752.43**	**57103.59**	**59393.50**	**62995.51**	**67259.08**
3196.35	**1373.95**	**1078.98**	**1020.29**	**1000.63**	**1074.08**	**1059.21**	**1068.23**	**1024.17**	**787.88**	**739.96**	**644.02**	**637.22**
2.32						0.04	0.09	0.03	0.01	0.06	13.92	0.22
3194.03	1373.95	1078.98	1020.29	1000.57	1050.41	1034.66	1034.61	987.50	740.82	713.31	612.23	636.91
				0.06	0.01							
									1.23			
					23.66	24.51	33.52	36.64	45.82	26.59	17.86	0.10
17779.14	**28559.26**	**36891.89**	**41692.62**	**42857.70**	**45482.98**	**47441.96**	**50483.54**	**53727.99**	**56315.45**	**58653.34**	**62351.28**	**66621.69**
0.42	0.07	0.10	0.11	0.14	0.07	0.24	0.02	0.03	0.02	0.02	0.06	
0.48	0.10		0.01									
0.52	0.50	0.20			0.01							
0.05	0.20	0.20	0.02			0.01				0.01	0.07	
0.16	0.24	0.33	0.03	0.05	0.05	0.02	0.02	0.01		0.01		
	0.04	0.03	0.05	0.09	0.10	0.05	0.01	0.02	0.02			
	0.12	0.28	0.22	0.13	0.17	0.16	0.33	0.04	0.01			
	0.03		0.01			0.01		0.01				
0.48	0.68	0.36	0.12	0.04	0.10	0.09	0.05	0.04	0.04	0.04	0.03	0.03
			0.01	0.03	0.01							
0.10	0.09	0.04	0.06	0.03	0.01	0.01	0.01		0.01			
15295.82	26019.28	34047.74	38624.99	39157.70	42413.38	44315.76	46825.64	50191.16	52431.24	55431.90	59673.27	63223.31
1809.79	2510.59	2821.81	3062.50	3696.04	3060.77	3123.70	3656.93	3536.22	3883.65	3220.70	2676.96	3397.86
		0.03	0.02		0.02							0.03
604.71	10.62	10.01										
0.45	0.90	0.42	0.12	0.12	0.04	0.02	0.01	0.04	0.04			0.01
53.54	14.17	8.89	2.45	2.03	7.78	1.08	0.17	0.21	0.21	0.42	0.46	0.10
10.25	0.13	0.04	0.33	0.18	0.01	0.02	0.02	0.02	0.02	0.01		
0.80	0.31	0.61	0.71	0.62	0.23	0.24	0.06	0.01	0.01		0.36	0.30
0.03	0.06	0.18	0.12	0.14	0.01	0.02	0.01	0.01	0.01	0.01	0.01	
0.11	0.15	0.06	0.09	0.05	0.03	0.07	0.04	0.03	0.03	0.01	0.01	
0.27	0.11	0.05	0.06	0.02	0.04	0.15	0.14	0.08	0.08	0.09		
0.06	0.15	0.10	0.17	0.16	0.07	0.16	0.02	0.02	0.02	0.06	0.02	0.01
					0.01	0.06	0.01	0.01	0.01	0.01	0.01	0.01
0.50	0.26	0.12	0.15	0.10	0.07	0.07	0.01			0.02	0.01	
	0.40	0.25	0.27	0.02				0.01	0.01			
	0.05	0.01		0.01		0.01	0.01	0.01	0.01	0.01		
0.60	0.01	0.02										
						0.01	0.01					0.01
76.59	**28.86**	**4.30**	**3.64**	**2.11**	**2.46**	**2.25**	**0.33**	**0.27**	**0.26**	**0.20**	**0.21**	**0.17**
76.59	28.60	4.09	3.64	2.11	2.46	2.25	0.33	0.27	0.26	0.20	0.21	0.17
	0.26	0.21										
3.30												
175.05	**126.87**	**153.42**	**158.00**	**105.40**	**119.40**	**148.73**	**44.85**	**35.85**	**22.34**	**8.67**	**8.82**	**9.19**
0.18												
1.40												

4-8 分行业汽油消费总量

单位：万吨

行　业	Sector	1995
消费总量	**Total Consumption**	**2909.59**
农、林、牧、渔业	**Agriculture, Forestry, Animal Husbandry and Fishery**	**179.66**
工业	**Industry**	**812.43**
采矿业	**Mining**	**135.90**
煤炭开采和洗选业	Mining and Washing of Coal	37.87
石油和天然气开采业	Extraction of Petroleum and Natural Gas	58.99
黑色金属矿采选业	Mining and Processing of Ferrous Metal Ores	4.74
有色金属矿采选业	Mining and Processing of Non-Ferrous Metal Ores	8.18
非金属矿采选业	Mining and Processing of Nonmetal Ores	8.74
开采专业及辅助性活动	Professional and Support Activities for Mining	
其他采矿业	Mining of Other Ores	17.38
制造业	**Manufacturing**	**637.21**
农副食品加工业	Processing of Food from Agricultural Products	37.56
食品制造业	Manufacture of Foods	16.33
酒、饮料和精制茶制造业	Manufacture of Liquor, Beverages and Refined Tea	14.91
烟草制品业	Manufacture of Tobacco	3.17
纺织业	Manufacture of Textile	42.72
纺织服装、服饰业	Manufacture of Textile, Wearing Apparel and Accessories	11.39
皮革、毛皮、羽毛及其制品和制鞋业	Manufacture of Leather, Fur, Feather and Related Products and Footwear	5.38
木材加工和木、竹、藤、棕、草制品业	Processing of Timber,Manufacture of Wood,Bamboo,Rattan,Palm, and Straw Products	4.68
家具制造业	Manufacture of Furniture	3.71
造纸和纸制品业	Manufacture of Paper and Paper Products	14.59
印刷和记录媒介复制业	Printing and Reproduction of Recording Media	6.17
文教、工美、体育和娱乐用品制造业	Manufacture of Articles for Culture, Education, Arts and Crafts, Sport and Entertainment Activities	2.66
石油、煤炭及其他燃料加工业	Processing of Petroleum, Coal and Other Fuels	29.23
化学原料和化学制品制造业	Manufacture of Raw Chemical Materials and Chemical Products	62.64
医药制造业	Manufacture of Medicines	8.98
化学纤维制造业	Manufacture of Chemical Fibers	4.56
橡胶和塑料制品业	Manufacture of Rubber and Plastics Products	31.88
非金属矿物制品业	Manufacture of Non-metallic Mineral Products	82.14
黑色金属冶炼和压延加工业	Smelting and Pressing of Ferrous Metals	42.55
有色金属冶炼和压延加工业	Smelting and Pressing of Non-ferrous Metals	12.71
金属制品业	Manufacture of Metal Products	18.19
通用设备制造业	Manufacture of General Purpose Machinery	58.65
专用设备制造业	Manufacture of Special Purpose Machinery	26.69
汽车制造业	Manufacture of Automobiles	37.48
铁路、船舶、航空航天和其他运输设备制造业	Manufacture of Railway, Ship, Aerospace and Other Transport Equipments	
电气机械和器材制造业	Manufacture of Electrical Machinery and Apparatus	24.07
计算机、通信和其他电子设备制造业	Manufacture of Computers, Communication and Other Electronic Equipment	9.15
仪器仪表制造业	Manufacture of Measuring Instruments and Machinery	4.69
其他制造业	Other Manufacture	20.33
废弃资源综合利用业	Utilization of Waste Resources	
金属制品、机械和设备修理业	Repair Service of Metal Products, Machinery and Equipment	
电力、热力、燃气及水生产和供应业	**Production and Supply of Electricity, Gas and Water**	**39.32**
电力、热力生产和供应业	Production and Supply of Electric Power and Heat Power	33.85
燃气生产和供应业	Production and Supply of Gas	3.21
水的生产和供应业	Production and Supply of Water	2.26
建筑业	**Construction**	**103.62**
交通运输、仓储和邮政业	**Transport, Storage and Post**	**982.30**
批发和零售业、住宿和餐饮业	**Wholesale and Retail Trades, Hotels and Catering Services**	**197.23**
其他	**Others**	**570.65**
居民生活	**Residential**	**63.70**

Total Gasoline Consumption by Sector

(10⁴ tons)

2000	2005	2009	2010	2011	2012	2013	2014	2015	2016	2017	2018	2019
3504.56	**4854.91**	**6172.69**	**6956.20**	**7595.95**	**8165.90**	**9366.35**	**9776.37**	**11368.46**	**11866.04**	**12296.27**	**13055.30**	**13627.97**
89.16	**159.59**	**168.06**	**169.07**	**185.98**	**192.86**	**198.72**	**216.60**	**231.33**	**224.39**	**229.64**	**242.92**	**253.18**
681.98	**441.71**	**671.07**	**689.46**	**604.81**	**581.06**	**523.38**	**489.04**	**477.08**	**436.32**	**382.10**	**296.51**	**262.00**
120.78	**51.89**	**65.46**	**66.32**	**68.41**	**58.02**	**52.04**	**45.95**	**40.39**	**36.27**	**29.53**	**22.32**	**19.25**
36.32	14.61	21.21	20.11	22.52	16.33	14.41	12.49	10.64	8.88	7.22	6.15	4.95
45.38	25.71	25.04	24.20	22.46	14.24	13.92	12.67	11.29	9.91	8.90	7.77	6.99
6.81	4.60	6.46	7.70	8.13	6.32	5.54	4.78	3.73	3.27	2.12	1.17	0.81
5.87	3.30	7.64	7.59	9.22	8.04	7.15	6.90	7.03	6.95	4.50	1.89	1.64
9.07	3.65	5.08	6.40	6.06	5.32	5.43	4.19	3.49	3.24	2.72	1.50	1.05
					7.69	5.51	4.69	4.13	3.92	4.03	3.84	3.82
17.34	0.02	0.03	0.32	0.02	0.08	0.08	0.22	0.08	0.09	0.03		
528.75	**364.19**	**571.16**	**590.92**	**504.66**	**489.14**	**437.57**	**410.57**	**403.38**	**368.90**	**324.05**	**249.17**	**215.69**
34.04	13.24	32.98	38.93	32.70	31.08	32.98	30.25	28.48	23.61	17.55	9.90	7.09
13.62	7.36	14.16	15.74	11.83	10.48	12.59	10.29	10.13	9.50	7.91	4.80	4.21
11.35	6.93	10.39	9.55	8.77	8.58	7.53	6.92	6.63	6.74	5.04	4.15	2.89
34.04	0.75	0.75	0.72	0.85	0.86	0.74	0.57	0.63	0.56	0.52	0.44	0.38
39.68	16.74	26.25	26.96	21.20	16.89	15.45	14.23	13.89	11.99	13.07	7.02	5.59
7.94	9.28	17.18	17.83	13.59	17.03	13.94	12.25	11.89	10.92	8.96	5.76	4.89
5.68	4.30	9.22	8.40	6.85	7.94	7.55	7.07	6.87	6.27	5.18	3.59	2.86
3.68	4.72	7.94	9.29	7.99	7.47	7.66	6.85	7.06	5.94	4.73	2.14	1.70
3.97	2.74	7.84	8.23	5.70	5.28	5.27	4.92	5.19	4.59	4.62	3.18	2.40
13.62	8.05	12.83	11.32	8.81	9.05	8.29	6.52	6.14	5.44	4.80	3.10	2.51
6.81	6.64	8.77	8.33	6.02	6.18	6.29	6.66	6.56	6.45	6.25	4.09	3.59
2.55	3.70	4.43	4.08	3.14	7.71	7.77	8.22	8.18	7.11	6.64	4.14	3.31
16.63	20.85	39.81	36.18	41.44	40.82	4.34	5.03	3.26	3.97	3.69	19.74	27.88
51.05	42.14	49.80	48.20	45.15	42.72	39.47	37.83	35.52	35.06	28.47	18.77	14.16
10.22	7.34	12.07	12.16	10.39	11.38	11.46	10.79	10.82	9.80	8.16	5.82	3.92
4.31	1.10	1.61	1.55	1.33	1.10	1.03	0.98	0.95	1.32	1.13	0.80	0.61
23.42	21.05	29.30	34.02	23.84	24.71	24.06	22.03	20.88	19.89	17.04	12.66	9.45
51.74	24.03	36.95	37.47	33.72	33.16	33.15	29.46	30.08	27.04	23.92	17.08	14.75
34.04	21.17	15.52	13.40	11.13	13.89	13.96	13.09	11.32	8.34	6.61	3.49	3.35
12.49	6.14	10.14	10.35	9.05	7.71	7.83	7.12	6.67	5.95	4.94	4.28	3.39
20.42	17.14	31.13	32.95	22.94	22.88	22.86	21.85	22.33	19.78	17.29	13.09	11.60
23.82	26.21	50.48	54.03	48.15	39.23	34.73	32.05	31.19	26.27	23.86	17.40	15.29
34.12	15.84	28.30	29.51	25.24	24.88	26.77	26.32	25.93	22.78	20.42	14.05	11.84
22.70	34.92	42.74	49.21	48.09	37.63	32.08	32.92	35.33	36.07	34.65	27.77	24.72
					9.24	8.97	7.56	7.12	6.39	5.89	7.48	3.50
18.15	20.62	35.60	36.48	29.24	27.96	27.97	26.61	26.45	24.86	21.25	17.45	14.94
9.07	10.55	19.25	20.31	15.28	13.92	13.83	14.09	14.54	14.09	13.86	10.94	9.59
3.40	3.45	6.85	7.26	5.59	4.97	5.48	5.00	5.84	4.91	4.74	4.18	3.84
16.20	6.87	8.18	7.73	6.02	1.84	1.78	1.36	1.70	1.78	1.43	0.88	0.68
	0.31	0.69	0.73	0.61	0.64	0.63	0.77	0.81	0.67	0.59	0.44	0.31
					1.91	1.11	0.95	0.99	0.83	0.85	0.53	0.44
32.44	**25.62**	**34.45**	**32.22**	**31.74**	**33.90**	**33.77**	**32.52**	**33.31**	**31.15**	**28.52**	**25.01**	**27.06**
28.17	20.31	26.53	24.64	25.23	27.76	27.28	26.01	25.97	23.88	21.88	19.07	21.55
1.95	2.36	2.88	3.20	2.98	2.64	2.92	3.04	3.39	3.08	2.87	2.62	2.55
2.32	2.95	5.04	4.38	3.53	3.50	3.57	3.47	3.94	4.19	3.77	3.32	2.96
115.55	**172.14**	**235.43**	**274.70**	**282.77**	**286.87**	**326.46**	**331.03**	**408.57**	**437.26**	**452.32**	**504.99**	**499.89**
1527.78	**2430.05**	**2881.59**	**3274.92**	**3573.52**	**3778.03**	**4381.80**	**4665.01**	**5306.59**	**5511.15**	**5698.53**	**6067.62**	**6244.92**
69.84	**129.39**	**147.52**	**168.18**	**177.14**	**200.06**	**220.86**	**217.79**	**243.29**	**240.86**	**244.46**	**275.50**	**287.95**
792.67	**998.20**	**1069.93**	**1166.22**	**1313.17**	**1460.51**	**1818.68**	**1738.07**	**2108.47**	**2046.40**	**2075.05**	**2163.56**	**2240.92**
227.58	**523.83**	**999.08**	**1213.65**	**1458.56**	**1666.52**	**1896.45**	**2118.82**	**2593.11**	**2969.67**	**3214.17**	**3504.20**	**3839.10**

4-9 分行业煤油消费总量

单位：万吨

行　　业	Sector	1995
消费总量	**Total Consumption**	**512.11**
农、林、牧、渔业	**Agriculture, Forestry, Animal Husbandry and Fishery**	**3.57**
工业	**Industry**	**44.94**
采矿业	**Mining**	**2.92**
煤炭开采和洗选业	Mining and Washing of Coal	1.59
石油和天然气开采业	Extraction of Petroleum and Natural Gas	0.59
黑色金属矿采选业	Mining and Processing of Ferrous Metal Ores	0.08
有色金属矿采选业	Mining and Processing of Non-Ferrous Metal Ores	0.40
非金属矿采选业	Mining and Processing of Nonmetal Ores	0.20
开采专业及辅助性活动	Professional and Support Activities for Mining	
其他采矿业	Mining of Other Ores	0.06
制造业	**Manufacturing**	**40.41**
农副食品加工业	Processing of Food from Agricultural Products	0.26
食品制造业	Manufacture of Foods	0.33
酒、饮料和精制茶制造业	Manufacture of Liquor, Beverages and Refined Tea	0.23
烟草制品业	Manufacture of Tobacco	2.07
纺织业	Manufacture of Textile	2.91
纺织服装、服饰业	Manufacture of Textile, Wearing Apparel and Accessories	0.11
皮革、毛皮、羽毛及其制品和制鞋业	Manufacture of Leather, Fur, Feather and Related Products and Footwear	0.42
木材加工和木、竹、藤、棕、草制品业	Processing of Timber,Manufacture of Wood,Bamboo,Rattan,Palm, and Straw Products	1.17
家具制造业	Manufacture of Furniture	0.01
造纸和纸制品业	Manufacture of Paper and Paper Products	1.78
印刷和记录媒介复制业	Printing and Reproduction of Recording Media	3.41
文教、工美、体育和娱乐用品制造业	Manufacture of Articles for Culture, Education, Arts and Crafts, Sport and Entertainment Activities	0.10
石油、煤炭及其他燃料加工业	Processing of Petroleum, Coal and Other Fuels	1.02
化学原料和化学制品制造业	Manufacture of Raw Chemical Materials and Chemical Products	8.10
医药制造业	Manufacture of Medicines	0.15
化学纤维制造业	Manufacture of Chemical Fibers	0.18
橡胶和塑料制品业	Manufacture of Rubber and Plastics Products	0.55
非金属矿物制品业	Manufacture of Non-metallic Mineral Products	2.59
黑色金属冶炼和压延加工业	Smelting and Pressing of Ferrous Metals	0.41
有色金属冶炼和压延加工业	Smelting and Pressing of Non-ferrous Metals	0.57
金属制品业	Manufacture of Metal Products	3.37
通用设备制造业	Manufacture of General Purpose Machinery	3.05
专用设备制造业	Manufacture of Special Purpose Machinery	0.91
汽车制造业	Manufacture of Automobiles	4.87
铁路、船舶、航空航天和其他运输设备制造业	Manufacture of Railway, Ship, Aerospace and Other Transport Equipments	
电气机械和器材制造业	Manufacture of Electrical Machinery and Apparatus	0.50
计算机、通信和其他电子设备制造业	Manufacture of Computers, Communication and Other Electronic Equipment	0.23
仪器仪表制造业	Manufacture of Measuring Instruments and Machinery	0.12
其他制造业	Other Manufacture	0.99
废弃资源综合利用业	Utilization of Waste Resources	
金属制品、机械和设备修理业	Repair Service of Metal Products, Machinery and Equipment	
电力、热力、燃气及水生产和供应业	**Production and Supply of Electricity, Gas and Water**	**1.61**
电力、热力生产和供应业	Production and Supply of Electric Power and Heat Power	1.30
燃气生产和供应业	Production and Supply of Gas	0.11
水的生产和供应业	Production and Supply of Water	0.20
建筑业	**Construction**	**3.51**
交通运输、仓储和邮政业	**Transport, Storage and Post**	**250.01**
批发和零售业、住宿和餐饮业	**Wholesale and Retail Trades, Hotels and Catering Services**	**8.51**
其他	**Others**	**137.32**
居民生活	**Residential**	**64.25**

Total Kerosene Consumption by Sector

(10[4] tons)

2000	2005	2009	2010	2011	2012	2013	2014	2015	2016	2017	2018	2019
871.61	**1076.84**	**1450.49**	**1765.17**	**1816.72**	**1956.60**	**2164.07**	**2335.42**	**2663.71**	**2970.71**	**3326.36**	**3653.51**	**3950.23**
1.50	**1.60**	**0.76**	**0.90**	**1.47**	**1.19**	**1.19**	**0.75**	**1.10**	**2.24**	**1.52**	**4.91**	**10.95**
83.95	**57.50**	**32.04**	**40.20**	**34.21**	**32.04**	**27.41**	**17.36**	**21.16**	**19.96**	**14.55**	**24.94**	**10.97**
7.44	**6.40**	**4.64**	**4.41**	**3.22**	**2.64**	**2.94**	**2.52**	**2.44**	**2.17**	**1.30**	**1.08**	**1.22**
5.37	3.26	2.90	2.53	2.30	2.16	2.43	1.89	1.72	1.59	0.81	0.67	0.75
0.42	0.17	0.05					0.01					
0.04	1.42	0.45	0.35	0.16	0.03	0.04	0.02	0.07	0.05	0.02		
1.26	0.74	0.87	0.67	0.64	0.41	0.40	0.39	0.43	0.37	0.43	0.39	0.46
0.34	0.80	0.37	0.24	0.12	0.04	0.07	0.21	0.22	0.14	0.03	0.02	0.02
									0.01			
0.01	0.01		0.62									
76.05	**50.74**	**27.28**	**35.75**	**30.96**	**29.37**	**24.41**	**14.79**	**18.64**	**17.72**	**13.21**	**22.56**	**9.75**
0.25	0.40	0.22	0.51	0.29	0.12	0.18	0.21	0.50	0.35	0.20	0.14	0.09
0.08	0.33	0.11	0.20	0.09	0.03	0.04	0.02	0.05	0.10	0.01		
0.08	0.54	0.29	0.13	0.04	0.01	0.01	0.02	0.08	0.04	0.05	0.06	0.06
0.08	0.03											
3.78	2.05	0.43	0.50	0.31	0.12	0.16	0.07	0.15	0.07	0.05	0.02	0.03
0.42	0.70	0.28	0.25	0.52	0.41	0.06	0.04	0.04	0.02			0.05
0.17	0.37	0.29	0.24	0.23	0.21	0.11	0.08	0.12	0.16	0.08	0.01	0.01
0.08	1.09	0.20	0.17	0.05	0.08	0.12	0.09	0.52	0.14	0.02	0.01	
0.04	0.24	0.13	0.08	0.02	0.05	0.05	0.01	0.01	0.01		0.01	
3.61	0.91	0.41	0.22	0.13	0.09	0.13	0.02	0.05	0.39	0.02		0.01
5.71	0.74	0.23	0.10	0.10	0.08	0.13	0.03	0.05	0.04	0.03	0.01	0.01
1.26	0.35	0.12	0.11	0.04	0.23	0.06	0.04	0.05	0.04	0.04	0.10	0.11
18.06	2.06	1.24	5.64	2.46	0.21	0.17	0.21	0.15	0.19	0.25	0.07	0.18
8.73	6.09	3.69	5.02	2.94	3.56	3.22	3.09	3.44	3.13	2.17	1.92	1.90
0.15	0.52	0.07	0.34	0.25	0.27	0.30	0.16	0.16	0.04	0.05	0.02	0.01
0.42	0.50	0.11	0.01	0.02			0.02	0.07	0.05	0.06	0.02	0.02
0.49	1.01	0.31	0.37	0.22	0.14	0.10	0.27	0.27	0.26	0.24	0.04	0.06
2.43	3.06	1.23	1.16	3.48	4.69	1.27	1.09	2.46	1.58	1.00	0.82	0.83
5.37	1.92	1.39	0.47	0.31	0.22	0.22	0.17	0.24	0.20	0.09	0.02	0.02
0.59	2.32	1.65	1.78	1.80	2.35	1.35	0.89	0.73	0.94	1.08	0.84	0.54
1.68	2.64	1.64	1.40	1.07	1.33	1.12	0.98	0.92	0.76	0.63	0.56	0.45
3.27	5.80	3.88	4.47	3.75	2.71	2.52	2.24	2.50	2.40	2.11	1.95	1.62
1.34	1.69	0.53	0.64	0.56	0.35	0.63	0.59	0.90	0.92	0.93	0.78	0.77
6.30	11.08	7.16	10.18	11.44	0.96	0.92	0.65	0.61	0.50	0.43	0.40	0.27
					8.34	8.74	1.98	1.89	2.61	1.82	13.06	0.95
0.25	1.60	0.50	0.66	0.34	0.46	0.41	0.30	0.72	0.70	0.69	0.44	0.42
0.18	0.82	0.22	0.36	0.16	0.31	0.35	0.13	0.27	0.20	0.19	0.25	0.15
0.15	1.13	0.69	0.61	0.16	0.20	0.16	0.14	0.42	0.28	0.25	0.16	0.12
11.08	0.70	0.23	0.10	0.18	0.02	0.06	0.69	0.72	0.94	0.02	0.08	0.08
	0.04	0.03	0.03		0.01	0.01	0.02	0.02	0.02	0.03	0.09	0.02
					1.81	1.81	0.52	0.53	0.65	0.67	0.66	0.93
0.46	**0.36**	**0.12**	**0.04**	**0.03**	**0.03**	**0.06**	**0.06**	**0.08**	**0.07**	**0.04**	**1.29**	
0.42	0.32	0.12	0.03	0.02	0.03	0.06	0.05	0.08	0.07	0.04	1.29	
0.01	0.02		0.01	0.01								
0.03	0.03											
4.00		**10.39**	**8.77**	**10.79**	**7.89**	**11.42**	**10.42**	**12.50**	**10.00**	**9.75**	**17.27**	**16.03**
535.90	**952.42**	**1314.25**	**1601.08**	**1646.35**	**1787.09**	**1998.18**	**2216.03**	**2504.88**	**2814.94**	**3173.31**	**3462.53**	**3689.21**
14.00	**3.67**	**29.15**	**34.98**	**32.18**	**28.64**	**13.39**	**11.28**	**11.68**	**11.21**	**11.30**	**15.47**	**15.47**
160.09	**36.19**	**43.67**	**58.73**	**68.24**	**74.17**	**84.56**	**50.73**	**83.27**	**85.93**	**88.36**	**103.81**	**184.17**
72.17	**25.46**	**20.23**	**20.52**	**23.48**	**25.58**	**27.92**	**28.85**	**29.13**	**26.43**	**27.58**	**24.59**	**23.43**

4-10 分行业柴油消费总量

单位：万吨

行　业	Sector	1995
消费总量	**Total Consumption**	**4321.44**
农、林、牧、渔业	**Agriculture, Forestry, Animal Husbandry and Fishery**	**1001.39**
工业	**Industry**	**1189.87**
采矿业	**Mining**	**229.63**
煤炭开采和洗选业	Mining and Washing of Coal	31.68
石油和天然气开采业	Extraction of Petroleum and Natural Gas	147.95
黑色金属矿采选业	Mining and Processing of Ferrous Metal Ores	5.41
有色金属矿采选业	Mining and Processing of Non-Ferrous Metal Ores	12.62
非金属矿采选业	Mining and Processing of Nonmetal Ores	20.96
开采专业及辅助性活动	Professional and Support Activities for Mining	
其他采矿业	Mining of Other Ores	11.01
制造业	**Manufacturing**	**722.25**
农副食品加工业	Processing of Food from Agricultural Products	33.65
食品制造业	Manufacture of Foods	18.15
酒、饮料和精制茶制造业	Manufacture of Liquor, Beverages and Refined Tea	8.04
烟草制品业	Manufacture of Tobacco	1.16
纺织业	Manufacture of Textile	36.39
纺织服装、服饰业	Manufacture of Textile, Wearing Apparel and Accessories	8.64
皮革、毛皮、羽毛及其制品和制鞋业	Manufacture of Leather, Fur, Feather and Related Products and Footwear	5.76
木材加工和木、竹、藤、棕、草制品业	Processing of Timber,Manufacture of Wood,Bamboo,Rattan,Palm, and Straw Products	6.10
家具制造业	Manufacture of Furniture	1.42
造纸和纸制品业	Manufacture of Paper and Paper Products	27.59
印刷和记录媒介复制业	Printing and Reproduction of Recording Media	2.66
文教、工美、体育和娱乐用品制造业	Manufacture of Articles for Culture, Education, Arts and Crafts, Sport and Entertainment Activities	2.73
石油、煤炭及其他燃料加工业	Processing of Petroleum, Coal and Other Fuels	48.89
化学原料和化学制品制造业	Manufacture of Raw Chemical Materials and Chemical Products	94.41
医药制造业	Manufacture of Medicines	3.86
化学纤维制造业	Manufacture of Chemical Fibers	5.45
橡胶和塑料制品业	Manufacture of Rubber and Plastics Products	25.06
非金属矿物制品业	Manufacture of Non-metallic Mineral Products	149.29
黑色金属冶炼和压延加工业	Smelting and Pressing of Ferrous Metals	73.20
有色金属冶炼和压延加工业	Smelting and Pressing of Non-ferrous Metals	21.66
金属制品业	Manufacture of Metal Products	23.40
通用设备制造业	Manufacture of General Purpose Machinery	31.18
专用设备制造业	Manufacture of Special Purpose Machinery	14.53
汽车制造业	Manufacture of Automobiles	31.60
铁路、船舶、航空航天和其他运输设备制造业	Manufacture of Railway, Ship, Aerospace and Other Transport Equipments	
电气机械和器材制造业	Manufacture of Electrical Machinery and Apparatus	17.14
计算机、通信和其他电子设备制造业	Manufacture of Computers, Communication and Other Electronic Equipment	10.73
仪器仪表制造业	Manufacture of Measuring Instruments and Machinery	3.94
其他制造业	Other Manufacture	15.62
废弃资源综合利用业	Utilization of Waste Resources	
金属制品、机械和设备修理业	Repair Service of Metal Products, Machinery and Equipment	
电力、热力、燃气及水生产和供应业	**Production and Supply of Electricity, Gas and Water**	**237.99**
电力、热力生产和供应业	Production and Supply of Electric Power and Heat Power	234.44
燃气生产和供应业	Production and Supply of Gas	2.12
水的生产和供应业	Production and Supply of Water	1.43
建筑业	**Construction**	**118.19**
交通运输、仓储和邮政业	**Transport, Storage and Post**	**1246.56**
批发和零售业、住宿和餐饮业	**Wholesale and Retail Trades, Hotels and Catering Services**	**103.59**
其他	**Others**	**645.70**
居民生活	**Residential**	**16.14**

Total Diesel Oil Consumption by Sector

(10[4] tons)

2000	2005	2009	2010	2011	2012	2013	2014	2015	2016	2017	2018	2019
6806.23	**10974.94**	**13551.43**	**14699.00**	**15635.10**	**16966.04**	**17150.65**	**17165.29**	**17360.31**	**16839.04**	**16916.54**	**16409.56**	**14917.95**
697.10	**1286.35**	**1134.15**	**1206.73**	**1271.90**	**1335.49**	**1441.53**	**1491.98**	**1492.88**	**1495.86**	**1546.82**	**1468.24**	**1475.05**
1696.46	**1710.04**	**2043.58**	**2089.99**	**1824.25**	**1747.70**	**1675.88**	**1595.28**	**1516.37**	**1412.91**	**1459.94**	**1259.47**	**1290.60**
289.49	**358.27**	**455.47**	**500.35**	**614.87**	**631.77**	**597.21**	**574.02**	**490.51**	**436.21**	**438.84**	**467.38**	**465.44**
54.46	62.13	108.70	141.23	212.42	215.21	211.58	196.37	165.03	153.04	155.83	163.16	152.71
166.62	187.31	188.01	185.98	192.24	63.41	61.01	53.91	47.50	49.32	41.34	40.86	40.59
12.54	33.32	51.92	62.36	113.38	112.98	109.96	105.69	82.87	62.74	56.43	50.15	42.54
13.71	13.46	18.85	20.82	36.06	35.36	35.09	31.73	30.60	32.22	27.65	24.33	21.82
29.39	61.05	87.64	89.42	60.55	65.78	71.67	68.27	70.80	64.93	56.29	52.28	53.82
					139.01	107.61	117.65	93.60	73.82	100.87	136.51	153.85
12.77	0.99	0.35	0.54	0.22	0.02	0.29	0.42	0.13	0.13	0.42	0.08	0.10
1139.17	**1217.86**	**1460.02**	**1499.34**	**1120.39**	**1037.70**	**1001.40**	**952.61**	**960.45**	**917.52**	**958.35**	**739.75**	**769.62**
39.71	54.79	51.88	56.78	49.52	50.83	51.17	49.36	47.78	42.00	36.35	25.59	21.55
17.88	20.89	26.23	30.47	26.00	22.62	20.65	16.82	15.99	14.50	13.31	9.52	8.26
10.75	14.27	15.73	15.91	15.26	13.90	12.10	11.25	11.22	10.34	8.24	6.13	4.77
4.29	5.61	4.73	4.50	4.13	3.36	3.18	2.26	1.78	1.31	1.32	1.66	1.04
46.31	42.93	41.11	44.63	34.66	20.20	17.67	15.75	14.76	12.92	21.29	7.28	6.00
14.69	27.87	33.62	34.34	26.02	20.85	17.51	14.53	13.82	12.00	9.83	5.45	5.37
15.55	14.70	13.05	13.70	8.53	8.69	7.25	5.77	5.37	4.47	4.04	2.20	1.94
6.97	11.11	15.23	18.06	14.43	14.32	13.84	12.19	11.86	10.23	8.73	5.74	5.21
2.58	8.30	12.62	14.53	9.20	7.68	7.61	7.31	7.26	5.89	4.96	3.83	2.99
24.18	25.22	29.00	28.43	22.37	20.71	19.90	19.23	17.79	17.32	15.89	15.29	15.49
7.70	6.91	13.74	13.57	7.41	6.18	6.45	6.94	6.58	5.99	5.82	4.38	4.22
12.20	11.59	15.90	16.39	6.59	9.38	9.29	8.59	7.86	7.88	6.55	4.42	3.49
74.18	50.65	81.95	24.53	25.44	20.87	20.32	19.14	18.31	36.60	148.78	61.13	107.79
123.40	138.00	161.24	162.69	79.89	97.63	73.11	69.91	113.30	118.15	88.84	40.52	39.36
7.18	8.65	17.15	17.15	13.82	13.63	11.39	10.38	10.51	9.81	9.64	9.94	5.75
10.41	7.44	4.59	7.95	7.92	2.41	1.74	1.68	2.03	2.33	2.16	2.04	1.67
50.55	47.12	54.39	66.87	38.06	29.28	28.08	25.74	25.03	22.47	21.18	16.53	11.90
319.33	253.14	272.25	289.95	248.73	260.67	282.38	294.03	293.05	287.61	280.25	283.27	314.21
73.95	92.05	102.32	99.88	84.14	89.92	80.93	75.21	68.11	60.40	60.26	51.19	52.90
44.09	53.04	60.10	63.98	60.76	55.94	50.63	47.66	44.94	39.62	38.93	36.71	33.76
39.86	52.24	68.24	66.29	44.98	38.83	36.92	31.15	29.93	25.28	22.26	23.64	19.52
33.28	56.61	63.25	74.65	63.44	44.09	42.27	38.50	36.17	30.98	29.58	25.07	21.25
13.62	27.06	42.81	47.63	38.07	34.53	56.96	53.04	47.01	39.93	21.77	16.76	14.46
51.30	68.40	95.68	110.55	99.63	45.01	39.05	41.00	37.97	37.00	37.80	30.01	26.95
					37.66	28.92	20.59	19.81	16.71	16.04	16.98	11.25
25.83	47.58	68.66	71.92	40.44	32.41	28.88	25.82	24.63	20.67	17.07	13.45	10.72
38.02	50.22	64.75	71.22	29.98	19.71	16.70	14.09	13.25	12.28	11.12	8.47	6.43
10.40	8.80	10.56	14.22	6.65	5.09	4.91	4.27	4.36	3.30	2.67	1.48	1.01
20.98	11.52	15.15	14.35	10.07	3.77	3.35	2.14	1.63	1.54	1.56	1.28	1.13
	1.15	4.08	4.20	4.25	3.58	5.14	4.29	4.20	4.33	4.63	5.08	4.84
					3.95	3.10	3.98	4.17	3.69	7.47	4.73	4.40
267.80	**133.91**	**128.09**	**90.30**	**88.99**	**78.23**	**77.27**	**68.65**	**65.40**	**59.17**	**62.75**	**52.34**	**55.53**
257.82	121.78	121.66	83.08	84.89	74.17	73.54	65.16	60.74	55.00	58.91	48.68	52.15
7.18	9.73	2.23	2.61	2.11	2.33	1.97	1.91	2.54	2.03	1.57	1.58	1.38
2.80	2.39	4.20	4.61	1.99	1.73	1.76	1.58	2.13	2.14	2.27	2.08	2.00
205.86	**386.64**	**415.29**	**490.20**	**518.63**	**518.01**	**556.97**	**551.95**	**555.71**	**561.26**	**596.06**	**543.37**	**530.27**
3293.81	**6169.41**	**7991.96**	**8657.56**	**9485.20**	**10727.03**	**10920.53**	**11042.80**	**11162.80**	**11068.49**	**11173.69**	**11166.92**	**9867.31**
95.94	**116.03**	**181.74**	**196.60**	**212.31**	**229.00**	**233.51**	**230.12**	**257.74**	**231.97**	**233.77**	**211.77**	**203.88**
638.70	**900.06**	**1131.80**	**1287.19**	**1428.07**	**1444.72**	**1339.76**	**1268.75**	**1384.15**	**1307.24**	**1233.30**	**1107.45**	**954.04**
178.36	**406.40**	**652.91**	**770.73**	**894.74**	**964.09**	**982.47**	**984.40**	**990.66**	**761.31**	**672.96**	**652.34**	**596.79**

4-11 分行业燃料油消费总量

单位：万吨

行　业	Sector	1995
消费总量	**Total Consumption**	**3693.67**
农、林、牧、渔业	**Agriculture, Forestry, Animal Husbandry and Fishery**	**8.37**
工业	**Industry**	**3406.16**
采矿业	**Mining**	**246.45**
煤炭开采和洗选业	Mining and Washing of Coal	1.16
石油和天然气开采业	Extraction of Petroleum and Natural Gas	226.71
黑色金属矿采选业	Mining and Processing of Ferrous Metal Ores	2.33
有色金属矿采选业	Mining and Processing of Non-Ferrous Metal Ores	9.46
非金属矿采选业	Mining and Processing of Nonmetal Ores	6.79
开采专业及辅助性活动	Professional and Support Activities for Mining	
其他采矿业	Mining of Other Ores	
制造业	**Manufacturing**	**2186.73**
农副食品加工业	Processing of Food from Agricultural Products	20.68
食品制造业	Manufacture of Foods	5.40
酒、饮料和精制茶制造业	Manufacture of Liquor, Beverages and Refined Tea	7.13
烟草制品业	Manufacture of Tobacco	1.34
纺织业	Manufacture of Textile	34.95
纺织服装、服饰业	Manufacture of Textile, Wearing Apparel and Accessories	2.07
皮革、毛皮、羽毛及其制品和制鞋业	Manufacture of Leather, Fur, Feather and Related Products and Footwear	1.49
木材加工和木、竹、藤、棕、草制品业	Processing of Timber,Manufacture of Wood,Bamboo,Rattan,Palm, and Straw Products	1.59
家具制造业	Manufacture of Furniture	0.83
造纸和纸制品业	Manufacture of Paper and Paper Products	16.62
印刷和记录媒介复制业	Printing and Reproduction of Recording Media	0.23
文教、工美、体育和娱乐用品制造业	Manufacture of Articles for Culture, Education, Arts and Crafts, Sport and Entertainment Activities	0.06
石油、煤炭及其他燃料加工业	Processing of Petroleum, Coal and Other Fuels	611.91
化学原料和化学制品制造业	Manufacture of Raw Chemical Materials and Chemical Products	388.63
医药制造业	Manufacture of Medicines	38.86
化学纤维制造业	Manufacture of Chemical Fibers	90.23
橡胶和塑料制品业	Manufacture of Rubber and Plastics Products	336.06
非金属矿物制品业	Manufacture of Non-metallic Mineral Products	324.83
黑色金属冶炼和压延加工业	Smelting and Pressing of Ferrous Metals	464.93
有色金属冶炼和压延加工业	Smelting and Pressing of Non-ferrous Metals	62.13
金属制品业	Manufacture of Metal Products	13.24
通用设备制造业	Manufacture of General Purpose Machinery	9.99
专用设备制造业	Manufacture of Special Purpose Machinery	22.57
汽车制造业	Manufacture of Automobiles	15.93
铁路、船舶、航空航天和其他运输设备制造业	Manufacture of Railway, Ship, Aerospace and Other Transport Equipments	
电气机械和器材制造业	Manufacture of Electrical Machinery and Apparatus	10.20
计算机、通信和其他电子设备制造业	Manufacture of Computers, Communication and Other Electronic Equipment	7.96
仪器仪表制造业	Manufacture of Measuring Instruments and Machinery	1.24
其他制造业	Other Manufacture	17.27
废弃资源综合利用业	Utilization of Waste Resources	
金属制品、机械和设备修理业	Repair Service of Metal Products, Machinery and Equipment	
电力、热力、燃气及水生产和供应业	**Production and Supply of Electricity, Gas and Water**	**972.98**
电力、热力生产和供应业	Production and Supply of Electric Power and Heat Power	927.73
燃气生产和供应业	Production and Supply of Gas	45.25
水的生产和供应业	Production and Supply of Water	
建筑业	**Construction**	**14.24**
交通运输、仓储和邮政业	**Transport, Storage and Post**	**227.45**
批发和零售业、住宿和餐饮业	**Wholesale and Retail Trades, Hotels and Catering Services**	**6.62**
其他	**Others**	**30.83**
居民生活	**Residential**	

Total Fuel Oil Consumption by Sector

(10^4 tons)

2000	2005	2009	2010	2011	2012	2013	2014	2015	2016	2017	2018	2019
3872.75	**4244.16**	**2828.80**	**3758.02**	**3662.80**	**3683.28**	**3953.97**	**4355.47**	**4662.01**	**4631.04**	**4887.30**	**4536.07**	**4690.34**
0.40	**0.66**	**1.05**	**1.14**	**1.31**	**1.97**	**2.05**	**1.27**	**0.94**	**1.03**	**1.31**	**1.28**	**1.19**
2975.05	**2986.86**	**1521.53**	**2377.32**	**2260.15**	**2241.69**	**2421.05**	**2835.74**	**3133.03**	**3035.41**	**3043.74**	**2688.17**	**2612.54**
209.96	**35.11**	**35.06**	**37.33**	**30.09**	**16.44**	**23.79**	**24.54**	**31.56**	**38.78**	**31.16**	**27.94**	**7.94**
5.77	5.26	4.83	2.32	1.12	0.92	0.71	0.47	0.43	0.50	0.36	0.26	0.32
202.77	28.84	29.61	34.75	28.71	13.27	19.20	20.89	28.47	37.28	28.67	25.14	5.95
	0.48	0.32	0.07	0.08	0.04	0.03	0.06	0.04	0.04	0.02	0.05	0.05
0.22	0.25	0.04	0.01	0.02	0.05	1.78	1.80	1.51	0.03	1.40	1.59	0.96
1.20	0.29	0.26	0.18	0.16	0.16	0.17	0.20	0.18	0.20	0.02	0.03	0.04
					2.00	1.90	1.12	0.93	0.73	0.69	0.87	0.61
1928.86	**1741.84**	**1268.49**	**2220.15**	**2186.41**	**2202.55**	**2371.00**	**2799.41**	**3092.89**	**2989.59**	**3007.76**	**2656.10**	**2600.50**
13.32	12.42	12.68	9.79	6.40	4.67	4.10	2.77	1.78	2.12	2.24	1.57	1.51
9.04	23.19	13.76	13.76	6.38	5.59	5.09	5.54	3.59	2.61	2.48	2.12	1.12
8.08	18.12	11.06	8.26	5.75	3.18	2.04	1.47	0.64	1.08	2.15	0.59	0.36
3.00	1.46	0.90	1.06	1.02	0.97	0.74	0.47	0.42	0.32	0.13		
66.61	53.14	23.98	22.45	14.76	8.80	7.41	7.93	7.12	5.84	6.29	4.85	3.45
12.44	14.44	6.63	5.31	7.41	2.81	1.34	0.82	0.61	0.52	0.62	0.52	0.49
3.50	11.91	8.43	5.87	3.85	3.35	2.05	1.69	0.93	0.53	0.37	0.37	0.34
2.82	2.63	0.50	0.25	0.17	0.17	0.17	0.14	0.17	0.31	0.23	0.29	0.21
0.67	1.30	0.26	0.58	0.64	0.32	0.25	0.26	0.27	0.29	0.31	0.16	0.14
19.72	28.39	19.58	19.58	13.38	7.18	13.21	12.63	12.10	13.68	13.22	5.95	8.12
2.30	1.79	1.44	2.05	1.51	0.70	0.79	0.50	0.36	0.32	0.22	0.31	0.40
1.04	2.57	2.14	1.73	1.39	1.46	0.71	0.85	0.87	0.78	0.84	0.44	0.46
510.63	354.73	263.66	1033.02	1191.77	1308.09	1398.75	1786.61	1873.59	1536.01	1725.28	1878.27	1895.08
372.50	301.44	219.98	514.56	452.00	501.52	614.58	694.45	903.27	1167.54	1033.29	569.50	562.54
5.53	7.99	5.40	6.69	4.91	3.35	2.08	1.65	1.38	1.43	1.71	2.16	2.74
89.86	33.55	18.80	15.24	9.52	6.46	5.18	3.56	2.99	3.26	3.09	1.44	0.41
23.21	36.23	26.41	22.83	17.04	10.95	10.24	8.41	7.28	7.25	6.12	4.21	3.38
314.36	527.61	411.12	353.57	312.08	231.15	213.88	191.91	207.40	182.67	157.46	148.21	96.29
332.01	124.72	59.20	23.91	9.13	7.88	7.99	5.48	3.80	2.86	2.13	0.89	0.65
55.43	88.06	77.89	97.12	79.03	63.77	53.38	50.80	44.74	41.85	27.97	20.80	13.87
12.93	18.64	14.67	12.47	12.42	7.34	8.39	7.18	6.67	6.66	4.51	2.72	1.60
7.05	8.34	11.50	7.75	4.61	1.51	1.33	1.22	1.13	0.97	0.91	0.77	0.70
11.56	5.06	5.75	3.75	2.55	1.06	0.98	1.02	1.34	1.07	1.15	0.91	0.64
14.22	11.80	12.75	12.50	17.95	1.58	1.26	0.90	0.79	0.53	0.57	0.54	0.32
					9.26	7.38	3.85	3.91	3.46	4.41	4.28	1.39
12.67	14.75	9.63	7.81	4.11	4.05	4.25	2.65	1.86	2.01	2.78	2.04	2.07
12.97	28.37	27.34	13.67	3.29	3.19	1.97	2.33	2.14	1.37	1.00	0.77	0.50
0.15	6.32	0.18	0.40	0.43	0.36	0.51	0.53	0.31	0.24	0.21	0.12	0.09
11.24	2.57	2.28	2.38	1.75	0.29	0.13	0.02	0.23	0.05	0.27	0.03	
	0.30	0.57	1.80	1.16	1.28	0.39	1.44	0.67	1.48	5.31	0.94	1.32
					0.26	0.43	0.35	0.53	0.49	0.49	0.34	0.31
836.23	**1209.91**	**217.98**	**119.84**	**43.65**	**22.70**	**26.26**	**11.79**	**8.57**	**7.04**	**4.82**	**4.14**	**4.10**
811.91	1195.01	216.65	119.43	43.40	22.51	26.04	11.58	8.38	6.38	4.61	3.93	3.90
24.31	14.89	0.83	0.23	0.22	0.19	0.21	0.19	0.16	0.62	0.11	0.11	0.11
0.01	0.01	0.50	0.18	0.03		0.01	0.02	0.03	0.04	0.10	0.10	0.09
16.71	**14.18**	**34.18**	**30.76**	**30.60**	**27.05**	**59.46**	**44.60**	**53.51**	**51.91**	**43.24**	**31.83**	**31.84**
850.00	**1201.02**	**1251.64**	**1326.65**	**1345.16**	**1383.94**	**1428.99**	**1441.37**	**1439.49**	**1511.38**	**1771.34**	**1795.70**	**2025.31**
11.59	**27.52**	**8.11**	**8.62**	**9.34**	**8.69**	**19.07**	**17.39**	**18.95**	**17.25**	**15.15**	**10.05**	**10.22**
19.00	**13.91**	**12.30**	**13.53**	**16.23**	**19.94**	**23.36**	**15.11**	**16.08**	**14.06**	**12.51**	**9.04**	**9.25**

4-12 分行业天然气消费总量

单位：亿立方米

行　　业	Sector	1995
消费总量	**Total Consumption**	**177.41**
农、林、牧、渔业	**Agriculture, Forestry, Animal Husbandry and Fishery**	**0.02**
工业	**Industry**	**154.39**
采矿业	**Mining**	**51.87**
煤炭开采和洗选业	Mining and Washing of Coal	
石油和天然气开采业	Extraction of Petroleum and Natural Gas	50.58
黑色金属矿采选业	Mining and Processing of Ferrous Metal Ores	
有色金属矿采选业	Mining and Processing of Non-Ferrous Metal Ores	0.59
非金属矿采选业	Mining and Processing of Nonmetal Ores	0.70
开采专业及辅助性活动	Professional and Support Activities for Mining	
其他采矿业	Mining of Other Ores	
制造业	**Manufacturing**	**100.80**
农副食品加工业	Processing of Food from Agricultural Products	1.00
食品制造业	Manufacture of Foods	0.03
酒、饮料和精制茶制造业	Manufacture of Liquor, Beverages and Refined Tea	0.02
烟草制品业	Manufacture of Tobacco	
纺织业	Manufacture of Textile	3.97
纺织服装、服饰业	Manufacture of Textile, Wearing Apparel and Accessories	
皮革、毛皮、羽毛及其制品和制鞋业	Manufacture of Leather, Fur, Feather and Related Products and Footwear	
木材加工和木、竹、藤、棕、草制品业	Processing of Timber,Manufacture of Wood,Bamboo,Rattan,Palm, and Straw Products	
家具制造业	Manufacture of Furniture	
造纸和纸制品业	Manufacture of Paper and Paper Products	0.06
印刷和记录媒介复制业	Printing and Reproduction of Recording Media	
文教、工美、体育和娱乐用品制造业	Manufacture of Articles for Culture, Education, Arts and Crafts, Sport and Entertainment Activities	
石油、煤炭及其他燃料加工业	Processing of Petroleum, Coal and Other Fuels	15.14
化学原料和化学制品制造业	Manufacture of Raw Chemical Materials and Chemical Products	63.36
医药制造业	Manufacture of Medicines	0.30
化学纤维制造业	Manufacture of Chemical Fibers	4.32
橡胶和塑料制品业	Manufacture of Rubber and Plastics Products	
非金属矿物制品业	Manufacture of Non-metallic Mineral Products	2.27
黑色金属冶炼和压延加工业	Smelting and Pressing of Ferrous Metals	3.69
有色金属冶炼和压延加工业	Smelting and Pressing of Non-ferrous Metals	0.50
金属制品业	Manufacture of Metal Products	0.45
通用设备制造业	Manufacture of General Purpose Machinery	0.14
专用设备制造业	Manufacture of Special Purpose Machinery	2.25
汽车制造业	Manufacture of Automobiles	0.66
铁路、船舶、航空航天和其他运输设备制造业	Manufacture of Railway, Ship, Aerospace and Other Transport Equipments	
电气机械和器材制造业	Manufacture of Electrical Machinery and Apparatus	0.74
计算机、通信和其他电子设备制造业	Manufacture of Computers, Communication and Other Electronic Equipment	1.01
仪器仪表制造业	Manufacture of Measuring Instruments and Machinery	0.01
其他制造业	Other Manufacture	0.88
废弃资源综合利用业	Utilization of Waste Resources	
金属制品、机械和设备修理业	Repair Service of Metal Products, Machinery and Equipment	
电力、热力、燃气及水生产和供应业	**Production and Supply of Electricity, Gas and Water**	**1.72**
电力、热力生产和供应业	Production and Supply of Electric Power and Heat Power	1.14
燃气生产和供应业	Production and Supply of Gas	0.58
水的生产和供应业	Production and Supply of Water	
建筑业	**Construction**	**0.28**
交通运输、仓储和邮政业	**Transport, Storage and Post**	**1.57**
批发和零售业、住宿和餐饮业	**Wholesale and Retail Trades, Hotels and Catering Services**	**0.55**
其他	**Others**	**1.19**
居民生活	**Residential**	**19.41**

注：2010年起包括液化天然气数据。

Total Natural Gas Consumption by Sector

(10^8 cu.m)

2000	2005	2009	2010	2011	2012	2013	2014	2015	2016	2017	2018	2019
245.03	**466.08**	**895.20**	**1080.24**	**1341.07**	**1497.00**	**1705.37**	**1870.63**	**1931.75**	**2078.06**	**2393.69**	**2817.09**	**3059.68**
			0.50	**0.56**	**0.64**	**0.69**	**0.79**	**0.95**	**1.09**	**1.14**	**1.30**	**1.24**
199.00	**327.24**	**577.90**	**691.75**	**875.72**	**980.75**	**1129.06**	**1223.03**	**1234.48**	**1338.59**	**1575.25**	**1940.07**	**2092.05**
72.12	**82.28**	**122.93**	**128.87**	**136.67**	**148.50**	**156.09**	**166.78**	**163.15**	**153.56**	**164.77**	**183.73**	**186.59**
0.10	4.33	4.70	4.53	5.93	11.48	9.50	12.68	14.42	17.20	20.15	20.86	24.63
71.98	77.88	117.40	123.55	130.04	127.94	138.23	147.26	143.06	132.63	141.42	157.01	154.97
	0.02	0.03	0.03	0.05	0.03	0.02	0.02	0.01	0.01		0.01	0.03
	0.02	0.04	0.09	0.10		0.01	0.64	1.05	0.08	0.17	0.50	0.66
0.04	0.03	0.76	0.66	0.55	0.54	0.08	0.07	0.12	0.18	0.39	1.03	1.64
					8.51	8.25	6.12	4.49	3.46	2.64	4.32	4.66
		0.01	0.01									
118.75	**220.24**	**321.14**	**373.39**	**509.64**	**597.72**	**715.74**	**782.61**	**718.63**	**773.40**	**959.04**	**1259.16**	**1404.51**
0.15	0.27	0.65	0.88	1.13	1.62	2.19	2.99	5.72	9.89	16.97	21.33	31.51
0.07	1.28	2.31	2.76	4.21	6.10	7.32	8.36	9.87	14.13	17.53	19.66	24.34
0.03	0.50	1.43	1.70	2.41	3.43	4.25	5.43	6.19	8.49	10.87	15.06	16.65
0.08	0.26	0.52	0.62	0.81	1.74	1.76	1.81	1.74	1.03	1.06	1.08	1.24
1.09	0.56	1.35	1.66	1.96	2.15	2.87	4.55	6.24	18.77	30.76	37.48	44.93
	0.09	0.24	0.32	0.47	0.87	1.44	1.82	1.75	3.47	6.26	6.05	10.84
	0.03	0.07	0.04	0.09	0.17	0.22	0.21	0.23	0.77	1.45	1.83	2.17
	0.11	0.34	0.30	0.44	0.35	0.39	0.50	0.70	1.18	2.26	3.08	2.88
	0.04	0.44	0.36	0.55	0.68	0.77	1.08	1.52	1.32	1.73	1.58	1.67
0.29	0.55	1.06	1.49	2.27	4.14	5.66	5.96	9.32	10.68	19.55	25.79	22.50
0.08	0.19	0.52	0.77	0.84	0.98	1.59	2.13	2.33	2.60	3.42	4.46	5.10
		0.11	0.43	0.25	1.65	2.20	2.92	2.86	4.22	7.18	10.39	14.09
13.24	17.76	26.72	44.00	68.33	98.89	137.14	142.78	137.99	143.37	191.46	188.17	171.56
88.73	142.30	176.84	191.90	257.41	275.34	305.42	320.27	259.18	243.49	266.18	324.93	409.68
0.59	0.97	2.35	2.92	3.70	5.01	6.04	6.75	7.25	8.20	9.44	11.47	15.04
0.07	0.29	0.29	0.44	0.51	2.20	2.62	3.10	3.07	5.01	6.92	10.94	14.13
0.10	0.89	2.05	2.60	3.28	3.82	5.08	6.12	7.66	8.83	11.84	17.12	17.81
2.46	23.81	44.62	45.49	63.76	68.72	80.30	92.90	84.03	84.08	105.30	137.65	178.49
1.68	9.76	18.81	21.43	28.56	33.12	38.20	43.56	44.05	52.48	59.39	110.44	137.69
0.49	3.87	6.73	9.06	13.94	26.05	34.32	42.65	42.52	42.87	50.75	55.87	56.18
0.59	0.69	2.47	3.63	4.87	7.32	11.86	14.32	16.25	24.66	31.58	50.20	63.11
0.20	1.81	6.06	8.89	10.97	7.26	9.22	9.44	10.93	13.98	15.37	19.35	21.74
1.29	3.09	4.67	6.95	7.24	6.55	8.49	10.13	7.57	8.93	11.20	14.97	20.72
1.68	4.98	12.18	12.97	18.55	14.01	18.46	22.28	19.26	16.96	22.16	24.01	26.69
					10.73	10.91	12.35	12.54	16.44	22.81	92.05	22.02
0.79	1.23	3.03	4.63	5.42	5.97	7.56	6.30	4.90	8.10	10.19	12.42	11.92
3.35	4.77	4.88	6.27	6.44	6.88	6.96	7.99	7.88	12.04	14.74	26.01	34.41
0.02	0.08	0.36	0.54	0.51	0.54	0.65	0.68	0.78	0.93	1.09	0.95	1.07
1.69	0.04	0.06	0.34	0.63	0.67	0.91	1.98	2.63	3.85	5.18	3.70	4.45
			0.01	0.10	0.20	0.38	0.65	0.99	2.02	3.29	10.46	19.25
					0.57	0.56	0.60	0.68	0.63	1.11	0.68	0.62
8.14	**24.73**	**133.82**	**189.48**	**229.41**	**234.52**	**257.24**	**273.63**	**352.70**	**411.64**	**451.44**	**497.19**	**500.95**
6.44	17.49	127.91	180.81	215.58	225.02	244.47	262.60	343.66	407.83	446.10	487.32	492.84
1.68	7.18	5.79	8.49	13.64	9.32	12.57	10.76	8.79	3.46	4.93	8.87	7.54
0.02	0.06	0.12	0.19	0.18	0.18	0.20	0.27	0.26	0.34	0.41	0.99	0.58
0.82	**1.49**	**0.97**	**1.16**	**1.28**	**1.26**	**1.98**	**1.88**	**2.16**	**1.95**	**1.80**	**2.49**	**2.81**
8.81	**38.01**	**91.07**	**106.70**	**138.35**	**154.51**	**175.78**	**214.42**	**237.62**	**254.77**	**284.71**	**286.19**	**341.48**
3.44	**10.79**	**23.96**	**27.24**	**33.64**	**38.69**	**39.31**	**46.62**	**51.29**	**53.75**	**57.56**	**60.79**	**62.46**
0.64	**9.12**	**23.64**	**26.00**	**27.14**	**32.88**	**35.61**	**41.31**	**45.44**	**48.17**	**52.95**	**57.87**	**57.32**
32.32	**79.43**	**177.67**	**226.90**	**264.38**	**288.27**	**322.93**	**342.58**	**359.81**	**379.75**	**420.30**	**468.38**	**502.32**

Note: Include the data of Liquefied Natural Gas since 2010.

4-13 分行业电力消费总量

单位：亿千瓦小时

行业	Sector	1995
消费总量	**Total Consumption**	**10023.40**
农、林、牧、渔业	**Agriculture, Forestry, Animal Husbandry and Fishery**	**582.42**
工业	**Industry**	**7659.81**
采矿业	**Mining**	**837.66**
煤炭开采和洗选业	Mining and Washing of Coal	392.38
石油和天然气开采业	Extraction of Petroleum and Natural Gas	258.85
黑色金属矿采选业	Mining and Processing of Ferrous Metal Ores	34.28
有色金属矿采选业	Mining and Processing of Non-Ferrous Metal Ores	83.00
非金属矿采选业	Mining and Processing of Nonmetal Ores	52.76
开采专业及辅助性活动	Professional and Support Activities for Mining	
其他采矿业	Mining of Other Ores	16.39
制造业	**Manufacturing**	**5156.10**
农副食品加工业	Processing of Food from Agricultural Products	181.00
食品制造业	Manufacture of Foods	72.15
酒、饮料和精制茶制造业	Manufacture of Liquor, Beverages and Refined Tea	52.62
烟草制品业	Manufacture of Tobacco	17.16
纺织业	Manufacture of Textile	335.22
纺织服装、服饰业	Manufacture of Textile, Wearing Apparel and Accessories	41.22
皮革、毛皮、羽毛及其制品和制鞋业	Manufacture of Leather, Fur, Feather and Related Products and Footwear	42.88
木材加工和木、竹、藤、棕、草制品业	Processing of Timber,Manufacture of Wood,Bamboo,Rattan,Palm, and Straw Products	25.88
家具制造业	Manufacture of Furniture	13.16
造纸和纸制品业	Manufacture of Paper and Paper Products	169.06
印刷和记录媒介复制业	Printing and Reproduction of Recording Media	31.19
文教、工美、体育和娱乐用品制造业	Manufacture of Articles for Culture, Education, Arts and Crafts, Sport and Entertainment Activities	7.09
石油、煤炭及其他燃料加工业	Processing of Petroleum, Coal and Other Fuels	156.06
化学原料和化学制品制造业	Manufacture of Raw Chemical Materials and Chemical Products	1028.05
医药制造业	Manufacture of Medicines	107.46
化学纤维制造业	Manufacture of Chemical Fibers	92.78
橡胶和塑料制品业	Manufacture of Rubber and Plastics Products	125.16
非金属矿物制品业	Manufacture of Non-metallic Mineral Products	599.61
黑色金属冶炼和压延加工业	Smelting and Pressing of Ferrous Metals	905.36
有色金属冶炼和压延加工业	Smelting and Pressing of Non-ferrous Metals	425.61
金属制品业	Manufacture of Metal Products	113.51
通用设备制造业	Manufacture of General Purpose Machinery	136.30
专用设备制造业	Manufacture of Special Purpose Machinery	97.67
汽车制造业	Manufacture of Automobiles	154.63
铁路、船舶、航空航天和其他运输设备制造业	Manufacture of Railway, Ship, Aerospace and Other Transport Equipments	
电气机械和器材制造业	Manufacture of Electrical Machinery and Apparatus	64.96
计算机、通信和其他电子设备制造业	Manufacture of Computers, Communication and Other Electronic Equipment	38.64
仪器仪表制造业	Manufacture of Measuring Instruments and Machinery	17.12
其他制造业	Other Manufacture	104.55
废弃资源综合利用业	Utilization of Waste Resources	
金属制品、机械和设备修理业	Repair Service of Metal Products, Machinery and Equipment	
电力、热力、燃气及水生产和供应业	**Production and Supply of Electricity, Gas and Water**	**1666.05**
电力、热力生产和供应业	Production and Supply of Electric Power and Heat Power	1539.76
燃气生产和供应业	Production and Supply of Gas	10.83
水的生产和供应业	Production and Supply of Water	115.46
建筑业	**Construction**	**159.62**
交通运输、仓储和邮政业	**Transport, Storage and Post**	**182.30**
批发和零售业、住宿和餐饮业	**Wholesale and Retail Trades, Hotels and Catering Services**	**199.47**
其他	**Others**	**234.20**
居民生活	**Residential**	**1005.58**

Total Electricity Consumption by Sector

(10⁸ kW • h)

2000	2005	2009	2010	2011	2012	2013	2014	2015	2016	2017	2018	2019
13472.38	24940.32	37032.14	41934.49	47000.88	49762.64	54203.41	57829.69	58019.98	61205.09	65913.97	71508.20	74866.12
532.96	776.33	939.90	976.49	1012.90	1012.57	1026.87	1013.39	1039.83	1091.91	1175.12	1242.53	1336.20
10004.62	18521.69	26854.49	30871.77	34691.55	36232.21	39236.88	42248.71	41549.99	42996.89	46052.84	49094.91	50698.30
993.71	1480.34	1761.77	1940.39	2245.23	2391.90	2573.16	2594.80	2377.66	2290.86	2403.62	2577.04	2776.92
417.16	589.53	691.13	751.67	818.57	879.14	955.77	939.66	883.79	847.04	881.57	906.28	1026.76
321.64	385.35	333.34	347.90	374.81	396.81	414.36	431.98	459.26	463.18	454.06	417.33	434.44
63.46	205.63	289.73	361.33	436.58	438.42	469.69	468.79	344.82	315.14	374.11	388.26	419.28
80.79	157.66	215.72	258.71	311.97	327.82	351.56	351.79	325.26	306.76	326.11	379.48	386.17
84.83	114.14	155.26	155.26	214.27	224.23	240.79	241.50	225.74	224.75	228.93	250.76	257.36
					28.56	24.60	27.96	25.72	23.11	23.87	39.95	41.30
25.84	28.04	76.59	65.52	89.03	96.92	116.39	133.13	113.08	110.88	114.96	194.99	211.62
6731.44	13126.01	19685.98	22870.00	25526.84	26822.46	28987.01	31640.98	31178.10	32131.97	34687.63	36935.83	38108.53
161.24	253.35	389.32	424.36	471.04	526.15	574.03	611.92	641.29	672.07	716.29	763.86	797.43
98.83	114.81	166.54	184.69	198.18	220.97	230.47	230.47	239.46	255.50	263.34	277.38	301.94
58.98	76.55	117.03	132.34	145.57	155.76	167.60	159.89	162.13	162.78	156.37	169.23	173.56
32.85	35.86	41.70	45.88	51.84	51.22	53.73	52.44	52.75	51.96	51.96	52.81	52.91
370.42	823.57	1147.50	1276.74	1378.82	1448.70	1532.86	1541.18	1561.63	1592.73	1684.90	1748.42	1760.15
49.07	87.60	132.54	151.58	163.70	198.42	214.23	213.03	216.93	227.52	215.83	233.18	231.59
27.12	54.85	78.45	89.72	88.37	151.03	151.81	151.43	158.23	153.61	147.25	157.66	156.81
32.24	105.57	191.53	212.21	236.15	264.08	268.93	264.40	254.36	251.17	245.28	269.86	279.32
12.48	24.28	35.59	44.49	45.83	45.83	49.55	88.90	92.78	95.94	98.60	108.84	115.36
237.41	407.73	482.73	535.44	580.38	579.00	599.23	632.26	634.92	675.81	712.37	728.24	744.61
31.21	60.71	83.01	95.45	102.50	107.12	110.38	111.34	111.98	115.60	121.32	126.27	131.05
20.81	42.54	48.09	48.09	61.79	64.11	69.12	72.89	73.11	77.07	82.58	88.42	89.78
245.60	313.49	475.07	565.34	607.06	594.92	677.49	718.82	779.92	836.08	946.44	1114.43	1198.93
1153.74	2129.77	2907.12	3144.93	3528.32	3936.15	4341.38	4627.78	4754.04	4874.63	5122.26	5449.17	5427.38
88.36	153.21	188.99	222.58	240.88	257.25	283.06	302.33	315.19	337.18	364.77	385.74	407.71
194.79	233.20	269.93	298.86	322.36	329.53	349.66	351.62	362.05	390.28	425.47	437.68	455.15
219.56	531.71	740.57	862.99	891.32	1024.57	1098.91	1170.61	1174.69	1238.36	1349.35	1376.17	1426.38
763.74	1419.51	2126.16	2448.48	2917.93	2951.26	3148.49	3324.42	3105.42	3187.99	3305.08	3506.40	3760.64
1121.08	2550.47	4020.52	4611.61	5248.27	5220.52	5704.23	5795.60	5332.61	5281.67	5583.54	6142.36	6459.68
697.58	1473.10	2576.15	3129.09	3501.80	3819.08	4113.91	5649.37	5505.48	5671.42	6373.46	6698.08	6673.67
196.30	507.25	744.40	960.72	959.48	1037.58	1213.22	1302.60	1264.19	1370.68	1848.37	1623.17	1672.84
160.77	344.77	502.04	621.03	714.18	699.90	746.09	791.90	774.40	828.61	913.95	993.56	1007.43
94.49	182.90	256.94	317.83	361.84	388.42	409.24	442.83	430.99	418.15	423.87	450.83	499.42
203.42	300.72	565.40	790.29	861.41	586.63	673.68	731.32	769.06	834.70	885.42	1006.19	1031.41
					232.15	211.15	180.54	182.75	174.68	174.51	166.83	166.18
90.68	245.80	423.49	508.19	584.42	613.64	650.46	684.60	706.17	736.53	745.59	802.04	859.31
125.88	327.89	558.96	670.76	737.83	765.87	808.76	870.71	938.62	1004.23	1106.77	1391.21	1500.45
25.37	42.52	68.54	85.83	83.70	81.14	83.41	84.71	87.40	86.41	88.69	83.37	74.53
217.42	275.62	335.49	376.40	424.25	437.98	416.24	440.69	455.89	478.78	482.13	519.01	578.41
	6.66	12.15	14.10	17.62	20.27	23.51	29.76	29.88	39.35	37.15	47.74	57.94
					13.23	12.20	10.61	9.79	10.48	14.71	17.70	16.56
2279.47	3915.34	5406.74	6061.38	6919.48	7017.84	7676.71	8012.93	7994.23	8574.06	8961.59	9582.05	9812.84
2094.11	3698.28	5079.98	5687.51	6512.12	6566.61	7183.50	7486.67	7434.60	7977.42	8292.15	8886.95	9033.23
34.41	29.86	70.23	82.87	90.21	108.90	131.24	138.79	148.37	156.75	182.68	173.62	185.85
150.94	187.20	256.53	291.00	317.15	342.33	361.97	387.47	411.26	439.89	486.77	521.48	593.76
159.77	233.93	421.90	483.24	571.82	608.40	675.07	721.67	698.67	725.62	789.22	887.82	991.19
281.20	430.34	617.01	734.53	848.42	915.37	1000.92	1059.24	1125.61	1251.49	1417.98	1608.50	1752.34
418.68	752.31	1136.77	1292.00	1503.08	1691.49	1876.89	1995.60	2122.04	2323.78	2526.65	2900.40	3187.10
623.20	1340.91	2189.92	2451.83	2753.05	3083.64	3397.62	3614.98	3918.63	4394.80	4880.59	5716.49	6263.78
1451.95	2884.81	4872.16	5124.63	5620.06	6218.96	6989.16	7176.10	7565.21	8420.60	9071.57	10057.55	10637.21

4-14 分地区分品种能源消费量-2019

地 区	Region	能源消费总量 (万吨标准煤) Total Energy Consumption (10^4 tce)	煤炭 (万吨) Coal (10^4 tons)	焦炭 (万吨) Coke (10^4 tons)	石油 (万吨) Petroleum (10^4 tons)	原油 (万吨) Crude Oil (10^4 tons)
北 京	Beijing	7360	182.80		1752.39	936.99
天 津	Tianjin	8241	3766.11	903.99	1580.47	1693.35
河 北	Hebei	32545	28738.44	9371.81	1341.22	2177.54
山 西	Shanxi	20859	51331.61	2526.53	648.13	
内蒙古	Inner Mongolia	25346	49035.95	2378.28	947.67	428.71
辽 宁	Liaoning	23749	18710.78	3348.65	4891.63	9894.50
吉 林	Jilin	7132	8730.65	662.31	1011.41	1035.48
黑龙江	Heilongjiang	11614	14142.64	373.82	1500.15	1534.76
上 海	Shanghai	11696	4238.28	634.82	3509.72	2597.22
江 苏	Jiangsu	32526	24902.05	4953.14	3286.02	4121.21
浙 江	Zhejiang	22393	13676.90	302.02	2549.00	3472.30
安 徽	Anhui	13870	16699.74	1161.43	1586.17	658.92
福 建	Fujian	13718	8718.32	871.35	2229.25	2559.36
江 西	Jiangxi	9665	7995.94	939.44	1257.21	787.96
山 东	Shandong	41390	43132.99	3619.44	4102.82	13632.10
河 南	Henan	22300	20045.45	1431.96	2404.54	799.61
湖 北	Hubei	17316	11768.33	1115.52	2926.70	1516.49
湖 南	Hunan	16001	10664.02	982.53	2112.29	935.12
广 东	Guangdong	34142	16833.87	985.06	6417.06	5632.08
广 西	Guangxi	11270	8021.91	1079.35	1110.58	1637.82
海 南	Hainan	2264	1130.39	0.03	507.77	1138.16
重 庆	Chongqing	8889	5022.94	306.43	976.48	
四 川	Sichuan	20791	7713.47	1302.68	2689.09	1010.17
贵 州	Guizhou	10423	12204.17	223.81	1173.66	
云 南	Yunnan	12158	7532.73	1120.29	1507.01	1086.58
西 藏	Tibet					
陕 西	Shaanxi	13478	21548.81	750.78	743.65	1837.74
甘 肃	Gansu	7818	6810.16	525.68	860.25	1479.96
青 海	Qinghai	4235	1541.92	236.06	332.99	156.45
宁 夏	Ningxia	7648	13724.01	626.57	455.29	459.61
新 疆	Xinjiang	18490	23702.13	1016.41	1512.34	2376.51

注：西藏自治区数据暂缺。

Energy Consumption by Region-2019

汽油 (万吨) Gasoline (10[4] tons)	煤油 (万吨) Kerosene (10[4] tons)	柴油 (万吨) Diesel Oil (10[4] tons)	燃料油 (万吨) Fuel Oil (10[4] tons)	液化石油气 (万吨) Liquefied Petroleum Gas (10[4] tons)	天然气 (亿立方米) Natural Gas (10[8] cu.m)	电力 (亿千瓦小时) Electricity (10[8] kW•h)
500.90	697.80	161.87	0.48	49.43	189.40	1166.40
284.46	110.58	316.92	50.00	67.23	110.61	964.30
423.19	32.17	464.49	103.77	38.42	165.48	4064.91
247.64	45.69	500.20	0.48	6.94	91.70	2340.06
367.70	50.03	451.65	1.25	54.66	64.18	3653.01
880.13	52.78	1044.87	221.12	210.23	75.01	2482.86
182.71	33.68	346.18	28.15	26.96	30.17	780.37
430.27	69.77	392.18	20.95	108.16	44.37	1018.47
493.87	753.68	449.30	658.32	96.62	99.40	1568.58
1085.87	132.85	887.19	159.03	86.76	288.06	6264.36
789.20	176.37	730.48	303.79	266.34	147.20	4706.22
655.95	16.59	689.10	21.49	70.55	59.64	2300.68
562.43	171.78	453.58	180.18	57.49	52.77	2402.34
405.37	19.32	598.82	12.25	82.12	26.96	1535.70
707.02	125.92	1335.92	2096.32	221.08	189.98	6831.31
769.77	92.65	1007.54	9.77	219.61	109.34	3604.67
864.59	128.47	976.32	148.83	204.75	68.46	2323.31
819.89	65.03	672.61	83.05	114.61	32.90	1864.33
1561.02	313.11	1672.22	346.25	911.07	206.18	6695.85
256.68	46.36	487.19	17.99	83.26	27.86	1907.17
107.60	131.04	87.76	6.25	28.55	46.15	355.44
400.08	102.14	407.02	18.42	28.22	103.51	1160.19
916.97	214.20	912.92	50.06	54.57	254.38	2635.83
465.68	59.12	583.44	0.16	24.02	36.76	1540.68
467.34	127.65	673.37	0.23	86.84	16.47	1812.04
305.88	91.12	377.11	8.51	33.16	122.86	1910.46
208.78	10.49	281.82	3.47	23.98	32.93	1288.05
66.78	0.02	169.08	0.20	10.09	52.12	716.47
19.63	0.01	120.58	141.05	110.26	25.35	1083.90
307.42	61.44	591.80	0.76	39.20	131.09	3002.54

Note: Data of Tibet is unavailable yet.

五、全国能源平衡表

Chapter 5 Energy Balance Table of China

5-1 全国能源平衡表(实物量) -2019

项　目	Item	煤合计 (万吨) Coal Total (10^4 tons)	原煤 (万吨) Raw Coal (10^4 tons)
一.可供本地区消费的能源量	**Total Primary Energy Supply**	**405537.18**	**404267.01**
1.一次能源生产量	Indigenous Production	384633.20	384633.20
水电	Hydro Power		
核电	Nuclear Power		
风电	Wind Power		
2.进口量	Import	29976.88	29976.88
3.境内飞机和轮船在境外的加油量	Domestic Airplanes&Ships Refueling Abroad		
4.出口量(-)	Export (-)	602.86	599.37
5.境外飞机和轮船在境内的加油量(-)	Oversea Airplanes&Ships Refueling Domestically (-)		
6.库存增(-)、减(+)量	Stock Change	-8470.04	-9743.71
二.加工转换投入(-)产出(+)量	**Input(-) & Output(+) of Transformation**	**-328465.29**	**-341871.85**
1.火力发电	Thermal Power	-210158.99	-205517.23
2.供热	Heating Supply	-34441.79	-33027.91
3.煤炭洗选	Coal Washing	-12213.46	-87588.72
4.炼焦	Coking	-65672.62	-9961.92
5.炼油及煤制油	Petroleum Refining and Coal-to-liquids	-3239.84	-3087.01
#油品再投入量(-)	Petroleum Products Input (-)		
6.制气	Gas Works	-2458.70	-2293.81
#焦炭再投入量(-)	Coke Input (-)		
7.天然气液化	Natural Gas Liquefaction		
8.煤制品加工	Briquettes	-279.88	-395.25
9.回收能	Recovery of Energy		
三.损失量	**Loss**		
四.终端消费量	**Total Final Consumption**	**73449.39**	**58985.75**
1.农、林、牧、渔业	Agriculture, Forestry, Animal Husbandry and Fishery	2202.07	2110.86
2.工业	Industry	58802.35	45514.41
#用作原料、材料	Non-Energy Use	12689.15	10880.31
3.建筑业	Construction	639.81	596.64
4.交通运输、仓储和邮政业	Transport, Storage and Post	282.61	263.50
5.批发和零售业、住宿和餐饮业	Wholesale and Retail Trades, Hotels and Catering Services	2377.77	2309.25
6.其他	Others	2598.18	2500.19
7.居民生活	Residential	6546.60	5690.91
城镇	Urban	800.99	623.77
乡村	Rural	5745.61	5067.14
五.平衡差额	**Statistical Difference**	**3622.50**	**3409.41**
六.消费量合计	**Total Energy Consumption**	**401914.68**	**400857.60**

Energy Balance of China (Physical Quantity) -2019

洗精煤 (万吨) Cleaned Coal (10^4 tons)	其他洗煤 (万吨) Other Washed Coal (10^4 tons)	煤制品 (万吨) Briquettes (10^4 tons)	煤矸石 (万吨) Gangue (10^4 tons)	焦炭 (万吨) Coke (10^4 tons)	焦炉煤气 (亿立方米) Coke Oven Gas (10^8 cu.m)	高炉煤气 (亿立方米) Blast Furnace Gas (10^8 cu.m)	转炉煤气 (亿立方米) Converter Gas (10^8 cu.m)	其他煤气 (亿立方米) Other Gas (10^8 cu.m)
1359.01	**-70.00**	**-18.84**		**-762.13**				
				52.30				
		3.50		652.26				
1359.01	-70.00	-15.34		-162.17				
-1847.30	**13863.38**	**1390.48**	**-16.05**	**47206.48**	**685.06**	**8106.13**	**587.04**	**183.26**
	-4641.77		-2467.05	-25.30	-208.01	-2451.35	-329.03	-0.13
	-1413.87		-646.29	-47.51	-62.54	-573.41	-45.52	-1.20
53863.40	21511.86		3097.30					
-55710.70				47295.80	955.61			
	-152.83							
	-164.89							184.58
				-16.51				
							-0.12	
	-1275.11	1390.48						
						11130.88	961.71	
	13101.54	**1362.10**		**46336.64**	**710.60**	**8339.48**	**581.53**	**190.06**
	91.21			59.67				
	12410.86	877.09		46230.86	701.86	8339.48	581.53	140.92
	1738.76	70.08		1474.76				
	43.17			9.70				
	19.11			0.36				
	39.92	28.59		16.91	0.95			9.43
	89.23	8.76		6.32	1.23			
	408.04	447.65		12.81	6.56			39.71
	55.82	121.40		2.90	5.02			39.55
	352.22	326.25		9.91	1.54			0.16
-488.29	**691.85**	**9.54**	**-16.05**	**107.72**	**-25.54**	**-233.36**	**5.51**	**-6.81**
55710.70	**20750.01**	**1362.10**	**3113.34**	**46425.96**	**981.15**	**11364.24**	**956.08**	**191.39**

5-1 续表 1

项 目	Item	其他焦化产品 (万吨) Other Coking Products (10^4 tons)	油品合计 (万吨) Petroleum Products Total (10^4 tons)
一.可供本地区消费的能源量	**Total Primary Energy Supply**		**66900.85**
1.一次能源生产量	Indigenous Production		19101.41
水电	Hydro Power		
核电	Nuclear Power		
风电	Wind Power		
2.进口量	Import		56970.47
3.境内飞机和轮船在境外的加油量	Domestic Airplanes&Ships Refueling Abroad		1131.69
4.出口量(-)	Export (-)		7251.41
5.境外飞机和轮船在境内的加油量(-)	Oversea Airplanes&Ships Refueling Domestically (-)		959.95
6.库存增(-)、减(+)量	Stock Change		-2091.35
二.加工转换投入(-)产出(+)量	**Input(-) & Output(+) of Transformation**	**1077.95**	**-3453.63**
1.火力发电	Thermal Power		-308.27
2.供热	Heating Supply		-653.79
3.煤炭洗选	Coal Washing		
4.炼焦	Coking	1387.39	
5.炼油及煤制油	Petroleum Refining and Coal-to-liquids	-309.44	9842.42
#油品再投入量(-)	Petroleum Products Input (-)		-12330.30
6.制气	Gas Works		-3.69
#焦炭再投入量(-)	Coke Input (-)		
7.天然气液化	Natural Gas Liquefaction		
8.煤制品加工	Briquettes		
9.回收能	Recovery of Energy		
三.损失量	**Loss**		**34.46**
四.终端消费量	**Total Final Consumption**	**1133.12**	**61018.45**
1.农、林、牧、渔业	Agriculture, Forestry, Animal Husbandry and Fishery		1748.20
2.工业	Industry	1133.12	21732.37
#用作原料、材料	Non-Energy Use	448.04	11507.24
3.建筑业	Construction		4055.13
4.交通运输、仓储和邮政业	Transport, Storage and Post		22099.75
5.批发和零售业、住宿和餐饮业	Wholesale and Retail Trades, Hotels and Catering Services		608.41
6.其他	Others		3460.61
7.居民生活	Residential		7313.99
城镇	Urban		4960.36
乡村	Rural		2353.63
五.平衡差额	**Statistical Difference**	**-55.16**	**2394.31**
六.消费量合计	**Total Energy Consumption**	**1442.56**	**64506.54**

Continued 1

原油 (万吨) Crude Oil (10^4 tons)	汽油 (万吨) Gasoline (10^4 tons)	煤油 (万吨) Kerosene (10^4 tons)	柴油 (万吨) Diesel Oil (10^4 tons)	燃料油 (万吨) Fuel Oil (10^4 tons)	石脑油 (万吨) Naphtha (10^4 tons)	润滑油 (万吨) Lubricants (10^4 tons)	石蜡 (万吨) Paraffin Waxes (10^4 tons)	溶剂油 (万吨) White Spirit (10^4 tons)
68007.48	**-1190.41**	**-1319.79**	**-1948.68**	**344.98**	**657.90**	**17.85**	**-35.93**	**4.32**
19101.41								
50567.60	33.34	366.75	119.02	1485.51	702.22	29.16	9.85	3.77
		563.28	25.44	542.97				
81.00	1637.06	1761.48	2138.26	1117.66		11.25	60.17	0.26
		478.33	50.81	430.81				
-1580.53	413.31	-10.02	95.93	-135.04	-44.32	-0.06	14.39	0.81
-66907.95	**14852.09**	**5322.59**	**17195.94**	**2111.07**	**5096.12**	**230.11**	**302.72**	**82.36**
-16.01			-24.18	-13.94	-12.01			
	-0.05		-5.30	-60.21	-163.10			
-66891.93	14880.68	5322.59	17308.27	4506.05	6620.07	232.36	308.88	82.36
	-28.54		-82.86	-2320.83	-1348.83	-2.25	-6.15	
33.83								
326.50	**13599.38**	**3950.23**	**14805.62**	**2295.37**	**5747.08**	**248.37**	**257.10**	**91.74**
	253.18	10.95	1475.05	1.19				
326.50	233.41	10.97	1178.27	217.56	5747.08	248.37	257.10	91.74
	2.15	1.17	17.40	31.30	5505.30	227.20	252.77	88.61
	499.89	16.03	530.27	31.84				
	6244.92	3689.21	9867.31	2025.31				
	287.95	15.47	203.88	10.22				
	2240.92	184.17	954.04	9.25				
	3839.10	23.43	596.79					
	2570.09	0.36	274.46					
	1269.01	23.07	322.33					
739.21	**62.30**	**52.56**	**441.65**	**160.68**	**6.93**	**-0.41**	**9.70**	**-5.07**
67268.27	**13627.97**	**3950.23**	**14917.95**	**4690.34**	**7271.04**	**250.63**	**263.25**	**91.74**

5-1 续表 2

项　目	Item	石油沥青（万吨）Bitumen Asphalt (10^4 tons)	石油焦（万吨）Petroleum Coke (10^4 tons)
一.可供本地区消费的能源量	**Total Primary Energy Supply**	**274.38**	**590.42**
1.一次能源生产量	Indigenous Production		
水电	Hydro Power		
核电	Nuclear Power		
风电	Wind Power		
2.进口量	Import	428.39	830.52
3.境内飞机和轮船在境外的加油量	Domestic Airplanes&Ships Refueling Abroad		
4.出口量(-)	Export (-)	65.62	228.96
5.境外飞机和轮船在境内的加油量(-)	Oversea Airplanes&Ships Refueling Domestically (-)		
6.库存增(-)、减(+)量	Stock Change	-88.39	-11.13
二.加工转换投入(-)产出(+)量	**Input(-) & Output(+) of Transformation**	**2970.43**	**2425.30**
1.火力发电	Thermal Power		-181.18
2.供热	Heating Supply		-224.18
3.煤炭洗选	Coal Washing		
4.炼焦	Coking		
5.炼油及煤制油	Petroleum Refining and Coal-to-liquids	3313.86	2838.81
#油品再投入量(-)	Petroleum Products Input (-)	-343.42	-8.15
6.制气	Gas Works		
#焦炭再投入量(-)	Coke Input (-)		
7.天然气液化	Natural Gas Liquefaction		
8.煤制品加工	Briquettes		
9.回收能	Recovery of Energy		
三.损失量	**Loss**		
四.终端消费量	**Total Final Consumption**	**3256.43**	**3030.97**
1.农、林、牧、渔业	Agriculture, Forestry, Animal Husbandry and Fishery		
2.工业	Industry	264.42	3030.97
#用作原料、材料	Non-Energy Use	206.89	2276.35
3.建筑业	Construction	2874.87	
4.交通运输、仓储和邮政业	Transport, Storage and Post	117.14	
5.批发和零售业、住宿和餐饮业	Wholesale and Retail Trades, Hotels and Catering Services		
6.其他	Others		
7.居民生活	Residential		
城镇	Urban		
乡村	Rural		
五.平衡差额	**Statistical Difference**	**-11.62**	**-15.24**
六.消费量合计	**Total Energy Consumption**	**3599.85**	**3444.47**

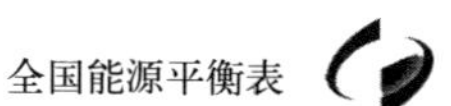

Continued 2

液化石油气 (万吨) Liquefied Petroleum Gas (10^4 tons)	炼厂干气 (万吨) Refinery Gas (10^4 tons)	其他石油制品 (万吨) Other Petroleum Products (10^4 tons)	天然气 (亿立方米) Natural Gas (10^8 cu.m)	液化天然气 (万吨) Liquefied Natural Gas (10^4 tons)	热力 (万百万千焦) Heat (10^{10} kJ)	电力 (亿千瓦小时) Electricity (10^8 kW•h)	其他能源 (万吨标准煤) Other Energy (10^4 tce)
1950.61		**-452.28**	**2227.84**	**6011.71**		**22664.83**	**7164.43**
			1761.74			22832.80	7164.43
						13044.38	
						3483.55	
						4060.32	
2109.33		285.00	501.14	6019.12		48.58	
140.89		8.79	35.03	7.40		216.55	
-17.83		-728.49					
3606.75	**1846.02**	**7412.81**	**-676.86**	**900.26**	**550106.30**	**52201.48**	**-967.20**
-0.11	-52.59	-8.25	-391.87	-231.28	-111630.52	52201.48	-1567.97
-4.05	-173.99	-22.90	-143.19	-33.51	565138.68		-391.96
4210.01	2187.92	14922.52	-32.35				-138.98
-595.40	-115.31	-7478.56					
-3.69			64.73				
			-174.19	1165.05			
					96598.13		1131.70
0.63			**20.95**	**6.26**	**5297.62**	**3330.10**	
5462.48	**1830.56**	**6116.62**	**1531.78**	**6909.09**	**544808.39**	**71536.02**	**6091.03**
7.82			1.24		69.88	1336.20	675.84
2266.99	1830.56	6028.41	631.02	6508.45	380696.50	47368.20	976.87
503.89	50.35	2343.85	92.44	94.35			
14.03		88.21	2.81		2300.23	991.19	30.41
155.85			274.62	400.64	4152.02	1752.34	1486.90
90.89			62.46		9533.06	3187.10	67.01
72.23			57.32		19224.64	6263.78	271.88
2854.67			502.32		128832.05	10637.21	2582.12
2115.45			497.40		128832.05	5838.25	242.26
739.22			4.92			4798.96	2339.86
94.25	**15.46**	**843.91**	**-1.75**	**-3.38**	**0.29**	**0.19**	**106.20**
6066.37	**2172.45**	**13626.33**	**2068.82**	**7180.14**	**661736.52**	**74866.12**	**8189.93**

5-2 全国能源平衡表(标准量)-2019

单位：万吨标准煤

项　目	Item	能源合计 (发电煤耗计算法) (Coal Equivalent Calculation)	Energy Total (电热当量计算法) (Calorific Value Calculation)
一.可供本地区消费的能源量	**Total Primary Energy Supply**	**493177.64**	**453286.22**
1.一次能源生产量	Indigenous Production	397317.24	357130.20
水电	Hydro Power	38990.40	16031.54
核电	Nuclear Power	10412.53	4281.28
风电	Wind Power	12136.52	4990.13
2.进口量	Import	117421.96	117336.45
3.境内飞机和轮船在境外的加油量	Domestic Airplanes&Ships Refueling Abroad	1641.57	1641.57
4.出口量(-)	Export (-)	12758.14	12377.00
5.境外飞机和轮船在境内的加油量(-)	Oversea Airplanes&Ships Refueling Domestically (-)	1393.30	1393.30
6.库存增(-)、减(+)量	Stock Change	-9051.69	-9051.69
二.加工转换投入(-)产出(+)量	**Input(-) & Output(+) of Transformation**	**-806.38**	**-92684.02**
1.火力发电	Thermal Power		-91877.63
2.供热	Heating Supply	-6714.10	-6714.10
3.煤炭洗选	Coal Washing	-4482.21	-4482.21
4.炼焦	Coking	-4208.85	-4208.85
5.炼油及煤制油	Petroleum Refining and Coal-to-liquids	11225.14	11225.14
#油品再投入量(-)	Petroleum Products Input (-)	-17119.90	-17119.90
6.制气	Gas Works	-553.72	-553.72
#焦炭再投入量(-)	Coke Input (-)	-16.04	-16.04
7.天然气液化	Natural Gas Liquefaction	-171.51	-171.51
8.煤制品加工	Briquettes	-115.28	-115.28
9.回收能	Recovery of Energy	21350.09	21350.09
三.损失量	**Loss**	**10462.30**	**4601.13**
四.终端消费量	**Total Final Consumption**	**476219.21**	**350311.67**
1.农、林、牧、渔业	Agriculture, Forestry, Animal Husbandry and Fishery	9017.78	6665.99
2.工业	Industry	311541.68	228170.91
#用作原料、材料	Non-Energy Use	29000.42	29000.42
3.建筑业	Construction	9142.02	7397.47
4.交通运输、仓储和邮政业	Transport, Storage and Post	43602.33	40518.11
5.批发和零售业、住宿和餐饮业	Wholesale and Retail Trades, Hotels and Catering Services	13624.29	8014.80
6.其他	Others	27581.84	16557.22
7.居民生活	Residential	61709.27	42987.16
城镇	Urban	36940.67	26665.00
乡村	Rural	24768.61	16322.16
五.平衡差额	**Statistical Difference**	**5689.75**	**5689.41**
六.消费量合计	**Total Energy Consumption**	**487487.89**	**447596.81**

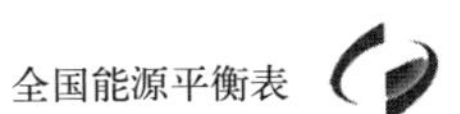

Energy Balance of China (Standard Quantity) -2019

(10[4] tce)

煤合计 Coal Total	原煤 Raw Coal	洗精煤 Cleaned Coal	其他洗煤 Other Washed Coal	煤制品 Briquettes	煤矸石 Gangue	焦炭 Coke	焦炉煤气 Coke Oven Gas	高炉煤气 Blast Furnace Gas	转炉煤气 Converter Gas
284183.64	**283009.77**	**1223.11**	**-37.80**	**-11.44**		**-740.33**			
272134.12	272134.12								
18563.86	18563.86					50.81			
510.51	508.39			2.12		633.60			
-6003.83	-7179.82	1223.11	-37.80	-9.31		-157.53			
-227054.14	**-233722.10**	**-1662.57**	**7486.23**	**844.30**	**58.74**	**45856.37**	**3914.43**	**10424.48**	**1593.23**
-139118.43	-136611.87		-2506.55		-493.41	-24.58	-1188.58	-3152.43	-892.98
-21426.63	-20663.14		-763.49		-129.26	-46.15	-357.33	-737.40	-123.55
-5163.62	-65257.08	48477.06	11616.40		681.40				
-57213.38	-7073.75	-50139.63				45943.14	5460.34		
-2313.76	-2231.23		-82.53						
-1703.05	-1614.00		-89.04						
						-16.04			
									-0.32
-115.28	-271.02		-688.56	844.30					
								14314.31	2610.08
54565.47	**46663.57**		**7074.83**	**827.07**		**45011.41**	**4060.37**	**10724.58**	**1578.28**
1718.72	1669.47		49.25			57.96			
43080.67	35846.24		6701.86	532.57		44908.66	4010.45	10724.58	1578.28
9854.31	8872.82		938.93	42.55		1432.59			
540.43	517.11		23.31			9.42			
216.90	206.58		10.32			0.35			
1956.13	1917.21		21.56	17.36		16.43	5.40		
2091.57	2038.06		48.18	5.32		6.14	7.03		
4961.04	4468.88		220.34	271.81		12.45	37.48		
596.24	492.39		30.14	73.71		2.82	28.68		
4364.80	3976.50		190.20	198.10		9.62	8.80		
2564.03	**2624.10**	**-439.46**	**373.60**	**5.79**	**58.74**	**104.64**	**-145.94**	**-300.10**	**14.95**

5-2 续表 1

单位：万吨标准煤

项　目	Item	其他煤气 Other Gas	其他焦化产品 Other Coking Products
一.可供本地区消费的能源量	**Total Primary Energy Supply**		
1.一次能源生产量	Indigenous Production		
水电	Hydro Power		
核电	Nuclear Power		
风电	Wind Power		
2.进口量	Import		
3.境内飞机和轮船在境外的加油量	Domestic Airplanes&Ships Refueling Abroad		
4.出口量(-)	Export (-)		
5.境外飞机和轮船在境内的加油量(-)	Oversea Airplanes&Ships Refueling Domestically (-)		
6.库存增(-)、减(+)量	Stock Change		
二.加工转换投入(-)产出(+)量	**Input(-) & Output(+) of Transformation**	**327.29**	**1243.96**
1.火力发电	Thermal Power	-0.23	
2.供热	Heating Supply	-2.14	
3.煤炭洗选	Coal Washing		
4.炼焦	Coking		1601.05
5.炼油及煤制油	Petroleum Refining and Coal-to-liquids		-357.10
#油品再投入量(-)	Petroleum Products Input (-)		
6.制气	Gas Works	329.66	
#焦炭再投入量(-)	Coke Input (-)		
7.天然气液化	Natural Gas Liquefaction		
8.煤制品加工	Briquettes		
9.回收能	Recovery of Energy		
三.损失量	**Loss**		
四.终端消费量	**Total Final Consumption**	**339.45**	**1307.62**
1.农、林、牧、渔业	Agriculture, Forestry, Animal Husbandry and Fishery		
2.工业	Industry	251.68	1307.62
#用作原料、材料	Non-Energy Use		517.03
3.建筑业	Construction		
4.交通运输、仓储和邮政业	Transport, Storage and Post		
5.批发和零售业、住宿和餐饮业	Wholesale and Retail Trades, Hotels and Catering Services	16.85	
6.其他	Others		
7.居民生活	Residential	70.93	
城镇	Urban	70.64	
乡村	Rural	0.29	
五.平衡差额	**Statistical Difference**	**-12.16**	**-63.66**
六.消费量合计	**Total Energy Consumption**		

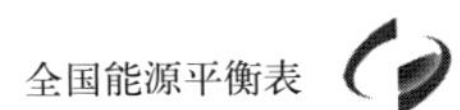

Continued 1

(10⁴ tce)

油品合计 Petroleum Products Total	原油 Crude Oil	汽油 Gasoline	煤油 Kerosene	柴油 Diesel Oil	燃料油 Fuel Oil	石脑油 Naphtha	润滑油 Lubricants	石蜡 Paraffin Waxes
95806.57	**97155.49**	**-1751.57**	**-1941.95**	**-2839.42**	**492.83**	**986.85**	**25.24**	**-49.03**
27288.27	27288.27							
81667.05	72240.88	49.05	539.64	173.42	2122.20	1053.33	41.24	13.45
1641.57			828.81	37.07	775.69			
10506.69	115.72	2408.77	2591.84	3115.65	1596.69		15.91	82.12
1393.30			703.81	74.04	615.45			
-2890.33	-2257.94	608.15	-14.74	139.78	-192.91	-66.48	-0.08	19.64
-3943.21	**-95584.69**	**21853.36**	**7831.65**	**25056.20**	**3015.88**	**7644.17**	**325.45**	**413.16**
-380.08	-22.87			-35.23	-19.91	-18.02		
-884.67		-0.07		-7.72	-86.01	-244.66		
14447.76	-95561.82	21895.43	7831.65	25219.88	6437.34	9930.10	328.63	421.55
-17119.90		-41.99		-120.73	-3315.54	-2023.25	-3.18	-8.40
-6.32								
49.41	**48.33**							
88423.17	**466.43**	**20010.13**	**5812.37**	**21573.27**	**3279.16**	**8620.63**	**351.28**	**350.89**
2553.05		372.53	16.11	2149.30	1.70			
30620.63	466.43	343.45	16.15	1716.85	310.81	8620.63	351.28	350.89
15850.69		3.16	1.73	25.36	44.71	8257.95	321.33	344.98
5484.70		735.54	23.59	772.66	45.48			
32308.73		9188.78	5428.30	14377.66	2893.36			
913.93		423.68	22.76	297.08	14.59			
5095.45		3297.30	270.99	1390.13	13.21			
11446.67		5648.85	34.47	869.58				
7808.59		3781.63	0.53	399.92				
3638.07		1867.22	33.95	469.66				
3390.77	**1056.04**	**91.66**	**77.34**	**643.52**	**229.55**	**10.40**	**-0.59**	**13.24**

5-2 续表 2

单位：万吨标准煤

项　　目	Item	溶剂油 White spirit	石油沥青 Bitumen Asphalt
一.可供本地区消费的能源量	**Total Primary Energy Supply**	**6.34**	**359.43**
1.一次能源生产量	Indigenous Production		
水电	Hydro Power		
核电	Nuclear Power		
风电	Wind Power		
2.进口量	Import	5.53	561.19
3.境内飞机和轮船在境外的加油量	Domestic Airplanes&Ships Refueling Abroad		
4.出口量(-)	Export (-)	0.38	85.97
5.境外飞机和轮船在境内的加油量(-)	Oversea Airplanes&Ships Refueling Domestically (-)		
6.库存增(-)、减(+)量	Stock Change	1.19	-115.79
二.加工转换投入(-)产出(+)量	**Input(-) & Output(+) of Transformation**	**120.84**	**3891.27**
1.火力发电	Thermal Power		
2.供热	Heating Supply		
3.煤炭洗选	Coal Washing		
4.炼焦	Coking		
5.炼油及煤制油	Petroleum Refining and Coal-to-liquids	120.84	4341.15
#油品再投入量(-)	Petroleum Products Input (-)		-449.89
6.制气	Gas Works		
#焦炭再投入量(-)	Coke Input (-)		
7.天然气液化	Natural Gas Liquefaction		
8.煤制品加工	Briquettes		
9.回收能	Recovery of Energy		
三.损失量	**Loss**		
四.终端消费量	**Total Final Consumption**	**134.61**	**4265.92**
1.农、林、牧、渔业	Agriculture, Forestry, Animal Husbandry and Fishery		
2.工业	Industry	134.61	346.39
#用作原料、材料	Non-Energy Use	130.01	271.03
3.建筑业	Construction		3766.07
4.交通运输、仓储和邮政业	Transport, Storage and Post		153.45
5.批发和零售业、住宿和餐饮业	Wholesale and Retail Trades, Hotels and Catering Services		
6.其他	Others		
7.居民生活	Residential		
城镇	Urban		
乡村	Rural		
五.平衡差额	**Statistical Difference**	**-7.44**	**-15.22**
六.消费量合计	**Total Energy Consumption**		

Continued 2

(10⁴ tce)

石油焦 Petroleum Coke	液化石油气 Liquefied Petroleum Gas	炼厂干气 Refinery Gas	其他石油制品 Other Petroleum Products	天然气 Natural Gas	液化天然气 Liquefied Natural Gas	热力 Heat	电力 Electricity	其他能源 Other Energy
619.94	**3343.93**		**-601.53**	**28429.94**	**10586.90**		**27855.08**	**7164.43**
				22481.87			28061.51	7164.43
							16031.54	
							4281.28	
							4990.13	
872.04	3616.03		379.06	6395.09	10599.94		59.71	
240.41	241.53		11.69	447.02	13.03		266.14	
-11.69	-30.57		-968.89					
2546.57	**6183.05**	**2900.84**	**9859.03**	**-8637.60**	**1585.40**	**18758.62**	**64155.62**	**-967.20**
-190.24	-0.19	-82.64	-10.97	-5000.68	-407.29	-3806.60	64155.62	-1567.97
-235.39	-6.95	-273.42	-30.46	-1827.22	-59.02	19271.23		-391.96
2980.75	7217.22	3438.09	19846.95	-412.79				-138.98
-8.55	-1020.70	-181.19	-9946.49					
	-6.32			825.99				
				-2222.90	2051.70			
						3294.00		1131.70
	1.08			**267.35**	**11.02**	**180.65**	**4092.70**	
3182.52	**9364.33**	**2876.54**	**8135.10**	**19547.35**	**12167.23**	**18577.97**	**87917.76**	**6091.03**
	13.41			15.85		2.38	1642.19	675.84
3182.52	3886.31	2876.54	8017.79	8052.53	11461.68	12981.75	58215.51	976.87
2390.17	863.83	79.13	3117.32	1179.66	166.15			
	24.05		117.31	35.91		78.44	1218.17	30.41
	267.18			3504.47	705.54	141.58	2153.62	1486.90
	155.82			797.02		325.08	3916.95	67.01
	123.82			731.41		655.56	7698.19	271.88
	4893.76			6410.16		4393.17	13073.14	2582.12
	3626.51			6347.37		4393.17	7175.21	242.26
	1267.25			62.79			5897.92	2339.86
-16.01	**161.56**	**24.30**	**1122.40**	**-22.36**	**-5.95**	**0.01**	**0.24**	**106.20**

5-3 综合能源平衡表

单位：万吨标准煤

项　　目	Item	1980	1985	1990
可供消费的能源总量	**Total Energy Available for Consumption**	**61557**	**77603**	**96138**
一次能源生产总量	Total Primary Energy Production	63735	85546	103922
回收能	Recovery of Energy			
进口量	Imports	261	340	1310
出口量(-)	Exports (-)	3058	5774	5875
年初年末库存差额	Stock Changes in the Year	619	-2509	-3219
能源消费总量	**Total Energy Consumption**	**60275**	**76682**	**98703**
在总量中:	Consumption by Sector			
1.农、林、牧、渔业	Agriculture, Forestry, Animal Husbandry and Fishery	4692	4045	4852
2.工业	Industry	38986	51068	67578
3.建筑业	Construction	957	1302	1213
4.交通运输、仓储和邮政业	Transport, Storage and Post	2902	3713	4541
5.批发和零售业、住宿和餐饮业	Wholesale and Retail Trades, Hotels and Catering Services	518	766	1247
6.其他	Others	1205	2470	3473
7.居民生活	Residential	11015	13318	15799
在总量中:	Consumption by Usage			
(一) 终端消费	(Ⅰ) Final Consumption	57508	73586	94289
#工业	Industry	38293	48021	63239
(二) 加工转换损失量	(Ⅱ) Losses During the Process of Energy Transformation	1358	1491	2264
#炼焦	Coking	644	572	905
炼油及煤制油	Petroleum Refining and Coal-to-liquids	113	110	326
(三) 回收能(-)	(Ⅲ) Recovery of Energy(-)			
(四) 损失量	(Ⅳ) Other Losses	1409	1605	2150
平衡差额	**Balance**	**1282**	**921**	**-2565**

注：1.电力按等价热值折算，因此加工转换损失量中不包括发电损失量。
　　2.进口量包括境内飞机和轮船在境外的加油量；出口量包括境外飞机和轮船在境内的加油量。

Overall Energy Balance Sheet

(10[4] tce)

1995	2000	2005	2010	2011	2012	2013	2014	2015	2016	2017	2018	2019
129535	**144234**	**254619**	**365588**	**390394**	**407594**	**417415**	**427430**	**431636**	**434121**	**450444**	**471686**	**493178**
129034	138570	229037	312125	340178	351041	358784	362212	362193	345954	358867	378859	397317
2312	3087	7452	8958									
5456	14327	26823	57671	65437	68701	73420	78027	77695	90235	100039	110787	119064
6776	9327	11257	8803	8449	7374	8005	8270	9785	11956	12669	13337	14151
-491	-2424	2564	-4363	-6772	-4773	-6784	-4540	1532	9888	4206	-4623	-9052
131176	**146964**	**261369**	**360648**	**387043**	**402138**	**416913**	**428334**	**434113**	**441492**	**455827**	**471925**	**487488**
5505	4233	6860	7266	7675	7804	8055	8020	8271	8585	8945	8781	9018
96191	103014	187914	261377	278048	284712	291130	298449	295953	295615	302308	311151	322503
1335	2207	3486	5533	6052	6337	7017	7377	7545	7847	8243	8685	9142
5863	11447	19136	27102	29694	32561	34819	36343	38510	39883	42140	43617	43909
2018	3251	5917	7847	9147	10012	10598	10864	11447	12042	12456	12994	13624
4519	6118	10484	15052	16843	18407	19763	20069	21925	23185	24277	26262	27582
15745	16695	27573	36470	39584	42306	45531	47211	50461	54336	57459	60436	61709
124252	140476	250877	337469	373296	386888	403814	415456	420110	428342	442255	461020	476219
89473	96871	177775	238652	264698	269900	278514	285948	282291	282809	289098	300558	311542
3634	2472	3882	14294	15412	16763	15994	17270	18770	18674	19279	20803	22156
	526	855	1595	1833	2179	2433	3540	4261	3887	3721	4129	4209
	781	1273	1960	1792	2153	1899	2115	2866	3543	4280	5027	5895
				10864	11239	13333	14578	14492	15373	15921	20465	21350
3289	4016	6610	8885	9199	9726	10439	10186	9724	9849	10213	10567	10462
-1641	**-2730**	**-6751**	**4940**	**3350**	**5456**	**502**	**-904**	**-2477**	**-7371**	**-5383**	**-239**	**5690**

Note: a) Electric power is converted on the basic of equal caloric value. Therefore, losses during the process of energy transformation exclude losses in power generation.

b) Data on imports include the domestic airplanes and ships refueling abroad. Data on exports include the oversea airplanes and ships refueling domestically.

5-4 煤炭平衡表

单位：万吨

项 目	Item	1980	1985	1990
可供量	**Total Energy Available for Consumption**	**62601**	**82777**	**102221**
生产量	Production	62015	87228	107988
进口量	Imports	199	231	200
出口量(−)	Exports (-)	632	777	1729
年初年末库存差额	Stock Changes in the Year	1019	-3906	-4239
消费量	**Total Energy Consumption**	**61010**	**81603**	**105523**
在消费量中:	Consumption by Sector			
1.农、林、牧、渔业	Agriculture, Forestry, Animal Husbandry and Fishery	1550	2209	2095
2.工业	Industry	43848	58613	81091
3.建筑业	Construction	556	532	438
4.交通运输、仓储和邮政业	Transport, Storage and Post	1934	2307	2161
5.批发和零售业、住宿和餐饮业	Wholesale and Retail Trades, Hotels and Catering Services	455	738	1058
6.其他	Others	1091	1580	1980
7.居民生活	Residential	11574	15624	16700
在消费量中:	Consumption by Usage			
(一) 终端消费	(I) Final Consumption	38804	52704	60206
#工业	Industry	21643	29715	35774
(二) 中间消费	(II) Intermediate Consumption			
(用于加工转换)	(Consumed in Transformation)	22205	28899	41258
#火力发电	Thermal Power	12648	16441	27204
供热	Heating		1462	2996
炼焦	Coking	6682	7304	10698
煤制油	Coal-to-liquids			
制气	Gas Production	131	191	360
(三)洗选损耗	(III) Losses in Coal Washing and Dressing	2744	3501	4059
平衡差额	**Balance**	**1592**	**1174**	**-3302**

注：生产量为原煤产量。

Coal Balance Sheet

(10[4] tons)

1995	2000	2005	2010	2011	2012	2013	2014	2015	2016	2017	2018	2019
133462	**131895**	**235508**	**355578**	**393058**	**418654**	**425015**	**411834**	**397074**	**378494**	**383480**	**394848**	**405537**
136073	138418	236515	342845	376444	394513	397432	387392	374654	341060	352356	369774	384633
164	218	2622	18307	22236	28841	32702	29122	20406	25555	27093	28210	29977
2862	5506	7173	1911	1467	927	751	574	534	879	809	494	603
87	-1235	3545	-3663	-4155	-3772	-4368	-4106	2547	12758	4839	-2642	-8470
137677	**135690**	**243375**	**349008**	**388961**	**411727**	**424426**	**413633**	**399834**	**388820**	**391403**	**397452**	**401915**
1857	1051	1802	2147	2207	2266	2451	2479	2625	2778	2834	2363	2202
117571	121807	224766	329728	368916	391191	403157	392567	378190	367435	371160	380696	387268
440	537	604	731	797	767	811	914	878	805	733	650	640
1315	882	811	639	646	614	615	558	492	404	353	321	283
977	1461	2627	3192	3572	3752	3966	3767	3864	3826	3461	2686	2378
1987	1495	2727	3412	3612	3883	4136	4046	4159	4081	3580	3021	2598
13530	8457	10039	9159	9212	9253	9290	9303	9627	9492	9283	7714	6547
66156	50511	86386	114826	120647	118957	119491	112804	112975	101569	92841	81171	73449
46050	36628	67776	95546	100602	98421	98222	91738	91331	80183	72598	64415	58802
69488	81987	152208	222948	252691	266016	282355	277954	267061	272512	285325	303986	316252
44440	55811	103663	153742	175579	183531	195177	189525	179568	182666	193925	205197	210159
5887	8794	13542	17553	19334	23780	22710	22445	24115	26577	28983	32388	34442
18396	16496	33446	49950	56060	56768	62536	63944	60874	60649	58910	61603	65673
			213	346	378	459	650	679	1105	1568	2497	3240
764	960	1277	1040	870	849	846	858	1320	1212	1663	2010	2459
2033	3191	4782	11235	15623	26754	22579	22875	19798	14740	13237	12295	12213
-4215	**-3795**	**-7868**	**6569**	**4097**	**6928**	**589**	**-1800**	**-2760**	**-10326**	**-7924**	**-2604**	**3623**

Note: Data on production refer to the raw coal production.

5-5 焦炭平衡表

单位：万吨

项　　目	Item	1980	1985	1990
可供量	**Total Energy Available for Consumption**	**4315.3**	**4689.7**	**7085.8**
生产量	Production	4343.0	4802.1	7328.3
进口量	Imports		2.1	
出口量(-)	Exports (-)	27.1	36.9	129.0
年初年末库存差额	Stock Changes in the Year	-0.6	-77.6	-113.5
消费量	**Total Energy Consumption**	**4303.0**	**4689.7**	**6914.7**
在消费量中:	Consumption by Sector			
1.农、林、牧、渔业	Agriculture, Forestry, Animal Husbandry and Fishery	10.6	20.8	60.1
2.工业	Industry	4266.7	4627.7	6808.8
3.建筑业	Construction	11.9	7.8	5.2
4.交通运输、仓储和邮政业	Transport, Storage and Post	8.2	5.7	4.1
5.批发和零售业、住宿和餐饮业	Wholesale and Retail Trades, Hotels and Catering Services	0.9	2.7	7.7
6.其他	Others	4.7	2.0	1.9
7.居民生活	Residential		23.0	26.9
在消费量中:	Consumption by Usage			
(一) 终端消费	(Ⅰ) Final Consumption	4294.7	4677.9	6846.3
#工业	Industry	4258.4	4615.9	6740.4
(二) 中间消费	(Ⅱ) Intermediate Consumption			
(用于加工转换)	(Consumed in Transformation)	8.3	11.8	68.4
制气	Gas Production	8.3	11.8	68.4
(三) 损失量	(Ⅲ) Losses in Coal Washing and Dressing			
平衡差额	**Balance**	**12.3**		**171.1**

Coke Balance Sheet

(10[4] tons)

1995	2000	2005	2010	2011	2012	2013	2014	2015	2016	2017	2018	2019
12207.1	**10892.3**	**25084.4**	**38707.1**	**42085.8**	**44813.7**	**45850.1**	**46894.3**	**44018.9**	**45428.6**	**43739.5**	**43257.9**	**46533.7**
13424.5	12184.0	26511.7	38657.8	43433.0	43831.4	48347.8	47980.9	44822.5	44911.5	43168.4	44751.4	47295.8
0.1		0.5	11.0	11.6	7.6	3.5	0.2	0.4	0.1	1.0	9.1	52.3
886.1	1519.7	1276.4	335.0	329.7	102.0	467.3	850.7	964.8	1011.9	807.9	975.8	652.3
-331.4	228.0	-151.4	373.3	-1029.0	1076.7	-2034.0	-236.0	160.8	1529.0	1378.0	-526.8	-162.2
10725.3	**10840.8**	**25105.8**	**38702.8**	**42063.3**	**44805.2**	**45851.9**	**46884.9**	**44058.7**	**45462.4**	**43743.1**	**43716.6**	**46426.0**
128.6	70.9	63.5	46.8	54.1	57.5	69.2	34.9	49.5	53.1	38.4	103.0	59.7
10412.0	10554.6	24860.9	38598.7	41952.1	44694.8	45694.0	46749.6	43923.0	45324.7	43609.1	43560.9	46320.2
10.8	19.0	18.4	5.8	4.8	6.3	7.7	9.7	6.7	7.1	12.6	10.6	9.7
10.1	11.2	1.1	0.1	0.1	0.1	2.2	2.7	3.0	3.2	6.0	0.4	0.4
25.7	35.7	64.1	5.1	9.2	6.7	35.8	46.6	40.1	41.3	49.4	19.0	16.9
6.4	12.2	7.6	2.8	1.9	1.9	5.0	5.1	5.4	5.6	5.9	6.3	6.3
131.6	137.2	90.3	43.5	41.1	37.9	38.0	36.4	31.2	27.4	21.8	16.4	12.8
10648.0	10697.9	24877.9	38574.6	41954.3	44738.5	45817.5	46589.1	43775.0	45454.4	43741.5	43693.7	46336.6
10334.7	10411.7	24633.0	38470.5	41843.1	44628.1	45659.6	46453.8	43639.2	45316.7	43607.4	43538.0	46230.9
77.3	142.9	227.9	128.2	109.0	66.7	34.4	295.8	283.8	8.0	1.6	22.8	89.3
77.3	142.9	227.9	128.2	109.0	66.7	34.4	32.8	1.8	1.9	1.6	1.6	16.5
1481.8	**51.6**	**-21.4**	**4.3**	**22.6**	**8.5**	**-1.8**	**9.4**	**-39.8**	**-33.8**	**-3.6**	**-458.6**	**107.7**

5-6 石油平衡表

单位：万吨

项　目	Item	1980	1985	1990
可供量	**Total Energy Available for Consumption**	**8794.5**	**9193.7**	**11435.0**
生产量	Production	10594.6	12489.5	13830.6
进口量	Imports	82.7	90.0	755.6
出口量(-)	Exports (-)	1806.2	3630.4	3110.4
年初年末库存差额	Stock Changes in the Year	-76.6	244.6	-40.8
消费量	**Total Energy Consumption**	**8757.4**	**9168.8**	**11485.6**
在消费量中:	Consumption by Sector			
1.农、林、牧、渔业	Agriculture, Forestry, Animal Husbandry and Fishery	814..9	758.7	1033.6
2.工业	Industry	6203.2	6171.4	7321.6
3.建筑业	Construction	175.2	292.2	327.3
4.交通运输、仓储和邮政业	Transport, Storage and Post	911.5	1176.4	1683.2
5.批发和零售业、住宿和餐饮业	Wholesale and Retail Trades, Hotels and Catering Services	29.0	38.1	77.6
6.其他	Others	481.7	506.1	757.8
7.居民生活	Residential	141.9	225.9	284.5
在消费量中:	Consumption by Usage			
(一) 终端消费	(Ⅰ) Final Consumption	6311.0	7063.3	9304.7
#工业	Industry	3780.3	4462.0	5180.4
(二) 中间消费	(Ⅱ) Intermediate Consumption			
(用于加工转换)	(Consumed in Transformation)	2183.6	1858.5	1630.4
火力发电	Thermal Power	2065.4	1425.5	1234.4
供热	Heating		285.6	356.3
制气	Gas Production	36.7	34.5	39.7
炼油损失量	Losses in Petroleum Refining	81.5	112.9	295.8
(三) 损失量	(Ⅲ) Other Losses	262.8	247.0	254.7
平衡差额	**Balance**	**37.1**	**24.9**	**-50.6**

注：1.生产量为原油产量。
2.进口量包括境内飞机和轮船在境外的加油量；出口量包括境外飞机和轮船在境内的加油量。

Petroleum Balance Sheet

(10[4] tons)

1995	2000	2005	2010	2011	2012	2013	2014	2015	2016	2017	2018	2019
16072.7	**22631.4**	**32539.1**	**44178.4**	**45659.2**	**47864.7**	**49993.9**	**52061.8**	**55688.0**	**57710.6**	**60810.8**	**63726.6**	**66900.9**
15004.4	16300.0	18135.3	20301.4	20287.6	20747.8	20991.9	21142.9	21455.6	19968.5	19150.6	18932.4	19101.4
3673.2	9748.5	17163.2	29437.2	31593.7	33088.8	34264.8	36179.6	39748.6	44502.9	49141.2	54094.3	58102.2
2454.5	2172.1	2888.1	4079.0	4117.0	3884.3	4176.7	4213.9	5128.2	6382.9	7026.7	7557.4	8211.4
-151.0	-1245.0	128.8	-1481.2	-2105.0	-2087.6	-1086.1	-1046.8	-388.1	-377.8	-454.3	-1742.7	-2091.4
16064.9	**22495.9**	**32547.0**	**44101.0**	**45619.5**	**47797.3**	**49970.6**	**51859.4**	**55960.2**	**57692.9**	**60395.9**	**62245.1**	**64506.5**
1203.2	788.5	1451.7	1382.5	1466.3	1537.9	1650.3	1717.7	1733.4	1730.3	1786.4	1724.9	1748.2
9349.3	11248.5	14030.4	18555.0	17986.0	17753.2	17594.6	18357.5	19718.0	20382.5	21486.7	22460.3	25210.6
242.8	840.6	1502.2	2483.1	2581.8	2740.7	3090.6	3205.3	3384.3	3599.1	3803.5	3935.7	4055.1
2863.6	6399.0	10928.5	15079.3	16221.1	17863.6	18967.6	19558.5	20663.1	21146.1	22075.8	22738.6	22109.6
333.9	247.0	375.6	481.0	500.0	542.4	565.4	563.2	615.7	584.9	601.1	599.0	608.4
1390.3	1635.9	1974.2	2578.2	2880.5	3067.8	3349.7	3152.0	3683.3	3537.1	3502.7	3458.2	3460.6
682.0	1336.5	2284.4	3541.9	3983.9	4291.6	4752.4	5305.2	6162.2	6712.8	7139.7	7328.4	7314.0
13676.3	19950.1	29495.6	41243.4	43103.3	45080.7	47458.8	49309.0	52945.7	54387.0	56880.0	58623.0	61018.5
7095.5	8860.0	11107.5	15857.8	15579.9	15160.4	15235.4	15854.5	16739.7	17100.2	17980.5	18847.6	21732.4
2230.0	2352.9	2896.0	2663.3	2334.5	2534.6	2295.7	2440.0	2926.9	3264.3	3468.9	3593.3	3453.6
1358.5	1178.2	1306.4	385.3	319.8	292.4	265.1	254.1	265.5	284.6	280.6	309.3	308.3
399.9	427.0	429.1	593.1	525.7	493.5	448.2	521.3	493.2	517.8	522.6	590.2	653.8
51.6	25.9	14.4							4.8	4.7	4.7	3.7
420.1	721.9	1146.1	1684.8	1489.1	1748.7	1582.4	1664.6	2168.2	2457.2	2661.0	2689.0	2487.9
158.6	192.9	155.4	194.4	181.7	182.0	216.1	110.3	87.6	41.6	47.0	28.8	34.5
7.8	**135.4**	**-7.9**	**77.4**	**39.7**	**67.4**	**23.3**	**202.4**	**-272.2**	**17.7**	**414.9**	**1481.5**	**2394.3**

Note: a) Data on production refer to the crude oil production.
b) Data on imports include the domestic airplanes and ships refueling abroad. Data on exports include the oversea airplanes and ships refueling domestically.

5-7 原油平衡表

单位：万吨

项　目	Item	1980	1985	1990
可供量	**Total Energy Available for Consumption**	**9222.9**	**9516.5**	**11770.6**
生产量	Production	10594.6	12489.5	13830.6
进口量	Imports	36.6		292.3
出口量(-)	Exports (-)	1330.9	3003.0	2399.0
年初年末库存差额	Stock Changes in the Year	-77.4	30.0	46.7
消费量	**Total Energy Consumption**	**9205.0**	**9509.5**	**11762.2**
在消费量中:	Consumption by Sector			
1.农、林、牧、渔业	Agriculture, Forestry, Animal Husbandry and Fishery	8.0	0.8	0.2
2.工业	Industry	9112.0	9389.9	11653.8
3.建筑业	Construction	28.8	74.0	55.2
4.交通运输、仓储和邮政业	Transport, Storage and Post	50.1	44.3	52.1
5.批发和零售业、住宿和餐饮业	Wholesale and Retail Trades, Hotels and Catering Services		0.1	0.3
6.其他	Others	6.1	0.4	0.6
7.居民生活	Residential			
在消费量中:	Consumption by Usage			
(一) 终端消费	(Ⅰ) Final Consumption	499.6	350.4	402.1
#工业	Industry	429.7	254.9	333.4
(二) 中间消费	(Ⅱ) Intermediate Consumption			
(用于加工转换)	(Consumed in Transformation)	8443.0	8929.7	11106.9
火力发电	Thermal Power	574.0	279.5	124.6
供热	Heating		61.3	21.1
炼油	Petroleum Refineries	7869.0	8588.9	10961.2
(三) 油田原油损失量	(Ⅲ) Losses in Oil Field for Crude Oil	262.4	229.4	253.2
平衡差额	**Balance**	**17.9**	**7.0**	**8.4**

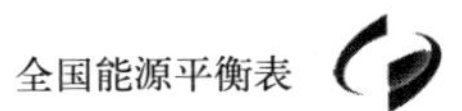

Crude Oil Balance Sheet

(10[4] tons)

1995	2000	2005	2010	2011	2012	2013	2014	2015	2016	2017	2018	2019
14794.9	**21383.0**	**30089.2**	**42876.6**	**43961.0**	**46684.7**	**48670.9**	**51744.6**	**54593.5**	**57332.3**	**59969.0**	**63849.2**	**68007.5**
15004.4	16300.0	18135.3	20301.4	20287.6	20747.8	20991.9	21142.9	21455.6	19968.5	19150.6	18932.4	19101.4
1709.0	7026.5	12681.7	23768.2	25377.9	27102.7	28174.2	30837.4	33548.3	38100.7	41946.2	46188.5	50567.6
1822.7	1030.6	806.7	303.0	251.4	243.2	161.7	60.0	286.6	294.1	486.1	262.7	81.0
-95.8	-912.9	78.8	-890.0	-1453.0	-922.6	-333.4	-175.7	-123.8	-442.8	-641.8	-1009.1	-1580.5
14886.4	**21232.0**	**30088.9**	**42874.6**	**43965.8**	**46678.9**	**48652.2**	**51597.0**	**54788.3**	**57125.9**	**59402.2**	**63004.3**	**67268.3**
10.1												
14716.3	21052.1	29962.1	42716.6	43860.4	46559.5	48503.4	51552.1	54752.4	57103.6	59393.5	62995.5	67259.1
2.7	3.3											
156.8	175.1	126.9	158.0	105.4	119.4	148.7	44.9	35.9	22.3	8.7	8.8	9.2
0.5	0.2											
1390.3	1.4											
309.9	636.8	850.4	806.1	522.7	555.5	629.4	855.9	782.7	630.1	364.7	348.3	326.5
274.7	612.3	850.4	806.1	522.7	555.5	629.4	855.9	782.7	630.1	364.7	348.3	326.5
14419.4	20404.3	29084.8	41876.4	43266.1	45945.7	47810.5	50633.3	53918.4	56455.4	58991.5	62627.7	66907.9
61.6	85.0	41.3	3.7	11.3	10.9	10.4	8.9	12.5	13.1	14.2	15.3	16.0
4.4	14.0	3.0	3.3	4.6	1.4	3.4	7.0	6.7				
14353.4	20305.3	29040.5	41869.4	43250.2	45933.5	47796.7	50617.4	53899.2	56442.3	58977.3	62612.4	66891.9
157.1	190.9	153.8	192.0	177.0	177.7	212.2	107.8	87.2	40.4	46.0	28.3	33.8
-91.5	**151.0**	**0.2**	**2.1**	**-4.8**	**5.8**	**18.7**	**147.7**	**-194.8**	**206.4**	**566.8**	**844.8**	**739.2**

5-8 燃料油平衡表

单位：万吨

项　　目	Item	1980	1985	1990
可供量	**Total Energy Available for Consumption**	**3096.1**	**2848.0**	**3320.7**
生产量	Production	3142.0	2835.8	3267.9
进口量	Imports	39.0	70.0	167.3
出口量(-)	Exports (-)	45.4	64.9	97.2
年初年末库存差额	Stock Changes in the Year	-39.5	7.1	-17.3
消费量	**Total Energy Consumption**	**3073.7**	**2837.4**	**3367.8**
在消费量中:	Consumption by Sector			
1.农、林、牧、渔业	Agriculture, Forestry, Animal Husbandry and Fishery	2.3	3.1	2.9
2.工业	Industry	2937.4	2662.2	3091.7
3.建筑业	Construction	15.0	18.9	47.3
4.交通运输、仓储和邮政业	Transport, Storage and Post	109.0	144.1	208.2
5.批发和零售业、住宿和餐饮业	Wholesale and Retail Trades, Hotels and Catering Services	2.9	3.1	1.6
6.其他	Others	7.1	6.0	16.1
7.居民生活	Residential			
在消费量中:	Consumption by Usage			
(一) 终端消费	(I) Final Consumption	1617.9	1538.8	2042.6
#工　业	Industry	1481.6	1363.5	1766.5
(二) 中间消费	(II) Intermediate Consumption			
(用于加工转换)	(Consumed in Transformation)	1455.8	1296.1	1325.2
火力发电	Thermal Power	1419.1	1042.3	977.3
供　热	Heating		219.3	308.3
炼油再投入量	Petroleum Production			
制　气	Gas Production	36.7	34.5	39.6
(三)损失量	(III) Other Losses		2.5	
平衡差额	**Balance**	**22.4**	**10.6**	**-47.1**

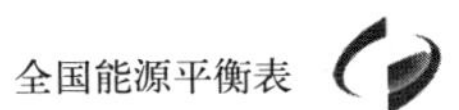

Fuel Oil Balance Sheet

(10[4] tons)

1995	2000	2005	2010	2011	2012	2013	2014	2015	2016	2017	2018	2019
3717.3	**3836.7**	**4237.3**	**3765.4**	**3667.6**	**3691.0**	**3926.1**	**4401.9**	**4632.8**	**4644.5**	**4895.8**	**4585.2**	**4851.0**
2960.8	2053.7	1767.4	2487.0	2281.8	2253.2	2775.9	3541.7	3963.0	4236.9	4563.5	3899.7	4506.0
859.1	1704.3	2883.9	2695.2	3097.4	3102.4	2734.3	2146.3	2068.2	1743.2	1915.3	2271.3	2028.5
68.6	57.9	427.6	1419.7	1685.6	1601.5	1493.7	1279.9	1402.1	1342.0	1516.7	1673.2	1548.5
-34.0	136.6	13.5	3.0	-26.0	-63.1	-90.4	-6.2	3.7	6.4	-66.2	87.4	-135.0
3693.7	**3872.8**	**4244.2**	**3758.0**	**3662.8**	**3683.3**	**3954.0**	**4355.5**	**4662.0**	**4631.0**	**4887.3**	**4536.1**	**4690.3**
8.4	0.4	0.7	1.1	1.3	2.0	2.0	1.3	0.9	1.0	1.3	1.3	1.2
3406.2	2975.1	2986.9	2377.3	2260.2	2241.7	2421.1	2835.7	3133.0	3035.4	3043.7	2688.2	2612.5
14.2	16.7	14.2	30.8	30.6	27.1	59.5	44.6	53.5	51.9	43.2	31.8	31.8
227.5	850.0	1201.0	1326.7	1345.2	1383.9	1429.0	1441.4	1439.5	1511.4	1771.3	1795.7	2025.3
6.6	11.6	27.5	8.6	9.3	8.7	19.1	17.4	19.0	17.2	15.1	10.1	10.2
30.8	19.0	13.9	13.5	16.2	19.9	23.4	15.1	16.1	14.1	12.5	9.0	9.2
2262.8	2741.4	2989.9	2403.2	2230.2	2072.8	2101.8	2058.0	2123.7	2060.4	2196.9	2155.9	2295.4
1975.3	1843.7	1732.6	1022.5	827.6	631.2	568.9	538.2	594.8	464.8	353.4	308.0	217.6
1430.9	1131.3	1254.3	1354.8	1432.6	1610.5	1852.1	2297.5	2538.3	2570.7	2690.4	2380.2	2395.0
1071.5	814.2	1068.7	123.9	60.9	43.1	47.3	35.6	31.5	31.1	16.6	15.1	13.9
307.8	291.2	171.1	201.3	183.8	187.3	167.2	164.9	165.1	158.5	67.0	59.5	60.2
			1029.6	1188.0	1380.0	1637.7	2097.0	2341.6	2381.1	2606.7	2305.5	2320.8
51.6	25.9	14.4										
23.6	**-36.1**	**-6.9**	**7.4**	**4.8**	**7.7**	**-27.8**	**46.4**	**-29.2**	**13.5**	**8.5**	**49.1**	**160.7**

5-9 汽油平衡表

单位：万吨

项 目	Item	1980	1985	1990
可供量	**Total Energy Available for Consumption**	**999.4**	**1399.6**	**1884.1**
生产量	Production	1079.0	1471.9	2173.4
进口量	Imports		0.3	16.9
出口量(-)	Exports (-)	117.8	129.9	233.8
年初年末库存差额	Stock Changes in the Year	38.2	57.3	-72.4
消费量	**Total Energy Consumption**	**998.6**	**1396.3**	**1899.5**
在消费量中:	Consumption by Sector			
1.农、林、牧、渔业	Agriculture, Forestry, Animal Husbandry and Fishery	53.3	122.3	145.9
2.工业	Industry	273.2	451.3	589.3
3.建筑业	Construction	54.1	73.0	89.5
4.交通运输、仓储和邮政业	Transport, Storage and Post	404.9	477.4	620.1
5.批发和零售业、住宿和餐饮业	Wholesale and Retail Trades, Hotels and Catering Services	19.4	23.4	46.0
6.其他	Others	193.7	238.3	390.7
7.居民生活	Residential		10.6	18.0
平衡差额	**Balance**	**0.8**	**3.3**	**-15.4**

5-10 煤油平衡表

单位：万吨

项 目	Item	1980	1985	1990
可供量	**Total Energy Available for Consumption**	**359.0**	**383.2**	**350.9**
生产量	Production	398.5	405.3	392.5
进口量	Imports		15.2	26.1
出口量(-)	Exports (-)	46.8	46.0	55.5
年初年末库存差额	Stock Changes in the Year	2.3	8.7	-12.2
消费量	**Total Energy Consumption**	**365.9**	**385.5**	**350.9**
在消费量中:	Consumption by Sector			
1.农、林、牧、渔业	Agriculture, Forestry, Animal Husbandry and Fishery	2.3	3.3	3.1
2.工业	Industry	15.7	20.1	20.6
3.建筑业	Construction	0.8	1.3	1.3
4.交通运输、仓储和邮政业	Transport, Storage and Post	31.4	56.2	93.4
5.批发和零售业、住宿和餐饮业	Wholesale and Retail Trades, Hotels and Catering Services	0.2	0.1	0.6
6.其他	Others	216.7	182.9	127.3
7.居民生活	Residential	98.8	121.6	104.6
平衡差额	**Balance**	**-6.9**	**-2.3**	

Gasoline Balance Sheet

(10^4 tons)

1995	2000	2005	2010	2011	2012	2013	2014	2015	2016	2017	2018	2019
2902.0	**3504.5**	**4855.3**	**6964.3**	**7597.9**	**8164.5**	**9369.5**	**9770.7**	**11385.0**	**11829.4**	**12200.5**	**13035.3**	**13690.3**
3051.6	4134.7	5433.6	7410.5	8117.9	8976.1	9834.0	11029.9	12103.6	12932.0	13276.2	14264.7	14880.7
15.9				2.9	0.5		3.4	17.0	20.8	1.6	44.5	33.3
193.1	467.7	559.7	517.0	406.0	291.7	468.7	507.5	589.3	969.3	1051.4	1287.9	1637.1
27.6	-162.5	-18.6	70.8	-117.0	-520.3	4.2	-755.0	-146.3	-154.2	-26.0	13.9	413.3
2909.6	**3504.6**	**4854.9**	**6956.2**	**7595.9**	**8165.9**	**9366.4**	**9776.4**	**11368.5**	**11866.0**	**12296.3**	**13055.3**	**13628.0**
179.7	89.2	159.6	169.1	186.0	192.9	198.7	216.6	231.3	224.4	229.6	242.9	253.2
812.4	682.0	441.7	689.5	604.8	581.1	523.4	489.0	477.1	436.3	382.1	296.5	262.0
103.6	115.6	172.1	274.7	282.8	286.9	326.5	331.0	408.6	437.3	452.3	505.0	499.9
982.3	1527.8	2430.1	3274.9	3573.5	3778.0	4381.8	4665.0	5306.6	5511.1	5698.5	6067.6	6244.9
197.2	69.8	129.4	168.2	177.1	200.1	220.9	217.8	243.3	240.9	244.5	275.5	287.9
570.7	792.7	998.2	1166.2	1313.2	1460.5	1818.7	1738.1	2108.5	2046.4	2075.0	2163.6	2240.9
63.7	227.6	523.8	1213.7	1458.6	1666.5	1896.4	2118.8	2593.1	2969.7	3214.2	3504.2	3839.1
-7.6	**-0.1**	**0.4**	**8.1**	**1.9**	**-1.4**	**3.2**	**-5.7**	**16.6**	**-36.7**	**-95.8**	**-20.0**	**62.3**

Kerosene Balance Sheet

(10^4 tons)

1995	2000	2005	2010	2011	2012	2013	2014	2015	2016	2017	2018	2019
486.4	**880.9**	**1070.0**	**1767.6**	**1821.7**	**1959.1**	**2189.1**	**2336.4**	**2732.6**	**3020.7**	**3332.8**	**3714.3**	**4002.8**
445.8	872.3	1006.5	1924.4	1922.4	2164.0	2523.9	3081.0	3658.6	3983.9	4230.9	4770.3	5322.6
115.7	322.5	476.1	726.1	875.1	877.3	945.2	721.0	716.4	776.7	852.3	942.3	930.0
62.4	256.3	447.6	870.5	966.8	1085.9	1280.6	1455.8	1626.6	1721.7	1765.2	1947.0	2239.8
-12.7	-57.6	35.0	-12.3	-9.0	3.7	0.6	-9.7	-15.8	-18.2	14.8	-51.3	-10.0
512.1	**871.6**	**1076.8**	**1765.2**	**1816.7**	**1956.6**	**2164.1**	**2335.4**	**2663.7**	**2970.7**	**3326.4**	**3653.5**	**3950.2**
3.6	1.5	1.6	0.9	1.5	1.2	1.2	0.8	1.1	2.2	1.5	4.9	11.0
44.9	84.0	57.5	40.2	34.2	32.0	27.4	17.4	21.2	20.0	14.5	24.9	11.0
3.5	4.0		8.8	10.8	7.9	11.4	10.4	12.5	10.0	9.7	17.3	16.0
250.0	535.9	952.4	1601.1	1646.4	1787.1	1998.2	2216.0	2504.9	2814.9	3173.3	3462.5	3689.2
8.5	14.0	3.7	35.0	32.2	28.6	13.4	11.3	11.7	11.2	11.3	15.5	15.5
137.3	160.1	36.2	58.7	68.2	74.2	84.6	50.7	83.3	85.9	88.4	103.8	184.2
64.3	72.2	25.5	20.5	23.5	25.6	27.9	28.9	29.1	26.4	27.6	24.6	23.4
-25.7	**9.3**	**-6.8**	**2.4**	**5.0**	**2.4**	**25.0**	**1.0**	**68.9**	**50.0**	**6.4**	**60.8**	**52.6**

5-11 柴油平衡表

单位：万吨

项 目	Item	1980	1985	1990
可供量	**Total Energy Available for Consumption**	**1663.2**	**1944.1**	**2689.4**
生产量	Production	1827.8	2023.2	2609.0
进口量	Imports	2.1	4.5	233.8
出口量(−)	Exports (-)	166.5	225.6	169.8
年初年末库存差额	Stock Changes in the Year	-0.2	142.0	16.4
消费量	**Total Energy Consumption**	**1663.2**	**1939.4**	**2691.7**
在消费量中:	Consumption by Sector			
1.农、林、牧、渔业	Agriculture, Forestry, Animal Husbandry and Fishery	749.0	629.2	881.5
2.工业	Industry	457.4	644.1	728.1
3.建筑业	Construction	76.5	125.0	133.0
4.交通运输、仓储和邮政业	Transport, Storage and Post	316.1	454.4	709.4
5.批发和零售业、住宿和餐饮业	Wholesale and Retail Trades, Hotels and Catering Services	6.5	10.9	22.5
6.其他	Others	57.7	74.0	217.0
7.居民生活	Residential			
在消费量中:	Consumption by Usage			
(一) 终端消费	(Ⅰ) Final Consumption	1590.9	1827.4	2564.8
#工 业	Industry	385.1	532.1	601.2
(二) 中间消费	(Ⅱ) Intermediate Consumption			
(用于加工转换)	(Consumed in Transformation)	72.3	108.6	126.9
火力发电	Thermal Power	72.3	103.6	124.5
供 热	Heating		5.0	2.4
(三) 损失量	(Ⅲ) Other Losses		3.4	
平衡差额	**Balance**		**4.7**	**-2.3**

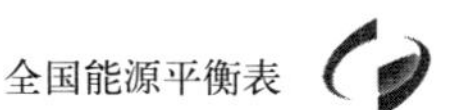

Diesel Oil Balance Sheet

(10[4] tons)

1995	2000	2005	2010	2011	2012	2013	2014	2015	2016	2017	2018	2019
4404.2	**6806.5**	**10972.6**	**14701.9**	**15626.2**	**16966.9**	**17105.9**	**17172.9**	**17353.6**	**16765.2**	**16994.5**	**16567.3**	**15359.6**
3972.6	7079.6	11090.2	14924.4	15689.7	17063.8	17275.7	17635.3	18007.9	17917.7	18667.9	18360.1	17308.3
645.3	51.9	61.0	190.2	243.3	99.9	35.3	55.0	71.5	116.1	107.6	89.0	144.5
169.5	77.5	170.9	490.2	228.8	205.7	294.4	423.9	731.3	1556.9	1736.8	1872.8	2189.1
-44.2	-247.6	-7.7	77.5	-78.0	8.9	89.4	-93.7	5.5	288.3	-44.2	-9.0	95.9
4321.4	**6806.2**	**10974.9**	**14699.0**	**15635.1**	**16966.0**	**17150.6**	**17165.3**	**17360.3**	**16839.0**	**16916.5**	**16409.6**	**14917.9**
1001.4	697.1	1286.3	1206.7	1271.9	1335.5	1441.5	1492.0	1492.9	1495.9	1546.8	1468.2	1475.1
1189.9	1696.5	1710.0	2090.0	1824.3	1747.7	1675.9	1595.3	1516.4	1412.9	1459.9	1259.5	1290.6
118.2	205.9	386.6	490.2	518.6	518.0	557.0	552.0	555.7	561.3	596.1	543.4	530.3
1246.6	3293.8	6169.4	8657.6	9485.2	10727.0	10920.5	11042.8	11162.8	11068.5	11173.7	11166.9	9867.3
103.6	95.9	116.0	196.6	212.3	229.0	233.5	230.1	257.7	232.0	233.8	211.8	203.9
645.7	638.7	900.1	1287.2	1428.1	1444.7	1339.8	1268.7	1384.2	1307.2	1233.3	1107.4	954.0
16.1	178.4	406.4	770.7	894.7	964.1	982.5	984.4	990.7	761.3	673.0	652.3	596.8
4070.0	6578.6	10889.4	14655.2	15593.5	16900.7	17106.8	17127.0	17280.4	16736.4	16722.4	16340.0	14805.6
938.5	1468.8	1624.5	2046.2	1782.7	1682.3	1632.0	1557.0	1436.5	1310.3	1265.8	1189.9	1178.3
251.4	227.7	85.5	43.8	41.6	65.4	43.9	38.3	79.9	102.7	194.1	69.6	112.3
204.9	227.7	81.9	40.1	39.2	35.6	35.6	25.8	22.4	29.2	23.9	26.4	24.2
46.6		3.6	3.8	2.4	2.4	2.6	4.7	6.2	6.1	5.9	5.2	5.3
82.7	**0.3**	**-2.4**	**2.9**	**-8.9**	**0.9**	**-44.7**	**7.6**	**-6.7**	**-73.9**	**78.0**	**157.8**	**441.6**

5-12 液化石油气平衡表

单位：万吨

项　　目	Item	1980	1985	1990
可供量	**Total Energy Available for Consumption**	**122.5**	**157.3**	**258.5**
生产量	Production	122.5	159.7	261.6
进口量	Imports			
出口量(-)	Exports (-)		1.9	1.1
年初年末库存差额	Stock Changes in the Year		-0.5	-2.0
消费量	**Total Energy Consumption**	**119.6**	**155.7**	**254.2**
在消费量中:	Consumption by Sector			
1.农、林、牧、渔业	Agriculture, Forestry, Animal Husbandry and Fishery			
2.工业	Industry	76.1	59.9	82.0
3.建筑业	Construction			1.0
4.交通运输、仓储和邮政业	Transport, Storage and Post			
5.批发和零售业、住宿和餐饮业	Wholesale and Retail Trades, Hotels and Catering Services		0.5	6.6
6.其他	Others	0.4	4.5	6.1
7.居民生活	Residential	43.1	90.8	158.5
平衡差额	**Balance**	**2.9**	**1.6**	**4.3**

5-13 天然气平衡表

单位：亿立方米

项　　目	Item	1980	1985	1990
可供量	**Total Energy Available for Consumption**	**142.7**	**129.3**	**153.0**
生产量	Production	142.7	129.3	153.0
进口量	Imports			
出口量(-)	Exports (-)			
年初年末库存差额	Stock Changes in the Year			
消费量	**Total Energy Consumption**	**140.6**	**129.3**	**152.5**
在消费量中:	Consumption by Sector			
1.农、林、牧、渔业	Agriculture, Forestry, Animal Husbandry and Fishery			
2.工业	Industry	131.4	109.6	120.2
3.建筑业	Construction	6.0	14.1	10.6
4.交通运输、仓储和邮政业	Transport, Storage and Post	0.7	0.8	1.9
5.批发和零售业、住宿和餐饮业	Wholesale and Retail Trades, Hotels and Catering Services			
6.其他	Others	0.5	0.5	1.2
7.居民生活	Residential	2.0	4.3	18.6
平衡差额	**Balance**	**2.1**		**0.5**

注：从2010年起包括液化天然气数据。

Liquefied Petroleum Gas Balance Sheet

(10[4] tons)

1995	2000	2005	2010	2011	2012	2013	2014	2015	2016	2017	2018	2019
774.3	**1396.2**	**2052.2**	**2323.8**	**2474.2**	**2496.0**	**2836.1**	**3292.7**	**4008.2**	**5034.0**	**5472.9**	**5733.4**	**6160.6**
540.8	916.6	1432.7	2092.3	2240.8	2268.7	2513.3	2705.8	2934.4	3503.9	3677.3	3915.6	4210.0
232.6	481.7	617.0	327.0	349.6	358.5	451.7	739.4	1244.0	1678.5	1921.9	1966.4	2109.3
7.1	1.6	2.7	93.0	119.1	128.2	126.9	144.4	144.2	132.3	132.2	113.5	140.9
8.0	-0.6	5.2	-2.5	3.0	-3.0	-2.0	-8.0	-26.0	-16.0	5.9	-35.1	-17.8
750.6	**1389.7**	**2046.5**	**2321.9**	**2470.2**	**2482.2**	**2823.4**	**3289.8**	**3961.2**	**5015.1**	**5457.8**	**5673.1**	**6066.4**
0.1	0.4	3.5	4.7	5.6	6.4	6.8	7.1	7.2	6.8	7.1	7.6	7.8
192.5	426.1	534.4	586.8	661.1	621.0	705.1	835.0	1113.9	1766.8	1896.3	2215.5	2870.3
0.5	8.9	6.3	7.2	7.2	6.8	14.7	16.8	15.1	14.8	15.8	17.0	14.0
0.5	16.5	48.7	61.0	65.5	68.1	89.4	91.8	100.3	104.2	123.7	125.1	156.5
17.4	55.5	99.0	72.6	69.0	76.0	78.5	86.6	84.0	83.6	96.4	86.2	90.9
5.7	24.0	25.8	52.6	54.8	68.5	83.4	79.4	91.4	83.5	93.5	74.4	72.2
534.0	858.3	1328.7	1537.0	1607.2	1635.4	1845.6	2173.1	2549.3	2955.4	3225.0	3147.3	2854.7
23.7	**6.5**	**5.7**	**1.9**	**4.0**	**13.8**	**12.7**	**2.9**	**47.0**	**18.9**	**15.1**	**60.3**	**94.2**

Natural Gas Balance Sheet

(10[8] cu.m)

1995	2000	2005	2010	2011	2012	2013	2014	2015	2016	2017	2018	2019
179.5	**240.6**	**463.5**	**1082.3**	**1333.0**	**1497.8**	**1706.6**	**1866.8**	**1925.0**	**2080.5**	**2390.7**	**2814.3**	**3057.5**
179.5	272.0	493.2	957.9	1053.4	1106.1	1208.6	1301.6	1346.1	1368.7	1480.4	1601.6	1761.7
			164.7	311.5	420.6	525.4	591.3	611.4	745.6	945.6	1246.4	1331.8
	31.4	29.7	40.3	31.9	28.9	27.5	26.1	32.5	33.8	35.3	33.6	36.1
177.4	**245.0**	**466.1**	**1080.2**	**1341.1**	**1497.0**	**1705.4**	**1870.6**	**1931.8**	**2078.1**	**2393.7**	**2817.1**	**3059.7**
			0.5	0.6	0.6	0.7	0.8	0.9	1.1	1.1	1.3	1.2
154.4	199.0	327.2	691.8	875.7	980.7	1129.1	1223.0	1234.5	1338.6	1575.2	1940.1	2092.1
0.3	0.8	1.5	1.2	1.3	1.3	2.0	1.9	2.2	1.9	1.8	2.5	2.8
1.6	8.8	38.0	106.7	138.3	154.5	175.8	214.4	237.6	254.8	284.7	286.2	341.5
0.6	3.4	10.8	27.2	33.6	38.7	39.3	46.6	51.3	53.7	57.6	60.8	62.5
1.2	0.6	9.1	26.0	27.1	32.9	35.6	41.3	45.4	48.2	52.9	57.9	57.3
19.4	32.3	79.4	226.9	264.4	288.3	322.9	342.6	359.8	379.7	420.3	468.4	502.3
2.1	**-4.4**	**-2.6**	**2.1**	**0.7**	**0.8**	**1.2**	**-3.8**	**-6.7**	**2.4**	**-3.0**	**-2.8**	**-2.2**

Note: Include the data of Liquefied Natural Gas since 2010.

5-14 电力平衡表

单位：亿千瓦小时

项目	Item	1980	1985	1990
可供量	**Total Energy Available for Consumption**	**3006.3**	**4117.6**	**6230.4**
生产量	Production	3006.3	4106.9	6212.0
#水电	#Hydro Power	582.1	923.7	1267.2
火电	Thermal Power	2424.2	3183.2	4944.8
核电	Nuclear Power			
风电	Wind Power			
进口量	Imports		11.1	19.3
出口量(-)	Exports (-)		0.4	0.9
消费量	**Total Energy Consumption**	**3006.3**	**4117.6**	**6230.4**
在消费量中:	Consumption by Sector			
1.农、林、牧、渔业	Agriculture, Forestry, Animal Husbandry and Fishery	270.0	317.4	426.8
2.工业	Industry	2471.9	3283.4	4873.3
3.建筑业	Construction	47.1	71.2	65.0
4.交通运输、仓储和邮政业	Transport, Storage and Post	26.5	63.4	105.9
5.批发和零售业、住宿和餐饮业	Wholesale and Retail Trades, Hotels and Catering Services	16.8	38.0	76.2
6.其他	Others	68.8	121.7	202.4
7.居民生活	Residential	105.2	222.5	480.8
在消费量中:	Consumption by Usage			
(一) 终端消费	(I) Final Consumption	2763.4	3813.3	5795.8
#工业	#Industry	2229.0	2979.1	4438.7
(二) 输配电损失量	(II) Losses in Transmission	242.9	304.3	434.6

Electricity Balance Sheet

(10^8 kW•h)

1995	2000	2005	2010	2011	2012	2013	2014	2015	2016	2017	2018	2019
10023.4	**13472.7**	**24940.8**	**41936.5**	**47002.7**	**49767.7**	**54204.1**	**57830.5**	**58021.3**	**61204.4**	**65914.0**	**71509.2**	**74866.3**
10077.3	13556.0	25002.6	42071.6	47130.2	49875.5	54316.4	57944.6	58145.7	61331.6	66044.5	71661.3	75034.3
1905.8	2224.1	3970.2	7221.7	6989.5	8721.1	9202.9	10728.8	11302.7	11840.5	11978.7	12317.9	13044.4
8043.2	11141.9	20473.4	33319.3	38337.0	38928.1	42470.1	44001.1	42841.9	44370.7	47546.0	50963.2	52201.5
128.3	167.4	530.9	738.8	863.5	973.9	1116.1	1325.4	1707.9	2132.9	2480.7	2943.6	3483.5
			446.2	703.3	959.8	1412.0	1599.8	1857.7	2370.7	2972.3	3659.7	4060.3
6.4	15.5	50.1	55.5	65.6	68.7	74.4	67.5	62.1	61.9	64.2	56.9	48.6
60.3	98.8	111.9	190.6	193.1	176.5	186.7	181.6	186.5	189.1	194.7	209.1	216.5
10023.4	**13472.4**	**24940.3**	**41934.5**	**47000.9**	**49762.6**	**54203.4**	**57829.7**	**58020.0**	**61205.1**	**65914.0**	**71508.2**	**74866.1**
582.4	533.0	776.3	976.5	1012.9	1012.6	1026.9	1013.4	1039.8	1091.9	1175.1	1242.5	1336.2
7659.8	10004.6	18521.7	30871.8	34691.6	36232.2	39236.9	42248.7	41550.0	42996.9	46052.8	49094.9	50698.3
159.6	159.8	233.9	483.2	571.8	608.4	675.1	721.7	698.7	725.6	789.2	887.8	991.2
182.3	281.2	430.3	734.5	848.4	915.4	1000.9	1059.2	1125.6	1251.5	1418.0	1608.5	1752.3
199.5	418.7	752.3	1292.0	1503.1	1691.5	1876.9	1995.6	2122.0	2323.8	2526.6	2900.4	3187.1
234.2	623.2	1340.9	2451.8	2753.1	3083.6	3397.6	3615.0	3918.6	4394.8	4880.6	5716.5	6263.8
1005.6	1452.0	2884.8	5124.6	5620.1	6219.0	6989.2	7176.1	7565.2	8420.6	9071.6	10057.6	10637.2
9278.9	12535.7	23233.8	39366.3	44300.2	46866.5	51062.7	54729.8	55032.1	58142.2	62718.1	68156.5	71536.0
6915.3	9067.9	16815.2	28303.5	31990.9	33336.1	36096.2	39148.8	38562.1	39934.0	42857.0	45743.2	47368.2
744.5	936.7	1706.5	2568.2	2700.7	2896.2	3140.7	3099.9	2987.9	3062.9	3195.8	3351.7	3330.1

六、地区能源平衡表

Chapter 6　Energy Balance Table by Region

6-1 北京能源平衡表(实物量)-2019

项　目	Item	煤合计（万吨）Coal Total (10^4 tons)	原煤（万吨）Raw Coal (10^4 tons)
一.可供本地区消费的能源量	**Total Primary Energy Supply**	**182.80**	**147.03**
1.一次能源生产量	Indigenous Production	36.10	36.10
2.外省(区、市)调入量	Moving In from Other Provinces	247.40	211.64
3.进口量	Import		
4.境内飞机和轮船在境外的加油量	Domestic Airplanes&Ships Refueling Abroad		
5.本省(区、市)调出量(-)	Sending Out to Other Provinces(-)	-33.11	-33.11
6.出口量(-)	Export(-)	-96.06	-96.06
7.境外飞机和轮船在境内的加油量(-)	Oversea Airplanes&Ships Refueling Domestically(-)		
8.库存增(-)、减(+)量	Stock Change	28.46	28.46
二.加工转换投入(-)产出(+)量	**Input(-) & Output(+) of Transformation**	**-86.42**	**-86.42**
1.火力发电	Thermal Power	-35.89	-35.89
2.供热	Heating Supply	-50.54	-50.54
3.煤炭洗选	Coal Washing		
4.炼焦	Coking		
5.炼油及煤制油	Petroleum Refining and Coal-to-liquids		
#油品再投入量(-)	Petroleum Products Input (-)		
6.制气	Gas Works		
#焦炭再投入量(-)	Coke Input (-)		
7.天然气液化	Natural Gas Liquefaction		
8.煤制品加工	Briquettes		
9.回收能	Recovery of Energy		
三.损失量	**Loss**		
四.终端消费量	**Total Final Consumption**	**96.37**	**60.61**
1.农、林、牧、渔业	Agriculture, Forestry, Animal Husbandry and Fishery	2.69	2.69
2.工业	Industry	40.98	40.98
#用作原料、材料	Non-Energy Use		
3.建筑业	Construction	0.12	0.12
4.交通运输、仓储和邮政业	Transport, Storage and Post	0.41	0.41
5.批发和零售业、住宿和餐饮业	Wholesale and Retail Trades, Hotels and Catering Services	2.21	2.21
6.其他	Others	1.32	1.32
7.居民生活	Residential	48.65	12.89
城镇	Urban	12.89	12.89
乡村	Rural	35.76	
五.平衡差额	**Statistical Difference**		
六.消费量合计	**Total Energy Consumption**	**182.80**	**147.03**

Energy Balance of Beijing (Physical Quantity) -2019

洗精煤 (万吨) Cleaned Coal (10^4 tons)	其他洗煤 (万吨) Other Washed Coal (10^4 tons)	煤制品 (万吨) Briquettes (10^4 tons)	煤矸石 (万吨) Gangue (10^4 tons)	焦炭 (万吨) Coke (10^4 tons)	焦炉煤气 (亿立方米) Coke Oven Gas (10^8 cu.m)	高炉煤气 (亿立方米) Blast Furnace Gas (10^8 cu.m)	转炉煤气 (亿立方米) Converter Gas (10^8 cu.m)	其他煤气 (亿立方米) Other Gas (10^8 cu.m)
		35.76						
		35.76						
				-0.36				
				0.36				
		35.76						
		35.76						
		35.76						
		35.76						

6-1 续表 1

项 目	Item	其他焦化产品(万吨) Other Coking Products (10^4 tons)	油品合计(万吨) Petroleum Products Total (10^4 tons)
一.可供本地区消费的能源量	**Total Primary Energy Supply**		**1752.40**
1.一次能源生产量	Indigenous Production		
2.外省(区、市)调入量	Moving In from Other Provinces		2314.27
3.进口量	Import		1198.55
4.境内飞机和轮船在境外的加油量	Domestic Airplanes&Ships Refueling Abroad		153.53
5.本省(区、市)调出量(-)	Sending Out to Other Provinces(-)		-1801.63
6.出口量(-)	Export(-)		
7.境外飞机和轮船在境内的加油量(-)	Oversea Airplanes&Ships Refueling Domestically(-)		-103.38
8.库存增(-)、减(+)量	Stock Change		-8.94
二.加工转换投入(-)产出(+)量	**Input(-) & Output(+) of Transformation**		**-66.17**
1.火力发电	Thermal Power		-7.44
2.供热	Heating Supply		-47.53
3.煤炭洗选	Coal Washing		
4.炼焦	Coking		
5.炼油及煤制油	Petroleum Refining and Coal-to-liquids		319.16
#油品再投入量(-)	Petroleum Products Input (-)		-330.35
6.制气	Gas Works		
#焦炭再投入量(-)	Coke Input (-)		
7.天然气液化	Natural Gas Liquefaction		
8.煤制品加工	Briquettes		
9.回收能	Recovery of Energy		
三.损失量	**Loss**		**0.48**
四.终端消费量	**Total Final Consumption**		**1685.74**
1.农、林、牧、渔业	Agriculture, Forestry, Animal Husbandry and Fishery		4.17
2.工业	Industry		303.50
#用作原料、材料	Non-Energy Use		195.06
3.建筑业	Construction		31.64
4.交通运输、仓储和邮政业	Transport, Storage and Post		864.39
5.批发和零售业、住宿和餐饮业	Wholesale and Retail Trades, Hotels and Catering Services		27.54
6.其他	Others		65.49
7.居民生活	Residential		389.01
城镇	Urban		380.91
乡村	Rural		8.10
五.平衡差额	**Statistical Difference**		**0.01**
六.消费量合计	**Total Energy Consumption**		**1752.39**

Continued 1

原油 (万吨) Crude Oil (10^4 tons)	汽油 (万吨) Gasoline (10^4 tons)	煤油 (万吨) Kerosene (10^4 tons)	柴油 (万吨) Diesel Oil (10^4 tons)	燃料油 (万吨) Fuel Oil (10^4 tons)	石脑油 (万吨) Naphtha (10^4 tons)	润滑油 (万吨) Lubricants (10^4 tons)	石蜡 (万吨) Paraffin Waxes (10^4 tons)	溶剂油 (万吨) White Spirit (10^4 tons)
936.99	**215.45**	**506.51**	**-11.24**	**-0.23**	**85.84**	**0.83**		**0.01**
	874.89	440.67	806.26		91.05	0.83		0.01
945.91		252.64						
		153.53						
	-656.05	-236.04	-820.26	-0.45	-5.41			
		-103.38						
-8.91	-3.39	-0.91	2.76	0.22	0.20			
-936.51	**285.45**	**191.30**	**172.65**	**0.66**	**-9.24**			
			-0.20					
			-0.27	-0.06				
-936.51	285.45	191.30	173.11	0.72	181.29			
					-190.53			
0.48								
	500.90	**697.80**	**161.41**	**0.42**	**76.60**	**0.82**		**0.01**
	2.31		1.81					
	9.59	0.06	11.03	0.14	76.60	0.82		0.01
		0.01			76.60	0.82		0.01
	8.89		22.28					
	49.74	697.17	99.81	0.27				
	19.53		4.54					
	40.63	0.57	21.95	0.01				
	370.20							
	370.20							
936.99	**500.90**	**697.80**	**161.87**	**0.48**	**267.13**	**0.82**		**0.01**

6-1 续表 2

项　目	Item	石油沥青(万吨) Bitumen Asphalt (10^4 tons)	石油焦(万吨) Petroleum Coke (10^4 tons)
一.可供本地区消费的能源量	**Total Primary Energy Supply**	**-2.19**	**-16.01**
1.一次能源生产量	Indigenous Production		
2.外省(区、市)调入量	Moving In from Other Provinces	23.63	
3.进口量	Import		
4.境内飞机和轮船在境外的加油量	Domestic Airplanes&Ships Refueling Abroad		
5.本省(区、市)调出量(-)	Sending Out to Other Provinces(-)	-27.22	-13.80
6.出口量(-)	Export(-)		
7.境外飞机和轮船在境内的加油量(-)	Oversea Airplanes&Ships Refueling Domestically(-)		
8.库存增(-)、减(+)量	Stock Change	1.41	-2.21
二.加工转换投入(-)产出(+)量	**Input(-) & Output(+) of Transformation**	**27.19**	**16.03**
1.火力发电	Thermal Power		-6.45
2.供热	Heating Supply		-26.25
3.煤炭洗选	Coal Washing		
4.炼焦	Coking		
5.炼油及煤制油	Petroleum Refining and Coal-to-liquids	27.19	48.74
#油品再投入量(-)	Petroleum Products Input (-)		
6.制气	Gas Works		
#焦炭再投入量(-)	Coke Input (-)		
7.天然气液化	Natural Gas Liquefaction		
8.煤制品加工	Briquettes		
9.回收能	Recovery of Energy		
三.损失量	**Loss**		
四.终端消费量	**Total Final Consumption**	**25.00**	**0.02**
1.农、林、牧、渔业	Agriculture, Forestry, Animal Husbandry and Fishery		
2.工业	Industry	25.00	0.02
#用作原料、材料	Non-Energy Use	25.00	
3.建筑业	Construction		
4.交通运输、仓储和邮政业	Transport, Storage and Post		
5.批发和零售业、住宿和餐饮业	Wholesale and Retail Trades, Hotels and Catering Services		
6.其他	Others		
7.居民生活	Residential		
城镇	Urban		
乡村	Rural		
五.平衡差额	**Statistical Difference**		
六.消费量合计	**Total Energy Consumption**	**25.00**	**32.72**

Continued 2

液化石油气 (万吨) Liquefied Petroleum Gas (10^4 tons)	炼厂干气 (万吨) Refinery Gas (10^4 tons)	其他石油制品 (万吨) Other Petroleum Products (10^4 tons)	天然气 (亿立方米) Natural Gas (10^8 cu.m)	液化天然气 (万吨) Liquefied Natural Gas (10^4 tons)	热力 (万百万千焦) Heat (10^{10} kJ)	电力 (亿千瓦小时) Electricity (10^8 kW•h)	其他能源 (万吨标准煤) Other Energy (10^4 tce)
3.38		**33.05**	**186.37**	**21.98**	**560.46**	**723.38**	**214.45**
			29.73			18.37	214.45
4.95		71.98	186.37	21.95	560.46	708.87	
-1.66		-40.73	-29.73			-3.86	
0.09		1.80		0.03			
39.91	**73.75**	**72.66**	**-116.87**	**-0.90**	**18195.17**	**443.02**	**-105.45**
-0.08	-0.12	-0.59	-69.36			443.02	-119.43
-1.41	-5.60	-13.94	-47.51	-0.90	18195.17		
46.05	79.47	222.37					
-4.65		-135.17					
							13.98
			5.39			**66.28**	
43.29	**73.75**	**105.72**	**64.10**	**21.09**	**18755.63**	**1100.12**	**109.00**
0.05						17.68	
0.77	73.75	105.72	14.99	1.56	4370.82	232.79	7.17
0.09	13.74	78.79	0.03				
0.48			0.41		121.36	26.39	0.30
17.41			3.42	19.52	617.55	57.98	6.26
3.47			7.35		1206.89	96.51	4.65
2.32			23.35		7504.01	417.17	28.57
18.80			14.59		4935.00	251.60	62.06
10.70			12.04		4935.00	204.94	5.67
8.10			2.55			46.65	56.39
49.43	**79.47**	**255.42**	**186.37**	**21.98**	**18755.63**	**1166.40**	**228.43**

6-2 天津能源平衡表(实物量)-2019

项 目	Item	煤合计 (万吨) Coal Total (10^4 tons)	原煤 (万吨) Raw Coal (10^4 tons)
一.可供本地区消费的能源量	**Total Primary Energy Supply**	**3766.11**	**3426.55**
1.一次能源生产量	Indigenous Production		
2.外省(区、市)调入量	Moving In from Other Provinces	3856.67	3164.91
3.进口量	Import	290.18	290.18
4.境内飞机和轮船在境外的加油量	Domestic Airplanes&Ships Refueling Abroad		
5.本省(区、市)调出量(-)	Sending Out to Other Provinces(-)	-394.03	
6.出口量(-)	Export(-)	-39.81	-39.81
7.境外飞机和轮船在境内的加油量(-)	Oversea Airplanes&Ships Refueling Domestically(-)		
8.库存增(-)、减(+)量	Stock Change	53.10	11.27
二.加工转换投入(-)产出(+)量	**Input(-) & Output(+) of Transformation**	**-3140.31**	**-2917.71**
1.火力发电	Thermal Power	-2092.42	-2092.42
2.供热	Heating Supply	-832.97	-825.29
3.煤炭洗选	Coal Washing		
4.炼焦	Coking	-214.92	
5.炼油及煤制油	Petroleum Refining and Coal-to-liquids		
#油品再投入量(-)	Petroleum Products Input (-)		
6.制气	Gas Works		
#焦炭再投入量(-)	Coke Input (-)		
7.天然气液化	Natural Gas Liquefaction		
8.煤制品加工	Briquettes		
9.回收能	Recovery of Energy		
三.损失量	**Loss**		
四.终端消费量	**Total Final Consumption**	**625.80**	**508.84**
1.农、林、牧、渔业	Agriculture, Forestry, Animal Husbandry and Fishery	9.44	9.44
2.工业	Industry	535.90	418.94
#用作原料、材料	Non-Energy Use	134.17	134.17
3.建筑业	Construction	3.28	3.28
4.交通运输、仓储和邮政业	Transport, Storage and Post	1.50	1.50
5.批发和零售业、住宿和餐饮业	Wholesale and Retail Trades, Hotels and Catering Services	0.91	0.91
6.其他	Others	36.61	36.61
7.居民生活	Residential	38.16	38.16
城镇	Urban	1.09	1.09
乡村	Rural	37.07	37.07
五.平衡差额	**Statistical Difference**		
六.消费量合计	**Total Energy Consumption**	**3766.11**	**3426.55**

Energy Balance of Tianjin (Physical Quantity) -2019

洗精煤 (万吨) Cleaned Coal (10^4 tons)	其他洗煤 (万吨) Other Washed Coal (10^4 tons)	煤制品 (万吨) Briquettes (10^4 tons)	煤矸石 (万吨) Gangue (10^4 tons)	焦炭 (万吨) Coke (10^4 tons)	焦炉煤气 (亿立方米) Coke Oven Gas (10^8 cu.m)	高炉煤气 (亿立方米) Blast Furnace Gas (10^8 cu.m)	转炉煤气 (亿立方米) Converter Gas (10^8 cu.m)	其他煤气 (亿立方米) Other Gas (10^8 cu.m)
214.92	**113.79**	**10.85**		**745.65**	**1.78**	**-6.79**	**-0.04**	
203.76	466.90	21.10		752.27	2.66	1.33	0.06	
	-374.56	-19.47		-5.49	-0.88	-8.12	-0.10	
11.16	21.45	9.22		-1.13				
-214.92	**-6.18**	**-1.50**		**158.34**	**1.05**	**229.24**	**15.71**	
					-1.71	-53.95	-3.40	
	-6.18	-1.50			-0.26			
-214.92				158.34	3.02			
						283.19	19.11	
				4.79				
	107.61	**9.35**		**899.20**	**2.83**	**222.45**	**15.67**	
	107.61	9.35		899.20	2.83	222.45	15.67	
214.92	**113.79**	**10.85**		**903.99**	**4.80**	**276.40**	**19.07**	

6-2 续表 1

项　目	Item	其他焦化产品 (万吨) Other Coking Products (10^4 tons)	油品合计 (万吨) Petroleum Products Total (10^4 tons)
一.可供本地区消费的能源量	**Total Primary Energy Supply**	**55.45**	**1580.47**
1.一次能源生产量	Indigenous Production		3111.89
2.外省(区、市)调入量	Moving In from Other Provinces	63.65	6421.76
3.进口量	Import		55.55
4.境内飞机和轮船在境外的加油量	Domestic Airplanes&Ships Refueling Abroad		1.48
5.本省(区、市)调出量(-)	Sending Out to Other Provinces(-)	-8.27	-8027.33
6.出口量(-)	Export(-)		-54.32
7.境外飞机和轮船在境内的加油量(-)	Oversea Airplanes&Ships Refueling Domestically(-)		-4.59
8.库存增(-)、减(+)量	Stock Change	0.07	76.03
二.加工转换投入(-)产出(+)量	**Input(-) & Output(+) of Transformation**	**9.14**	**-108.38**
1.火力发电	Thermal Power		-33.40
2.供热	Heating Supply		-38.02
3.煤炭洗选	Coal Washing		
4.炼焦	Coking	9.14	
5.炼油及煤制油	Petroleum Refining and Coal-to-liquids		290.83
#油品再投入量(-)	Petroleum Products Input (-)		-327.79
6.制气	Gas Works		
#焦炭再投入量(-)	Coke Input (-)		
7.天然气液化	Natural Gas Liquefaction		
8.煤制品加工	Briquettes		
9.回收能	Recovery of Energy		
三.损失量	**Loss**		**0.72**
四.终端消费量	**Total Final Consumption**	**64.59**	**1471.37**
1.农、林、牧、渔业	Agriculture, Forestry, Animal Husbandry and Fishery		32.20
2.工业	Industry	64.59	738.36
#用作原料、材料	Non-Energy Use	30.86	186.62
3.建筑业	Construction		114.52
4.交通运输、仓储和邮政业	Transport, Storage and Post		262.15
5.批发和零售业、住宿和餐饮业	Wholesale and Retail Trades, Hotels and Catering Services		32.72
6.其他	Others		70.11
7.居民生活	Residential		221.31
城镇	Urban		203.25
乡村	Rural		18.06
五.平衡差额	**Statistical Difference**		
六.消费量合计	**Total Energy Consumption**	**64.59**	**1580.47**

 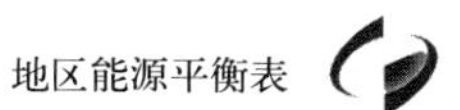

Continued 1

原油 (万吨) Crude Oil (10^4 tons)	汽油 (万吨) Gasoline (10^4 tons)	煤油 (万吨) Kerosene (10^4 tons)	柴油 (万吨) Diesel Oil (10^4 tons)	燃料油 (万吨) Fuel Oil (10^4 tons)	石脑油 (万吨) Naphtha (10^4 tons)	润滑油 (万吨) Lubricants (10^4 tons)	石蜡 (万吨) Paraffin Waxes (10^4 tons)	溶剂油 (万吨) White Spirit (10^4 tons)
1693.35	**-6.72**	**-98.94**	**-148.01**	**47.93**	**74.74**	**0.85**	**0.54**	**0.01**
3111.89								
1232.90	2001.07	470.33	2291.45	171.12	73.85	19.41	0.55	0.01
		9.69		45.86				
		1.48						
-2692.24	-2010.90	-576.54	-2451.43	-128.87		-19.71		
			-7.34	-46.98				
		-4.59						
40.80	3.11	0.69	19.31	6.80	0.89	1.15	-0.01	
-1683.72	**291.18**	**209.52**	**464.63**	**1.98**	**132.58**			
-16.01			-0.20	-0.02				
			-0.10	-0.07				
-1667.71	291.18	209.52	464.93	2.07	285.15			
					-152.57			
	0.42		**0.26**					
9.63	**284.04**	**110.58**	**316.36**	**49.91**	**207.32**	**0.85**	**0.54**	**0.01**
	10.63		20.87			0.70		
9.63	6.67		28.28	15.31	207.32	0.15	0.54	0.01
			0.04		152.49	0.01	0.48	
	18.16	0.05	94.65	1.41				
	15.58	110.53	93.60	30.55				
	13.81		16.26	1.88				
	20.11		48.23	0.76				
	199.08		14.47					
	187.18		12.72					
	11.90		1.75					
1693.35	**284.46**	**110.58**	**316.92**	**50.00**	**359.89**	**0.85**	**0.54**	**0.01**

6-2 续表 2

项　目	Item	石油沥青(万吨) Bitumen Asphalt (10^4 tons)	石油焦(万吨) Petroleum Coke (10^4 tons)
一.可供本地区消费的能源量	**Total Primary Energy Supply**	**0.37**	**-4.93**
1.一次能源生产量	Indigenous Production		
2.外省(区、市)调入量	Moving In from Other Provinces	0.45	6.21
3.进口量	Import		
4.境内飞机和轮船在境外的加油量	Domestic Airplanes&Ships Refueling Abroad		
5.本省(区、市)调出量(-)	Sending Out to Other Provinces(-)		-14.67
6.出口量(-)	Export(-)		
7.境外飞机和轮船在境内的加油量(-)	Oversea Airplanes&Ships Refueling Domestically(-)		
8.库存增(-)、减(+)量	Stock Change	-0.08	3.53
二.加工转换投入(-)产出(+)量	**Input(-) & Output(+) of Transformation**		**95.54**
1.火力发电	Thermal Power		-17.15
2.供热	Heating Supply		-37.79
3.煤炭洗选	Coal Washing		
4.炼焦	Coking		
5.炼油及煤制油	Petroleum Refining and Coal-to-liquids		150.48
#油品再投入量(-)	Petroleum Products Input (-)		
6.制气	Gas Works		
#焦炭再投入量(-)	Coke Input (-)		
7.天然气液化	Natural Gas Liquefaction		
8.煤制品加工	Briquettes		
9.回收能	Recovery of Energy		
三.损失量	**Loss**		
四.终端消费量	**Total Final Consumption**	**0.37**	**90.61**
1.农、林、牧、渔业	Agriculture, Forestry, Animal Husbandry and Fishery		
2.工业	Industry	0.37	90.61
#用作原料、材料	Non-Energy Use		
3.建筑业	Construction		
4.交通运输、仓储和邮政业	Transport, Storage and Post		
5.批发和零售业、住宿和餐饮业	Wholesale and Retail Trades, Hotels and Catering Services		
6.其他	Others		
7.居民生活	Residential		
城镇	Urban		
乡村	Rural		
五.平衡差额	**Statistical Difference**		
六.消费量合计	**Total Energy Consumption**	**0.37**	**145.55**

Continued 2

液化石油气 (万吨) Liquefied Petroleum Gas (10^4 tons)	炼厂干气 (万吨) Refinery Gas (10^4 tons)	其他石油制品 (万吨) Other Petroleum Products (10^4 tons)	天然气 (亿立方米) Natural Gas (10^8 cu.m)	液化天然气 (万吨) Liquefied Natural Gas (10^4 tons)	热力 (万百万千焦) Heat (10^{10} kJ)	电力 (亿千瓦小时) Electricity (10^8 kW•h)	其他能源 (万吨标准煤) Other Energy (10^4 tce)
-1.34		**22.62**	**108.49**	**15.35**		**255.26**	**229.54**
			34.90			26.38	119.59
9.03		145.38	87.73	33.24		231.03	110.18
-10.15		-122.82	-14.14	-18.01		-2.15	
-0.22		0.06		0.12			-0.23
68.57	**55.19**	**256.15**	**-52.95**	**-4.86**	**23014.01**	**709.04**	**-77.28**
	-0.02		-31.02		-782.57	709.04	-62.78
	-0.05	-0.01	-21.93	-4.86	22270.90		-14.50
68.57	59.87	426.77					
	-4.61	-170.61					
					1525.68		
0.04			**1.57**	**0.03**		**52.57**	
67.19	**55.19**	**278.77**	**53.97**	**10.46**	**23014.01**	**911.73**	**152.26**
						17.84	
45.51	55.19	278.77	30.46	10.46	9534.61	576.33	147.30
33.60							
0.25			0.21		69.96	13.14	
11.89			3.30		316.98	49.70	0.74
0.77			7.77		370.47	29.44	
1.01			2.43		1930.49	111.09	4.22
7.76			9.80		10791.50	114.19	
3.35			8.32		10791.50	81.22	
4.41			1.48			32.97	
67.23	**59.87**	**449.39**	**108.49**	**15.35**	**23796.58**	**964.30**	**229.54**

6-3 河北能源平衡表(实物量)-2019

项　目	Item	煤合计 (万吨) Coal Total (10[4] tons)	原煤 (万吨) Raw Coal (10[4] tons)
一.可供本地区消费的能源量	**Total Primary Energy Supply**	**28738.44**	**25594.80**
1.一次能源生产量	Indigenous Production	5075.25	5075.25
2.外省(区、市)调入量	Moving In from Other Provinces	31149.36	19901.59
3.进口量	Import	821.80	821.80
4.境内飞机和轮船在境外的加油量	Domestic Airplanes&Ships Refueling Abroad		
5.本省(区、市)调出量(−)	Sending Out to Other Provinces(-)	-8275.20	-121.98
6.出口量(−)	Export(-)	-127.90	-127.90
7.境外飞机和轮船在境内的加油量(−)	Oversea Airplanes&Ships Refueling Domestically(-)		
8.库存增(−)、减(+)量	Stock Change	95.13	46.04
二.加工转换投入(−)产出(+)量	**Input(-) & Output(+) of Transformation**	**-21817.88**	**-19851.25**
1.火力发电	Thermal Power	-9574.46	-9323.90
2.供热	Heating Supply	-2675.38	-2601.65
3.煤炭洗选	Coal Washing	-960.23	-5606.48
4.炼焦	Coking	-8527.30	-1970.68
5.炼油及煤制油	Petroleum Refining and Coal-to-liquids		
#油品再投入量(−)	Petroleum Products Input (-)		
6.制气	Gas Works		
#焦炭再投入量(−)	Coke Input (-)		
7.天然气液化	Natural Gas Liquefaction		
8.煤制品加工	Briquettes	-80.52	-348.54
9.回收能	Recovery of Energy		
三.损失量	**Loss**		
四.终端消费量	**Total Final Consumption**	**6920.56**	**5743.54**
1.农、林、牧、渔业	Agriculture, Forestry, Animal Husbandry and Fishery	50.04	50.04
2.工业	Industry	5389.27	4487.33
#用作原料、材料	Non-Energy Use	390.76	290.28
3.建筑业	Construction	2.19	2.19
4.交通运输、仓储和邮政业	Transport, Storage and Post	2.80	2.80
5.批发和零售业、住宿和餐饮业	Wholesale and Retail Trades, Hotels and Catering Services	91.72	75.92
6.其他	Others	71.28	71.28
7.居民生活	Residential	1313.26	1053.99
城镇	Urban	219.13	195.83
乡村	Rural	1094.14	858.16
五.平衡差额	**Statistical Difference**		
六.消费量合计	**Total Energy Consumption**	**28738.44**	**25594.80**

Energy Balance of Hebei (Physical Quantity) -2019

洗精煤 (万吨) Cleaned Coal (10^4 tons)	其他洗煤 (万吨) Other Washed Coal (10^4 tons)	煤制品 (万吨) Briquettes (10^4 tons)	煤矸石 (万吨) Gangue (10^4 tons)	焦炭 (万吨) Coke (10^4 tons)	焦炉煤气 (亿立方米) Coke Oven Gas (10^8 cu.m)	高炉煤气 (亿立方米) Blast Furnace Gas (10^8 cu.m)	转炉煤气 (亿立方米) Converter Gas (10^8 cu.m)	其他煤气 (亿立方米) Other Gas (10^8 cu.m)
4034.21	**-929.13**	**38.57**	**-16.86**	**3834.39**	**0.01**			**0.40**
4469.26	6184.90	593.62		4559.15	0.01			0.40
-498.02	-7093.69	-561.51	-20.00	-752.38				
62.97	-20.34	6.46	3.14	27.62				
-4034.21	**1798.99**	**268.59**	**30.34**	**5537.42**	**83.64**	**2097.24**	**132.72**	
	-250.55		-311.57		-20.50	-1086.18	-129.80	
	-73.73		-3.80		-5.39	-112.35	-5.82	
2522.41	2123.84		345.71					
-6556.62				5537.42	124.69			
					-7.84			
					-7.32		-0.12	
	-0.56	268.59						
						3295.76	268.46	
	869.86	**307.16**	**13.48**	**9371.81**	**83.65**	**2097.24**	**132.72**	**0.40**
	869.86	32.08	13.48	9371.81	83.65	2097.24	132.72	0.40
	70.53	29.95		44.91				
		15.80						
		259.28						
		23.30						
		235.98						
6556.62	**1194.71**	**307.16**	**328.85**	**9371.81**	**124.70**	**3295.76**	**268.34**	**0.40**

6-3 续表 1

项　　目	Item	其他焦化产品 (万吨) Other Coking Products (10^4 tons)	油品合计 (万吨) Petroleum Products Total (10^4 tons)
一.可供本地区消费的能源量	**Total Primary Energy Supply**		**1341.22**
1.一次能源生产量	Indigenous Production		550.00
2.外省(区、市)调入量	Moving In from Other Provinces		2057.18
3.进口量	Import		403.98
4.境内飞机和轮船在境外的加油量	Domestic Airplanes&Ships Refueling Abroad		
5.本省(区、市)调出量(−)	Sending Out to Other Provinces(-)	-100.00	-1681.21
6.出口量(−)	Export(-)		
7.境外飞机和轮船在境内的加油量(−)	Oversea Airplanes&Ships Refueling Domestically(-)		
8.库存增(−)、减(+)量	Stock Change	100.00	11.26
二.加工转换投入(−)产出(+)量	**Input(-) & Output(+) of Transformation**	**306.26**	**-75.26**
1.火力发电	Thermal Power		-3.26
2.供热	Heating Supply		-5.70
3.煤炭洗选	Coal Washing		
4.炼焦	Coking	306.26	
5.炼油及煤制油	Petroleum Refining and Coal-to-liquids		190.76
#油品再投入量(−)	Petroleum Products Input (-)		-257.05
6.制气	Gas Works		
#焦炭再投入量(−)	Coke Input (-)		
7.天然气液化	Natural Gas Liquefaction		
8.煤制品加工	Briquettes		
9.回收能	Recovery of Energy		
三.损失量	**Loss**		
四.终端消费量	**Total Final Consumption**	**306.26**	**1265.95**
1.农、林、牧、渔业	Agriculture, Forestry, Animal Husbandry and Fishery		49.77
2.工业	Industry	306.26	275.42
#用作原料、材料	Non-Energy Use	94.95	57.55
3.建筑业	Construction		46.44
4.交通运输、仓储和邮政业	Transport, Storage and Post		548.26
5.批发和零售业、住宿和餐饮业	Wholesale and Retail Trades, Hotels and Catering Services		27.31
6.其他	Others		33.64
7.居民生活	Residential		285.11
城镇	Urban		150.50
乡村	Rural		134.62
五.平衡差额	**Statistical Difference**		
六.消费量合计	**Total Energy Consumption**	**306.26**	**1341.22**

Continued 1

原油 (万吨) Crude Oil (10^4 tons)	汽油 (万吨) Gasoline (10^4 tons)	煤油 (万吨) Kerosene (10^4 tons)	柴油 (万吨) Diesel Oil (10^4 tons)	燃料油 (万吨) Fuel Oil (10^4 tons)	石脑油 (万吨) Naphtha (10^4 tons)	润滑油 (万吨) Lubricants (10^4 tons)	石蜡 (万吨) Paraffin Waxes (10^4 tons)	溶剂油 (万吨) White Spirit (10^4 tons)
2177.54	**-112.87**	**-38.65**	**-91.99**	**-38.41**	**-92.68**	**-0.65**	**5.16**	**0.08**
550.00								
1205.53	282.65	30.23	114.64	258.81	18.51	3.89	4.52	0.08
403.98								
-2.32	-414.05	-64.72	-213.68	-298.50	-112.03	-4.14		
20.35	18.53	-4.16	7.05	1.28	0.84	-0.40	0.64	
-2163.59	**536.06**	**70.81**	**555.35**	**134.83**	**123.89**	**6.91**	**-0.94**	
			-1.01	-0.03				
			-0.12	-0.05				
-2163.59	536.06	70.81	556.48	142.18	123.89	8.97		
				-7.27		-2.06	-0.94	
13.95	**423.19**	**32.17**	**463.36**	**96.42**	**31.21**	**6.26**	**4.22**	**0.08**
	21.59		28.18					
13.95	7.58	0.33	33.51	6.37	31.21	2.31	4.22	0.08
	0.02		0.30		4.74		1.47	0.06
	10.41		21.93					
	63.35	31.84	359.08	90.05		3.95		
	7.11		20.20					
	33.64							
	279.51		0.46					
	150.24		0.26					
	129.27		0.21					
2177.54	**423.19**	**32.17**	**464.49**	**103.77**	**31.21**	**8.32**	**5.16**	**0.08**

6-3 续表 2

项　目	Item	石油沥青 (万吨) Bitumen Asphalt (10^4 tons)	石油焦 (万吨) Petroleum Coke (10^4 tons)
一.可供本地区消费的能源量	**Total Primary Energy Supply**	**-162.19**	**-40.00**
1.一次能源生产量	Indigenous Production		
2.外省(区、市)调入量	Moving In from Other Provinces	23.26	1.60
3.进口量	Import		
4.境内飞机和轮船在境外的加油量	Domestic Airplanes&Ships Refueling Abroad		
5.本省(区、市)调出量(-)	Sending Out to Other Provinces(-)	-168.14	-37.81
6.出口量(-)	Export(-)		
7.境外飞机和轮船在境内的加油量(-)	Oversea Airplanes&Ships Refueling Domestically(-)		
8.库存增(-)、减(+)量	Stock Change	-17.31	-3.79
二.加工转换投入(-)产出(+)量	**Input(-) & Output(+) of Transformation**	**194.71**	**68.97**
1.火力发电	Thermal Power		-0.11
2.供热	Heating Supply		
3.煤炭洗选	Coal Washing		
4.炼焦	Coking		
5.炼油及煤制油	Petroleum Refining and Coal-to-liquids	194.71	69.08
#油品再投入量(-)	Petroleum Products Input (-)		
6.制气	Gas Works		
#焦炭再投入量(-)	Coke Input (-)		
7.天然气液化	Natural Gas Liquefaction		
8.煤制品加工	Briquettes		
9.回收能	Recovery of Energy		
三.损失量	**Loss**		
四.终端消费量	**Total Final Consumption**	**32.52**	**28.97**
1.农、林、牧、渔业	Agriculture, Forestry, Animal Husbandry and Fishery		
2.工业	Industry	21.42	28.97
#用作原料、材料	Non-Energy Use	17.75	4.83
3.建筑业	Construction	11.10	
4.交通运输、仓储和邮政业	Transport, Storage and Post		
5.批发和零售业、住宿和餐饮业	Wholesale and Retail Trades, Hotels and Catering Services		
6.其他	Others		
7.居民生活	Residential		
城镇	Urban		
乡村	Rural		
五.平衡差额	**Statistical Difference**		
六.消费量合计	**Total Energy Consumption**	**32.52**	**29.08**

Continued 2

液化石油气 (万吨) Liquefied Petroleum Gas (10^4 tons)	炼厂干气 (万吨) Refinery Gas (10^4 tons)	其他石油制品 (万吨) Other Petroleum Products (10^4 tons)	天然气 (亿立方米) Natural Gas (10^8 cu.m)	液化天然气 (万吨) Liquefied Natural Gas (10^4 tons)	热力 (万百万千焦) Heat (10^{10} kJ)	电力 (亿千瓦小时) Electricity (10^8 kW•h)	其他能源 (万吨标准煤) Other Energy (10^4 tce)
-98.23		**-165.89**	**157.25**	**34.39**	**-843.08**	**1224.44**	**264.21**
			5.84			510.41	264.21
41.91		71.56	151.41	55.44	12.82	1201.76	
				1.65			
-140.22		-225.59		-22.26	-855.90	-487.73	
0.09		-11.86		-0.45			
108.54	**60.08**	**229.11**	**-5.64**	**37.91**	**54400.22**	**2840.47**	**-226.59**
	-1.56	-0.55	-0.79		-12221.98	2840.47	-190.39
-0.01	-4.90	-0.62	-2.12	-0.17	48758.28		-36.20
136.65	72.82	442.68					
-28.10	-6.28	-212.40					
			3.49				
			-6.22	38.08			
					17863.92		
						226.79	
10.31	**60.08**	**63.22**	**151.61**	**72.29**	**53557.14**	**3838.12**	**37.62**
			4.00			128.63	
2.17	60.08	63.22	65.09	52.29	30641.77	2547.49	37.62
0.33		28.05	2.26	0.66			
3.00			0.10		2664.35	42.87	
			10.09	20.00	717.50	124.04	
			7.26		2766.26	182.39	
			10.98		5410.23	289.61	
5.14			54.09		11357.02	523.09	
			22.04		11357.02	216.48	
5.14			32.05			306.61	
38.42	**72.82**	**276.79**	**155.48**	**72.46**	**65779.12**	**4064.91**	**264.21**

6-4 山西能源平衡表(实物量)-2019

项　目	Item	煤合计(万吨) Coal Total (10^4 tons)	原煤(万吨) Raw Coal (10^4 tons)
一.可供本地区消费的能源量	**Total Primary Energy Supply**	**51331.61**	**92029.76**
1.一次能源生产量	Indigenous Production	98795.36	98795.36
2.外省(区、市)调入量	Moving In from Other Provinces	9887.12	7519.53
3.进口量	Import		
4.境内飞机和轮船在境外的加油量	Domestic Airplanes&Ships Refueling Abroad		
5.本省(区、市)调出量(-)	Sending Out to Other Provinces(-)	-56882.76	-13623.79
6.出口量(-)	Export(-)		
7.境外飞机和轮船在境内的加油量(-)	Oversea Airplanes&Ships Refueling Domestically(-)		
8.库存增(-)、减(+)量	Stock Change	-468.11	-661.34
二.加工转换投入(-)产出(+)量	**Input(-) & Output(+) of Transformation**	**-46298.28**	**-87496.12**
1.火力发电	Thermal Power	-13931.04	-11336.98
2.供热	Heating Supply	-2580.69	-2056.30
3.煤炭洗选	Coal Washing	-16425.09	-73560.80
4.炼焦	Coking	-12811.53	-3.30
5.炼油及煤制油	Petroleum Refining and Coal-to-liquids	-420.86	-420.86
#油品再投入量(-)	Petroleum Products Input (-)		
6.制气	Gas Works	-115.63	-115.63
#焦炭再投入量(-)	Coke Input (-)		
7.天然气液化	Natural Gas Liquefaction		
8.煤制品加工	Briquettes	-13.44	-2.25
9.回收能	Recovery of Energy		
三.损失量	**Loss**		
四.终端消费量	**Total Final Consumption**	**5033.33**	**4533.64**
1.农、林、牧、渔业	Agriculture, Forestry, Animal Husbandry and Fishery	124.25	124.25
2.工业	Industry	4154.36	3669.28
#用作原料、材料	Non-Energy Use	1363.96	1255.20
3.建筑业	Construction	4.96	4.96
4.交通运输、仓储和邮政业	Transport, Storage and Post	8.88	8.88
5.批发和零售业、住宿和餐饮业	Wholesale and Retail Trades, Hotels and Catering Services	164.18	164.18
6.其他	Others	154.00	154.00
7.居民生活	Residential	422.70	408.09
城镇	Urban	129.08	124.36
乡村	Rural	293.62	283.73
五.平衡差额	**Statistical Difference**		
六.消费量合计	**Total Energy Consumption**	**51331.61**	**92029.76**

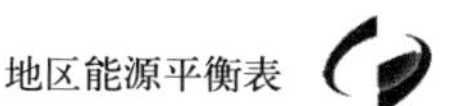

Energy Balance of Shanxi (Physical Quantity) -2019

洗精煤(万吨) Cleaned Coal (10^4 tons)	其他洗煤(万吨) Other Washed Coal (10^4 tons)	煤制品(万吨) Briquettes (10^4 tons)	煤矸石(万吨) Gangue (10^4 tons)	焦炭(万吨) Coke (10^4 tons)	焦炉煤气(亿立方米) Coke Oven Gas (10^8 cu.m)	高炉煤气(亿立方米) Blast Furnace Gas (10^8 cu.m)	转炉煤气(亿立方米) Converter Gas (10^8 cu.m)	其他煤气(亿立方米) Other Gas (10^8 cu.m)
-7332.00	**-33371.31**	**5.16**		**-7173.00**				**0.60**
1084.57	1283.02			358.88				
-8575.24	-34683.73			-7661.36				
158.67	29.40	5.16		129.48				0.60
7332.00	**33808.77**	**57.07**	**103.82**	**9699.53**	**169.74**	**489.80**	**36.26**	**44.25**
	-2594.06		-733.60		-31.82	-132.78	-11.71	
	-524.39		-173.48		-0.92	-8.48	-0.67	
20140.23	36995.48		1010.90					
-12808.23				9699.53	202.48			
								44.25
	-68.26	57.07						
						631.06	48.64	
	437.46	**62.23**	**103.82**	**2526.53**	**169.74**	**489.80**	**36.26**	**44.85**
	437.46	47.62	103.82	2526.53	169.74	489.80	36.26	38.26
	99.51	9.25		3.04				
								0.01
								0.22
		14.61						6.36
		4.72						3.82
		9.89						2.54
12808.23	**3624.17**	**62.23**	**1010.90**	**2526.53**	**202.48**	**631.06**	**48.64**	**44.85**

6-4 续表 1

项 目	Item	其他焦化产品(万吨) Other Coking Products (10^4 tons)	油品合计(万吨) Petroleum Products Total (10^4 tons)
一.可供本地区消费的能源量	**Total Primary Energy Supply**	**-59.42**	**648.13**
1.一次能源生产量	Indigenous Production		
2.外省(区、市)调入量	Moving In from Other Provinces	30.44	754.66
3.进口量	Import		
4.境内飞机和轮船在境外的加油量	Domestic Airplanes&Ships Refueling Abroad		
5.本省(区、市)调出量(-)	Sending Out to Other Provinces(-)	-83.45	-119.23
6.出口量(-)	Export(-)		
7.境外飞机和轮船在境内的加油量(-)	Oversea Airplanes&Ships Refueling Domestically(-)		
8.库存增(-)、减(+)量	Stock Change	-6.41	12.70
二.加工转换投入(-)产出(+)量	**Input(-) & Output(+) of Transformation**	**327.37**	**175.15**
1.火力发电	Thermal Power		-0.92
2.供热	Heating Supply		-0.08
3.煤炭洗选	Coal Washing		
4.炼焦	Coking	414.80	
5.炼油及煤制油	Petroleum Refining and Coal-to-liquids	-87.43	176.15
#油品再投入量(-)	Petroleum Products Input (-)		
6.制气	Gas Works		
#焦炭再投入量(-)	Coke Input (-)		
7.天然气液化	Natural Gas Liquefaction		
8.煤制品加工	Briquettes		
9.回收能	Recovery of Energy		
三.损失量	**Loss**		
四.终端消费量	**Total Final Consumption**	**267.95**	**823.28**
1.农、林、牧、渔业	Agriculture, Forestry, Animal Husbandry and Fishery		54.40
2.工业	Industry	267.95	97.88
#用作原料、材料	Non-Energy Use	88.60	16.55
3.建筑业	Construction		63.99
4.交通运输、仓储和邮政业	Transport, Storage and Post		521.46
5.批发和零售业、住宿和餐饮业	Wholesale and Retail Trades, Hotels and Catering Services		17.16
6.其他	Others		19.84
7.居民生活	Residential		48.55
城镇	Urban		25.10
乡村	Rural		23.45
五.平衡差额	**Statistical Difference**		
六.消费量合计	**Total Energy Consumption**	**355.38**	**648.13**

Continued 1

原油（万吨） Crude Oil (10⁴ tons)	汽油（万吨） Gasoline (10⁴ tons)	煤油（万吨） Kerosene (10⁴ tons)	柴油（万吨） Diesel Oil (10⁴ tons)	燃料油（万吨） Fuel Oil (10⁴ tons)	石脑油（万吨） Naphtha (10⁴ tons)	润滑油（万吨） Lubricants (10⁴ tons)	石蜡（万吨） Paraffin Waxes (10⁴ tons)	溶剂油（万吨） White Spirit (10⁴ tons)
	247.63	**45.69**	**452.91**	**0.48**	**-28.14**	**0.86**	**-10.02**	
	246.60	45.78	443.07	0.19		1.84	0.25	
	-3.81		-0.42		-27.54	-0.58	-9.98	
	4.84	-0.09	10.26	0.29	-0.60	-0.40	-0.29	
			46.57	**-0.27**	**28.14**	**-0.01**	**12.83**	
			-0.67	-0.24		-0.01		
			-0.05	-0.03				
			47.29		28.14		12.83	
	247.64	**45.69**	**499.48**	**0.21**		**0.85**	**2.81**	
	14.50		39.90					
	5.36	0.40	68.50	0.21		0.85	2.81	
	0.02	0.02	1.53	0.02		0.01	2.75	
	14.92	0.13	48.83					
	145.18	44.90	331.38					
	10.78	0.26	6.03					
	17.34		2.22					
	39.56		2.62					
	21.41		0.31					
	18.15		2.31					
	247.64	**45.69**	**500.20**	**0.48**		**0.86**	**2.81**	

6-4 续表 2

项　目	Item	石油沥青（万吨） Bitumen Asphalt (10^4 tons)	石油焦（万吨） Petroleum Coke (10^4 tons)
一.可供本地区消费的能源量	**Total Primary Energy Supply**	**-58.57**	**8.22**
1.一次能源生产量	Indigenous Production		
2.外省(区、市)调入量	Moving In from Other Provinces	1.06	8.63
3.进口量	Import		
4.境内飞机和轮船在境外的加油量	Domestic Airplanes&Ships Refueling Abroad		
5.本省(区、市)调出量(-)	Sending Out to Other Provinces(-)	-59.25	
6.出口量(-)	Export(-)		
7.境外飞机和轮船在境内的加油量(-)	Oversea Airplanes&Ships Refueling Domestically(-)		
8.库存增(-)、减(+)量	Stock Change	-0.38	-0.41
二.加工转换投入(-)产出(+)量	**Input(-) & Output(+) of Transformation**	**66.01**	
1.火力发电	Thermal Power		
2.供热	Heating Supply		
3.煤炭洗选	Coal Washing		
4.炼焦	Coking		
5.炼油及煤制油	Petroleum Refining and Coal-to-liquids	66.01	
#油品再投入量(-)	Petroleum Products Input (-)		
6.制气	Gas Works		
#焦炭再投入量(-)	Coke Input (-)		
7.天然气液化	Natural Gas Liquefaction		
8.煤制品加工	Briquettes		
9.回收能	Recovery of Energy		
三.损失量	**Loss**		
四.终端消费量	**Total Final Consumption**	**7.44**	**8.22**
1.农、林、牧、渔业	Agriculture, Forestry, Animal Husbandry and Fishery		
2.工业	Industry	7.44	8.22
#用作原料、材料	Non-Energy Use	4.56	6.87
3.建筑业	Construction		
4.交通运输、仓储和邮政业	Transport, Storage and Post		
5.批发和零售业、住宿和餐饮业	Wholesale and Retail Trades, Hotels and Catering Services		
6.其他	Others		
7.居民生活	Residential		
城镇	Urban		
乡村	Rural		
五.平衡差额	**Statistical Difference**		
六.消费量合计	**Total Energy Consumption**	**7.44**	**8.22**

Continued 2

液化石油气 (万吨) Liquefied Petroleum Gas (10^4 tons)	炼厂干气 (万吨) Refinery Gas (10^4 tons)	其他石油制品 (万吨) Other Petroleum Products (10^4 tons)	天然气 (亿立方米) Natural Gas (10^8 cu.m)	液化天然气 (万吨) Liquefied Natural Gas (10^4 tons)	热力 (万百万千焦) Heat (10^{10} kJ)	电力 (亿千瓦小时) Electricity (10^8 kW•h)	其他能源 (万吨标准煤) Other Energy (10^4 tce)
-8.16		**-2.78**	**106.98**	**-110.73**		**-590.46**	**146.45**
			64.62			400.87	155.71
4.44		2.80	42.16	7.41		273.88	
-12.53		-5.12	-0.06	-113.66		-1265.21	
-0.07		-0.46	0.26	-4.48			-9.26
15.10		**6.78**	**-44.28**	**116.72**	**31639.05**	**2930.52**	**-122.10**
			-21.90		-6790.58	2930.52	-111.98
			-4.26	-0.07	30981.34		-10.12
15.10		6.78					
			-18.12	116.79			
					7448.29		
						106.43	
6.94		**4.00**	**62.70**	**5.99**	**31639.05**	**2233.63**	**24.35**
						49.09	
0.09		4.00	27.98	4.79	16555.23	1694.49	24.35
		0.77	0.27				
0.11			0.10	0.12	52.95	25.54	
			9.91	0.22	760.28	79.29	
0.09			5.58	0.86	926.79	58.53	
0.28			4.86		1573.80	113.13	
6.37			14.27		11770.00	213.56	
3.38			9.42		11770.00	131.68	
2.99			4.85			81.88	
6.94		**4.00**	**90.86**	**6.06**	**38429.63**	**2340.06**	**146.45**

6-5 内蒙古能源平衡表(实物量)-2019

项　目	Item	煤合计 (万吨) Coal Total (10^4 tons)	原煤 (万吨) Raw Coal (10^4 tons)
一.可供本地区消费的能源量	**Total Primary Energy Supply**	**49035.95**	**54111.72**
1.一次能源生产量	Indigenous Production	109068.12	109068.12
2.外省(区、市)调入量	Moving In from Other Provinces	3138.11	1823.48
3.进口量	Import	3517.77	3517.77
4.境内飞机和轮船在境外的加油量	Domestic Airplanes&Ships Refueling Abroad		
5.本省(区、市)调出量(-)	Sending Out to Other Provinces(-)	-66233.19	-60145.13
6.出口量(-)	Export(-)		
7.境外飞机和轮船在境内的加油量(-)	Oversea Airplanes&Ships Refueling Domestically(-)		
8.库存增(-)、减(+)量	Stock Change	-454.86	-152.52
二.加工转换投入(-)产出(+)量	**Input(-) & Output(+) of Transformation**	**-40501.81**	**-46028.12**
1.火力发电	Thermal Power	-26564.54	-26564.54
2.供热	Heating Supply	-3980.24	-3980.24
3.煤炭洗选	Coal Washing	-3301.45	-14044.34
4.炼焦	Coking	-5287.73	-223.98
5.炼油及煤制油	Petroleum Refining and Coal-to-liquids	-773.62	-620.79
#油品再投入量(-)	Petroleum Products Input (-)		
6.制气	Gas Works	-594.23	-594.23
#焦炭再投入量(-)	Coke Input (-)		
7.天然气液化	Natural Gas Liquefaction		
8.煤制品加工	Briquettes		
9.回收能	Recovery of Energy		
三.损失量	**Loss**		
四.终端消费量	**Total Final Consumption**	**8534.14**	**8083.60**
1.农、林、牧、渔业	Agriculture, Forestry, Animal Husbandry and Fishery	148.69	85.84
2.工业	Industry	7063.13	6873.93
#用作原料、材料	Non-Energy Use	3016.22	2951.09
3.建筑业	Construction	176.64	151.73
4.交通运输、仓储和邮政业	Transport, Storage and Post	210.51	147.85
5.批发和零售业、住宿和餐饮业	Wholesale and Retail Trades, Hotels and Catering Services	385.72	327.78
6.其他	Others	215.75	194.22
7.居民生活	Residential	333.70	302.25
城镇	Urban	46.26	40.18
乡村	Rural	287.44	262.07
五.平衡差额	**Statistical Difference**		
六.消费量合计	**Total Energy Consumption**	**49035.95**	**54111.72**

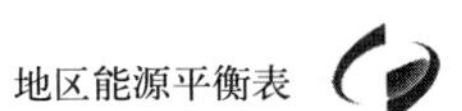

Energy Balance of Inner Mongolia (Physical Quantity) -2019

洗精煤 (万吨) Cleaned Coal (10^4 tons)	其他洗煤 (万吨) Other Washed Coal (10^4 tons)	煤制品 (万吨) Briquettes (10^4 tons)	煤矸石 (万吨) Gangue (10^4 tons)	焦炭 (万吨) Coke (10^4 tons)	焦炉煤气 (亿立方米) Coke Oven Gas (10^8 cu.m)	高炉煤气 (亿立方米) Blast Furnace Gas (10^8 cu.m)	转炉煤气 (亿立方米) Converter Gas (10^8 cu.m)	其他煤气 (亿立方米) Other Gas (10^8 cu.m)
171.45	**-5248.74**	**1.52**	**126.17**	**-1451.95**				**-0.34**
1250.68	50.79	13.16		808.09				
				14.26				
-864.39	-5211.77	-11.90		-2275.65				-0.34
-214.84	-87.76	0.26	126.17	1.35				
-169.91	**5696.22**		**-126.17**	**3830.23**	**57.26**	**206.33**	**17.58**	**1.09**
			-396.16		-5.37	-89.60	-5.22	
			-39.67		-3.96	-16.74	-2.31	
4893.84	5849.05		309.66					
-5063.75				3830.23	73.14			
	-152.83							
					-6.55			1.09
						312.67	25.11	
1.54	**447.48**	**1.52**		**2378.28**	**57.26**	**206.33**	**17.58**	**0.75**
	62.85			18.85				
1.54	186.14	1.52		2359.43	57.26	206.33	17.58	
	64.99	0.14		493.27				
	24.91							
	62.66							
	57.94							
	21.53							
	31.45							0.75
	6.08							0.60
	25.37							0.15
5065.29	**600.31**	**1.52**	**435.83**	**2378.28**	**73.14**	**312.67**	**25.11**	**0.75**

6-5 续表 1

项　　目	Item	其他焦化产品(万吨) Other Coking Products (10^4 tons)	油品合计(万吨) Petroleum Products Total (10^4 tons)
一.可供本地区消费的能源量	**Total Primary Energy Supply**	**116.32**	**947.67**
1.一次能源生产量	Indigenous Production		11.82
2.外省(区、市)调入量	Moving In from Other Provinces	112.09	1035.96
3.进口量	Import		88.54
4.境内飞机和轮船在境外的加油量	Domestic Airplanes&Ships Refueling Abroad		0.19
5.本省(区、市)调出量(-)	Sending Out to Other Provinces(-)		-197.41
6.出口量(-)	Export(-)		-0.15
7.境外飞机和轮船在境内的加油量(-)	Oversea Airplanes&Ships Refueling Domestically(-)		-0.84
8.库存增(-)、减(+)量	Stock Change	4.23	9.56
二.加工转换投入(-)产出(+)量	**Input(-) & Output(+) of Transformation**	**188.78**	**247.96**
1.火力发电	Thermal Power		-1.19
2.供热	Heating Supply		-0.90
3.煤炭洗选	Coal Washing		
4.炼焦	Coking	214.91	
5.炼油及煤制油	Petroleum Refining and Coal-to-liquids	-26.13	257.24
#油品再投入量(-)	Petroleum Products Input (-)		-7.19
6.制气	Gas Works		
#焦炭再投入量(-)	Coke Input (-)		
7.天然气液化	Natural Gas Liquefaction		
8.煤制品加工	Briquettes		
9.回收能	Recovery of Energy		
三.损失量	**Loss**		**0.24**
四.终端消费量	**Total Final Consumption**	**305.10**	**1195.39**
1.农、林、牧、渔业	Agriculture, Forestry, Animal Husbandry and Fishery		71.19
2.工业	Industry	305.10	234.86
#用作原料、材料	Non-Energy Use	4.72	34.76
3.建筑业	Construction		198.79
4.交通运输、仓储和邮政业	Transport, Storage and Post		373.51
5.批发和零售业、住宿和餐饮业	Wholesale and Retail Trades, Hotels and Catering Services		23.11
6.其他	Others		119.29
7.居民生活	Residential		174.64
城镇	Urban		90.50
乡村	Rural		84.14
五.平衡差额	**Statistical Difference**		
六.消费量合计	**Total Energy Consumption**	**331.23**	**947.67**

Continued 1

原油 (万吨) Crude Oil (10^4 tons)	汽油 (万吨) Gasoline (10^4 tons)	煤油 (万吨) Kerosene (10^4 tons)	柴油 (万吨) Diesel Oil (10^4 tons)	燃料油 (万吨) Fuel Oil (10^4 tons)	石脑油 (万吨) Naphtha (10^4 tons)	润滑油 (万吨) Lubricants (10^4 tons)	石蜡 (万吨) Paraffin Waxes (10^4 tons)	溶剂油 (万吨) White Spirit (10^4 tons)
428.71	**189.07**	**30.24**	**279.46**	**-6.76**	**-26.69**	**0.09**	**-78.32**	**0.02**
11.82								
341.25	195.73	33.47	297.28	4.88		2.37		0.02
78.96						7.25		
		0.19						
-3.10	-5.40	-2.97	-32.31	-11.56	-27.45	-9.31	-76.33	
	-0.05		-0.05			-0.03	-0.02	
		-0.84						
-0.22	-1.21	0.39	14.54	-0.08	0.76	-0.19	-1.97	
-423.71	**178.63**	**19.79**	**170.20**	**7.91**	**26.69**	**0.20**	**78.32**	
			-1.09	-0.10				
			-0.90					
-423.71	178.63	19.79	172.19	8.01	26.69	0.20	78.32	
5.00	**367.70**	**50.03**	**449.66**	**1.15**		**0.29**		**0.02**
	8.36		62.83					
5.00	1.88	0.17	105.85	1.13		0.29		0.02
			6.03					
	10.84		19.65					
	185.03	49.86	138.59	0.02				
	10.92		8.87					
	63.22		54.85					
	87.45		59.02					
	59.29		17.92					
	28.16		41.10					
428.71	**367.70**	**50.03**	**451.65**	**1.25**		**0.29**		**0.02**

6-5 续表 2

项 目	Item	石油沥青(万吨) Bitumen Asphalt (10^4 tons)	石油焦(万吨) Petroleum Coke (10^4 tons)
一.可供本地区消费的能源量	**Total Primary Energy Supply**	**63.20**	**89.57**
1.一次能源生产量	Indigenous Production		
2.外省(区、市)调入量	Moving In from Other Provinces	67.18	92.14
3.进口量	Import	0.17	0.20
4.境内飞机和轮船在境外的加油量	Domestic Airplanes&Ships Refueling Abroad		
5.本省(区、市)调出量(-)	Sending Out to Other Provinces(-)	-3.54	
6.出口量(-)	Export(-)		
7.境外飞机和轮船在境内的加油量(-)	Oversea Airplanes&Ships Refueling Domestically(-)		
8.库存增(-)、减(+)量	Stock Change	-0.61	-2.77
二.加工转换投入(-)产出(+)量	**Input(-) & Output(+) of Transformation**	**79.78**	
1.火力发电	Thermal Power		
2.供热	Heating Supply		
3.煤炭洗选	Coal Washing		
4.炼焦	Coking		
5.炼油及煤制油	Petroleum Refining and Coal-to-liquids	79.78	
#油品再投入量(-)	Petroleum Products Input (-)		
6.制气	Gas Works		
#焦炭再投入量(-)	Coke Input (-)		
7.天然气液化	Natural Gas Liquefaction		
8.煤制品加工	Briquettes		
9.回收能	Recovery of Energy		
三.损失量	**Loss**		
四.终端消费量	**Total Final Consumption**	**142.98**	**89.57**
1.农、林、牧、渔业	Agriculture, Forestry, Animal Husbandry and Fishery		
2.工业	Industry	8.17	89.57
#用作原料、材料	Non-Energy Use	0.52	10.95
3.建筑业	Construction	134.81	
4.交通运输、仓储和邮政业	Transport, Storage and Post		
5.批发和零售业、住宿和餐饮业	Wholesale and Retail Trades, Hotels and Catering Services		
6.其他	Others		
7.居民生活	Residential		
城镇	Urban		
乡村	Rural		
五.平衡差额	**Statistical Difference**		
六.消费量合计	**Total Energy Consumption**	**142.98**	**89.57**

 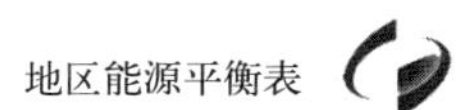

Continued 2

液化石油气 (万吨) Liquefied Petroleum Gas (10^4 tons)	炼厂干气 (万吨) Refinery Gas (10^4 tons)	其他石油制品 (万吨) Other Petroleum Products (10^4 tons)	天然气 (亿立方米) Natural Gas (10^8 cu.m)	液化天然气 (万吨) Liquefied Natural Gas (10^4 tons)	热力 (万百万千焦) Heat (10^{10} kJ)	电力 (亿千瓦小时) Electricity (10^8 kW•h)	其他能源 (万吨标准煤) Other Energy (10^4 tce)
2.77		**-23.69**	**68.22**	**-180.46**		**-955.40**	**31.90**
			22.07			886.67	
0.95		0.69	260.80			296.91	31.90
1.96				0.33			
-0.69		-24.75	-214.65	-179.58		-2125.55	
				-0.05		-13.43	
0.55		0.37		-1.16			
51.89	**0.27**	**57.99**	**-18.03**	**256.06**	**52908.93**	**4608.41**	**-30.54**
			-0.02	-0.02	-5944.97	4608.41	-30.54
			-0.99		51000.08		
51.89	0.27	65.18					
		-7.19					
			20.86				
			-37.88	256.08			
					7853.82		
0.24			**0.12**			**89.03**	
54.42	**0.27**	**34.30**	**50.07**	**75.60**	**52908.93**	**3563.98**	**1.36**
					37.43	56.38	
21.70	0.27	0.81	31.72	47.13	14450.33	3101.26	1.36
17.26			10.00				
		33.49			220.02	12.87	
0.01			10.29	28.47	338.69	49.46	
3.32			0.88		2659.77	57.10	
1.22			0.77		4646.22	146.14	
28.17			6.41		30556.47	140.77	
13.29			6.39		30556.47	100.41	
14.88			0.02			40.36	
54.66	**0.27**	**41.49**	**53.74**	**75.62**	**58853.90**	**3653.01**	**31.90**

6-6 辽宁能源平衡表(实物量)-2019

项目	Item	煤合计(万吨) Coal Total (10^4 tons)	原煤(万吨) Raw Coal (10^4 tons)
一.可供本地区消费的能源量	**Total Primary Energy Supply**	**18710.78**	**16132.21**
1.一次能源生产量	Indigenous Production	3291.96	3291.96
2.外省(区、市)调入量	Moving In from Other Provinces	16852.79	13780.38
3.进口量	Import	662.79	632.68
4.境内飞机和轮船在境外的加油量	Domestic Airplanes&Ships Refueling Abroad		
5.本省(区、市)调出量(-)	Sending Out to Other Provinces(-)	-2213.34	-1598.12
6.出口量(-)	Export(-)		
7.境外飞机和轮船在境内的加油量(-)	Oversea Airplanes&Ships Refueling Domestically(-)		
8.库存增(-)、减(+)量	Stock Change	116.58	25.31
二.加工转换投入(-)产出(+)量	**Input(-) & Output(+) of Transformation**	**-15404.43**	**-13364.69**
1.火力发电	Thermal Power	-7022.17	-7020.13
2.供热	Heating Supply	-4304.64	-4277.86
3.煤炭洗选	Coal Washing	-648.69	-1744.59
4.炼焦	Coking	-3139.52	
5.炼油及煤制油	Petroleum Refining and Coal-to-liquids		
#油品再投入量(-)	Petroleum Products Input (-)		
6.制气	Gas Works	-285.44	-285.44
#焦炭再投入量(-)	Coke Input (-)		
7.天然气液化	Natural Gas Liquefaction		
8.煤制品加工	Briquettes	-3.97	-36.67
9.回收能	Recovery of Energy		
三.损失量	**Loss**		
四.终端消费量	**Total Final Consumption**	**3306.35**	**2767.52**
1.农、林、牧、渔业	Agriculture, Forestry, Animal Husbandry and Fishery	20.50	20.50
2.工业	Industry	2766.91	2574.22
#用作原料、材料	Non-Energy Use	12.72	12.72
3.建筑业	Construction	0.33	0.33
4.交通运输、仓储和邮政业	Transport, Storage and Post	10.56	10.07
5.批发和零售业、住宿和餐饮业	Wholesale and Retail Trades, Hotels and Catering Services	0.06	0.06
6.其他	Others	94.38	0.74
7.居民生活	Residential	413.61	161.60
城镇	Urban	103.08	63.10
乡村	Rural	310.53	98.50
五.平衡差额	**Statistical Difference**		
六.消费量合计	**Total Energy Consumption**	**18710.78**	**16132.21**

Energy Balance of Liaoning (Physical Quantity) -2019

洗精煤（万吨） Cleaned Coal (10^4 tons)	其他洗煤（万吨） Other Washed Coal (10^4 tons)	煤制品（万吨） Briquettes (10^4 tons)	煤矸石（万吨） Gangue (10^4 tons)	焦炭（万吨） Coke (10^4 tons)	焦炉煤气（亿立方米） Coke Oven Gas (10^8 cu.m)	高炉煤气（亿立方米） Blast Furnace Gas (10^8 cu.m)	转炉煤气（亿立方米） Converter Gas (10^8 cu.m)	其他煤气（亿立方米） Other Gas (10^8 cu.m)
2881.61	**-286.60**	**-16.44**	**81.64**	**1067.23**				
2882.07	190.16	0.18	78.34	1257.43				
	30.11							
-100.14	-500.01	-15.07		-234.07				
				-5.40				
99.68	-6.86	-1.55	3.30	49.27				
-2881.61	**806.99**	**34.88**	**-80.86**	**2280.39**	**63.63**	**770.61**	**56.25**	**2.31**
	-2.04		-50.00		-13.67	-206.11	-14.82	
	-26.78		-30.86		-6.89	-74.73	-5.43	
257.91	837.99							
-3139.52				2281.42	84.19			
								2.31
				-1.03				
	-2.18	34.88						
						1051.45	76.50	
	520.39	**18.44**	**0.78**	**3347.62**	**63.63**	**770.61**	**56.25**	**2.31**
	187.65	5.04	0.78	3347.62	63.63	770.61	56.25	0.31
				6.58				
	0.49							
								0.03
	93.64							
	238.61	13.40						1.97
	33.85	6.13						1.95
	204.76	7.27						0.02
3139.52	**551.39**	**18.44**	**81.64**	**3348.65**	**84.19**	**1051.45**	**76.50**	**2.31**

6-6 续表 1

项　　目	Item	其他焦化产品(万吨) Other Coking Products (10^4 tons)	油品合计(万吨) Petroleum Products Total (10^4 tons)
一.可供本地区消费的能源量	**Total Primary Energy Supply**	**-61.45**	**4891.63**
1.一次能源生产量	Indigenous Production		1053.26
2.外省(区、市)调入量	Moving In from Other Provinces		8716.98
3.进口量	Import		3401.46
4.境内飞机和轮船在境外的加油量	Domestic Airplanes&Ships Refueling Abroad		
5.本省(区、市)调出量(-)	Sending Out to Other Provinces(-)	-60.75	-8075.45
6.出口量(-)	Export(-)		-84.23
7.境外飞机和轮船在境内的加油量(-)	Oversea Airplanes&Ships Refueling Domestically(-)		-39.80
8.库存增(-)、减(+)量	Stock Change	-0.70	-80.59
二.加工转换投入(-)产出(+)量	**Input(-) & Output(+) of Transformation**	**102.73**	**-637.48**
1.火力发电	Thermal Power		-6.00
2.供热	Heating Supply		-28.96
3.煤炭洗选	Coal Washing		
4.炼焦	Coking	102.73	
5.炼油及煤制油	Petroleum Refining and Coal-to-liquids		1653.97
#油品再投入量(-)	Petroleum Products Input (-)		-2252.80
6.制气	Gas Works		-3.69
#焦炭再投入量(-)	Coke Input (-)		
7.天然气液化	Natural Gas Liquefaction		
8.煤制品加工	Briquettes		
9.回收能	Recovery of Energy		
三.损失量	**Loss**		**8.50**
四.终端消费量	**Total Final Consumption**	**41.28**	**4245.65**
1.农、林、牧、渔业	Agriculture, Forestry, Animal Husbandry and Fishery		154.27
2.工业	Industry	41.28	1928.45
#用作原料、材料	Non-Energy Use	19.00	792.35
3.建筑业	Construction		141.96
4.交通运输、仓储和邮政业	Transport, Storage and Post		1278.73
5.批发和零售业、住宿和餐饮业	Wholesale and Retail Trades, Hotels and Catering Services		55.59
6.其他	Others		319.65
7.居民生活	Residential		367.01
城镇	Urban		295.22
乡村	Rural		71.79
五.平衡差额	**Statistical Difference**		
六.消费量合计	**Total Energy Consumption**	**41.28**	**4891.63**

 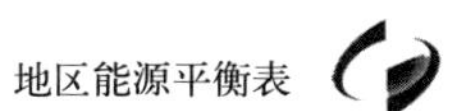

Continued 1

原油（万吨） Crude Oil (10⁴ tons)	汽油（万吨） Gasoline (10⁴ tons)	煤油（万吨） Kerosene (10⁴ tons)	柴油（万吨） Diesel Oil (10⁴ tons)	燃料油（万吨） Fuel Oil (10⁴ tons)	石脑油（万吨） Naphtha (10⁴ tons)	润滑油（万吨） Lubricants (10⁴ tons)	石蜡（万吨） Paraffin Waxes (10⁴ tons)	溶剂油（万吨） White Spirit (10⁴ tons)
9894.50	**-909.00**	**-716.10**	**-1101.94**	**26.06**	**229.65**	**2.76**	**-69.33**	**0.21**
1053.26								
5459.76	1470.94	111.13	879.21	226.53	319.47	80.21		0.23
3308.21			11.83		78.07	1.68	0.01	
-16.01	-2405.40	-772.29	-2011.25	-158.80	-178.66	-77.84	-46.77	
		-47.68	-1.20	-1.42		-0.74	-33.19	
		-2.80	-5.00	-32.00				
89.28	25.46	-4.46	24.47	-8.25	10.77	-0.55	10.62	-0.02
-9871.17	**1789.12**	**768.88**	**2146.05**	**128.05**	**167.09**	**0.02**	**90.69**	
			-0.52	-4.93				
	-0.01		-0.24	-21.49				
-9871.17	1789.13	768.88	2146.81	195.06	564.12	0.02	90.69	
				-40.59	-397.03			
8.50								
14.83	**880.12**	**52.78**	**1044.11**	**154.11**	**396.74**	**2.78**	**21.36**	**0.21**
	60.85		93.42					
14.83	16.12	8.88	72.73	42.66	396.74	2.78	21.36	0.21
	0.01		0.07		241.25	0.06	0.41	0.06
	0.41		4.75	0.69				
	319.07	43.90	690.69	110.76				
	16.89		9.05					
	142.36		161.17					
	324.42		12.30					
	270.82		5.48					
	53.60		6.82					
9894.50	**880.13**	**52.78**	**1044.87**	**221.12**	**793.77**	**2.78**	**21.36**	**0.21**

6-6 续表 2

项　　目	Item	石油沥青(万吨) Bitumen Asphalt (10^4 tons)	石油焦(万吨) Petroleum Coke (10^4 tons)
一.可供本地区消费的能源量	**Total Primary Energy Supply**	**-509.90**	**-135.44**
1.一次能源生产量	Indigenous Production		
2.外省(区、市)调入量	Moving In from Other Provinces	39.07	30.12
3.进口量	Import	1.66	
4.境内飞机和轮船在境外的加油量	Domestic Airplanes&Ships Refueling Abroad		
5.本省(区、市)调出量(-)	Sending Out to Other Provinces(-)	-512.17	-171.21
6.出口量(-)	Export(-)		
7.境外飞机和轮船在境内的加油量(-)	Oversea Airplanes&Ships Refueling Domestically(-)		
8.库存增(-)、减(+)量	Stock Change	-38.46	5.65
二.加工转换投入(-)产出(+)量	**Input(-) & Output(+) of Transformation**	**759.12**	**327.05**
1.火力发电	Thermal Power		
2.供热	Heating Supply		
3.煤炭洗选	Coal Washing		
4.炼焦	Coking		
5.炼油及煤制油	Petroleum Refining and Coal-to-liquids	926.81	327.05
#油品再投入量(-)	Petroleum Products Input (-)	-167.69	
6.制气	Gas Works		
#焦炭再投入量(-)	Coke Input (-)		
7.天然气液化	Natural Gas Liquefaction		
8.煤制品加工	Briquettes		
9.回收能	Recovery of Energy		
三.损失量	**Loss**		
四.终端消费量	**Total Final Consumption**	**249.22**	**191.61**
1.农、林、牧、渔业	Agriculture, Forestry, Animal Husbandry and Fishery		
2.工业	Industry	13.12	191.61
#用作原料、材料	Non-Energy Use	11.08	37.67
3.建筑业	Construction	136.09	
4.交通运输、仓储和邮政业	Transport, Storage and Post	100.01	
5.批发和零售业、住宿和餐饮业	Wholesale and Retail Trades, Hotels and Catering Services		
6.其他	Others		
7.居民生活	Residential		
城镇	Urban		
乡村	Rural		
五.平衡差额	**Statistical Difference**		
六.消费量合计	**Total Energy Consumption**	**416.91**	**191.61**

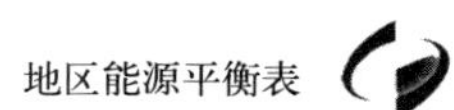

Continued 2

液化石油气 (万吨) Liquefied Petroleum Gas (10^4 tons)	炼厂干气 (万吨) Refinery Gas (10^4 tons)	其他石油制品 (万吨) Other Petroleum Products (10^4 tons)	天然气 (亿立方米) Natural Gas (10^8 cu.m)	液化天然气 (万吨) Liquefied Natural Gas (10^4 tons)	热力 (万百万千焦) Heat (10^{10} kJ)	电力 (亿千瓦小时) Electricity (10^8 kW•h)	其他能源 (万吨标准煤) Other Energy (10^4 tce)
-127.29	**-0.04**	**-1692.51**	**74.26**	**5.41**		**1006.16**	**53.62**
			6.20			596.20	
6.00		94.31	68.06	688.95		712.89	53.59
-132.49		-1592.56		-682.35		-302.93	
-0.80	-0.04	-194.26		-1.19			0.03
265.33	**366.15**	**2426.14**	**-6.30**	**2.20**	**68202.56**	**1472.95**	**-34.37**
	-0.55				-5872.78	1476.70	-30.62
	-7.22		-0.30	-0.16	64402.19	-3.75	-3.75
337.52	381.01	3998.04	-4.93				17.16
-68.50	-7.09	-1571.90					-101.08
-3.69			-0.71				83.92
			-0.36	2.36			
					9673.15		
					19.70	**116.18**	
138.04	**366.11**	**733.63**	**67.96**	**7.61**	**68182.86**	**2362.93**	**19.25**
					12.45	47.63	
47.67	366.11	733.63	49.76	5.16	39198.57	1661.02	19.25
26.18		475.56	3.63				
0.01					57.68	22.24	
14.30			7.16	2.45	794.66	64.70	
29.65			0.02		194.32	110.40	
16.12					1877.43	173.38	
30.29			11.01		26047.75	283.56	
18.92			10.61		25421.20	187.03	
11.37			0.40		626.55	96.53	
210.23	**380.97**	**2305.53**	**73.94**	**7.77**	**74075.34**	**2482.86**	**154.70**

6-7 吉林能源平衡表(实物量)-2019

项　目	Item	煤合计 (万吨) Coal Total (10^4 tons)	原煤 (万吨) Raw Coal (10^4 tons)
一.可供本地区消费的能源量	**Total Primary Energy Supply**	**8730.65**	**8422.54**
1.一次能源生产量	Indigenous Production	1255.60	1255.60
2.外省(区、市)调入量	Moving In from Other Provinces	7632.86	7152.71
3.进口量	Import	195.78	195.78
4.境内飞机和轮船在境外的加油量	Domestic Airplanes&Ships Refueling Abroad		
5.本省(区、市)调出量(−)	Sending Out to Other Provinces(-)	-299.14	-154.05
6.出口量(−)	Export(-)		
7.境外飞机和轮船在境内的加油量(−)	Oversea Airplanes&Ships Refueling Domestically(-)		
8.库存增(−)、减(+)量	Stock Change	-54.45	-27.50
二.加工转换投入(−)产出(+)量	**Input(-) & Output(+) of Transformation**	**-7002.58**	**-6771.26**
1.火力发电	Thermal Power	-4025.81	-4025.81
2.供热	Heating Supply	-2423.91	-2420.96
3.煤炭洗选	Coal Washing	-108.02	-324.49
4.炼焦	Coking	-444.84	
5.炼油及煤制油	Petroleum Refining and Coal-to-liquids		
#油品再投入量(−)	Petroleum Products Input (-)		
6.制气	Gas Works		
#焦炭再投入量(−)	Coke Input (-)		
7.天然气液化	Natural Gas Liquefaction		
8.煤制品加工	Briquettes		
9.回收能	Recovery of Energy		
三.损失量	**Loss**		
四.终端消费量	**Total Final Consumption**	**1728.07**	**1651.28**
1.农、林、牧、渔业	Agriculture, Forestry, Animal Husbandry and Fishery	52.01	37.74
2.工业	Industry	1330.94	1300.74
#用作原料、材料	Non-Energy Use	40.46	38.83
3.建筑业	Construction	6.10	1.50
4.交通运输、仓储和邮政业	Transport, Storage and Post	20.05	8.28
5.批发和零售业、住宿和餐饮业	Wholesale and Retail Trades, Hotels and Catering Services	4.13	2.56
6.其他	Others	126.30	111.92
7.居民生活	Residential	188.54	188.54
城镇	Urban	37.16	37.16
乡村	Rural	151.38	151.38
五.平衡差额	**Statistical Difference**		
六.消费量合计	**Total Energy Consumption**	**8730.65**	**8422.54**

Energy Balance of Jilin (Physical Quantity) -2019

洗精煤 (万吨) Cleaned Coal (10^4 tons)	其他洗煤 (万吨) Other Washed Coal (10^4 tons)	煤制品 (万吨) Briquettes (10^4 tons)	煤矸石 (万吨) Gangue (10^4 tons)	焦炭 (万吨) Coke (10^4 tons)	焦炉煤气 (亿立方米) Coke Oven Gas (10^8 cu.m)	高炉煤气 (亿立方米) Blast Furnace Gas (10^8 cu.m)	转炉煤气 (亿立方米) Converter Gas (10^8 cu.m)	其他煤气 (亿立方米) Other Gas (10^8 cu.m)
387.17	**-79.74**	**0.68**	**7.12**	**324.70**				
426.25	53.90		7.01	360.83				
-19.67	-125.42							
-19.41	-8.22	0.68	0.11	-36.13				
-387.17	**155.85**			**337.61**	**13.63**	**172.69**	**11.12**	
					-0.39	-25.28	-3.10	
	-2.95					-0.01		
57.67	158.80							
-444.84				337.61	14.02			
						197.98	14.22	
	76.11	**0.68**	**7.12**	**662.31**	**13.63**	**172.69**	**11.12**	
	14.27			7.58				
	29.52	0.68	7.12	654.73	13.30	172.69	11.12	
	1.63			3.06				
	4.60							
	11.77							
	1.57							
	14.38							
					0.33			
					0.30			
					0.03			
444.84	**79.06**	**0.68**	**7.12**	**662.31**	**14.02**	**197.98**	**14.22**	

6-7 续表 1

项 目	Item	其他焦化产品 (万吨) Other Coking Products (10^4 tons)	油品合计 (万吨) Petroleum Products Total (10^4 tons)
一.可供本地区消费的能源量	**Total Primary Energy Supply**	**-9.63**	**1011.41**
1.一次能源生产量	Indigenous Production		385.70
2.外省(区、市)调入量	Moving In from Other Provinces		1208.35
3.进口量	Import		0.43
4.境内飞机和轮船在境外的加油量	Domestic Airplanes&Ships Refueling Abroad		
5.本省(区、市)调出量(-)	Sending Out to Other Provinces(-)	-9.63	-573.99
6.出口量(-)	Export(-)		-0.14
7.境外飞机和轮船在境内的加油量(-)	Oversea Airplanes&Ships Refueling Domestically(-)		
8.库存增(-)、减(+)量	Stock Change		-8.94
二.加工转换投入(-)产出(+)量	**Input(-) & Output(+) of Transformation**	**9.67**	**-60.58**
1.火力发电	Thermal Power		-2.71
2.供热	Heating Supply		-5.39
3.煤炭洗选	Coal Washing		
4.炼焦	Coking	9.67	
5.炼油及煤制油	Petroleum Refining and Coal-to-liquids		-18.72
#油品再投入量(-)	Petroleum Products Input (-)		-33.76
6.制气	Gas Works		
#焦炭再投入量(-)	Coke Input (-)		
7.天然气液化	Natural Gas Liquefaction		
8.煤制品加工	Briquettes		
9.回收能	Recovery of Energy		
三.损失量	**Loss**		
四.终端消费量	**Total Final Consumption**	**0.04**	**950.83**
1.农、林、牧、渔业	Agriculture, Forestry, Animal Husbandry and Fishery		57.58
2.工业	Industry	0.04	403.93
#用作原料、材料	Non-Energy Use		296.37
3.建筑业	Construction		48.38
4.交通运输、仓储和邮政业	Transport, Storage and Post		302.53
5.批发和零售业、住宿和餐饮业	Wholesale and Retail Trades, Hotels and Catering Services		25.88
6.其他	Others		60.57
7.居民生活	Residential		51.96
城镇	Urban		27.19
乡村	Rural		24.77
五.平衡差额	**Statistical Difference**		
六.消费量合计	**Total Energy Consumption**	**0.04**	**1011.41**

Continued 1

原油（万吨）Crude Oil (10^4 tons)	汽油（万吨）Gasoline (10^4 tons)	煤油（万吨）Kerosene (10^4 tons)	柴油（万吨）Diesel Oil (10^4 tons)	燃料油（万吨）Fuel Oil (10^4 tons)	石脑油（万吨）Naphtha (10^4 tons)	润滑油（万吨）Lubricants (10^4 tons)	石蜡（万吨）Paraffin Waxes (10^4 tons)	溶剂油（万吨）White Spirit (10^4 tons)
1035.48	**-56.01**	**1.23**	**46.89**	**-0.71**	**24.93**			
385.70								
664.98	168.73	1.20	347.07	0.45	24.89	0.16	0.02	0.12
		0.43						
	-227.74		-304.28	-1.55				
				-0.14				
-15.20	3.00	-0.40	4.10	0.53	0.04	-0.16	-0.02	-0.12
-1019.92	**238.69**	**32.45**	**298.78**	**21.30**	**95.79**	**0.17**	**0.05**	**0.13**
			-0.42	-2.29				
	-0.03		-0.09	-5.27				
-1019.92	238.72	32.45	299.29	28.86	95.79	0.17	0.05	0.13
15.56	**182.68**	**33.68**	**345.67**	**20.59**	**120.72**	**0.17**	**0.05**	**0.13**
	25.89		31.06					
15.56	8.98	1.05	25.99	20.59	120.72	0.17	0.05	0.13
	0.10		0.17	18.44	120.72	0.12		
	17.87		30.04					
	43.05	32.63	226.30					
	19.21		6.14					
	43.48		13.68					
	24.20		12.46					
	15.73		2.01					
	8.47		10.45					
1035.48	**182.71**	**33.68**	**346.18**	**28.15**	**120.72**	**0.17**	**0.05**	**0.13**

6-7 续表 2

项　目	Item	石油沥青(万吨) Bitumen Asphalt (10^4 tons)	石油焦(万吨) Petroleum Coke (10^4 tons)
一.可供本地区消费的能源量	**Total Primary Energy Supply**		**-20.23**
1.一次能源生产量	Indigenous Production		
2.外省(区、市)调入量	Moving In from Other Provinces		
3.进口量	Import		
4.境内飞机和轮船在境外的加油量	Domestic Airplanes&Ships Refueling Abroad		
5.本省(区、市)调出量(-)	Sending Out to Other Provinces(-)		-20.26
6.出口量(-)	Export(-)		
7.境外飞机和轮船在境内的加油量(-)	Oversea Airplanes&Ships Refueling Domestically(-)		
8.库存增(-)、减(+)量	Stock Change		0.03
二.加工转换投入(-)产出(+)量	**Input(-) & Output(+) of Transformation**	**0.85**	**20.96**
1.火力发电	Thermal Power		
2.供热	Heating Supply		
3.煤炭洗选	Coal Washing		
4.炼焦	Coking		
5.炼油及煤制油	Petroleum Refining and Coal-to-liquids	0.85	20.96
#油品再投入量(-)	Petroleum Products Input (-)		
6.制气	Gas Works		
#焦炭再投入量(-)	Coke Input (-)		
7.天然气液化	Natural Gas Liquefaction		
8.煤制品加工	Briquettes		
9.回收能	Recovery of Energy		
三.损失量	**Loss**		
四.终端消费量	**Total Final Consumption**	**0.85**	**0.73**
1.农、林、牧、渔业	Agriculture, Forestry, Animal Husbandry and Fishery		
2.工业	Industry	0.85	0.73
#用作原料、材料	Non-Energy Use		
3.建筑业	Construction		
4.交通运输、仓储和邮政业	Transport, Storage and Post		
5.批发和零售业、住宿和餐饮业	Wholesale and Retail Trades, Hotels and Catering Services		
6.其他	Others		
7.居民生活	Residential		
城镇	Urban		
乡村	Rural		
五.平衡差额	**Statistical Difference**		
六.消费量合计	**Total Energy Consumption**	**0.85**	**0.73**

Continued 2

液化石油气 (万吨) Liquefied Petroleum Gas (10^4 tons)	炼厂干气 (万吨) Refinery Gas (10^4 tons)	其他石油制品 (万吨) Other Petroleum Products (10^4 tons)	天然气 (亿立方米) Natural Gas (10^8 cu.m)	液化天然气 (万吨) Liquefied Natural Gas (10^4 tons)	热力 (万百万千焦) Heat (10^{10} kJ)	电力 (亿千瓦小时) Electricity (10^8 kW•h)	其他能源 (万吨标准煤) Other Energy (10^4 tce)
-1.33		**-18.84**	**30.79**	**-4.52**		**75.32**	**313.98**
			20.01			221.14	217.56
0.73			10.80			161.01	171.34
-2.06		-18.10		-4.61		-306.83	
							-79.09
		-0.74	-0.02	0.09			4.17
28.29	**33.56**	**188.32**	**-2.92**	**13.94**	**30066.11**	**705.04**	**-136.82**
			-0.02		-904.38	705.04	-127.97
			-0.66		29646.81		-8.85
28.29	33.56	222.08					
		-33.76					
			-2.24	13.94			
					1323.68		
					3102.16	**48.05**	
26.96	**33.56**	**169.48**	**27.87**	**9.42**	**26963.95**	**732.32**	**177.16**
0.63			0.64			19.28	
6.07	33.56	169.48	12.44	9.42	11910.62	412.03	147.86
		156.82	0.69				
0.47			0.51		906.40	10.36	1.79
0.55			6.21		997.98	30.62	3.23
0.53			1.55		1548.59	46.45	0.99
3.41			2.32		3426.29	85.57	2.29
15.30			4.20		8174.07	128.01	21.00
9.45			3.88		7279.30	86.04	13.09
5.85			0.32		894.77	41.97	7.91
						-0.01	
26.96	**33.56**	**203.24**	**28.87**	**9.42**	**30970.49**	**780.37**	**313.98**

6-8 黑龙江能源平衡表(实物量)-2019

项 目	Item	煤合计 (万吨) Coal Total (10^4 tons)	原煤 (万吨) Raw Coal (10^4 tons)
一.可供本地区消费的能源量	**Total Primary Energy Supply**	**14142.64**	**15174.91**
1.一次能源生产量	Indigenous Production	5390.91	5390.91
2.外省(区、市)调入量	Moving In from Other Provinces	9725.50	9470.31
3.进口量	Import	633.96	633.96
4.境内飞机和轮船在境外的加油量	Domestic Airplanes&Ships Refueling Abroad		
5.本省(区、市)调出量(-)	Sending Out to Other Provinces(-)	-1463.80	-279.40
6.出口量(-)	Export(-)		
7.境外飞机和轮船在境内的加油量(-)	Oversea Airplanes&Ships Refueling Domestically(-)		
8.库存增(-)、减(+)量	Stock Change	-143.93	-40.87
二.加工转换投入(-)产出(+)量	**Input(-) & Output(+) of Transformation**	**-10279.82**	**-11603.96**
1.火力发电	Thermal Power	-4501.15	-4385.19
2.供热	Heating Supply	-3392.43	-3260.92
3.煤炭洗选	Coal Washing	-839.78	-3957.85
4.炼焦	Coking	-1534.99	
5.炼油及煤制油	Petroleum Refining and Coal-to-liquids		
#油品再投入量(-)	Petroleum Products Input (-)		
6.制气	Gas Works	-11.47	
#焦炭再投入量(-)	Coke Input (-)		
7.天然气液化	Natural Gas Liquefaction		
8.煤制品加工	Briquettes		
9.回收能	Recovery of Energy		
三.损失量	**Loss**		
四.终端消费量	**Total Final Consumption**	**3862.82**	**3570.95**
1.农、林、牧、渔业	Agriculture, Forestry, Animal Husbandry and Fishery	382.00	382.00
2.工业	Industry	2134.74	1842.87
#用作原料、材料	Non-Energy Use		
3.建筑业	Construction		
4.交通运输、仓储和邮政业	Transport, Storage and Post	230.45	230.45
5.批发和零售业、住宿和餐饮业	Wholesale and Retail Trades, Hotels and Catering Services	447.73	447.73
6.其他	Others	394.75	394.75
7.居民生活	Residential	273.15	273.15
城镇	Urban	156.35	156.35
乡村	Rural	116.80	116.80
五.平衡差额	**Statistical Difference**		
六.消费量合计	**Total Energy Consumption**	**14142.64**	**15174.91**

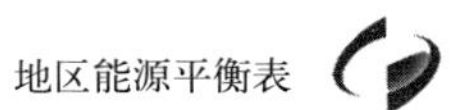

Energy Balance of Heilongjiang (Physical Quantity) -2019

洗精煤 (万吨) Cleaned Coal (10^4 tons)	其他洗煤 (万吨) Other Washed Coal (10^4 tons)	煤制品 (万吨) Briquettes (10^4 tons)	煤矸石 (万吨) Gangue (10^4 tons)	焦炭 (万吨) Coke (10^4 tons)	焦炉煤气 (亿立方米) Coke Oven Gas (10^8 cu.m)	高炉煤气 (亿立方米) Blast Furnace Gas (10^8 cu.m)	转炉煤气 (亿立方米) Converter Gas (10^8 cu.m)	其他煤气 (亿立方米) Other Gas (10^8 cu.m)
-473.11	**-572.61**	**13.45**	**15.37**	**-698.67**				
89.85	153.87	11.47						
-509.04	-674.61	-0.75		-683.93				
-53.92	-51.87	2.73	15.37	-14.74				
600.51	**732.75**	**-9.12**	**261.47**	**1072.49**	**15.06**	**83.17**	**7.57**	**3.47**
	-115.96		-378.83		-3.49	-9.26	-0.45	
	-122.38	-9.12	-197.47		-0.16	-6.38		
2146.97	971.10		837.76					
-1534.99				1075.89	21.95			
-11.47								3.47
				-3.40	-3.24			
						98.81	8.02	
127.40	**160.14**	**4.33**	**276.84**	**373.82**	**15.06**	**83.17**	**7.57**	**3.47**
127.40	160.14	4.33	276.84	373.82	15.06	83.17	7.57	3.47
1673.86	**398.49**	**13.45**	**853.13**	**373.82**	**18.71**	**98.81**	**8.02**	**3.47**

6-8 续表 1

项　目	Item	其他焦化产品(万吨) Other Coking Products (10^4 tons)	油品合计(万吨) Petroleum Products Total (10^4 tons)
一.可供本地区消费的能源量	**Total Primary Energy Supply**	**-64.19**	**1500.14**
1.一次能源生产量	Indigenous Production		3110.02
2.外省(区、市)调入量	Moving In from Other Provinces		457.47
3.进口量	Import		3247.21
4.境内飞机和轮船在境外的加油量	Domestic Airplanes&Ships Refueling Abroad		
5.本省(区、市)调出量(-)	Sending Out to Other Provinces(-)	-64.81	-5284.37
6.出口量(-)	Export(-)		
7.境外飞机和轮船在境内的加油量(-)	Oversea Airplanes&Ships Refueling Domestically(-)		
8.库存增(-)、减(+)量	Stock Change	0.62	-30.19
二.加工转换投入(-)产出(+)量	**Input(-) & Output(+) of Transformation**	**74.54**	**-282.00**
1.火力发电	Thermal Power		-5.74
2.供热	Heating Supply		-86.45
3.煤炭洗选	Coal Washing		
4.炼焦	Coking	74.03	
5.炼油及煤制油	Petroleum Refining and Coal-to-liquids		-91.07
#油品再投入量(-)	Petroleum Products Input (-)		-98.73
6.制气	Gas Works	0.51	
#焦炭再投入量(-)	Coke Input (-)		
7.天然气液化	Natural Gas Liquefaction		
8.煤制品加工	Briquettes		
9.回收能	Recovery of Energy		
三.损失量	**Loss**		
四.终端消费量	**Total Final Consumption**	**10.35**	**1218.15**
1.农、林、牧、渔业	Agriculture, Forestry, Animal Husbandry and Fishery		177.29
2.工业	Industry	10.35	336.54
#用作原料、材料	Non-Energy Use		
3.建筑业	Construction		10.70
4.交通运输、仓储和邮政业	Transport, Storage and Post		441.58
5.批发和零售业、住宿和餐饮业	Wholesale and Retail Trades, Hotels and Catering Services		82.11
6.其他	Others		74.02
7.居民生活	Residential		95.91
城镇	Urban		87.15
乡村	Rural		8.76
五.平衡差额	**Statistical Difference**		**-0.01**
六.消费量合计	**Total Energy Consumption**	**10.35**	**1500.15**

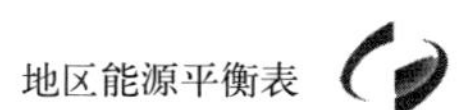

Continued 1

原油（万吨） Crude Oil (10^4 tons)	汽油（万吨） Gasoline (10^4 tons)	煤油（万吨） Kerosene (10^4 tons)	柴油（万吨） Diesel Oil (10^4 tons)	燃料油（万吨） Fuel Oil (10^4 tons)	石脑油（万吨） Naphtha (10^4 tons)	润滑油（万吨） Lubricants (10^4 tons)	石蜡（万吨） Paraffin Waxes (10^4 tons)	溶剂油（万吨） White Spirit (10^4 tons)
1534.76	**-91.45**	**-0.09**	**51.78**	**0.54**	**57.89**	**0.01**	**-39.10**	**0.01**
3110.02								
	99.64		189.45	1.22	58.22	3.20		0.07
3245.94	1.27							
-4816.76	-185.18		-121.27	-1.46		-4.11	-41.50	
-4.44	-7.18	-0.09	-16.40	0.78	-0.33	0.92	2.40	-0.06
-1489.61	**521.72**	**69.86**	**339.90**	**12.39**	**-13.26**		**39.10**	
			-0.38	-0.48				
			-0.12	-7.54				
-1489.61	521.72	69.86	340.40	20.41	0.33		39.10	
					-13.58			
45.15	**430.27**	**69.77**	**391.68**	**12.92**	**44.64**	**0.01**		**0.01**
	31.28		146.00					
45.15	8.61		1.52	12.92	44.64			0.01
	0.90		9.80					
	261.41	69.77	110.40					
	43.01		39.10					
	35.01		39.00			0.01		
	50.05		45.86					
	46.26		40.89					
	3.79		4.97					
1534.76	**430.27**	**69.77**	**392.18**	**20.95**	**58.22**	**0.01**		**0.01**

6-8 续表 2

项　目	Item	石油沥青(万吨) Bitumen Asphalt (10^4 tons)	石油焦(万吨) Petroleum Coke (10^4 tons)
一.可供本地区消费的能源量	**Total Primary Energy Supply**	**0.01**	**-19.38**
1.一次能源生产量	Indigenous Production		
2.外省(区、市)调入量	Moving In from Other Provinces		104.29
3.进口量	Import		
4.境内飞机和轮船在境外的加油量	Domestic Airplanes&Ships Refueling Abroad		
5.本省(区、市)调出量(-)	Sending Out to Other Provinces(-)		-114.09
6.出口量(-)	Export(-)		
7.境外飞机和轮船在境内的加油量(-)	Oversea Airplanes&Ships Refueling Domestically(-)		
8.库存增(-)、减(+)量	Stock Change	0.01	-9.58
二.加工转换投入(-)产出(+)量	**Input(-) & Output(+) of Transformation**		**19.38**
1.火力发电	Thermal Power		
2.供热	Heating Supply		
3.煤炭洗选	Coal Washing		
4.炼焦	Coking		
5.炼油及煤制油	Petroleum Refining and Coal-to-liquids		19.38
#油品再投入量(-)	Petroleum Products Input (-)		
6.制气	Gas Works		
#焦炭再投入量(-)	Coke Input (-)		
7.天然气液化	Natural Gas Liquefaction		
8.煤制品加工	Briquettes		
9.回收能	Recovery of Energy		
三.损失量	**Loss**		
四.终端消费量	**Total Final Consumption**	**0.01**	
1.农、林、牧、渔业	Agriculture, Forestry, Animal Husbandry and Fishery	0.01	
2.工业	Industry		
#用作原料、材料	Non-Energy Use		
3.建筑业	Construction		
4.交通运输、仓储和邮政业	Transport, Storage and Post		
5.批发和零售业、住宿和餐饮业	Wholesale and Retail Trades, Hotels and Catering Services		
6.其他	Others		
7.居民生活	Residential		
城镇	Urban		
乡村	Rural		
五.平衡差额	**Statistical Difference**		
六.消费量合计	**Total Energy Consumption**	**0.01**	

Continued 2

液化石油气 (万吨) Liquefied Petroleum Gas (10^4 tons)	炼厂干气 (万吨) Refinery Gas (10^4 tons)	其他石油制品 (万吨) Other Petroleum Products (10^4 tons)	天然气 (亿立方米) Natural Gas (10^8 cu.m)	液化天然气 (万吨) Liquefied Natural Gas (10^4 tons)	热力 (万百万千焦) Heat (10^{10} kJ)	电力 (亿千瓦小时) Electricity (10^8 kW•h)	其他能源 (万吨标准煤) Other Energy (10^4 tce)
1.53	**-0.02**	**3.65**	**45.67**	**-9.39**		**108.24**	**648.01**
			45.67			200.10	386.90
1.38						116.60	261.11
				-9.13		-208.46	
0.15	-0.02	3.65		-0.26			
87.64	**36.36**	**94.53**	**-6.07**	**11.49**	**49223.85**	**910.23**	**-647.42**
	-4.88		-1.35			910.23	-614.75
	-78.79		-4.72		49223.85		-56.93
106.64	120.03	160.69					
-19.00		-66.16					
				11.49			
							24.27
						22.83	
89.16	**36.34**	**98.18**	**39.60**	**2.10**	**49223.85**	**995.64**	**0.59**
						41.66	
89.16	36.34	98.18	25.67	0.48	10024.78	586.88	0.59
					80.00	11.14	
			4.35	1.62	996.10	30.57	
			0.98		4108.22	53.30	
					4552.96	89.80	
			8.60		29461.79	182.29	
			8.60		29461.79	112.05	
						70.24	
108.16	**120.01**	**164.34**	**44.08**	**2.10**	**49223.85**	**1018.47**	**672.27**

6-9 上海能源平衡表(实物量)-2019

项 目	Item	煤合计 (万吨) Coal Total (10^4 tons)	原煤 (万吨) Raw Coal (10^4 tons)
一.可供本地区消费的能源量	**Total Primary Energy Supply**	**4238.00**	**3403.72**
1.一次能源生产量	Indigenous Production		
2.外省(区、市)调入量	Moving In from Other Provinces	3149.13	2304.13
3.进口量	Import	1124.94	1124.94
4.境内飞机和轮船在境外的加油量	Domestic Airplanes&Ships Refueling Abroad		
5.本省(区、市)调出量(-)	Sending Out to Other Provinces(-)	-31.90	-31.90
6.出口量(-)	Export(-)		
7.境外飞机和轮船在境内的加油量(-)	Oversea Airplanes&Ships Refueling Domestically(-)		
8.库存增(-)、减(+)量	Stock Change	-4.17	6.55
二.加工转换投入(-)产出(+)量	**Input(-) & Output(+) of Transformation**	**-3704.21**	**-2873.80**
1.火力发电	Thermal Power	-2634.17	-2634.17
2.供热	Heating Supply	-211.10	-211.10
3.煤炭洗选	Coal Washing		
4.炼焦	Coking	-858.94	-28.53
5.炼油及煤制油	Petroleum Refining and Coal-to-liquids		
#油品再投入量(-)	Petroleum Products Input (-)		
6.制气	Gas Works		
#焦炭再投入量(-)	Coke Input (-)		
7.天然气液化	Natural Gas Liquefaction		
8.煤制品加工	Briquettes		
9.回收能	Recovery of Energy		
三.损失量	**Loss**	**14.40**	**11.40**
四.终端消费量	**Total Final Consumption**	**519.67**	**519.67**
1.农、林、牧、渔业	Agriculture, Forestry, Animal Husbandry and Fishery	0.30	0.30
2.工业	Industry	510.16	510.16
#用作原料、材料	Non-Energy Use	202.82	202.82
3.建筑业	Construction	1.49	1.49
4.交通运输、仓储和邮政业	Transport, Storage and Post	0.02	0.02
5.批发和零售业、住宿和餐饮业	Wholesale and Retail Trades, Hotels and Catering Services	1.80	1.80
6.其他	Others	1.80	1.80
7.居民生活	Residential	4.10	4.10
城镇	Urban	2.20	2.20
乡村	Rural	1.90	1.90
五.平衡差额	**Statistical Difference**	**-0.28**	**-1.15**
六.消费量合计	**Total Energy Consumption**	**4238.28**	**3404.87**

Energy Balance of Shanghai (Physical Quantity) -2019

洗精煤 (万吨) Cleaned Coal (10[4] tons)	其他洗煤 (万吨) Other Washed Coal (10[4] tons)	煤制品 (万吨) Briquettes (10[4] tons)	煤矸石 (万吨) Gangue (10[4] tons)	焦炭 (万吨) Coke (10[4] tons)	焦炉煤气 (亿立方米) Coke Oven Gas (10[8] cu.m)	高炉煤气 (亿立方米) Blast Furnace Gas (10[8] cu.m)	转炉煤气 (亿立方米) Converter Gas (10[8] cu.m)	其他煤气 (亿立方米) Other Gas (10[8] cu.m)
834.28				**85.18**		**0.90**		
845.00				250.24		0.90		
				-163.94				
-10.72				-1.12				
-830.41				**549.28**	**22.93**	**128.11**	**11.51**	
					-0.72	-86.12	-2.52	
-830.41				549.28	23.65			
						214.23	14.03	
3.00				**13.00**				
				621.82	**22.95**	**129.01**	**11.52**	
				621.82	22.95	129.01	11.52	
0.87				**-0.36**	**-0.02**		**-0.01**	
833.41				**634.82**	**23.67**	**215.13**	**14.04**	

6-9 续表 1

项 目	Item	其他焦化产品(万吨) Other Coking Products (10^4 tons)	油品合计(万吨) Petroleum Products Total (10^4 tons)
一.可供本地区消费的能源量	**Total Primary Energy Supply**	**39.91**	**3510.36**
1.一次能源生产量	Indigenous Production		39.10
2.外省(区、市)调入量	Moving In from Other Provinces	76.27	6285.93
3.进口量	Import		3026.49
4.境内飞机和轮船在境外的加油量	Domestic Airplanes&Ships Refueling Abroad		636.81
5.本省(区、市)调出量(-)	Sending Out to Other Provinces(-)	-36.92	-5973.11
6.出口量(-)	Export(-)		-308.41
7.境外飞机和轮船在境内的加油量(-)	Oversea Airplanes&Ships Refueling Domestically(-)		-187.36
8.库存增(-)、减(+)量	Stock Change	0.57	-9.08
二.加工转换投入(-)产出(+)量	**Input(-) & Output(+) of Transformation**	**34.63**	**-39.71**
1.火力发电	Thermal Power		-19.87
2.供热	Heating Supply		-17.58
3.煤炭洗选	Coal Washing		
4.炼焦	Coking	34.63	
5.炼油及煤制油	Petroleum Refining and Coal-to-liquids		89.04
#油品再投入量(-)	Petroleum Products Input (-)		-91.30
6.制气	Gas Works		
#焦炭再投入量(-)	Coke Input (-)		
7.天然气液化	Natural Gas Liquefaction		
8.煤制品加工	Briquettes		
9.回收能	Recovery of Energy		
三.损失量	**Loss**		
四.终端消费量	**Total Final Consumption**	**74.29**	**3470.01**
1.农、林、牧、渔业	Agriculture, Forestry, Animal Husbandry and Fishery		28.00
2.工业	Industry	74.29	1040.59
#用作原料、材料	Non-Energy Use	24.64	709.48
3.建筑业	Construction		79.69
4.交通运输、仓储和邮政业	Transport, Storage and Post		1683.59
5.批发和零售业、住宿和餐饮业	Wholesale and Retail Trades, Hotels and Catering Services		161.46
6.其他	Others		218.69
7.居民生活	Residential		257.99
城镇	Urban		201.50
乡村	Rural		56.49
五.平衡差额	**Statistical Difference**	**0.25**	**0.64**
六.消费量合计	**Total Energy Consumption**	**74.29**	**3509.72**

Continued 1

原油 (万吨) Crude Oil (10^4 tons)	汽油 (万吨) Gasoline (10^4 tons)	煤油 (万吨) Kerosene (10^4 tons)	柴油 (万吨) Diesel Oil (10^4 tons)	燃料油 (万吨) Fuel Oil (10^4 tons)	石脑油 (万吨) Naphtha (10^4 tons)	润滑油 (万吨) Lubricants (10^4 tons)	石蜡 (万吨) Paraffin Waxes (10^4 tons)	溶剂油 (万吨) White Spirit (10^4 tons)
2597.18	**-114.31**	**411.60**	**-247.66**	**622.83**	**320.16**	**37.60**	**-6.33**	**1.11**
39.10								
	1402.08	331.24	1142.27	403.58	290.65	139.83	0.02	0.23
2575.90		387.25			30.80			
		198.05	14.46	424.30				
-13.43	-1498.62	-151.16	-1285.91	-207.08	-4.70	-103.10	-6.33	
	-18.45	-165.09	-122.92					
		-187.36						
-4.39	0.68	-1.33	4.45	2.03	3.41	0.86	-0.01	0.88
-2595.37	**607.57**	**341.82**	**693.99**	**36.05**	**187.13**	**5.87**	**13.32**	**0.02**
			-2.87					
			-0.13					
-2595.37	607.57	341.82	696.99	36.05	187.13	5.87	13.32	0.02
1.85	**493.87**	**753.68**	**446.30**	**658.32**	**507.23**	**43.47**	**6.58**	**1.14**
	14.20		12.00	1.20				
1.85	16.53	0.52	30.38	5.31	507.23	6.87	6.58	1.14
	0.05	0.26	0.04		499.67	1.17	0.38	0.78
	26.04		26.50	6.85				
	63.50	753.16	205.93	644.80		11.80		
	62.50		85.15	0.11		6.90		
	92.60		76.34	0.05		5.90		
	218.50		10.00			12.00		
	180.50		5.50			9.00		
	38.00		4.50			3.00		
-0.04	**-0.61**	**-0.26**	**0.03**	**0.56**	**0.06**		**0.41**	**-0.01**
2597.22	**493.87**	**753.68**	**449.30**	**658.32**	**507.23**	**43.47**	**6.58**	**1.14**

6-9 续表 2

项　　目	Item	石油沥青(万吨) Bitumen Asphalt (10^4 tons)	石油焦(万吨) Petroleum Coke (10^4 tons)
一.可供本地区消费的能源量	**Total Primary Energy Supply**	**28.77**	**-96.45**
1.一次能源生产量	Indigenous Production		
2.外省(区、市)调入量	Moving In from Other Provinces	50.22	1228.05
3.进口量	Import		
4.境内飞机和轮船在境外的加油量	Domestic Airplanes&Ships Refueling Abroad		
5.本省(区、市)调出量(-)	Sending Out to Other Provinces(-)	-24.16	-1307.96
6.出口量(-)	Export(-)		
7.境外飞机和轮船在境内的加油量(-)	Oversea Airplanes&Ships Refueling Domestically(-)		
8.库存增(-)、减(+)量	Stock Change	2.71	-16.54
二.加工转换投入(-)产出(+)量	**Input(-) & Output(+) of Transformation**	**52.59**	**101.37**
1.火力发电	Thermal Power		-16.85
2.供热	Heating Supply		-17.24
3.煤炭洗选	Coal Washing		
4.炼焦	Coking		
5.炼油及煤制油	Petroleum Refining and Coal-to-liquids	52.59	135.46
#油品再投入量(-)	Petroleum Products Input (-)		
6.制气	Gas Works		
#焦炭再投入量(-)	Coke Input (-)		
7.天然气液化	Natural Gas Liquefaction		
8.煤制品加工	Briquettes		
9.回收能	Recovery of Energy		
三.损失量	**Loss**		
四.终端消费量	**Total Final Consumption**	**81.10**	**5.09**
1.农、林、牧、渔业	Agriculture, Forestry, Animal Husbandry and Fishery		
2.工业	Industry	26.10	5.09
#用作原料、材料	Non-Energy Use	21.00	0.04
3.建筑业	Construction	17.00	
4.交通运输、仓储和邮政业	Transport, Storage and Post		
5.批发和零售业、住宿和餐饮业	Wholesale and Retail Trades, Hotels and Catering Services		
6.其他	Others	38.00	
7.居民生活	Residential		
城镇	Urban		
乡村	Rural		
五.平衡差额	**Statistical Difference**	**0.26**	**-0.17**
六.消费量合计	**Total Energy Consumption**	**81.10**	**39.18**

Continued 2

液化石油气 (万吨) Liquefied Petroleum Gas (10^4 tons)	炼厂干气 (万吨) Refinery Gas (10^4 tons)	其他石油制品 (万吨) Other Petroleum Products (10^4 tons)	天然气 (亿立方米) Natural Gas (10^8 cu.m)	液化天然气 (万吨) Liquefied Natural Gas (10^4 tons)	热力 (万百万千焦) Heat (10^{10} kJ)	电力 (亿千瓦小时) Electricity (10^8 kW•h)	其他能源 (万吨标准煤) Other Energy (10^4 tce)
-31.86	**1.00**	**-13.28**	**98.88**	**3.75**		**756.57**	**94.50**
			12.47			24.69	94.50
1225.55	1.00	71.21	53.05	3.75		869.61	
3.54		29.00	46.13				
-1261.64		-109.03	-12.77			-137.73	
		-1.94					
0.69		-2.52					
128.56	**154.29**	**233.08**	**-33.18**		**9597.25**	**812.02**	**-93.73**
	-0.15		-25.98		-1151.82	812.02	-86.01
	-0.21		-7.20		6762.38		-12.72
128.56	154.65	324.38					
		-91.30					
					3986.69		5.00
			3.92			**33.04**	
96.62	**155.23**	**219.53**	**61.78**	**3.75**	**9599.70**	**1535.54**	**0.89**
0.60			0.12			5.94	
58.23	155.23	219.53	34.92	3.75	9544.06	715.35	0.89
48.89	18.56	118.64	3.82				
3.30			0.11		5.40	47.00	
4.40			0.90		1.49	57.00	
6.80			2.70		11.82	87.73	
5.80			6.90		36.93	377.48	
17.49			16.13			245.04	
6.50			13.93			241.39	
10.99			2.20			3.65	
0.08	**0.06**	**0.27**			**-2.45**	**0.01**	**-0.12**
96.62	**155.59**	**310.83**	**98.88**	**3.75**	**10751.52**	**1568.58**	**99.62**

6-10 江苏能源平衡表(实物量)-2019

项 目	Item	煤合计(万吨) Coal Total (10^4 tons)	原煤(万吨) Raw Coal (10^4 tons)
一.可供本地区消费的能源量	**Total Primary Energy Supply**	**24902.05**	**22871.77**
1.一次能源生产量	Indigenous Production	1102.74	1102.74
2.外省(区、市)调入量	Moving In from Other Provinces	31661.72	28467.52
3.进口量	Import	938.00	938.00
4.境内飞机和轮船在境外的加油量	Domestic Airplanes&Ships Refueling Abroad		
5.本省(区、市)调出量(-)	Sending Out to Other Provinces(-)	-8045.58	-6850.69
6.出口量(-)	Export(-)		
7.境外飞机和轮船在境内的加油量(-)	Oversea Airplanes&Ships Refueling Domestically(-)		
8.库存增(-)、减(+)量	Stock Change	-754.83	-785.80
二.加工转换投入(-)产出(+)量	**Input(-) & Output(+) of Transformation**	**-21507.74**	**-19904.32**
1.火力发电	Thermal Power	-15296.39	-15106.75
2.供热	Heating Supply	-3758.41	-3661.90
3.煤炭洗选	Coal Washing	-158.18	-1135.67
4.炼焦	Coking	-2294.76	
5.炼油及煤制油	Petroleum Refining and Coal-to-liquids		
#油品再投入量(-)	Petroleum Products Input (-)		
6.制气	Gas Works		
#焦炭再投入量(-)	Coke Input (-)		
7.天然气液化	Natural Gas Liquefaction		
8.煤制品加工	Briquettes		
9.回收能	Recovery of Energy		
三.损失量	**Loss**		
四.终端消费量	**Total Final Consumption**	**3394.31**	**2967.45**
1.农、林、牧、渔业	Agriculture, Forestry, Animal Husbandry and Fishery	45.33	45.33
2.工业	Industry	3343.03	2916.17
#用作原料、材料	Non-Energy Use	783.32	783.32
3.建筑业	Construction	2.26	2.26
4.交通运输、仓储和邮政业	Transport, Storage and Post	0.51	0.51
5.批发和零售业、住宿和餐饮业	Wholesale and Retail Trades, Hotels and Catering Services		
6.其他	Others	3.18	3.18
7.居民生活	Residential		
城镇	Urban		
乡村	Rural		
五.平衡差额	**Statistical Difference**		
六.消费量合计	**Total Energy Consumption**	**24902.05**	**22871.77**

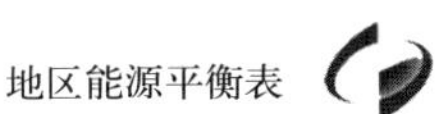

Energy Balance of Jiangsu (Physical Quantity) -2019

洗精煤 (万吨) Cleaned Coal (10^4 tons)	其他洗煤 (万吨) Other Washed Coal (10^4 tons)	煤制品 (万吨) Briquettes (10^4 tons)	煤矸石 (万吨) Gangue (10^4 tons)	焦炭 (万吨) Coke (10^4 tons)	焦炉煤气 (亿立方米) Coke Oven Gas (10^8 cu.m)	高炉煤气 (亿立方米) Blast Furnace Gas (10^8 cu.m)	转炉煤气 (亿立方米) Converter Gas (10^8 cu.m)	其他煤气 (亿立方米) Other Gas (10^8 cu.m)
1489.57	**528.73**	**11.98**		**3342.12**				
2233.64	942.93	17.63		4162.94				
-765.00	-384.72	-45.17		-828.09				
				-7.00				
20.93	-29.48	39.52		14.27				
-1489.57	**-131.22**	**17.37**		**1611.02**	**32.83**	**982.28**	**66.50**	
	-189.64				-6.18	-468.73	-43.85	
	-96.51				-1.58	-54.29	-2.79	
805.19	172.30							
-2294.76				1611.02	40.59			
	-17.37	17.37						
						1505.30	113.14	
	397.51	**29.35**		**4953.14**	**32.83**	**982.28**	**66.50**	
	397.51	29.35		4953.14	32.83	982.28	66.50	
				13.61				
2294.76	**701.03**	**29.35**		**4953.14**	**40.59**	**1505.30**	**113.14**	

6-10 续表 1

项　目	Item	其他焦化产品(万吨) Other Coking Products (10^4 tons)	油品合计(万吨) Petroleum Products Total (10^4 tons)
一.可供本地区消费的能源量	**Total Primary Energy Supply**	**-82.89**	**3286.02**
1.一次能源生产量	Indigenous Production		151.44
2.外省(区、市)调入量	Moving In from Other Provinces	33.65	3990.75
3.进口量	Import		2789.33
4.境内飞机和轮船在境外的加油量	Domestic Airplanes&Ships Refueling Abroad		9.38
5.本省(区、市)调出量(-)	Sending Out to Other Provinces(-)	-113.97	-3464.18
6.出口量(-)	Export(-)		-242.56
7.境外飞机和轮船在境内的加油量(-)	Oversea Airplanes&Ships Refueling Domestically(-)		-4.15
8.库存增(-)、减(+)量	Stock Change	-2.57	56.01
二.加工转换投入(-)产出(+)量	**Input(-) & Output(+) of Transformation**	**160.09**	**-235.19**
1.火力发电	Thermal Power		-5.73
2.供热	Heating Supply		-7.86
3.煤炭洗选	Coal Washing		
4.炼焦	Coking	160.09	
5.炼油及煤制油	Petroleum Refining and Coal-to-liquids		1093.41
#油品再投入量(-)	Petroleum Products Input (-)		-1315.01
6.制气	Gas Works		
#焦炭再投入量(-)	Coke Input (-)		
7.天然气液化	Natural Gas Liquefaction		
8.煤制品加工	Briquettes		
9.回收能	Recovery of Energy		
三.损失量	**Loss**		**6.52**
四.终端消费量	**Total Final Consumption**	**77.20**	**3044.31**
1.农、林、牧、渔业	Agriculture, Forestry, Animal Husbandry and Fishery		214.11
2.工业	Industry	77.20	720.47
#用作原料、材料	Non-Energy Use	53.19	427.90
3.建筑业	Construction		171.24
4.交通运输、仓储和邮政业	Transport, Storage and Post		1434.06
5.批发和零售业、住宿和餐饮业	Wholesale and Retail Trades, Hotels and Catering Services		11.14
6.其他	Others		12.27
7.居民生活	Residential		481.02
城镇	Urban		371.21
乡村	Rural		109.81
五.平衡差额	**Statistical Difference**		
六.消费量合计	**Total Energy Consumption**	**77.20**	**3286.02**

Continued 1

原油 (万吨) Crude Oil (10⁴ tons)	汽油 (万吨) Gasoline (10⁴ tons)	煤油 (万吨) Kerosene (10⁴ tons)	柴油 (万吨) Diesel Oil (10⁴ tons)	燃料油 (万吨) Fuel Oil (10⁴ tons)	石脑油 (万吨) Naphtha (10⁴ tons)	润滑油 (万吨) Lubricants (10⁴ tons)	石蜡 (万吨) Paraffin Waxes (10⁴ tons)	溶剂油 (万吨) White Spirit (10⁴ tons)
4121.21	**276.13**	**-366.65**	**223.16**	**-27.70**	**-121.82**	**-148.88**	**-2.16**	**-0.26**
151.44								
1190.92	679.49	8.44	760.88	165.54	210.70	16.96	0.46	8.18
2787.33				2.00				
		2.21	0.74	6.40		0.03		
-36.92	-360.89	-272.24	-444.33	-226.07	-339.05	-155.92	-2.70	-8.69
	-34.64	-101.80	-106.12					
		-4.15						
28.44	-7.83	0.89	11.99	24.43	6.53	-9.95	0.08	0.25
-4114.13	**809.74**	**499.50**	**662.69**	**148.96**	**379.54**	**150.38**	**2.75**	**0.99**
			-1.11	-0.12				
			-0.23					
-4114.13	809.74	499.50	664.03	186.73	379.54	150.38	2.75	0.99
				-37.65				
6.28								
0.80	**1085.87**	**132.85**	**885.85**	**121.26**	**257.72**	**1.50**	**0.59**	**0.73**
	24.85		178.59	10.67				
0.80	21.16	0.52	56.31	21.02	257.72	1.50	0.59	0.73
	0.14		0.13		257.71	0.31	0.15	0.37
	5.06		10.14	0.13				
	606.18	132.33	604.29	89.44				
	7.04		4.10					
	8.89		3.37					
	412.69		29.05					
	334.17		9.62					
	78.52		19.43					
4121.21	**1085.87**	**132.85**	**887.19**	**159.03**	**257.72**	**1.50**	**0.59**	**0.73**

6-10 续表 2

项　目	Item	石油沥青(万吨) Bitumen Asphalt (10^4 tons)	石油焦(万吨) Petroleum Coke (10^4 tons)
一.可供本地区消费的能源量	**Total Primary Energy Supply**	**-234.62**	**-156.33**
1.一次能源生产量	Indigenous Production		
2.外省(区、市)调入量	Moving In from Other Provinces	141.15	98.00
3.进口量	Import		
4.境内飞机和轮船在境外的加油量	Domestic Airplanes&Ships Refueling Abroad		
5.本省(区、市)调出量(-)	Sending Out to Other Provinces(-)	-371.66	-254.65
6.出口量(-)	Export(-)		
7.境外飞机和轮船在境内的加油量(-)	Oversea Airplanes&Ships Refueling Domestically(-)		
8.库存增(-)、减(+)量	Stock Change	-4.11	0.32
二.加工转换投入(-)产出(+)量	**Input(-) & Output(+) of Transformation**	**391.99**	**185.51**
1.火力发电	Thermal Power		-0.76
2.供热	Heating Supply		
3.煤炭洗选	Coal Washing		
4.炼焦	Coking		
5.炼油及煤制油	Petroleum Refining and Coal-to-liquids	392.98	186.27
#油品再投入量(-)	Petroleum Products Input (-)	-0.99	
6.制气	Gas Works		
#焦炭再投入量(-)	Coke Input (-)		
7.天然气液化	Natural Gas Liquefaction		
8.煤制品加工	Briquettes		
9.回收能	Recovery of Energy		
三.损失量	**Loss**		
四.终端消费量	**Total Final Consumption**	**157.37**	**29.18**
1.农、林、牧、渔业	Agriculture, Forestry, Animal Husbandry and Fishery		
2.工业	Industry	1.62	29.18
#用作原料、材料	Non-Energy Use	1.21	0.93
3.建筑业	Construction	155.75	
4.交通运输、仓储和邮政业	Transport, Storage and Post		
5.批发和零售业、住宿和餐饮业	Wholesale and Retail Trades, Hotels and Catering Services		
6.其他	Others		
7.居民生活	Residential		
城镇	Urban		
乡村	Rural		
五.平衡差额	**Statistical Difference**		
六.消费量合计	**Total Energy Consumption**	**158.36**	**29.94**

Continued 2

液化石油气(万吨) Liquefied Petroleum Gas (10^4 tons)	炼厂干气(万吨) Refinery Gas (10^4 tons)	其他石油制品(万吨) Other Petroleum Products (10^4 tons)	天然气(亿立方米) Natural Gas (10^8 cu.m)	液化天然气(万吨) Liquefied Natural Gas (10^4 tons)	热力(万百万千焦) Heat (10^{10} kJ)	电力(亿千瓦小时) Electricity (10^8 kW•h)	其他能源(万吨标准煤) Other Energy (10^4 tce)
-127.87	**-12.58**	**-135.61**	**282.06**	**43.50**		**1795.55**	**391.53**
			12.19			697.65	379.27
130.16		579.87	280.74	210.17		1274.09	
				616.00			
-260.05	-12.58	-718.43	-10.87	-774.66		-176.19	
2.02		2.95		-8.01			12.26
214.63	**101.83**	**330.43**	**-130.09**	**-0.44**	**69083.37**	**4468.81**	**-349.35**
	-3.74		-111.49	-0.46	-6021.53	4468.81	-290.35
	-7.63		-18.49	-0.73	61945.05		-59.00
214.63	113.20	1606.80					
		-1276.37					
			-0.11	0.75			
					13159.85		
0.24			**3.26**		**2789.19**	**187.53**	
86.52	**89.25**	**194.82**	**148.71**	**43.06**	**66294.18**	**6076.83**	**42.18**
						76.62	
45.25	89.25	194.82	98.84	35.38	66044.05	4265.82	42.18
0.15		166.80	1.73	0.01			
0.16			0.02			61.60	
1.82			18.86	7.68	5.62	97.63	
			0.51		13.91	244.48	
0.01			0.19		12.44	563.20	
39.28			30.29		218.16	767.48	
27.42			30.29		218.16	387.05	
11.86						380.43	
86.76	**100.62**	**1471.19**	**281.96**	**44.25**	**75104.90**	**6264.36**	**391.53**

6-11 浙江能源平衡表(实物量)-2019

项目	Item	煤合计(万吨) Coal Total (10^4 tons)	原煤(万吨) Raw Coal (10^4 tons)
一.可供本地区消费的能源量	**Total Primary Energy Supply**	**13676.90**	**13441.21**
1.一次能源生产量	Indigenous Production		
2.外省(区、市)调入量	Moving In from Other Provinces	11134.99	10895.71
3.进口量	Import	2609.28	2609.28
4.境内飞机和轮船在境外的加油量	Domestic Airplanes&Ships Refueling Abroad		
5.本省(区、市)调出量(-)	Sending Out to Other Provinces(-)		
6.出口量(-)	Export(-)	-0.09	-0.09
7.境外飞机和轮船在境内的加油量(-)	Oversea Airplanes&Ships Refueling Domestically(-)		
8.库存增(-)、减(+)量	Stock Change	-67.27	-63.69
二.加工转换投入(-)产出(+)量	**Input(-) & Output(+) of Transformation**	**-11536.31**	**-11612.81**
1.火力发电	Thermal Power	-8444.14	-8442.46
2.供热	Heating Supply	-2872.71	-2868.42
3.煤炭洗选	Coal Washing		
4.炼焦	Coking	-289.85	-62.50
5.炼油及煤制油	Petroleum Refining and Coal-to-liquids		
#油品再投入量(-)	Petroleum Products Input (-)		
6.制气	Gas Works	-1.14	-1.14
#焦炭再投入量(-)	Coke Input (-)		
7.天然气液化	Natural Gas Liquefaction		
8.煤制品加工	Briquettes	71.54	-238.28
9.回收能	Recovery of Energy		
三.损失量	**Loss**		
四.终端消费量	**Total Final Consumption**	**2140.59**	**1828.40**
1.农、林、牧、渔业	Agriculture, Forestry, Animal Husbandry and Fishery		
2.工业	Industry	2076.72	1788.33
#用作原料、材料	Non-Energy Use	223.87	196.13
3.建筑业	Construction	5.60	5.60
4.交通运输、仓储和邮政业	Transport, Storage and Post	0.01	0.01
5.批发和零售业、住宿和餐饮业	Wholesale and Retail Trades, Hotels and Catering Services	25.76	18.26
6.其他	Others	4.30	4.30
7.居民生活	Residential	28.20	11.90
城镇	Urban	11.00	4.30
乡村	Rural	17.20	7.60
五.平衡差额	**Statistical Difference**	**0.01**	**0.01**
六.消费量合计	**Total Energy Consumption**	**13676.90**	**13441.20**

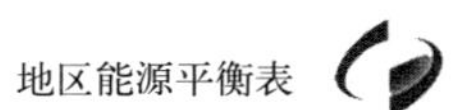

Energy Balance of Zhejiang (Physical Quantity) -2019

洗精煤 (万吨) Cleaned Coal (10^4 tons)	其他洗煤 (万吨) Other Washed Coal (10^4 tons)	煤制品 (万吨) Briquettes (10^4 tons)	煤矸石 (万吨) Gangue (10^4 tons)	焦炭 (万吨) Coke (10^4 tons)	焦炉煤气 (亿立方米) Coke Oven Gas (10^8 cu.m)	高炉煤气 (亿立方米) Blast Furnace Gas (10^8 cu.m)	转炉煤气 (亿立方米) Converter Gas (10^8 cu.m)	其他煤气 (亿立方米) Other Gas (10^8 cu.m)
227.36	**7.36**	**0.97**	**0.14**	**93.14**				
232.09	7.19		0.14	91.34				
-4.73	0.17	0.97		1.80				
-227.36	**-5.96**	**309.82**		**208.88**	**3.92**	**92.76**	**4.11**	**0.19**
	-1.67				-0.39	-18.68	-6.18	
	-4.29							
-227.36				208.88	4.31			
								0.19
		309.82						
						111.44	10.29	
	1.40	**310.80**	**0.14**	**302.02**	**3.92**	**92.76**	**4.11**	**0.19**
	1.40	287.00	0.14	302.02	3.92	92.76	4.11	0.19
	1.34	26.40						
		7.50						
		16.30						
		6.70						
		9.60						
227.36	**7.36**	**310.80**	**0.14**	**302.02**	**4.31**	**111.44**	**10.29**	**0.19**

6-11 续表 1

项　目	Item	其他焦化产品(万吨) Other Coking Products (10^4 tons)	油品合计(万吨) Petroleum Products Total (10^4 tons)
一.可供本地区消费的能源量	**Total Primary Energy Supply**	**-5.16**	**2548.98**
1.一次能源生产量	Indigenous Production		
2.外省(区、市)调入量	Moving In from Other Provinces		2715.04
3.进口量	Import		4461.13
4.境内飞机和轮船在境外的加油量	Domestic Airplanes&Ships Refueling Abroad		
5.本省(区、市)调出量(-)	Sending Out to Other Provinces(-)	-5.19	-3267.01
6.出口量(-)	Export(-)		-874.20
7.境外飞机和轮船在境内的加油量(-)	Oversea Airplanes&Ships Refueling Domestically(-)		
8.库存增(-)、减(+)量	Stock Change	0.03	-485.97
二.加工转换投入(-)产出(+)量	**Input(-) & Output(+) of Transformation**	**20.93**	**-171.09**
1.火力发电	Thermal Power		-39.33
2.供热	Heating Supply		-36.91
3.煤炭洗选	Coal Washing		
4.炼焦	Coking	20.93	
5.炼油及煤制油	Petroleum Refining and Coal-to-liquids		500.32
#油品再投入量(-)	Petroleum Products Input (-)		-595.18
6.制气	Gas Works		
#焦炭再投入量(-)	Coke Input (-)		
7.天然气液化	Natural Gas Liquefaction		
8.煤制品加工	Briquettes		
9.回收能	Recovery of Energy		
三.损失量	**Loss**		
四.终端消费量	**Total Final Consumption**	**15.77**	**2377.90**
1.农、林、牧、渔业	Agriculture, Forestry, Animal Husbandry and Fishery		232.00
2.工业	Industry	15.77	539.68
#用作原料、材料	Non-Energy Use		179.43
3.建筑业	Construction		170.81
4.交通运输、仓储和邮政业	Transport, Storage and Post		909.42
5.批发和零售业、住宿和餐饮业	Wholesale and Retail Trades, Hotels and Catering Services		75.50
6.其他	Others		81.05
7.居民生活	Residential		369.45
城镇	Urban		184.35
乡村	Rural		185.10
五.平衡差额	**Statistical Difference**		**-0.01**
六.消费量合计	**Total Energy Consumption**	**15.77**	**2549.00**

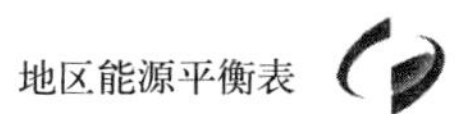

Continued 1

原油 (万吨) Crude Oil (10^4 tons)	汽油 (万吨) Gasoline (10^4 tons)	煤油 (万吨) Kerosene (10^4 tons)	柴油 (万吨) Diesel Oil (10^4 tons)	燃料油 (万吨) Fuel Oil (10^4 tons)	石脑油 (万吨) Naphtha (10^4 tons)	润滑油 (万吨) Lubricants (10^4 tons)	石蜡 (万吨) Paraffin Waxes (10^4 tons)	溶剂油 (万吨) White Spirit (10^4 tons)
3472.30	**437.50**	**-117.28**	**88.95**	**-179.52**	**-172.29**	**2.06**	**0.92**	**0.38**
822.33	714.93	231.09	537.49	339.90		1.23	0.92	0.38
2961.00		3.85	59.24	962.22		1.64		
	-260.33	-221.56	-400.16	-703.36	-172.29			
-18.68	-14.83	-129.42	-124.56	-585.50		-1.11		
-292.36	-2.28	-1.24	16.94	-192.77		0.30		
-3472.30	**351.70**	**293.65**	**640.56**	**240.87**	**172.29**			
			-0.87	-0.07				
			-0.09	-0.04				
-3472.30	351.70	293.65	641.52	483.31	376.44			
				-242.33	-204.16			
	789.19	**176.37**	**729.52**	**61.35**		**2.06**	**0.92**	**0.39**
	34.00		198.00					
	29.21	1.00	75.52	15.50		2.06	0.92	0.39
	0.11	0.05	1.06	1.46		0.31	0.19	0.24
	42.81		128.00					
	416.72	175.37	275.00	42.30				
	30.50		16.80	2.20				
	55.50		12.20	1.35				
	180.45		24.00					
	93.35		11.00					
	87.10		13.00					
3472.30	**789.20**	**176.37**	**730.48**	**303.79**	**204.16**	**2.06**	**0.92**	**0.39**

6-11 续表 2

项　目	Item	石油沥青(万吨) Bitumen Asphalt (10^4 tons)	石油焦(万吨) Petroleum Coke (10^4 tons)
一.可供本地区消费的能源量	**Total Primary Energy Supply**	**-407.00**	**-42.53**
1.一次能源生产量	Indigenous Production		
2.外省(区、市)调入量	Moving In from Other Provinces		
3.进口量	Import		
4.境内飞机和轮船在境外的加油量	Domestic Airplanes&Ships Refueling Abroad		
5.本省(区、市)调出量(-)	Sending Out to Other Provinces(-)	-406.59	-29.53
6.出口量(-)	Export(-)		
7.境外飞机和轮船在境内的加油量(-)	Oversea Airplanes&Ships Refueling Domestically(-)		
8.库存增(-)、减(+)量	Stock Change	-0.41	-13.00
二.加工转换投入(-)产出(+)量	**Input(-) & Output(+) of Transformation**	**418.70**	**86.07**
1.火力发电	Thermal Power		-38.39
2.供热	Heating Supply		-36.77
3.煤炭洗选	Coal Washing		
4.炼焦	Coking		
5.炼油及煤制油	Petroleum Refining and Coal-to-liquids	418.70	161.23
#油品再投入量(-)	Petroleum Products Input (-)		
6.制气	Gas Works		
#焦炭再投入量(-)	Coke Input (-)		
7.天然气液化	Natural Gas Liquefaction		
8.煤制品加工	Briquettes		
9.回收能	Recovery of Energy		
三.损失量	**Loss**		
四.终端消费量	**Total Final Consumption**	**11.70**	**43.54**
1.农、林、牧、渔业	Agriculture, Forestry, Animal Husbandry and Fishery		
2.工业	Industry	11.70	43.54
#用作原料、材料	Non-Energy Use	11.53	6.08
3.建筑业	Construction		
4.交通运输、仓储和邮政业	Transport, Storage and Post		
5.批发和零售业、住宿和餐饮业	Wholesale and Retail Trades, Hotels and Catering Services		
6.其他	Others		
7.居民生活	Residential		
城镇	Urban		
乡村	Rural		
五.平衡差额	**Statistical Difference**		
六.消费量合计	**Total Energy Consumption**	**11.70**	**118.70**

Continued 2

液化石油气 (万吨) Liquefied Petroleum Gas (10^4 tons)	炼厂干气 (万吨) Refinery Gas (10^4 tons)	其他石油制品 (万吨) Other Petroleum Products (10^4 tons)	天然气 (亿立方米) Natural Gas (10^8 cu.m)	液化天然气 (万吨) Liquefied Natural Gas (10^4 tons)	热力 (万百万千焦) Heat (10^{10} kJ)	电力 (亿千瓦小时) Electricity (10^8 kW•h)	其他能源 (万吨标准煤) Other Energy (10^4 tce)
95.74	**48.77**	**-679.01**	**140.22**	**50.55**		**2205.27**	**458.42**
						1036.69	455.55
18.00	48.77		140.22	50.55		1379.82	
473.17							
-395.55		-677.64				-211.25	
-0.10							
0.22		-1.37					2.87
132.23	**93.46**	**871.69**	**-33.02**	**-2.28**	**60613.37**	**2500.96**	**-371.51**
			-29.19	-0.04	-5767.70	2500.96	-320.26
			-3.83	-2.24	58537.79		-51.25
170.60	128.84	946.63					
-38.38	-35.38	-74.94					
					7843.28		
					2064.20	**162.16**	
227.96	**142.24**	**192.68**	**107.21**	**48.27**	**58549.17**	**4544.06**	**86.91**
						29.09	
24.94	142.24	192.68	70.54	48.27	52925.90	3081.33	86.91
0.50	0.86	157.03	0.10	1.44			
						87.99	
0.02			0.03		3.27	82.58	
26.00			7.89		4060.00	218.02	
12.00					1560.00	404.10	
165.00			28.75			640.95	
80.00			21.35			350.98	
85.00			7.40			289.97	
266.34	**177.62**	**267.62**	**140.22**	**50.55**	**66381.07**	**4706.22**	**458.42**

6-12 安徽能源平衡表(实物量)-2019

项　目	Item	煤合计(万吨) Coal Total (10^4 tons)	原煤(万吨) Raw Coal (10^4 tons)
一.可供本地区消费的能源量	**Total Primary Energy Supply**	**16701.14**	**18330.99**
1.一次能源生产量	Indigenous Production	10989.49	10989.49
2.外省(区、市)调入量	Moving In from Other Provinces	9650.07	7867.27
3.进口量	Import		
4.境内飞机和轮船在境外的加油量	Domestic Airplanes&Ships Refueling Abroad		
5.本省(区、市)调出量(-)	Sending Out to Other Provinces(-)	-4006.26	-586.81
6.出口量(-)	Export(-)		
7.境外飞机和轮船在境内的加油量(-)	Oversea Airplanes&Ships Refueling Domestically(-)		
8.库存增(-)、减(+)量	Stock Change	67.84	61.04
二.加工转换投入(-)产出(+)量	**Input(-) & Output(+) of Transformation**	**-13052.94**	**-14824.65**
1.火力发电	Thermal Power	-10371.86	-10183.73
2.供热	Heating Supply	-502.68	-493.39
3.煤炭洗选	Coal Washing	-491.16	-4076.11
4.炼焦	Coking	-1615.82	
5.炼油及煤制油	Petroleum Refining and Coal-to-liquids	-21.36	-21.36
#油品再投入量(-)	Petroleum Products Input (-)		
6.制气	Gas Works	-50.06	-50.06
#焦炭再投入量(-)	Coke Input (-)		
7.天然气液化	Natural Gas Liquefaction		
8.煤制品加工	Briquettes		
9.回收能	Recovery of Energy		
三.损失量	**Loss**		
四.终端消费量	**Total Final Consumption**	**3646.80**	**3505.55**
1.农、林、牧、渔业	Agriculture, Forestry, Animal Husbandry and Fishery	23.40	23.40
2.工业	Industry	3566.73	3460.47
#用作原料、材料	Non-Energy Use	591.34	556.11
3.建筑业	Construction	21.31	21.31
4.交通运输、仓储和邮政业	Transport, Storage and Post	0.36	0.36
5.批发和零售业、住宿和餐饮业	Wholesale and Retail Trades, Hotels and Catering Services		
6.其他	Others		
7.居民生活	Residential	35.00	
城镇	Urban	14.57	
乡村	Rural	20.43	
五.平衡差额	**Statistical Difference**	**1.40**	**0.79**
六.消费量合计	**Total Energy Consumption**	**16699.74**	**18330.20**

Energy Balance of Anhui (Physical Quantity) -2019

洗精煤 (万吨) Cleaned Coal (10^4 tons)	其他洗煤 (万吨) Other Washed Coal (10^4 tons)	煤制品 (万吨) Briquettes (10^4 tons)	煤矸石 (万吨) Gangue (10^4 tons)	焦炭 (万吨) Coke (10^4 tons)	焦炉煤气 (亿立方米) Coke Oven Gas (10^8 cu.m)	高炉煤气 (亿立方米) Blast Furnace Gas (10^8 cu.m)	转炉煤气 (亿立方米) Converter Gas (10^8 cu.m)	其他煤气 (亿立方米) Other Gas (10^8 cu.m)
-349.84	**-1366.81**	**86.80**	**136.11**	**-5.94**				
1629.96	58.14	94.70	139.00	418.21				
-1984.65	-1429.46	-5.34		-427.32				
4.85	4.51	-2.56	-2.89	3.17				
350.07	**1461.60**	**-39.96**	**-121.56**	**1167.18**	**27.94**	**238.51**	**12.37**	**4.59**
	-148.30	-39.83	-212.21		-6.61	-118.87	-14.65	
	-9.16	-0.13	-9.90		-1.04	-10.27	-1.01	
1965.89	1619.06		100.55					
-1615.82				1167.18	35.59			
								4.59
						367.65	28.03	
	94.09	**47.17**	**15.04**	**1161.43**	**27.94**	**238.51**	**12.37**	**4.59**
	94.09	12.17	15.04	1161.43	27.94	238.51	12.37	4.59
	35.23			0.85				
		35.00						
		14.57						
		20.43						
0.23	**0.70**	**-0.33**	**-0.49**	**-0.19**				
1615.82	**251.55**	**87.13**	**237.15**	**1161.43**	**35.59**	**367.65**	**28.03**	**4.59**

6-12 续表 1

项　目	Item	其他焦化产品(万吨) Other Coking Products (10^4 tons)	油品合计(万吨) Petroleum Products Total (10^4 tons)
一.可供本地区消费的能源量	**Total Primary Energy Supply**	**-66.45**	**1585.97**
1.一次能源生产量	Indigenous Production		
2.外省(区、市)调入量	Moving In from Other Provinces		1094.68
3.进口量	Import		658.28
4.境内飞机和轮船在境外的加油量	Domestic Airplanes&Ships Refueling Abroad		
5.本省(区、市)调出量(-)	Sending Out to Other Provinces(-)	-66.45	-166.78
6.出口量(-)	Export(-)		
7.境外飞机和轮船在境内的加油量(-)	Oversea Airplanes&Ships Refueling Domestically(-)		
8.库存增(-)、减(+)量	Stock Change		-0.21
二.加工转换投入(-)产出(+)量	**Input(-) & Output(+) of Transformation**	**79.00**	**-11.95**
1.火力发电	Thermal Power		-0.38
2.供热	Heating Supply		-0.28
3.煤炭洗选	Coal Washing		
4.炼焦	Coking	79.00	
5.炼油及煤制油	Petroleum Refining and Coal-to-liquids		58.14
#油品再投入量(-)	Petroleum Products Input (-)		-69.43
6.制气	Gas Works		
#焦炭再投入量(-)	Coke Input (-)		
7.天然气液化	Natural Gas Liquefaction		
8.煤制品加工	Briquettes		
9.回收能	Recovery of Energy		
三.损失量	**Loss**		
四.终端消费量	**Total Final Consumption**	**12.55**	**1574.21**
1.农、林、牧、渔业	Agriculture, Forestry, Animal Husbandry and Fishery		100.53
2.工业	Industry	12.55	185.99
#用作原料、材料	Non-Energy Use	8.46	43.04
3.建筑业	Construction		98.44
4.交通运输、仓储和邮政业	Transport, Storage and Post		659.93
5.批发和零售业、住宿和餐饮业	Wholesale and Retail Trades, Hotels and Catering Services		29.81
6.其他	Others		116.85
7.居民生活	Residential		382.65
城镇	Urban		243.66
乡村	Rural		138.99
五.平衡差额	**Statistical Difference**		**-0.20**
六.消费量合计	**Total Energy Consumption**	**12.55**	**1586.17**

Continued 1

原油 (万吨) Crude Oil (10^4 tons)	汽油 (万吨) Gasoline (10^4 tons)	煤油 (万吨) Kerosene (10^4 tons)	柴油 (万吨) Diesel Oil (10^4 tons)	燃料油 (万吨) Fuel Oil (10^4 tons)	石脑油 (万吨) Naphtha (10^4 tons)	润滑油 (万吨) Lubricants (10^4 tons)	石蜡 (万吨) Paraffin Waxes (10^4 tons)	溶剂油 (万吨) White Spirit (10^4 tons)
658.92	**406.80**	**-22.98**	**507.53**	**15.82**	**-17.43**	**1.34**	**0.26**	**0.34**
	470.95		543.07	21.07		0.96	0.27	0.34
658.28								
	-61.41	-24.10	-34.54	-5.62	-17.79			
0.64	-2.74	1.12	-1.00	0.37	0.36	0.38	-0.01	
-658.13	**249.15**	**39.57**	**181.11**	**5.67**	**17.43**	**-0.06**		
			-0.38					
			-0.08					
-658.13	249.15	39.57	181.57	5.67	17.43	0.13		
						-0.19		
0.79	**655.95**	**16.59**	**688.64**	**21.49**		**1.28**	**0.26**	**0.34**
	22.35		78.18					
0.79	4.43	0.54	54.61	4.00		1.28	0.26	0.34
	0.01		0.18	0.06			0.14	0.21
	32.12		64.55	1.77				
	174.05	16.05	454.09	15.71				
	19.66		10.15					
	101.13		15.72					
	302.21		11.33					
	211.27		4.01					
	90.94		7.31					
658.92	**655.95**	**16.59**	**689.10**	**21.49**		**1.47**	**0.26**	**0.34**

6-12 续表 2

项　　目	Item	石油沥青(万吨) Bitumen Asphalt (10^4 tons)	石油焦(万吨) Petroleum Coke (10^4 tons)
一.可供本地区消费的能源量	**Total Primary Energy Supply**	**0.80**	**-10.81**
1.一次能源生产量	Indigenous Production		
2.外省(区、市)调入量	Moving In from Other Provinces		9.10
3.进口量	Import		
4.境内飞机和轮船在境外的加油量	Domestic Airplanes&Ships Refueling Abroad		
5.本省(区、市)调出量(-)	Sending Out to Other Provinces(-)		-18.29
6.出口量(-)	Export(-)		
7.境外飞机和轮船在境内的加油量(-)	Oversea Airplanes&Ships Refueling Domestically(-)		
8.库存增(-)、减(+)量	Stock Change	0.80	-1.62
二.加工转换投入(-)产出(+)量	**Input(-) & Output(+) of Transformation**		**23.26**
1.火力发电	Thermal Power		
2.供热	Heating Supply		
3.煤炭洗选	Coal Washing		
4.炼焦	Coking		
5.炼油及煤制油	Petroleum Refining and Coal-to-liquids		23.26
#油品再投入量(-)	Petroleum Products Input (-)		
6.制气	Gas Works		
#焦炭再投入量(-)	Coke Input (-)		
7.天然气液化	Natural Gas Liquefaction		
8.煤制品加工	Briquettes		
9.回收能	Recovery of Energy		
三.损失量	**Loss**		
四.终端消费量	**Total Final Consumption**	**0.80**	**12.45**
1.农、林、牧、渔业	Agriculture, Forestry, Animal Husbandry and Fishery		
2.工业	Industry	0.80	12.45
#用作原料、材料	Non-Energy Use	0.78	0.07
3.建筑业	Construction		
4.交通运输、仓储和邮政业	Transport, Storage and Post		
5.批发和零售业、住宿和餐饮业	Wholesale and Retail Trades, Hotels and Catering Services		
6.其他	Others		
7.居民生活	Residential		
城镇	Urban		
乡村	Rural		
五.平衡差额	**Statistical Difference**		
六.消费量合计	**Total Energy Consumption**	**0.80**	**12.45**

Continued 2

液化石油气 (万吨) Liquefied Petroleum Gas (10^4 tons)	炼厂干气 (万吨) Refinery Gas (10^4 tons)	其他石油制品 (万吨) Other Petroleum Products (10^4 tons)	天然气 (亿立方米) Natural Gas (10^8 cu.m)	液化天然气 (万吨) Liquefied Natural Gas (10^4 tons)	热力 (万百万千焦) Heat (10^{10} kJ)	电力 (亿千瓦小时) Electricity (10^8 kW•h)	其他能源 (万吨标准煤) Other Energy (10^4 tce)
5.98	**0.78**	**38.63**	**59.57**	**0.49**		**-363.29**	**383.45**
			2.12			222.70	383.45
9.74	0.78	38.40	57.45	4.22		177.84	
-5.02						-763.83	
1.26		0.23		-3.73			
64.57	**24.65**	**40.83**	**-2.14**	**1.76**	**9892.56**	**2663.97**	**-324.67**
			-1.71		-8427.29	2663.97	-307.36
	-0.20		-0.17		9426.07		-17.31
64.57	35.75	99.17					
	-10.90	-58.34					
			-0.26	1.76			
					8893.78		
						130.83	
70.55	**25.63**	**79.46**	**57.43**	**2.25**	**9892.56**	**2169.85**	**58.78**
						33.15	
1.40	25.63	79.46	19.56	2.25	8383.10	1329.46	58.78
		41.59	0.19	0.07			
						37.59	
0.03			6.23		3.14	47.57	
			5.09			116.05	
			3.96			210.25	
69.11			22.60		1506.32	395.79	
28.38			22.60		1506.32	176.49	
40.73						219.29	
	-0.20						
70.55	**36.73**	**137.80**	**59.33**	**2.25**	**18319.85**	**2300.68**	**383.45**

6-13 福建能源平衡表(实物量)-2019

项目	Item	煤合计 (万吨) Coal Total (10^4 tons)	原煤 (万吨) Raw Coal (10^4 tons)
一.可供本地区消费的能源量	**Total Primary Energy Supply**	**8718.32**	**8553.41**
1.一次能源生产量	Indigenous Production	845.74	845.74
2.外省(区、市)调入量	Moving In from Other Provinces	5030.89	4793.03
3.进口量	Import	4233.98	4233.98
4.境内飞机和轮船在境外的加油量	Domestic Airplanes&Ships Refueling Abroad		
5.本省(区、市)调出量(-)	Sending Out to Other Provinces(-)	-1705.52	-1668.32
6.出口量(-)	Export(-)		
7.境外飞机和轮船在境内的加油量(-)	Oversea Airplanes&Ships Refueling Domestically(-)		
8.库存增(-)、减(+)量	Stock Change	313.23	348.98
二.加工转换投入(-)产出(+)量	**Input(-) & Output(+) of Transformation**	**-6423.42**	**-6316.78**
1.火力发电	Thermal Power	-5422.06	-5422.06
2.供热	Heating Supply	-661.88	-661.88
3.煤炭洗选	Coal Washing	-0.54	-66.11
4.炼焦	Coking	-252.84	-47.58
5.炼油及煤制油	Petroleum Refining and Coal-to-liquids		
#油品再投入量(-)	Petroleum Products Input (-)		
6.制气	Gas Works	-88.98	-88.98
#焦炭再投入量(-)	Coke Input (-)		
7.天然气液化	Natural Gas Liquefaction		
8.煤制品加工	Briquettes	2.88	-30.17
9.回收能	Recovery of Energy		
三.损失量	**Loss**		
四.终端消费量	**Total Final Consumption**	**2294.90**	**2236.63**
1.农、林、牧、渔业	Agriculture, Forestry, Animal Husbandry and Fishery	29.30	29.30
2.工业	Industry	2232.35	2174.08
#用作原料、材料	Non-Energy Use	135.00	135.00
3.建筑业	Construction	1.70	1.70
4.交通运输、仓储和邮政业	Transport, Storage and Post	1.15	1.15
5.批发和零售业、住宿和餐饮业	Wholesale and Retail Trades, Hotels and Catering Services	2.95	2.95
6.其他	Others	6.10	6.10
7.居民生活	Residential	21.35	21.35
城镇	Urban	4.50	4.50
乡村	Rural	16.85	16.85
五.平衡差额	**Statistical Difference**		
六.消费量合计	**Total Energy Consumption**	**8718.32**	**8553.41**

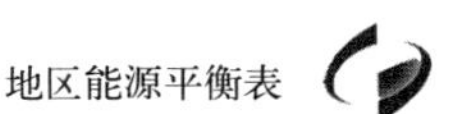

Energy Balance of Fujian (Physical Quantity) -2019

洗精煤（万吨） Cleaned Coal (10^4 tons)	其他洗煤（万吨） Other Washed Coal (10^4 tons)	煤制品（万吨） Briquettes (10^4 tons)	煤矸石（万吨） Gangue (10^4 tons)	焦炭（万吨） Coke (10^4 tons)	焦炉煤气（亿立方米） Coke Oven Gas (10^8 cu.m)	高炉煤气（亿立方米） Blast Furnace Gas (10^8 cu.m)	转炉煤气（亿立方米） Converter Gas (10^8 cu.m)	其他煤气（亿立方米） Other Gas (10^8 cu.m)
205.26	**-37.30**	**-3.05**		**669.43**				
216.61		21.25		692.22				
	-37.20							
-11.35	-0.10	-24.30		-22.79				
-205.26	**65.57**	**33.05**		**201.92**	**3.46**	**159.01**	**9.51**	**17.00**
					-1.27	-61.33	-11.64	
					-0.39	-17.63	-1.10	
	65.57							
-205.26				201.92	5.12			
								17.00
		33.05						
						237.97	22.25	
	28.27	**30.00**		**871.35**	**3.46**	**159.01**	**9.51**	**17.00**
	28.27	30.00		871.35	3.46	159.01	9.51	17.00
205.26	**28.27**	**30.00**		**871.35**	**5.12**	**237.97**	**22.25**	**17.00**

6-13 续表 1

项目	Item	其他焦化产品(万吨) Other Coking Products (10^4 tons)	油品合计(万吨) Petroleum Products Total (10^4 tons)
一.可供本地区消费的能源量	**Total Primary Energy Supply**	**0.21**	**2229.25**
1.一次能源生产量	Indigenous Production		
2.外省(区、市)调入量	Moving In from Other Provinces		305.47
3.进口量	Import		2551.36
4.境内飞机和轮船在境外的加油量	Domestic Airplanes&Ships Refueling Abroad		
5.本省(区、市)调出量(-)	Sending Out to Other Provinces(-)		-629.05
6.出口量(-)	Export(-)		
7.境外飞机和轮船在境内的加油量(-)	Oversea Airplanes&Ships Refueling Domestically(-)		
8.库存增(-)、减(+)量	Stock Change	0.21	1.47
二.加工转换投入(-)产出(+)量	**Input(-) & Output(+) of Transformation**	**8.10**	**-218.63**
1.火力发电	Thermal Power		-57.78
2.供热	Heating Supply		-16.15
3.煤炭洗选	Coal Washing		
4.炼焦	Coking	8.10	
5.炼油及煤制油	Petroleum Refining and Coal-to-liquids		121.24
#油品再投入量(-)	Petroleum Products Input (-)		-265.94
6.制气	Gas Works		
#焦炭再投入量(-)	Coke Input (-)		
7.天然气液化	Natural Gas Liquefaction		
8.煤制品加工	Briquettes		
9.回收能	Recovery of Energy		
三.损失量	**Loss**		
四.终端消费量	**Total Final Consumption**	**8.31**	**2010.62**
1.农、林、牧、渔业	Agriculture, Forestry, Animal Husbandry and Fishery		77.90
2.工业	Industry	8.31	742.41
#用作原料、材料	Non-Energy Use		3.00
3.建筑业	Construction		130.10
4.交通运输、仓储和邮政业	Transport, Storage and Post		843.12
5.批发和零售业、住宿和餐饮业	Wholesale and Retail Trades, Hotels and Catering Services		14.21
6.其他	Others		27.87
7.居民生活	Residential		175.01
城镇	Urban		95.64
乡村	Rural		79.37
五.平衡差额	**Statistical Difference**		**0.01**
六.消费量合计	**Total Energy Consumption**	**8.31**	**2229.25**

Continued 1

原油 (万吨) Crude Oil (10^4 tons)	汽油 (万吨) Gasoline (10^4 tons)	煤油 (万吨) Kerosene (10^4 tons)	柴油 (万吨) Diesel Oil (10^4 tons)	燃料油 (万吨) Fuel Oil (10^4 tons)	石脑油 (万吨) Naphtha (10^4 tons)	润滑油 (万吨) Lubricants (10^4 tons)	石蜡 (万吨) Paraffin Waxes (10^4 tons)	溶剂油 (万吨) White Spirit (10^4 tons)
2559.36	**154.65**	**-227.34**	**-118.17**	**116.39**	**-72.79**	**12.24**	**0.27**	**1.49**
	153.14			115.58		14.50	0.27	1.51
2551.36								
		-229.01	-123.52		-71.31			
8.00	1.51	1.67	5.35	0.81	-1.48	-2.26		-0.02
-2453.10	**407.78**	**399.12**	**568.17**	**33.81**	**95.43**			
			-1.43	-0.27				
			-2.15	-5.99				
-2453.10	407.78	399.12	571.75	63.79	136.06			
				-23.72	-40.63			
106.26	**562.43**	**171.78**	**450.00**	**150.20**	**22.64**	**12.24**	**0.27**	**1.49**
	25.00	0.80	41.14	7.00		2.20		
106.26	103.26	0.70	38.28	24.65	22.64	6.04	0.27	1.49
	36.50		48.70					
	251.87	170.28	295.08	118.55		4.00		
	9.60		4.30					
	22.80		5.00					
	113.40		17.50					
	68.40		5.20					
	45.00		12.30					
2559.36	**562.43**	**171.78**	**453.58**	**180.18**	**63.27**	**12.24**	**0.27**	**1.49**

6-13 续表 2

项 目	Item	石油沥青(万吨) Bitumen Asphalt (10^4 tons)	石油焦(万吨) Petroleum Coke (10^4 tons)
一.可供本地区消费的能源量	**Total Primary Energy Supply**	**-53.62**	**8.97**
1.一次能源生产量	Indigenous Production		
2.外省(区、市)调入量	Moving In from Other Provinces		20.47
3.进口量	Import		
4.境内飞机和轮船在境外的加油量	Domestic Airplanes&Ships Refueling Abroad		
5.本省(区、市)调出量(-)	Sending Out to Other Provinces(-)	-53.48	-12.27
6.出口量(-)	Export(-)		
7.境外飞机和轮船在境内的加油量(-)	Oversea Airplanes&Ships Refueling Domestically(-)		
8.库存增(-)、减(+)量	Stock Change	-0.14	0.77
二.加工转换投入(-)产出(+)量	**Input(-) & Output(+) of Transformation**	**104.01**	**19.91**
1.火力发电	Thermal Power		-22.02
2.供热	Heating Supply		-4.32
3.煤炭洗选	Coal Washing		
4.炼焦	Coking		
5.炼油及煤制油	Petroleum Refining and Coal-to-liquids	104.01	46.25
#油品再投入量(-)	Petroleum Products Input (-)		
6.制气	Gas Works		
#焦炭再投入量(-)	Coke Input (-)		
7.天然气液化	Natural Gas Liquefaction		
8.煤制品加工	Briquettes		
9.回收能	Recovery of Energy		
三.损失量	**Loss**		
四.终端消费量	**Total Final Consumption**	**50.39**	**28.88**
1.农、林、牧、渔业	Agriculture, Forestry, Animal Husbandry and Fishery		
2.工业	Industry	6.39	28.88
#用作原料、材料	Non-Energy Use		3.00
3.建筑业	Construction	44.00	
4.交通运输、仓储和邮政业	Transport, Storage and Post		
5.批发和零售业、住宿和餐饮业	Wholesale and Retail Trades, Hotels and Catering Services		
6.其他	Others		
7.居民生活	Residential		
城镇	Urban		
乡村	Rural		
五.平衡差额	**Statistical Difference**		
六.消费量合计	**Total Energy Consumption**	**50.39**	**55.22**

Continued 2

液化石油气 (万吨) Liquefied Petroleum Gas (10^4 tons)	炼厂干气 (万吨) Refinery Gas (10^4 tons)	其他石油制品 (万吨) Other Petroleum Products (10^4 tons)	天然气 (亿立方米) Natural Gas (10^8 cu.m)	液化天然气 (万吨) Liquefied Natural Gas (10^4 tons)	热力 (万百万千焦) Heat (10^{10} kJ)	电力 (亿千瓦小时) Electricity (10^8 kW•h)	其他能源 (万吨标准煤) Other Energy (10^4 tce)
-92.34		**-59.86**	**52.77**			**996.21**	**240.97**
						1166.82	240.97
			22.74			1.25	
			30.03				
-92.54		-46.92				-171.86	
0.20		-12.94					
149.83	**135.58**	**320.83**	**-14.41**		**13129.96**	**1406.13**	**-159.03**
	-34.06		-12.78		-3901.40	1406.13	-156.90
	-3.69		-0.33		13090.78		-2.13
149.83	173.33	522.42	-1.30				
		-201.59					
					3940.58		
						78.64	
57.49	**135.58**	**260.97**	**38.36**		**13129.96**	**2323.70**	**81.94**
1.76						38.35	2.00
7.00	135.58	260.97	31.91		13129.96	1424.52	79.94
0.90			0.85			38.54	
3.34			2.05			44.08	
0.31			0.80			127.11	
0.07			0.42			186.98	
44.11			2.33			464.12	
22.04			2.03			234.53	
22.07			0.30			229.59	
57.49	**173.33**	**462.56**	**52.77**		**17031.36**	**2402.34**	**240.97**

6-14 江西能源平衡表(实物量)-2019

项 目	Item	煤合计 (万吨) Coal Total (10^4 tons)	原煤 (万吨) Raw Coal (10^4 tons)
一.可供本地区消费的能源量	**Total Primary Energy Supply**	**7995.94**	**7021.69**
1.一次能源生产量	Indigenous Production	503.61	503.61
2.外省(区、市)调入量	Moving In from Other Provinces	7347.70	6379.06
3.进口量	Import	138.66	138.66
4.境内飞机和轮船在境外的加油量	Domestic Airplanes&Ships Refueling Abroad		
5.本省(区、市)调出量(-)	Sending Out to Other Provinces(-)	-46.09	-46.09
6.出口量(-)	Export(-)		
7.境外飞机和轮船在境内的加油量(-)	Oversea Airplanes&Ships Refueling Domestically(-)		
8.库存增(-)、减(+)量	Stock Change	52.05	46.44
二.加工转换投入(-)产出(+)量	**Input(-) & Output(+) of Transformation**	**-5229.71**	**-4420.32**
1.火力发电	Thermal Power	-4100.70	-4100.70
2.供热	Heating Supply	-163.46	-163.46
3.煤炭洗选	Coal Washing	-42.95	-140.16
4.炼焦	Coking	-938.30	
5.炼油及煤制油	Petroleum Refining and Coal-to-liquids		
#油品再投入量(-)	Petroleum Products Input (-)		
6.制气	Gas Works		
#焦炭再投入量(-)	Coke Input (-)		
7.天然气液化	Natural Gas Liquefaction		
8.煤制品加工	Briquettes	15.70	-16.00
9.回收能	Recovery of Energy		
三.损失量	**Loss**		
四.终端消费量	**Total Final Consumption**	**2766.23**	**2601.37**
1.农、林、牧、渔业	Agriculture, Forestry, Animal Husbandry and Fishery	20.00	20.00
2.工业	Industry	2441.09	2377.33
#用作原料、材料	Non-Energy Use	0.30	0.30
3.建筑业	Construction	3.00	3.00
4.交通运输、仓储和邮政业	Transport, Storage and Post	8.03	8.03
5.批发和零售业、住宿和餐饮业	Wholesale and Retail Trades, Hotels and Catering Services	24.00	24.00
6.其他	Others	20.00	20.00
7.居民生活	Residential	250.10	149.00
城镇	Urban	53.60	28.00
乡村	Rural	196.50	121.00
五.平衡差额	**Statistical Difference**		
六.消费量合计	**Total Energy Consumption**	**7995.94**	**7021.69**

Energy Balance of Jiangxi (Physical Quantity) -2019

洗精煤 (万吨) Cleaned Coal (10^4 tons)	其他洗煤 (万吨) Other Washed Coal (10^4 tons)	煤制品 (万吨) Briquettes (10^4 tons)	煤矸石 (万吨) Gangue (10^4 tons)	焦炭 (万吨) Coke (10^4 tons)	焦炉煤气 (亿立方米) Coke Oven Gas (10^8 cu.m)	高炉煤气 (亿立方米) Blast Furnace Gas (10^8 cu.m)	转炉煤气 (亿立方米) Converter Gas (10^8 cu.m)	其他煤气 (亿立方米) Other Gas (10^8 cu.m)
873.90	**95.79**	**4.56**	**62.94**	**278.66**				
868.07	96.13	4.44	61.19	419.68				
				-137.39				
5.83	-0.34	0.12	1.75	-3.63				
-873.90	**-37.69**	**102.20**	**-56.75**	**660.78**	**16.54**	**245.52**	**25.37**	
			-56.75		-2.48	-116.47	-5.29	
64.40	32.81							
-938.30				660.78	19.02			
	-70.50	102.20						
						361.99	30.66	
	58.10	**106.76**	**6.19**	**939.44**	**16.54**	**245.52**	**25.37**	
	58.10	5.66	6.19	939.44	16.15	245.52	25.37	
		101.10			0.39			
		25.60			0.14			
		75.50			0.25			
938.30	**128.60**	**106.76**	**62.94**	**939.44**	**19.02**	**361.99**	**30.66**	

6-14 续表 1

项　　目	Item	其他焦化产品(万吨) Other Coking Products (10^4 tons)	油品合计(万吨) Petroleum Products Total (10^4 tons)
一.可供本地区消费的能源量	**Total Primary Energy Supply**	**-29.29**	**1257.20**
1.一次能源生产量	Indigenous Production		
2.外省(区、市)调入量	Moving In from Other Provinces	0.94	733.39
3.进口量	Import		634.04
4.境内飞机和轮船在境外的加油量	Domestic Airplanes&Ships Refueling Abroad		
5.本省(区、市)调出量(-)	Sending Out to Other Provinces(-)	-30.13	-111.53
6.出口量(-)	Export(-)		
7.境外飞机和轮船在境内的加油量(-)	Oversea Airplanes&Ships Refueling Domestically(-)		
8.库存增(-)、减(+)量	Stock Change	-0.10	1.30
二.加工转换投入(-)产出(+)量	**Input(-) & Output(+) of Transformation**	**37.19**	**-31.09**
1.火力发电	Thermal Power		-1.10
2.供热	Heating Supply		-4.90
3.煤炭洗选	Coal Washing		
4.炼焦	Coking	37.19	
5.炼油及煤制油	Petroleum Refining and Coal-to-liquids		57.72
#油品再投入量(-)	Petroleum Products Input (-)		-82.81
6.制气	Gas Works		
#焦炭再投入量(-)	Coke Input (-)		
7.天然气液化	Natural Gas Liquefaction		
8.煤制品加工	Briquettes		
9.回收能	Recovery of Energy		
三.损失量	**Loss**		**0.69**
四.终端消费量	**Total Final Consumption**	**7.90**	**1225.43**
1.农、林、牧、渔业	Agriculture, Forestry, Animal Husbandry and Fishery		66.50
2.工业	Industry	7.90	200.84
#用作原料、材料	Non-Energy Use		23.72
3.建筑业	Construction		48.00
4.交通运输、仓储和邮政业	Transport, Storage and Post		590.52
5.批发和零售业、住宿和餐饮业	Wholesale and Retail Trades, Hotels and Catering Services		57.40
6.其他	Others		50.17
7.居民生活	Residential		212.00
城镇	Urban		142.50
乡村	Rural		69.50
五.平衡差额	**Statistical Difference**		
六.消费量合计	**Total Energy Consumption**	**7.90**	**1257.21**

Continued 1

原油 (万吨) Crude Oil (10^4 tons)	汽油 (万吨) Gasoline (10^4 tons)	煤油 (万吨) Kerosene (10^4 tons)	柴油 (万吨) Diesel Oil (10^4 tons)	燃料油 (万吨) Fuel Oil (10^4 tons)	石脑油 (万吨) Naphtha (10^4 tons)	润滑油 (万吨) Lubricants (10^4 tons)	石蜡 (万吨) Paraffin Waxes (10^4 tons)	溶剂油 (万吨) White Spirit (10^4 tons)
787.96	**161.02**	**-51.41**	**305.01**	**4.16**	**-35.34**	**3.82**	**0.15**	**0.01**
153.70	169.42		297.61	3.37		3.90	0.15	0.01
634.04								
		-52.38			-35.24			
0.22	-8.40	0.97	7.40	0.79	-0.10	-0.08		
-786.60	**244.35**	**70.73**	**293.69**	**8.09**	**35.34**			
			-0.12					
-786.60	244.35	70.73	293.81	8.09	35.34			
0.69								
0.67	**405.37**	**19.32**	**598.70**	**12.25**		**3.82**	**0.15**	**0.01**
	13.00		53.50					
0.67	42.91	0.05	67.80	8.43		0.15	0.15	0.01
	0.03		0.63	0.61		0.01		
	3.00		22.00					
	184.46	19.27	379.90	3.82		3.00		
	22.00		25.00			0.60		
	26.00		18.00			0.07		
	114.00		32.50					
	82.00		10.50					
	32.00		22.00					
787.96	**405.37**	**19.32**	**598.82**	**12.25**		**3.82**	**0.15**	**0.01**

6-14 续表 2

项 目	Item	石油沥青(万吨) Bitumen Asphalt (10^4 tons)	石油焦(万吨) Petroleum Coke (10^4 tons)
一.可供本地区消费的能源量	**Total Primary Energy Supply**	**15.72**	**-19.49**
1.一次能源生产量	Indigenous Production		
2.外省(区、市)调入量	Moving In from Other Provinces	14.69	4.88
3.进口量	Import		
4.境内飞机和轮船在境外的加油量	Domestic Airplanes&Ships Refueling Abroad		
5.本省(区、市)调出量(-)	Sending Out to Other Provinces(-)		-23.91
6.出口量(-)	Export(-)		
7.境外飞机和轮船在境内的加油量(-)	Oversea Airplanes&Ships Refueling Domestically(-)		
8.库存增(-)、减(+)量	Stock Change	1.03	-0.46
二.加工转换投入(-)产出(+)量	**Input(-) & Output(+) of Transformation**	**8.44**	**29.63**
1.火力发电	Thermal Power		-0.84
2.供热	Heating Supply		-1.64
3.煤炭洗选	Coal Washing		
4.炼焦	Coking		
5.炼油及煤制油	Petroleum Refining and Coal-to-liquids	8.44	32.11
#油品再投入量(-)	Petroleum Products Input (-)		
6.制气	Gas Works		
#焦炭再投入量(-)	Coke Input (-)		
7.天然气液化	Natural Gas Liquefaction		
8.煤制品加工	Briquettes		
9.回收能	Recovery of Energy		
三.损失量	**Loss**		
四.终端消费量	**Total Final Consumption**	**24.16**	**10.14**
1.农、林、牧、渔业	Agriculture, Forestry, Animal Husbandry and Fishery		
2.工业	Industry	1.16	10.14
#用作原料、材料	Non-Energy Use	1.16	4.96
3.建筑业	Construction	23.00	
4.交通运输、仓储和邮政业	Transport, Storage and Post		
5.批发和零售业、住宿和餐饮业	Wholesale and Retail Trades, Hotels and Catering Services		
6.其他	Others		
7.居民生活	Residential		
城镇	Urban		
乡村	Rural		
五.平衡差额	**Statistical Difference**		
六.消费量合计	**Total Energy Consumption**	**24.16**	**12.62**

Continued 2

液化石油气 (万吨) Liquefied Petroleum Gas (10^4 tons)	炼厂干气 (万吨) Refinery Gas (10^4 tons)	其他石油制品 (万吨) Other Petroleum Products (10^4 tons)	天然气 (亿立方米) Natural Gas (10^8 cu.m)	液化天然气 (万吨) Liquefied Natural Gas (10^4 tons)	热力 (万百万千焦) Heat (10^{10} kJ)	电力 (亿千瓦小时) Electricity (10^8 kW•h)	其他能源 (万吨标准煤) Other Energy (10^4 tce)
39.42		**46.17**	**25.56**	**10.11**		**434.74**	**188.00**
			0.03			274.94	135.09
39.49		46.17	25.54	10.34		159.80	54.93
-0.07			-0.01	-0.23			-2.02
42.70	**28.00**	**-5.46**	**-1.32**		**2976.81**	**1100.96**	**-106.10**
	-0.14		-0.93		-4143.46	1100.96	-101.67
	-3.26		-0.39		2902.07		-4.43
42.70	31.40	77.35					
		-82.81					
					4218.20		
						72.37	
82.12	**28.00**	**40.71**	**24.24**	**10.11**	**2976.81**	**1463.33**	**81.90**
						13.71	
0.66	28.00	40.71	13.53	1.70	2976.81	879.04	51.90
0.12		16.20	0.12				
						29.39	
0.06			0.81	4.07		38.45	
9.80			2.30			83.88	
6.10			2.20			131.30	
65.50			5.40	4.34		287.56	30.00
50.00			5.20	4.34		154.93	
15.50			0.20			132.63	30.00
82.12	**31.40**	**123.52**	**25.56**	**10.11**	**7120.27**	**1535.70**	**188.00**

6-15 山东能源平衡表(实物量)-2019

项目	Item	煤合计 (万吨) Coal Total (10^4 tons)	原煤 (万吨) Raw Coal (10^4 tons)
一.可供本地区消费的能源量	**Total Primary Energy Supply**	**43132.99**	**41835.50**
1.一次能源生产量	Indigenous Production	11918.10	11918.10
2.外省(区、市)调入量	Moving In from Other Provinces	39654.91	35474.73
3.进口量	Import		
4.境内飞机和轮船在境外的加油量	Domestic Airplanes&Ships Refueling Abroad		
5.本省(区、市)调出量(-)	Sending Out to Other Provinces(-)	-8173.57	-5281.91
6.出口量(-)	Export(-)		
7.境外飞机和轮船在境内的加油量(-)	Oversea Airplanes&Ships Refueling Domestically(-)		
8.库存增(-)、减(+)量	Stock Change	-266.45	-275.42
二.加工转换投入(-)产出(+)量	**Input(-) & Output(+) of Transformation**	**-36049.12**	**-36213.45**
1.火力发电	Thermal Power	-20515.83	-19832.61
2.供热	Heating Supply	-8128.28	-7830.43
3.煤炭洗选	Coal Washing	-467.98	-8090.34
4.炼焦	Coking	-6762.91	-343.72
5.炼油及煤制油	Petroleum Refining and Coal-to-liquids		
#油品再投入量(-)	Petroleum Products Input (-)		
6.制气	Gas Works	-170.64	-73.45
#焦炭再投入量(-)	Coke Input (-)		
7.天然气液化	Natural Gas Liquefaction		
8.煤制品加工	Briquettes	-3.48	-42.90
9.回收能	Recovery of Energy		
三.损失量	**Loss**		
四.终端消费量	**Total Final Consumption**	**7083.88**	**5622.05**
1.农、林、牧、渔业	Agriculture, Forestry, Animal Husbandry and Fishery	45.60	45.60
2.工业	Industry	6119.06	5409.86
#用作原料、材料	Non-Energy Use	1709.35	1403.74
3.建筑业	Construction		
4.交通运输、仓储和邮政业	Transport, Storage and Post	15.02	15.02
5.批发和零售业、住宿和餐饮业	Wholesale and Retail Trades, Hotels and Catering Services	254.76	50.31
6.其他	Others	170.76	25.39
7.居民生活	Residential	478.68	75.87
城镇	Urban	162.65	30.35
乡村	Rural	316.03	45.52
五.平衡差额	**Statistical Difference**		
六.消费量合计	**Total Energy Consumption**	**43132.99**	**41835.50**

Energy Balance of Shandong (Physical Quantity) -2019

洗精煤 (万吨) Cleaned Coal (10^4 tons)	其他洗煤 (万吨) Other Washed Coal (10^4 tons)	煤制品 (万吨) Briquettes (10^4 tons)	煤矸石 (万吨) Gangue (10^4 tons)	焦炭 (万吨) Coke (10^4 tons)	焦炉煤气 (亿立方米) Coke Oven Gas (10^8 cu.m)	高炉煤气 (亿立方米) Blast Furnace Gas (10^8 cu.m)	转炉煤气 (亿立方米) Converter Gas (10^8 cu.m)	其他煤气 (亿立方米) Other Gas (10^8 cu.m)
1715.92	**-1244.55**	**826.12**	**278.78**	**-1318.10**		**7.75**	**1.38**	**1.58**
3131.80		1048.38	253.11	566.32		7.75	1.38	1.58
-1423.50	-1242.51	-225.65		-1921.87				
7.62	-2.04	3.39	25.67	37.45				
-1715.92	**1878.14**	**2.11**	**-275.18**	**4864.73**	**66.39**	**448.37**	**48.47**	**52.68**
	-679.31	-3.91	-242.32	-25.30	-15.67	-297.54	-14.45	-0.13
	-250.16	-47.69	-74.28	-47.51	-10.15	-125.34	-2.74	-1.20
4703.27	2919.09		41.42					
-6419.19				4937.54	96.26			
	-97.19				-4.05			54.01
	-14.29	53.71						
						871.25	65.66	
	633.59	**828.23**	**3.60**	**3546.63**	**66.39**	**456.12**	**49.85**	**54.26**
	633.59	75.60	3.60	3546.63	64.49	456.12	49.85	54.26
	305.60	0.01		63.51				
		204.45			0.72			
		145.37			0.33			
		402.81			0.85			
		132.30			0.85			
		270.51						
6419.19	**1674.54**	**879.83**	**320.20**	**3619.44**	**96.26**	**879.00**	**67.04**	**55.59**

6-15 续表 1

项　　目	Item	其他焦化产品(万吨) Other Coking Products (10^4 tons)	油品合计(万吨) Petroleum Products Total (10^4 tons)
一.可供本地区消费的能源量	**Total Primary Energy Supply**	**-163.96**	**4102.82**
1.一次能源生产量	Indigenous Production		2237.82
2.外省(区、市)调入量	Moving In from Other Provinces		12830.43
3.进口量	Import		
4.境内飞机和轮船在境外的加油量	Domestic Airplanes&Ships Refueling Abroad		
5.本省(区、市)调出量(-)	Sending Out to Other Provinces(-)	-162.04	-10771.95
6.出口量(-)	Export(-)		
7.境外飞机和轮船在境内的加油量(-)	Oversea Airplanes&Ships Refueling Domestically(-)		
8.库存增(-)、减(+)量	Stock Change	-1.92	-193.48
二.加工转换投入(-)产出(+)量	**Input(-) & Output(+) of Transformation**	**288.02**	**-692.08**
1.火力发电	Thermal Power	-0.80	-21.91
2.供热	Heating Supply	-0.86	-37.09
3.煤炭洗选	Coal Washing		
4.炼焦	Coking	289.68	
5.炼油及煤制油	Petroleum Refining and Coal-to-liquids		3690.70
#油品再投入量(-)	Petroleum Products Input (-)		-4323.78
6.制气	Gas Works		
#焦炭再投入量(-)	Coke Input (-)		
7.天然气液化	Natural Gas Liquefaction		
8.煤制品加工	Briquettes		
9.回收能	Recovery of Energy		
三.损失量	**Loss**		
四.终端消费量	**Total Final Consumption**	**124.06**	**3410.74**
1.农、林、牧、渔业	Agriculture, Forestry, Animal Husbandry and Fishery		134.75
2.工业	Industry	124.06	1052.32
#用作原料、材料	Non-Energy Use	69.10	307.33
3.建筑业	Construction		206.76
4.交通运输、仓储和邮政业	Transport, Storage and Post		1360.36
5.批发和零售业、住宿和餐饮业	Wholesale and Retail Trades, Hotels and Catering Services		72.22
6.其他	Others		75.82
7.居民生活	Residential		508.51
城镇	Urban		392.17
乡村	Rural		116.34
五.平衡差额	**Statistical Difference**		
六.消费量合计	**Total Energy Consumption**	**125.72**	**4102.82**

Continued 1

原油 (万吨) Crude Oil (10^4 tons)	汽油 (万吨) Gasoline (10^4 tons)	煤油 (万吨) Kerosene (10^4 tons)	柴油 (万吨) Diesel Oil (10^4 tons)	燃料油 (万吨) Fuel Oil (10^4 tons)	石脑油 (万吨) Naphtha (10^4 tons)	润滑油 (万吨) Lubricants (10^4 tons)	石蜡 (万吨) Paraffin Waxes (10^4 tons)	溶剂油 (万吨) White Spirit (10^4 tons)
13632.10	**-1614.04**	**-144.12**	**-1789.12**	**1372.01**	**-240.97**	**-53.06**	**-4.28**	**-6.18**
2237.82								
11419.69				1400.89				
	-1598.30	-140.33	-1759.12		-212.33	-51.61	-32.62	-4.77
-25.41	-15.74	-3.79	-30.00	-28.88	-28.64	-1.45	28.34	-1.41
-13571.49	**2293.03**	**270.03**	**3040.43**	**-1195.17**	**417.67**	**62.94**	**7.35**	**7.67**
			-1.75	-0.44				
			-0.28	-0.22				
-13571.49	2321.06	270.03	3125.04	724.31	612.46	62.94	12.57	7.67
	-28.03		-82.58	-1918.82	-194.79		-5.22	
60.61	**678.99**	**125.92**	**1251.31**	**176.84**	**176.70**	**9.88**	**3.07**	**1.49**
	4.18		129.67					
60.61	13.11	0.18	61.24	10.21	176.70	1.39	3.07	1.49
	0.13	0.01	0.27		130.03	0.11	2.31	1.19
	12.73	5.45	60.11	3.02				
	148.31	120.29	927.47	161.21		3.08		
	23.15		34.17			0.89		
	44.05		23.04	2.40		0.22		
	433.46		15.61			4.30		
	350.11		4.52			2.49		
	83.35		11.09			1.81		
13632.10	**707.02**	**125.92**	**1335.92**	**2096.32**	**371.49**	**9.88**	**8.29**	**1.49**

6-15 续表 2

项　目	Item	石油沥青(万吨) Bitumen Asphalt (10^4 tons)	石油焦(万吨) Petroleum Coke (10^4 tons)
一.可供本地区消费的能源量	**Total Primary Energy Supply**	**-1522.16**	**-699.54**
1.一次能源生产量	Indigenous Production		
2.外省(区、市)调入量	Moving In from Other Provinces		
3.进口量	Import		
4.境内飞机和轮船在境外的加油量	Domestic Airplanes&Ships Refueling Abroad		
5.本省(区、市)调出量(-)	Sending Out to Other Provinces(-)	-1530.97	-697.59
6.出口量(-)	Export(-)		
7.境外飞机和轮船在境内的加油量(-)	Oversea Airplanes&Ships Refueling Domestically(-)		
8.库存增(-)、减(+)量	Stock Change	8.81	-1.95
二.加工转换投入(-)产出(+)量	**Input(-) & Output(+) of Transformation**	**1711.73**	**862.13**
1.火力发电	Thermal Power		-17.90
2.供热	Heating Supply		-26.90
3.煤炭洗选	Coal Washing		
4.炼焦	Coking		
5.炼油及煤制油	Petroleum Refining and Coal-to-liquids	1884.20	915.08
#油品再投入量(-)	Petroleum Products Input (-)	-172.47	-8.15
6.制气	Gas Works		
#焦炭再投入量(-)	Coke Input (-)		
7.天然气液化	Natural Gas Liquefaction		
8.煤制品加工	Briquettes		
9.回收能	Recovery of Energy		
三.损失量	**Loss**		
四.终端消费量	**Total Final Consumption**	**189.57**	**162.59**
1.农、林、牧、渔业	Agriculture, Forestry, Animal Husbandry and Fishery		
2.工业	Industry	64.22	162.59
#用作原料、材料	Non-Energy Use	63.12	78.54
3.建筑业	Construction	125.35	
4.交通运输、仓储和邮政业	Transport, Storage and Post		
5.批发和零售业、住宿和餐饮业	Wholesale and Retail Trades, Hotels and Catering Services		
6.其他	Others		
7.居民生活	Residential		
城镇	Urban		
乡村	Rural		
五.平衡差额	**Statistical Difference**		
六.消费量合计	**Total Energy Consumption**	**362.04**	**215.54**

Continued 2

液化石油气 (万吨) Liquefied Petroleum Gas (10^4 tons)	炼厂干气 (万吨) Refinery Gas (10^4 tons)	其他石油制品 (万吨) Other Petroleum Products (10^4 tons)	天然气 (亿立方米) Natural Gas (10^8 cu.m)	液化天然气 (万吨) Liquefied Natural Gas (10^4 tons)	热力 (万百万千焦) Heat (10^{10} kJ)	电力 (亿千瓦小时) Electricity (10^8 kW•h)	其他能源 (万吨标准煤) Other Energy (10^4 tce)
-1195.77	**9.85**	**-3641.91**	**185.61**	**19.49**		**1538.40**	**711.09**
			5.10			604.32	
	9.85			79.93		941.36	741.91
			180.51				
-1190.79		-3553.53		-61.71		-7.28	
-4.98		-88.38		1.27			-30.82
1310.86	**118.20**	**3972.54**	**-4.28**	**11.35**	**155064.31**	**5292.91**	**-711.09**
	-1.67	-0.15	-0.15		-7890.30	5292.91	-602.08
	-9.40	-0.29	-2.08		149885.24		-107.34
1416.85	133.41	5776.57	-1.23				-1.67
-105.99	-4.14	-1803.59					
			1.68				
			-2.50	11.35			
					13069.37		
115.09	**128.05**	**330.63**	**181.33**	**30.84**	**155064.31**	**6831.31**	
0.90						136.66	
38.83	128.05	330.63	116.45	27.69	118819.88	5280.63	
25.38		6.24	2.04	0.63			
0.10			0.11		840.57	60.69	
			7.33	3.15	1099.53	123.27	
14.01			12.97		3732.87	174.33	
6.11			7.71		5150.90	357.51	
55.14			36.76		25420.56	698.21	
35.05			30.03		24319.60	368.67	
20.09			6.73		1100.96	329.55	
221.08	**143.26**	**2134.66**	**185.72**	**30.84**	**162954.61**	**6831.31**	**711.09**

6-16 河南能源平衡表(实物量)-2019

项　目	Item	煤合计 (万吨) Coal Total (10^4 tons)	原煤 (万吨) Raw Coal (10^4 tons)
一.可供本地区消费的能源量	**Total Primary Energy Supply**	**20004.54**	**22190.34**
1.一次能源生产量	Indigenous Production	10937.76	10937.76
2.外省(区、市)调入量	Moving In from Other Provinces	15961.88	13887.68
3.进口量	Import		
4.境内飞机和轮船在境外的加油量	Domestic Airplanes&Ships Refueling Abroad		
5.本省(区、市)调出量(-)	Sending Out to Other Provinces(-)	-6837.18	-2811.45
6.出口量(-)	Export(-)		
7.境外飞机和轮船在境内的加油量(-)	Oversea Airplanes&Ships Refueling Domestically(-)		
8.库存增(-)、减(+)量	Stock Change	-57.92	176.36
二.加工转换投入(-)产出(+)量	**Input(-) & Output(+) of Transformation**	**-15752.33**	**-18452.50**
1.火力发电	Thermal Power	-10149.78	-9950.80
2.供热	Heating Supply	-1825.84	-1773.91
3.煤炭洗选	Coal Washing	-825.69	-6472.25
4.炼焦	Coking	-2749.55	-46.66
5.炼油及煤制油	Petroleum Refining and Coal-to-liquids		
#油品再投入量(-)	Petroleum Products Input (-)		
6.制气	Gas Works	-201.57	-201.57
#焦炭再投入量(-)	Coke Input (-)		
7.天然气液化	Natural Gas Liquefaction		
8.煤制品加工	Briquettes	0.10	-7.32
9.回收能	Recovery of Energy		
三.损失量	**Loss**		
四.终端消费量	**Total Final Consumption**	**4293.11**	**3778.75**
1.农、林、牧、渔业	Agriculture, Forestry, Animal Husbandry and Fishery	59.65	59.65
2.工业	Industry	3785.30	3658.44
#用作原料、材料	Non-Energy Use	1028.04	1012.86
3.建筑业	Construction	30.26	30.26
4.交通运输、仓储和邮政业	Transport, Storage and Post	0.09	0.09
5.批发和零售业、住宿和餐饮业	Wholesale and Retail Trades, Hotels and Catering Services	55.92	
6.其他	Others	30.31	30.31
7.居民生活	Residential	331.58	
城镇	Urban	123.05	
乡村	Rural	208.53	
五.平衡差额	**Statistical Difference**	**-40.90**	**-40.90**
六.消费量合计	**Total Energy Consumption**	**20045.45**	**22231.25**

Energy Balance of Henan (Physical Quantity) -2019

洗精煤（万吨） Cleaned Coal (10^4 tons)	其他洗煤（万吨） Other Washed Coal (10^4 tons)	煤制品（万吨） Briquettes (10^4 tons)	煤矸石（万吨） Gangue (10^4 tons)	焦炭（万吨） Coke (10^4 tons)	焦炉煤气（亿立方米） Coke Oven Gas (10^8 cu.m)	高炉煤气（亿立方米） Blast Furnace Gas (10^8 cu.m)	转炉煤气（亿立方米） Converter Gas (10^8 cu.m)	其他煤气（亿立方米） Other Gas (10^8 cu.m)
-705.71	**-1863.09**	**383.00**	**290.23**	**-597.56**				**6.07**
1321.58	353.23	399.39	294.67	577.63				6.07
-2026.44	-1978.79	-20.50		-1171.76				
-0.85	-237.53	4.10	-4.44	-3.43				
705.71	**1987.04**	**7.42**	**-205.93**	**2029.53**	**23.50**	**244.87**	**23.02**	**40.19**
	-198.98		-206.34		-12.62	-100.85	-1.49	
	-51.94		-69.09		-0.11			
3408.60	2237.95		69.50					
-2702.89				2029.53	52.28			
					-16.05			40.19
		7.42						
						345.72	24.51	
								0.01
	123.95	**390.42**	**84.30**	**1431.96**	**23.50**	**244.87**	**23.02**	**46.25**
	123.95	2.91	84.30	1431.85	23.50	244.87	23.02	46.20
	15.18			141.77				
				0.11				
		55.92						
		331.58						0.04
		123.05						0.02
		208.53						0.02
2702.89	**374.86**	**390.42**	**359.73**	**1431.96**	**52.28**	**345.72**	**24.51**	**46.26**

6-16 续表 1

项　目	Item	其他焦化产品 (万吨) Other Coking Products (10^4 tons)	油品合计 (万吨) Petroleum Products Total (10^4 tons)
一.可供本地区消费的能源量	**Total Primary Energy Supply**	**0.62**	**2404.54**
1.一次能源生产量	Indigenous Production		251.06
2.外省(区、市)调入量	Moving In from Other Provinces		3201.85
3.进口量	Import		
4.境内飞机和轮船在境外的加油量	Domestic Airplanes&Ships Refueling Abroad		
5.本省(区、市)调出量(-)	Sending Out to Other Provinces(-)		-1056.01
6.出口量(-)	Export(-)		
7.境外飞机和轮船在境内的加油量(-)	Oversea Airplanes&Ships Refueling Domestically(-)		
8.库存增(-)、减(+)量	Stock Change	0.62	7.64
二.加工转换投入(-)产出(+)量	**Input(-) & Output(+) of Transformation**	**106.37**	**-39.49**
1.火力发电	Thermal Power		-6.91
2.供热	Heating Supply		-13.96
3.煤炭洗选	Coal Washing		
4.炼焦	Coking	106.37	
5.炼油及煤制油	Petroleum Refining and Coal-to-liquids		80.99
#油品再投入量(-)	Petroleum Products Input (-)		-99.60
6.制气	Gas Works		
#焦炭再投入量(-)	Coke Input (-)		
7.天然气液化	Natural Gas Liquefaction		
8.煤制品加工	Briquettes		
9.回收能	Recovery of Energy		
三.损失量	**Loss**		**0.39**
四.终端消费量	**Total Final Consumption**	**106.99**	**2364.66**
1.农、林、牧、渔业	Agriculture, Forestry, Animal Husbandry and Fishery		180.45
2.工业	Industry	106.99	337.86
#用作原料、材料	Non-Energy Use	10.90	196.58
3.建筑业	Construction		172.56
4.交通运输、仓储和邮政业	Transport, Storage and Post		962.73
5.批发和零售业、住宿和餐饮业	Wholesale and Retail Trades, Hotels and Catering Services		189.34
6.其他	Others		67.74
7.居民生活	Residential		453.99
城镇	Urban		203.18
乡村	Rural		250.81
五.平衡差额	**Statistical Difference**		
六.消费量合计	**Total Energy Consumption**	**106.99**	**2404.54**

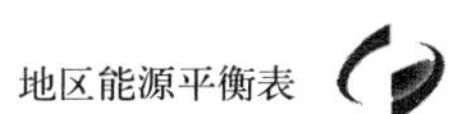

Continued 1

原油（万吨） Crude Oil (10⁴ tons)	汽油（万吨） Gasoline (10⁴ tons)	煤油（万吨） Kerosene (10⁴ tons)	柴油（万吨） Diesel Oil (10⁴ tons)	燃料油（万吨） Fuel Oil (10⁴ tons)	石脑油（万吨） Naphtha (10⁴ tons)	润滑油（万吨） Lubricants (10⁴ tons)	石蜡（万吨） Paraffin Waxes (10⁴ tons)	溶剂油（万吨） White Spirit (10⁴ tons)
799.62	**563.17**	**29.94**	**803.38**	**5.84**	**19.45**	**20.66**	**1.50**	**0.31**
251.06								
714.81	726.42	92.65	1143.44	9.55	19.77	22.73	1.51	1.90
-171.80	-161.95	-63.27	-343.19	-3.80	-0.20	-2.03		-1.57
5.55	-1.30	0.56	3.13	0.09	-0.12	-0.04	-0.01	-0.02
-790.72	**206.59**	**62.71**	**202.44**	**-1.49**	**24.21**		**0.21**	
			-1.54	-0.20				
			-0.19	-5.09				
-790.72	206.60	62.71	204.16	3.93	24.21		0.21	
				-0.13				
8.90	**769.77**	**92.65**	**1005.82**	**4.35**	**43.66**	**20.66**	**1.71**	**0.31**
	27.07	6.79	146.58					
8.90	9.65	0.31	35.95	0.96	43.66	0.87	1.71	0.31
	0.09		0.18	0.03	43.62	0.32	1.62	0.30
	76.31	2.03	70.59	2.35				
	196.08	78.87	673.24	1.05		11.88		
	128.13	0.98	35.66					
	38.45	3.67	25.52					
	294.08		18.26			7.91		
	138.67		4.26			4.96		
	155.41		14.01			2.95		
799.61	**769.77**	**92.65**	**1007.54**	**9.77**	**43.66**	**20.66**	**1.71**	**0.31**

6-16 续表 2

项　目	Item	石油沥青 (万吨) Bitumen Asphalt (10^4 tons)	石油焦 (万吨) Petroleum Coke (10^4 tons)
一.可供本地区消费的能源量	**Total Primary Energy Supply**	**-87.66**	**118.14**
1.一次能源生产量	Indigenous Production		
2.外省(区、市)调入量	Moving In from Other Provinces	28.65	153.95
3.进口量	Import		
4.境内飞机和轮船在境外的加油量	Domestic Airplanes&Ships Refueling Abroad		
5.本省(区、市)调出量(-)	Sending Out to Other Provinces(-)	-116.46	-34.55
6.出口量(-)	Export(-)		
7.境外飞机和轮船在境内的加油量(-)	Oversea Airplanes&Ships Refueling Domestically(-)		
8.库存增(-)、减(+)量	Stock Change	0.16	-1.25
二.加工转换投入(-)产出(+)量	**Input(-) & Output(+) of Transformation**	**124.70**	**10.92**
1.火力发电	Thermal Power		-4.29
2.供热	Heating Supply		-7.21
3.煤炭洗选	Coal Washing		
4.炼焦	Coking		
5.炼油及煤制油	Petroleum Refining and Coal-to-liquids	124.70	22.42
#油品再投入量(-)	Petroleum Products Input (-)		
6.制气	Gas Works		
#焦炭再投入量(-)	Coke Input (-)		
7.天然气液化	Natural Gas Liquefaction		
8.煤制品加工	Briquettes		
9.回收能	Recovery of Energy		
三.损失量	**Loss**		
四.终端消费量	**Total Final Consumption**	**37.04**	**129.06**
1.农、林、牧、渔业	Agriculture, Forestry, Animal Husbandry and Fishery		
2.工业	Industry	15.75	129.06
#用作原料、材料	Non-Energy Use	9.92	79.39
3.建筑业	Construction	21.29	
4.交通运输、仓储和邮政业	Transport, Storage and Post		
5.批发和零售业、住宿和餐饮业	Wholesale and Retail Trades, Hotels and Catering Services		
6.其他	Others		
7.居民生活	Residential		
城镇	Urban		
乡村	Rural		
五.平衡差额	**Statistical Difference**		
六.消费量合计	**Total Energy Consumption**	**37.04**	**140.56**

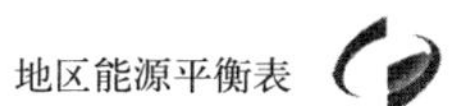

Continued 2

液化石油气（万吨） Liquefied Petroleum Gas (10^4 tons)	炼厂干气（万吨） Refinery Gas (10^4 tons)	其他石油制品（万吨） Other Petroleum Products (10^4 tons)	天然气（亿立方米） Natural Gas (10^8 cu.m)	液化天然气（万吨） Liquefied Natural Gas (10^4 tons)	热力（万百万千焦） Heat (10^{10} kJ)	电力（亿千瓦小时） Electricity (10^8 kW•h)	其他能源（万吨标准煤） Other Energy (10^4 tce)
167.25		**-37.07**	**105.26**	**-17.60**	**0.56**	**1051.17**	**427.64**
			2.96			334.81	417.56
212.26		74.21	102.28	5.99	0.56	734.54	
-45.09		-112.10		-22.23		-18.18	
0.08		0.82	0.02	-1.35			10.08
52.35	**23.62**	**44.97**	**-6.11**	**35.81**	**33392.61**	**2553.50**	**-328.55**
	-0.88		-3.97		-3600.59	2553.50	-326.04
	-1.48		-3.16		31088.44		-22.46
52.35	26.07	144.35					
	-0.09	-99.38					
			6.51				19.95
			-5.49	35.81			
					5904.75		
0.39			**1.98**			**240.50**	
219.21	**23.62**	**7.91**	**97.17**	**18.21**	**33393.17**	**3364.17**	**99.09**
						73.58	44.06
59.20	23.62	7.91	41.08	9.57	19281.46	2116.37	51.96
58.72	1.07	1.32	3.72	0.78			
			1.48	8.64	26.47	45.81	
1.61			8.96		31.29	83.82	0.36
24.57			10.28		2878.78	215.50	
0.09			1.44		2721.63	218.48	2.71
133.74			33.93		8453.53	610.60	
55.29			31.33		5035.96	289.25	
78.45			2.60		3417.57	321.35	
219.61	**26.07**	**107.29**	**106.83**	**18.21**	**36993.76**	**3604.67**	**447.59**

6-17 湖北能源平衡表(实物量)-2019

项目	Item	煤合计(万吨) Coal Total (10^4 tons)	原煤(万吨) Raw Coal (10^4 tons)
一.可供本地区消费的能源量	**Total Primary Energy Supply**	**11768.33**	**10539.49**
1.一次能源生产量	Indigenous Production	40.76	40.76
2.外省(区、市)调入量	Moving In from Other Provinces	11715.98	10484.85
3.进口量	Import	51.12	51.12
4.境内飞机和轮船在境外的加油量	Domestic Airplanes&Ships Refueling Abroad		
5.本省(区、市)调出量(-)	Sending Out to Other Provinces(-)		
6.出口量(-)	Export(-)		
7.境外飞机和轮船在境内的加油量(-)	Oversea Airplanes&Ships Refueling Domestically(-)		
8.库存增(-)、减(+)量	Stock Change	-39.53	-37.25
二.加工转换投入(-)产出(+)量	**Input(-) & Output(+) of Transformation**	**-7149.95**	**-6030.27**
1.火力发电	Thermal Power	-5355.93	-5355.93
2.供热	Heating Supply	-590.50	-590.50
3.煤炭洗选	Coal Washing	-41.01	-83.85
4.炼焦	Coking	-1162.50	
5.炼油及煤制油	Petroleum Refining and Coal-to-liquids		
#油品再投入量(-)	Petroleum Products Input (-)		
6.制气	Gas Works		
#焦炭再投入量(-)	Coke Input (-)		
7.天然气液化	Natural Gas Liquefaction		
8.煤制品加工	Briquettes		
9.回收能	Recovery of Energy		
三.损失量	**Loss**		
四.终端消费量	**Total Final Consumption**	**4618.38**	**4509.21**
1.农、林、牧、渔业	Agriculture, Forestry, Animal Husbandry and Fishery	190.16	190.16
2.工业	Industry	3343.52	3300.42
#用作原料、材料	Non-Energy Use	547.20	547.20
3.建筑业	Construction	34.62	34.62
4.交通运输、仓储和邮政业	Transport, Storage and Post	44.63	44.63
5.批发和零售业、住宿和餐饮业	Wholesale and Retail Trades, Hotels and Catering Services	246.48	240.91
6.其他	Others	257.52	257.52
7.居民生活	Residential	501.46	440.96
城镇	Urban	73.95	54.50
乡村	Rural	427.51	386.47
五.平衡差额	**Statistical Difference**		
六.消费量合计	**Total Energy Consumption**	**11768.33**	**10539.49**

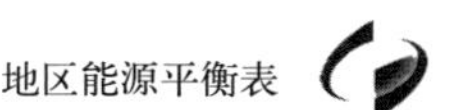

Energy Balance of Hubei (Physical Quantity) -2019

洗精煤 (万吨) Cleaned Coal (10^4 tons)	其他洗煤 (万吨) Other Washed Coal (10^4 tons)	煤制品 (万吨) Briquettes (10^4 tons)	煤矸石 (万吨) Gangue (10^4 tons)	焦炭 (万吨) Coke (10^4 tons)	焦炉煤气 (亿立方米) Coke Oven Gas (10^8 cu.m)	高炉煤气 (亿立方米) Blast Furnace Gas (10^8 cu.m)	转炉煤气 (亿立方米) Converter Gas (10^8 cu.m)	其他煤气 (亿立方米) Other Gas (10^8 cu.m)
1162.50	**19.67**	**46.67**	**16.35**	**281.40**	**0.66**			
1164.89	18.67	47.56	16.29	321.11	0.66			
-2.39	1.00	-0.90	0.06	-39.72				
-1162.50	**42.83**			**834.12**	**20.47**	**250.12**	**17.16**	**1.31**
					-0.22	-107.39		
					-9.93		-7.93	
	42.83							
-1162.50				834.12	30.62			
						357.51	25.09	1.31
	62.50	**46.67**	**16.35**	**1115.52**	**21.13**	**250.12**	**17.16**	**1.31**
	26.90	16.20	16.35	1115.52	21.13	250.12	17.16	1.31
				0.44				
		5.57						
	35.60	24.90						
	14.93	4.52						
	20.67	20.38						
1162.50	**62.50**	**46.67**	**16.35**	**1115.52**	**31.28**	**357.51**	**25.09**	**1.31**

6-17 续表 1

项　　目	Item	其他焦化产品 (万吨) Other Coking Products (10^4 tons)	油品合计 (万吨) Petroleum Products Total (10^4 tons)
一.可供本地区消费的能源量	**Total Primary Energy Supply**	**0.13**	**2926.70**
1.一次能源生产量	Indigenous Production		53.62
2.外省(区、市)调入量	Moving In from Other Provinces		2783.44
3.进口量	Import		168.96
4.境内飞机和轮船在境外的加油量	Domestic Airplanes&Ships Refueling Abroad		
5.本省(区、市)调出量(-)	Sending Out to Other Provinces(-)		-31.39
6.出口量(-)	Export(-)		-35.85
7.境外飞机和轮船在境内的加油量(-)	Oversea Airplanes&Ships Refueling Domestically(-)		
8.库存增(-)、减(+)量	Stock Change	0.13	-12.08
二.加工转换投入(-)产出(+)量	**Input(-) & Output(+) of Transformation**	**39.99**	**-31.22**
1.火力发电	Thermal Power		-2.56
2.供热	Heating Supply		-4.81
3.煤炭洗选	Coal Washing		
4.炼焦	Coking	39.99	
5.炼油及煤制油	Petroleum Refining and Coal-to-liquids		178.41
#油品再投入量(-)	Petroleum Products Input (-)		-202.27
6.制气	Gas Works		
#焦炭再投入量(-)	Coke Input (-)		
7.天然气液化	Natural Gas Liquefaction		
8.煤制品加工	Briquettes		
9.回收能	Recovery of Energy		
三.损失量	**Loss**		
四.终端消费量	**Total Final Consumption**	**40.12**	**2895.48**
1.农、林、牧、渔业	Agriculture, Forestry, Animal Husbandry and Fishery		120.34
2.工业	Industry	40.12	596.54
#用作原料、材料	Non-Energy Use	0.26	267.42
3.建筑业	Construction		195.14
4.交通运输、仓储和邮政业	Transport, Storage and Post		1288.30
5.批发和零售业、住宿和餐饮业	Wholesale and Retail Trades, Hotels and Catering Services		147.35
6.其他	Others		159.41
7.居民生活	Residential		388.39
城镇	Urban		251.70
乡村	Rural		136.69
五.平衡差额	**Statistical Difference**		
六.消费量合计	**Total Energy Consumption**	**40.12**	**2926.70**

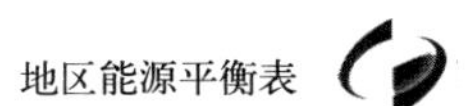

Continued 1

原油 (万吨) Crude Oil (10^4 tons)	汽油 (万吨) Gasoline (10^4 tons)	煤油 (万吨) Kerosene (10^4 tons)	柴油 (万吨) Diesel Oil (10^4 tons)	燃料油 (万吨) Fuel Oil (10^4 tons)	石脑油 (万吨) Naphtha (10^4 tons)	润滑油 (万吨) Lubricants (10^4 tons)	石蜡 (万吨) Paraffin Waxes (10^4 tons)	溶剂油 (万吨) White Spirit (10^4 tons)
1516.49	**462.12**	**-20.59**	**510.38**	**141.77**	**60.30**	**11.59**	**-5.14**	**0.09**
53.62								
1292.25	475.82		523.77	165.70	52.35	11.71		0.09
167.23			0.24	1.40		0.09		
		-20.74					-5.15	
			-4.60	-31.24				
3.40	-13.70	0.15	-9.02	5.91	7.95	-0.21		
-1509.93	**402.47**	**149.06**	**465.14**	**6.93**	**83.68**		**8.27**	
			-0.78	-0.10				
			-0.01	-0.03				
-1509.93	402.47	149.06	465.94	7.06	147.81		8.27	
					-64.13			
6.56	**864.59**	**128.47**	**975.53**	**148.70**	**143.98**	**11.59**	**3.12**	**0.09**
	19.95		100.39					
6.56	6.16	0.74	77.43	6.85	143.98	2.02	0.43	0.09
	0.13	0.09	0.57	0.01	143.98	0.06		
	28.08	0.36	60.16	2.27				
	458.17	107.27	560.63	137.13		9.57	2.69	
	45.40		61.44					
	124.96		32.00	2.45				
	181.87	20.11	83.48					
	131.17		47.87					
	50.70	20.11	35.61					
1516.49	**864.59**	**128.47**	**976.32**	**148.83**	**208.11**	**11.59**	**3.12**	**0.09**

6-17 续表 2

项　目	Item	石油沥青(万吨) Bitumen Asphalt (10^4 tons)	石油焦(万吨) Petroleum Coke (10^4 tons)
一.可供本地区消费的能源量	**Total Primary Energy Supply**	**88.97**	**28.35**
1.一次能源生产量	Indigenous Production		
2.外省(区、市)调入量	Moving In from Other Provinces	88.83	30.48
3.进口量	Import		
4.境内飞机和轮船在境外的加油量	Domestic Airplanes&Ships Refueling Abroad		
5.本省(区、市)调出量(-)	Sending Out to Other Provinces(-)		
6.出口量(-)	Export(-)		
7.境外飞机和轮船在境内的加油量(-)	Oversea Airplanes&Ships Refueling Domestically(-)		
8.库存增(-)、减(+)量	Stock Change	0.14	-2.13
二.加工转换投入(-)产出(+)量	**Input(-) & Output(+) of Transformation**	**13.98**	**98.69**
1.火力发电	Thermal Power		-1.13
2.供热	Heating Supply		
3.煤炭洗选	Coal Washing		
4.炼焦	Coking		
5.炼油及煤制油	Petroleum Refining and Coal-to-liquids	13.98	99.83
#油品再投入量(-)	Petroleum Products Input (-)		
6.制气	Gas Works		
#焦炭再投入量(-)	Coke Input (-)		
7.天然气液化	Natural Gas Liquefaction		
8.煤制品加工	Briquettes		
9.回收能	Recovery of Energy		
三.损失量	**Loss**		
四.终端消费量	**Total Final Consumption**	**102.95**	**127.04**
1.农、林、牧、渔业	Agriculture, Forestry, Animal Husbandry and Fishery		
2.工业	Industry	2.07	127.04
#用作原料、材料	Non-Energy Use	0.94	11.49
3.建筑业	Construction	100.89	
4.交通运输、仓储和邮政业	Transport, Storage and Post		
5.批发和零售业、住宿和餐饮业	Wholesale and Retail Trades, Hotels and Catering Services		
6.其他	Others		
7.居民生活	Residential		
城镇	Urban		
乡村	Rural		
五.平衡差额	**Statistical Difference**		
六.消费量合计	**Total Energy Consumption**	**102.95**	**128.17**

 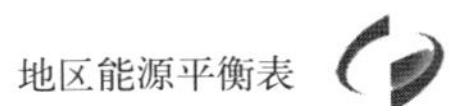

Continued 2

液化石油气 (万吨) Liquefied Petroleum Gas (10^4 tons)	炼厂干气 (万吨) Refinery Gas (10^4 tons)	其他石油制品 (万吨) Other Petroleum Products (10^4 tons)	天然气 (亿立方米) Natural Gas (10^8 cu.m)	液化天然气 (万吨) Liquefied Natural Gas (10^4 tons)	热力 (万百万千焦) Heat (10^{10} kJ)	电力 (亿千瓦小时) Electricity (10^8 kW•h)	其他能源 (万吨标准煤) Other Energy (10^4 tce)
137.67		**-5.30**	**71.45**	**-21.70**		**853.37**	**284.58**
			4.89			1487.56	277.80
142.47			66.49			205.40	
		0.01					
		-5.51		-22.06		-839.59	
		-0.01					
-4.79		0.22	0.08	0.36			6.77
66.81	**36.23**	**147.45**	**-13.18**	**25.08**	**12856.70**	**1469.94**	**-153.43**
	-0.23	-0.32	-6.69		-2719.08	1469.94	-140.54
	-1.99	-2.78	-1.16		12406.48		-12.89
67.08	38.44	288.41	-1.61				
-0.27		-137.86					
			-3.71	25.08			
					3169.30		
						129.41	
204.48	**36.23**	**142.15**	**58.28**	**3.38**	**12856.70**	**2193.90**	**131.15**
						39.67	
48.19	36.23	138.77	24.18	3.38	11692.76	1291.44	60.83
37.41	3.29	69.45	0.30				
		3.39	0.03		90.25	40.32	
12.84			6.74		14.30	69.27	
40.51			6.94		1059.40	114.81	
			2.41			201.92	
102.93			17.98			436.46	70.32
72.66			17.50			288.47	
30.27			0.48			148.00	70.32
204.75	**38.44**	**283.11**	**67.99**	**3.38**	**15575.78**	**2323.31**	**284.58**

6-18 湖南能源平衡表(实物量)-2019

项 目	Item	煤合计(万吨) Coal Total (10^4 tons)	原煤(万吨) Raw Coal (10^4 tons)
一.可供本地区消费的能源量	**Total Primary Energy Supply**	**10664.02**	**9330.16**
1.一次能源生产量	Indigenous Production	1473.46	1473.46
2.外省(区、市)调入量	Moving In from Other Provinces	9192.89	7856.11
3.进口量	Import	219.56	219.56
4.境内飞机和轮船在境外的加油量	Domestic Airplanes&Ships Refueling Abroad		
5.本省(区、市)调出量(-)	Sending Out to Other Provinces(-)	-117.79	-117.79
6.出口量(-)	Export(-)	-0.03	-0.03
7.境外飞机和轮船在境内的加油量(-)	Oversea Airplanes&Ships Refueling Domestically(-)		
8.库存增(-)、减(+)量	Stock Change	-104.07	-101.15
二.加工转换投入(-)产出(+)量	**Input(-) & Output(+) of Transformation**	**-4665.64**	**-4071.94**
1.火力发电	Thermal Power	-3320.46	-3320.46
2.供热	Heating Supply	-327.84	-211.81
3.煤炭洗选	Coal Washing	-176.38	-539.67
4.炼焦	Coking	-840.96	
5.炼油及煤制油	Petroleum Refining and Coal-to-liquids		
#油品再投入量(-)	Petroleum Products Input (-)		
6.制气	Gas Works		
#焦炭再投入量(-)	Coke Input (-)		
7.天然气液化	Natural Gas Liquefaction		
8.煤制品加工	Briquettes		
9.回收能	Recovery of Energy		
三.损失量	**Loss**	**33.11**	**27.95**
四.终端消费量	**Total Final Consumption**	**5965.27**	**5230.27**
1.农、林、牧、渔业	Agriculture, Forestry, Animal Husbandry and Fishery	523.88	488.92
2.工业	Industry	3346.91	3183.76
#用作原料、材料	Non-Energy Use		
3.建筑业	Construction	250.48	229.89
4.交通运输、仓储和邮政业	Transport, Storage and Post	335.27	300.36
5.批发和零售业、住宿和餐饮业	Wholesale and Retail Trades, Hotels and Catering Services	517.45	283.07
6.其他	Others	582.89	366.64
7.居民生活	Residential	408.39	377.63
城镇	Urban	125.06	114.22
乡村	Rural	283.33	263.41
五.平衡差额	**Statistical Difference**		
六.消费量合计	**Total Energy Consumption**	**10664.02**	**9330.16**

Energy Balance of Hunan (Physical Quantity) -2019

洗精煤 (万吨) Cleaned Coal (10^4 tons)	其他洗煤 (万吨) Other Washed Coal (10^4 tons)	煤制品 (万吨) Briquettes (10^4 tons)	煤矸石 (万吨) Gangue (10^4 tons)	焦炭 (万吨) Coke (10^4 tons)	焦炉煤气 (亿立方米) Coke Oven Gas (10^8 cu.m)	高炉煤气 (亿立方米) Blast Furnace Gas (10^8 cu.m)	转炉煤气 (亿立方米) Converter Gas (10^8 cu.m)	其他煤气 (亿立方米) Other Gas (10^8 cu.m)
550.75	**191.45**	**591.66**	**277.55**	**396.27**		**17.66**	**0.09**	**0.16**
550.73	194.25	591.80	276.16	426.99		17.66	0.09	0.16
0.02	-2.80	-0.14	1.39	-30.72				
-548.23	**-45.47**		**-119.07**	**586.26**	**19.54**	**118.17**	**11.89**	
			-119.07		-3.66	-123.01	-14.11	
	-116.03					-59.58		
292.73	70.56							
-840.96				586.26	23.20			
						300.76	26.00	
2.52	**0.78**	**1.86**	**0.83**	**2.85**	**0.07**	**0.95**	**0.08**	
	145.20	**589.80**	**157.65**	**979.68**	**19.47**	**134.88**	**11.90**	**0.16**
		34.96		30.20				
	145.00	18.15	157.65	949.48	19.47	134.88	11.90	0.16
	0.20	20.39						
		34.91						
		234.38						
		216.25						
		30.76						
		10.84						
		19.92						
843.48	**262.01**	**591.66**	**277.55**	**982.53**	**23.20**	**318.42**	**26.09**	**0.16**

6-18 续表 1

项　目	Item	其他焦化产品(万吨) Other Coking Products (10^4 tons)	油品合计(万吨) Petroleum Products Total (10^4 tons)
一.可供本地区消费的能源量	**Total Primary Energy Supply**	**-30.33**	**2112.29**
1.一次能源生产量	Indigenous Production		
2.外省(区、市)调入量	Moving In from Other Provinces		2280.62
3.进口量	Import		11.69
4.境内飞机和轮船在境外的加油量	Domestic Airplanes&Ships Refueling Abroad		
5.本省(区、市)调出量(-)	Sending Out to Other Provinces(-)	-30.33	-101.34
6.出口量(-)	Export(-)		-0.08
7.境外飞机和轮船在境内的加油量(-)	Oversea Airplanes&Ships Refueling Domestically(-)		
8.库存增(-)、减(+)量	Stock Change		-78.60
二.加工转换投入(-)产出(+)量	**Input(-) & Output(+) of Transformation**	**31.92**	**-49.72**
1.火力发电	Thermal Power		-12.98
2.供热	Heating Supply		-6.38
3.煤炭洗选	Coal Washing		
4.炼焦	Coking	31.92	
5.炼油及煤制油	Petroleum Refining and Coal-to-liquids		112.98
#油品再投入量(-)	Petroleum Products Input (-)		-143.34
6.制气	Gas Works		
#焦炭再投入量(-)	Coke Input (-)		
7.天然气液化	Natural Gas Liquefaction		
8.煤制品加工	Briquettes		
9.回收能	Recovery of Energy		
三.损失量	**Loss**		
四.终端消费量	**Total Final Consumption**	**1.59**	**2062.57**
1.农、林、牧、渔业	Agriculture, Forestry, Animal Husbandry and Fishery		26.40
2.工业	Industry	1.59	367.87
#用作原料、材料	Non-Energy Use		
3.建筑业	Construction		74.33
4.交通运输、仓储和邮政业	Transport, Storage and Post		916.33
5.批发和零售业、住宿和餐饮业	Wholesale and Retail Trades, Hotels and Catering Services		117.38
6.其他	Others		132.86
7.居民生活	Residential		427.40
城镇	Urban		255.69
乡村	Rural		171.71
五.平衡差额	**Statistical Difference**		
六.消费量合计	**Total Energy Consumption**	**1.59**	**2112.29**

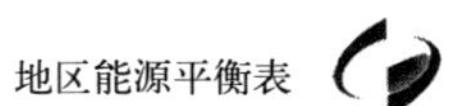

Continued 1

原油 (万吨) Crude Oil (10⁴ tons)	汽油 (万吨) Gasoline (10⁴ tons)	煤油 (万吨) Kerosene (10⁴ tons)	柴油 (万吨) Diesel Oil (10⁴ tons)	燃料油 (万吨) Fuel Oil (10⁴ tons)	石脑油 (万吨) Naphtha (10⁴ tons)	润滑油 (万吨) Lubricants (10⁴ tons)	石蜡 (万吨) Paraffin Waxes (10⁴ tons)	溶剂油 (万吨) White Spirit (10⁴ tons)
935.12	**539.59**	**-33.82**	**453.39**	**78.74**	**5.01**	**12.32**	**0.18**	**1.60**
931.36	631.53	1.37	490.86	79.72	5.35	12.41	0.18	1.60
	-47.29	-33.83	-15.62					
3.76	-44.65	-1.36	-21.85	-0.98	-0.34	-0.09		
-934.10	**280.10**	**98.85**	**218.79**	**2.81**	**22.67**			
			-0.42	-0.38				
			-0.01	-0.26				
-934.10	280.30	98.85	219.22	4.31	22.67			
	-0.20			-0.86				
1.02	**819.69**	**65.03**	**672.18**	**81.55**	**27.68**	**12.32**	**0.18**	**1.60**
	15.52		10.63	0.01		0.01		
1.02	36.74	1.99	33.02	10.96	27.68	3.89	0.18	0.86
	22.05	0.24	50.56	0.07		0.01		0.74
	255.47	60.22	489.29	65.58		4.31		
	78.15	1.89	15.83	2.16		1.45		
	97.69	0.69	22.41	1.09		1.38		
	314.07		50.44	1.68		1.27		
	191.05		17.35	1.18		1.08		
	123.02		33.09	0.50		0.19		
935.12	**819.89**	**65.03**	**672.61**	**83.05**	**27.68**	**12.32**	**0.18**	**1.60**

6-18 续表 2

项　目	Item	石油沥青 (万吨) Bitumen Asphalt (10^4 tons)	石油焦 (万吨) Petroleum Coke (10^4 tons)
一.可供本地区消费的能源量	**Total Primary Energy Supply**	**-4.01**	**15.23**
1.一次能源生产量	Indigenous Production		
2.外省(区、市)调入量	Moving In from Other Provinces	8.68	6.25
3.进口量	Import	0.69	11.00
4.境内飞机和轮船在境外的加油量	Domestic Airplanes&Ships Refueling Abroad		
5.本省(区、市)调出量(-)	Sending Out to Other Provinces(-)	-4.60	
6.出口量(-)	Export(-)	-0.08	
7.境外飞机和轮船在境内的加油量(-)	Oversea Airplanes&Ships Refueling Domestically(-)		
8.库存增(-)、减(+)量	Stock Change	-8.70	-2.02
二.加工转换投入(-)产出(+)量	**Input(-) & Output(+) of Transformation**	**9.06**	**21.31**
1.火力发电	Thermal Power		-6.10
2.供热	Heating Supply		-3.77
3.煤炭洗选	Coal Washing		
4.炼焦	Coking		
5.炼油及煤制油	Petroleum Refining and Coal-to-liquids	9.06	31.18
#油品再投入量(-)	Petroleum Products Input (-)		
6.制气	Gas Works		
#焦炭再投入量(-)	Coke Input (-)		
7.天然气液化	Natural Gas Liquefaction		
8.煤制品加工	Briquettes		
9.回收能	Recovery of Energy		
三.损失量	**Loss**		
四.终端消费量	**Total Final Consumption**	**5.05**	**36.54**
1.农、林、牧、渔业	Agriculture, Forestry, Animal Husbandry and Fishery		
2.工业	Industry	5.05	36.54
#用作原料、材料	Non-Energy Use		
3.建筑业	Construction		
4.交通运输、仓储和邮政业	Transport, Storage and Post		
5.批发和零售业、住宿和餐饮业	Wholesale and Retail Trades, Hotels and Catering Services		
6.其他	Others		
7.居民生活	Residential		
城镇	Urban		
乡村	Rural		
五.平衡差额	**Statistical Difference**		
六.消费量合计	**Total Energy Consumption**	**5.05**	**46.41**

Continued 2

液化石油气 (万吨) Liquefied Petroleum Gas (10^4 tons)	炼厂干气 (万吨) Refinery Gas (10^4 tons)	其他石油制品 (万吨) Other Petroleum Products (10^4 tons)	天然气 (亿立方米) Natural Gas (10^8 cu.m)	液化天然气 (万吨) Liquefied Natural Gas (10^4 tons)	热力 (万百万千焦) Heat (10^{10} kJ)	电力 (亿千瓦小时) Electricity (10^8 kW•h)	其他能源 (万吨标准煤) Other Energy (10^4 tce)
31.26		**77.68**	**31.94**	**6.95**		**949.73**	**777.51**
						644.82	
32.19		79.12	32.04	7.53		399.59	779.43
				-0.13		-94.68	
-0.93		-1.44	-0.10	-0.45			-1.92
83.35	**33.68**	**113.76**	**-0.72**		**8547.18**	**914.60**	**-186.80**
	-0.95	-5.13	-0.03			914.60	-185.87
	-2.34				5026.82		-0.93
83.35	38.51	259.63	-0.69				
	-1.54	-140.74					
					3520.36		
						131.63	
114.61	**33.68**	**191.44**	**31.22**	**6.95**	**8547.18**	**1732.70**	**590.71**
0.23			0.10			23.04	166.79
17.08	33.68	159.18	15.61	3.25	8542.40	828.71	231.61
0.66			0.09			28.76	
10.14		31.32	2.97	2.45		65.05	47.92
17.90			3.31	1.20		102.31	
8.66		0.94	2.81		4.78	175.31	
59.94			6.33	0.05		509.52	144.39
45.03			6.17	0.05		245.66	64.76
14.91			0.16			263.86	79.63
114.61	**38.51**	**337.31**	**31.94**	**6.95**	**8547.18**	**1864.33**	**777.51**

6-19 广东能源平衡表(实物量)-2019

项 目	Item	煤合计 (万吨) Coal Total (10^4 tons)	原煤 (万吨) Raw Coal (10^4 tons)
一.可供本地区消费的能源量	**Total Primary Energy Supply**	**16833.87**	**15842.59**
1.一次能源生产量	Indigenous Production		
2.外省(区、市)调入量	Moving In from Other Provinces	12916.01	12795.74
3.进口量	Import	9436.73	7779.53
4.境内飞机和轮船在境外的加油量	Domestic Airplanes&Ships Refueling Abroad	5.51	
5.本省(区、市)调出量(-)	Sending Out to Other Provinces(-)	-5316.96	-4527.60
6.出口量(-)	Export(-)		
7.境外飞机和轮船在境内的加油量(-)	Oversea Airplanes&Ships Refueling Domestically(-)		
8.库存增(-)、减(+)量	Stock Change	-207.42	-205.08
二.加工转换投入(-)产出(+)量	**Input(-) & Output(+) of Transformation**	**-13108.23**	**-12222.83**
1.火力发电	Thermal Power	-11170.38	-11060.52
2.供热	Heating Supply	-1000.12	-968.29
3.煤炭洗选	Coal Washing		
4.炼焦	Coking	-863.83	
5.炼油及煤制油	Petroleum Refining and Coal-to-liquids		
#油品再投入量(-)	Petroleum Products Input (-)		
6.制气	Gas Works	-93.35	-93.35
#焦炭再投入量(-)	Coke Input (-)		
7.天然气液化	Natural Gas Liquefaction		
8.煤制品加工	Briquettes	19.45	-100.67
9.回收能	Recovery of Energy		
三.损失量	**Loss**		
四.终端消费量	**Total Final Consumption**	**3725.64**	**3619.76**
1.农、林、牧、渔业	Agriculture, Forestry, Animal Husbandry and Fishery	40.63	40.63
2.工业	Industry	3562.35	3475.89
#用作原料、材料	Non-Energy Use	2.19	2.19
3.建筑业	Construction	4.01	4.01
4.交通运输、仓储和邮政业	Transport, Storage and Post	4.46	4.46
5.批发和零售业、住宿和餐饮业	Wholesale and Retail Trades, Hotels and Catering Services	45.94	45.94
6.其他	Others	2.38	2.38
7.居民生活	Residential	65.87	46.45
城镇	Urban	43.62	31.63
乡村	Rural	22.25	14.82
五.平衡差额	**Statistical Difference**		
六.消费量合计	**Total Energy Consumption**	**16833.87**	**15842.59**

Energy Balance of Guangdong (Physical Quantity) -2019

洗精煤（万吨） Cleaned Coal (10^4 tons)	其他洗煤（万吨） Other Washed Coal (10^4 tons)	煤制品（万吨） Briquettes (10^4 tons)	煤矸石（万吨） Gangue (10^4 tons)	焦炭（万吨） Coke (10^4 tons)	焦炉煤气（亿立方米） Coke Oven Gas (10^8 cu.m)	高炉煤气（亿立方米） Blast Furnace Gas (10^8 cu.m)	转炉煤气（亿立方米） Converter Gas (10^8 cu.m)	其他煤气（亿立方米） Other Gas (10^8 cu.m)
863.83	**22.68**	**104.77**	**250.19**	**393.83**		**0.93**	**0.65**	**0.82**
	22.17	98.10	250.49	415.46		0.93	0.65	0.82
1657.20								
		5.51						
-789.36								
				-0.04				
-4.01	0.51	1.16	-0.30	-21.59				
-863.83		**-21.57**	**-240.46**	**591.23**	**12.93**	**190.67**	**14.89**	**0.04**
		-109.86	-240.46		-6.54	-118.58	-10.50	
		-31.83				-21.96	-1.00	
-863.83				591.23	19.47			
								0.04
		120.12						
						331.21	26.39	
						0.27	**0.26**	
	22.68	**83.20**	**9.73**	**985.06**	**12.93**	**191.33**	**15.28**	**0.86**
	22.68	63.78	9.73	945.82	12.93	191.33	15.28	0.09
				37.97				0.25
				1.27				
		19.42						0.52
		11.99						0.52
		7.43						
863.83	**22.68**	**224.89**	**250.19**	**985.06**	**19.47**	**332.14**	**27.04**	**0.86**

6-19 续表 1

项　　目	Item	其他焦化产品 (万吨) Other Coking Products (10^4 tons)	油品合计 (万吨) Petroleum Products Total (10^4 tons)
一.可供本地区消费的能源量	**Total Primary Energy Supply**	**-26.56**	**6417.06**
1.一次能源生产量	Indigenous Production		1475.07
2.外省(区、市)调入量	Moving In from Other Provinces		1707.37
3.进口量	Import		7793.28
4.境内飞机和轮船在境外的加油量	Domestic Airplanes&Ships Refueling Abroad		269.25
5.本省(区、市)调出量(-)	Sending Out to Other Provinces(-)	-26.56	-3273.60
6.出口量(-)	Export(-)		-1118.71
7.境外飞机和轮船在境内的加油量(-)	Oversea Airplanes&Ships Refueling Domestically(-)		-255.93
8.库存增(-)、减(+)量	Stock Change		-179.67
二.加工转换投入(-)产出(+)量	**Input(-) & Output(+) of Transformation**	**32.27**	**-542.60**
1.火力发电	Thermal Power		-55.16
2.供热	Heating Supply		-215.97
3.煤炭洗选	Coal Washing		
4.炼焦	Coking	32.27	
5.炼油及煤制油	Petroleum Refining and Coal-to-liquids		678.25
#油品再投入量(-)	Petroleum Products Input (-)		-949.72
6.制气	Gas Works		
#焦炭再投入量(-)	Coke Input (-)		
7.天然气液化	Natural Gas Liquefaction		
8.煤制品加工	Briquettes		
9.回收能	Recovery of Energy		
三.损失量	**Loss**		**19.26**
四.终端消费量	**Total Final Consumption**	**5.71**	**5855.20**
1.农、林、牧、渔业	Agriculture, Forestry, Animal Husbandry and Fishery		145.96
2.工业	Industry	5.71	1423.44
#用作原料、材料	Non-Energy Use		835.90
3.建筑业	Construction		345.17
4.交通运输、仓储和邮政业	Transport, Storage and Post		2287.39
5.批发和零售业、住宿和餐饮业	Wholesale and Retail Trades, Hotels and Catering Services		278.77
6.其他	Others		91.45
7.居民生活	Residential		1283.02
城镇	Urban		811.09
乡村	Rural		471.93
五.平衡差额	**Statistical Difference**		
六.消费量合计	**Total Energy Consumption**	**5.71**	**6417.06**

Continued 1

原油 (万吨) Crude Oil (10^4 tons)	汽油 (万吨) Gasoline (10^4 tons)	煤油 (万吨) Kerosene (10^4 tons)	柴油 (万吨) Diesel Oil (10^4 tons)	燃料油 (万吨) Fuel Oil (10^4 tons)	石脑油 (万吨) Naphtha (10^4 tons)	润滑油 (万吨) Lubricants (10^4 tons)	石蜡 (万吨) Paraffin Waxes (10^4 tons)	溶剂油 (万吨) White Spirit (10^4 tons)
5632.08	**395.52**	**-527.34**	**203.02**	**172.12**	**514.08**	**-3.94**	**-4.64**	**-57.49**
1475.07								
	710.97		450.51	258.17	278.90			
5844.70	0.16	81.65	10.76	67.86	305.92	48.74	1.78	0.77
		188.77	1.63	78.85				
-1603.82		-346.91				-44.38	-3.05	-58.44
-8.44	-292.10	-401.63	-252.63	-55.02		-2.68	-3.10	-0.18
		-48.25	-6.23	-201.45				
-75.43	-23.51	-0.97	-1.02	23.71	-70.74	-5.62	-0.27	0.36
-5587.93	**1165.20**	**840.45**	**1466.95**	**140.85**	**101.27**	**28.26**	**4.93**	**58.34**
			-1.97	-2.44	-12.01			
			-0.08		-163.10			
-5587.93	1165.50	840.45	1469.20	174.13	393.23	28.26	4.93	58.34
	-0.30		-0.20	-30.84	-116.85			
17.88	**1.06**	**0.16**	**0.02**	**0.14**				
26.27	**1559.66**	**312.95**	**1669.95**	**312.83**	**615.35**	**24.32**	**0.29**	**0.85**
	34.38		100.07			11.51		
26.27	44.08	2.89	178.11	68.29	615.35	5.61	0.29	0.85
	0.04	0.31	0.11	10.73	615.30	4.50	0.14	0.62
	45.01	0.27	20.30	0.56		0.06		
	491.71	306.45	1195.60	228.07		7.14		
	96.50		144.01	15.85				
	77.78	0.04	10.90	0.06				
	770.20	3.30	20.96					
	499.56	0.36	4.84					
	270.64	2.94	16.12					
5632.08	**1561.02**	**313.11**	**1672.22**	**346.25**	**907.31**	**24.32**	**0.29**	**0.85**

6-19 续表 2

项　目	Item	石油沥青(万吨) Bitumen Asphalt (10^4 tons)	石油焦(万吨) Petroleum Coke (10^4 tons)
一.可供本地区消费的能源量	**Total Primary Energy Supply**	**-75.17**	**-88.62**
1.一次能源生产量	Indigenous Production		
2.外省(区、市)调入量	Moving In from Other Provinces		
3.进口量	Import	49.15	85.78
4.境内飞机和轮船在境外的加油量	Domestic Airplanes&Ships Refueling Abroad		
5.本省(区、市)调出量(-)	Sending Out to Other Provinces(-)	-68.09	-177.66
6.出口量(-)	Export(-)	-23.99	-1.39
7.境外飞机和轮船在境内的加油量(-)	Oversea Airplanes&Ships Refueling Domestically(-)		
8.库存增(-)、减(+)量	Stock Change	-32.24	4.65
二.加工转换投入(-)产出(+)量	**Input(-) & Output(+) of Transformation**	**361.49**	**135.41**
1.火力发电	Thermal Power		-36.00
2.供热	Heating Supply		-43.54
3.煤炭洗选	Coal Washing		
4.炼焦	Coking		
5.炼油及煤制油	Petroleum Refining and Coal-to-liquids	361.49	214.95
#油品再投入量(-)	Petroleum Products Input (-)		
6.制气	Gas Works		
#焦炭再投入量(-)	Coke Input (-)		
7.天然气液化	Natural Gas Liquefaction		
8.煤制品加工	Briquettes		
9.回收能	Recovery of Energy		
三.损失量	**Loss**		
四.终端消费量	**Total Final Consumption**	**286.32**	**46.79**
1.农、林、牧、渔业	Agriculture, Forestry, Animal Husbandry and Fishery		
2.工业	Industry	8.26	46.79
#用作原料、材料	Non-Energy Use	5.88	
3.建筑业	Construction	278.06	
4.交通运输、仓储和邮政业	Transport, Storage and Post		
5.批发和零售业、住宿和餐饮业	Wholesale and Retail Trades, Hotels and Catering Services		
6.其他	Others		
7.居民生活	Residential		
城镇	Urban		
乡村	Rural		
五.平衡差额	**Statistical Difference**		
六.消费量合计	**Total Energy Consumption**	**286.32**	**126.33**

Continued 2

液化石油气 (万吨) Liquefied Petroleum Gas (10^4 tons)	炼厂干气 (万吨) Refinery Gas (10^4 tons)	其他石油制品 (万吨) Other Petroleum Products (10^4 tons)	天然气 (亿立方米) Natural Gas (10^8 cu.m)	液化天然气 (万吨) Liquefied Natural Gas (10^4 tons)	热力 (万百万千焦) Heat (10^{10} kJ)	电力 (亿千瓦小时) Electricity (10^8 kW•h)	其他能源 (万吨标准煤) Other Energy (10^4 tce)
449.72	**8.82**	**-201.10**	**161.76**	**321.91**		**3261.96**	**550.83**
			112.08			1617.14	
	8.82		49.68	6.23		1822.08	550.83
628.89		667.12		1198.96			
-103.40		-867.85		-876.23		-0.29	
-74.76		-2.79				-176.97	
-1.01		2.42		-7.05			
296.53	**116.06**	**329.59**	**-82.71**	**-256.96**	**29868.03**	**3433.89**	**-540.23**
	-1.23	-1.51	-75.91	-230.72	-3446.84	3433.89	-524.79
	-3.99	-5.26	-6.54	-26.24	28080.73		-30.08
461.35	135.57	958.78	-0.26				-34.03
-164.82	-14.29	-622.42					
							48.67
					5234.14		
				6.23	**333.15**	**255.70**	
746.25	**124.88**	**128.49**	**79.05**	**58.72**	**29534.88**	**6440.15**	**10.60**
						129.31	
173.28	124.88	128.49	56.09	58.72	29530.94	3815.98	10.60
97.16	21.42	79.69	0.02	0.24			
0.91			0.04		0.97	86.29	
58.42			1.62		2.97	148.21	
22.41			5.46			413.62	
2.67			0.42			768.12	
488.56			15.42			1078.62	
306.33			15.42			644.29	
182.23						434.33	
911.07	**144.39**	**757.68**	**161.76**	**321.91**	**33314.87**	**6695.85**	**599.50**

6-20 广西能源平衡表(实物量)-2019

项 目	Item	煤合计 (万吨) Coal Total (10^4 tons)	原煤 (万吨) Raw Coal (10^4 tons)
一.可供本地区消费的能源量	**Total Primary Energy Supply**	**8021.91**	**7441.23**
1.一次能源生产量	Indigenous Production	406.16	406.16
2.外省(区、市)调入量	Moving In from Other Provinces	6883.52	6276.64
3.进口量	Import	826.45	826.45
4.境内飞机和轮船在境外的加油量	Domestic Airplanes&Ships Refueling Abroad		
5.本省(区、市)调出量(-)	Sending Out to Other Provinces(-)	-20.27	
6.出口量(-)	Export(-)		
7.境外飞机和轮船在境内的加油量(-)	Oversea Airplanes&Ships Refueling Domestically(-)		
8.库存增(-)、减(+)量	Stock Change	-73.95	-68.02
二.加工转换投入(-)产出(+)量	**Input(-) & Output(+) of Transformation**	**-5751.30**	**-5187.47**
1.火力发电	Thermal Power	-4114.07	-4114.07
2.供热	Heating Supply	-469.29	-469.29
3.煤炭洗选	Coal Washing	5.88	-117.47
4.炼焦	Coking	-1021.85	-334.67
5.炼油及煤制油	Petroleum Refining and Coal-to-liquids		
#油品再投入量(-)	Petroleum Products Input (-)		
6.制气	Gas Works	-151.97	-151.97
#焦炭再投入量(-)	Coke Input (-)		
7.天然气液化	Natural Gas Liquefaction		
8.煤制品加工	Briquettes		
9.回收能	Recovery of Energy		
三.损失量	**Loss**		
四.终端消费量	**Total Final Consumption**	**2270.61**	**2253.76**
1.农、林、牧、渔业	Agriculture, Forestry, Animal Husbandry and Fishery		
2.工业	Industry	2269.35	2252.50
#用作原料、材料	Non-Energy Use	52.92	52.23
3.建筑业	Construction		
4.交通运输、仓储和邮政业	Transport, Storage and Post	0.29	0.29
5.批发和零售业、住宿和餐饮业	Wholesale and Retail Trades, Hotels and Catering Services	0.06	0.06
6.其他	Others	0.02	0.02
7.居民生活	Residential	0.89	0.89
城镇	Urban	0.32	0.32
乡村	Rural	0.57	0.57
五.平衡差额	**Statistical Difference**		
六.消费量合计	**Total Energy Consumption**	**8021.91**	**7441.23**

Energy Balance of Guangxi (Physical Quantity) -2019

洗精煤 (万吨) Cleaned Coal (10[4] tons)	其他洗煤 (万吨) Other Washed Coal (10[4] tons)	煤制品 (万吨) Briquettes (10[4] tons)	煤矸石 (万吨) Gangue (10[4] tons)	焦炭 (万吨) Coke (10[4] tons)	焦炉煤气 (亿立方米) Coke Oven Gas (10[8] cu.m)	高炉煤气 (亿立方米) Blast Furnace Gas (10[8] cu.m)	转炉煤气 (亿立方米) Converter Gas (10[8] cu.m)	其他煤气 (亿立方米) Other Gas (10[8] cu.m)
596.40	**-19.63**	**3.91**	**4.23**	**350.03**				**0.42**
602.93		3.95	3.85	356.02				0.42
	-20.27							
-6.53	0.64	-0.04	0.38	-5.99				
-596.40	**32.57**			**729.32**	**22.25**	**258.64**	**11.65**	**45.11**
					-7.51	-122.82	-10.34	
90.78	32.57							
-687.18				729.32	29.76			
								45.11
						381.46	21.99	
	12.94	**3.91**	**4.23**	**1079.35**	**22.25**	**258.64**	**11.65**	**45.53**
	12.94	3.91	4.23	1079.35	22.25	258.64	11.65	45.11
		0.69		5.32				
								0.42
								0.42
687.18	**12.94**	**3.91**	**4.23**	**1079.35**	**29.76**	**381.46**	**21.99**	**45.53**

6-20 续表 1

项　目	Item	其他焦化产品(万吨) Other Coking Products (10^4 tons)	油品合计(万吨) Petroleum Products Total (10^4 tons)
一.可供本地区消费的能源量	**Total Primary Energy Supply**	**-38.15**	**1110.58**
1.一次能源生产量	Indigenous Production		50.26
2.外省(区、市)调入量	Moving In from Other Provinces		2490.45
3.进口量	Import		
4.境内飞机和轮船在境外的加油量	Domestic Airplanes&Ships Refueling Abroad		
5.本省(区、市)调出量(-)	Sending Out to Other Provinces(-)	-38.15	-1447.75
6.出口量(-)	Export(-)		-0.82
7.境外飞机和轮船在境内的加油量(-)	Oversea Airplanes&Ships Refueling Domestically(-)		
8.库存增(-)、减(+)量	Stock Change		18.44
二.加工转换投入(-)产出(+)量	**Input(-) & Output(+) of Transformation**	**38.43**	**-77.95**
1.火力发电	Thermal Power		-13.62
2.供热	Heating Supply		-12.25
3.煤炭洗选	Coal Washing		
4.炼焦	Coking	38.43	
5.炼油及煤制油	Petroleum Refining and Coal-to-liquids		57.36
#油品再投入量(-)	Petroleum Products Input (-)		-109.44
6.制气	Gas Works		
#焦炭再投入量(-)	Coke Input (-)		
7.天然气液化	Natural Gas Liquefaction		
8.煤制品加工	Briquettes		
9.回收能	Recovery of Energy		
三.损失量	**Loss**		
四.终端消费量	**Total Final Consumption**	**0.28**	**1032.63**
1.农、林、牧、渔业	Agriculture, Forestry, Animal Husbandry and Fishery		68.40
2.工业	Industry	0.28	230.34
#用作原料、材料	Non-Energy Use		100.38
3.建筑业	Construction		24.05
4.交通运输、仓储和邮政业	Transport, Storage and Post		615.19
5.批发和零售业、住宿和餐饮业	Wholesale and Retail Trades, Hotels and Catering Services		46.02
6.其他	Others		12.40
7.居民生活	Residential		36.23
城镇	Urban		15.88
乡村	Rural		20.35
五.平衡差额	**Statistical Difference**		
六.消费量合计	**Total Energy Consumption**	**0.28**	**1110.58**

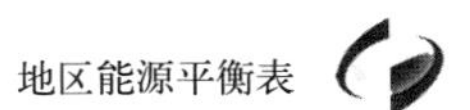

Continued 1

原油 (万吨) Crude Oil (10^4 tons)	汽油 (万吨) Gasoline (10^4 tons)	煤油 (万吨) Kerosene (10^4 tons)	柴油 (万吨) Diesel Oil (10^4 tons)	燃料油 (万吨) Fuel Oil (10^4 tons)	石脑油 (万吨) Naphtha (10^4 tons)	润滑油 (万吨) Lubricants (10^4 tons)	石蜡 (万吨) Paraffin Waxes (10^4 tons)	溶剂油 (万吨) White Spirit (10^4 tons)
1637.82	**-260.25**	**-113.20**	**-89.75**	**6.33**	**-7.53**	**1.97**	**0.11**	**0.34**
50.26								
1560.88	428.82	0.42	296.25	10.95	0.25	2.25	0.11	0.34
	-688.43	-112.32	-374.86	-4.07	-7.86			
	-0.28	-0.39	-0.15					
26.68	-0.36	-0.91	-10.99	-0.55	0.08	-0.28		
-1637.28	**516.93**	**159.56**	**576.46**	**0.40**	**7.53**			
			-0.44					
			-0.04	-3.83				
-1637.28	516.93	159.56	576.94	11.66	7.78			
				-7.43	-0.25			
0.54	**256.68**	**46.36**	**486.71**	**6.73**		**1.97**	**0.11**	**0.34**
			68.40					
0.54	2.56	0.24	34.09	2.45		0.16	0.11	0.34
	0.03	0.01	0.42			0.09		0.20
	5.52	0.01	17.35	1.11				
	222.57	46.11	341.52	3.17		1.81		
	13.63		16.30					
	3.35		9.05					
	9.05							
	2.75							
	6.30							
1637.82	**256.68**	**46.36**	**487.19**	**17.99**	**0.25**	**1.97**	**0.11**	**0.34**

6-20 续表 2

项　目	Item	石油沥青(万吨) Bitumen Asphalt (10^4 tons)	石油焦(万吨) Petroleum Coke (10^4 tons)
一.可供本地区消费的能源量	**Total Primary Energy Supply**	**-54.45**	**54.96**
1.一次能源生产量	Indigenous Production		
2.外省(区、市)调入量	Moving In from Other Provinces	1.51	92.88
3.进口量	Import		
4.境内飞机和轮船在境外的加油量	Domestic Airplanes&Ships Refueling Abroad		
5.本省(区、市)调出量(-)	Sending Out to Other Provinces(-)	-61.65	-34.92
6.出口量(-)	Export(-)		
7.境外飞机和轮船在境内的加油量(-)	Oversea Airplanes&Ships Refueling Domestically(-)		
8.库存增(-)、减(+)量	Stock Change	5.69	-3.00
二.加工转换投入(-)产出(+)量	**Input(-) & Output(+) of Transformation**	**56.34**	**37.67**
1.火力发电	Thermal Power		-13.18
2.供热	Heating Supply		-1.51
3.煤炭洗选	Coal Washing		
4.炼焦	Coking		
5.炼油及煤制油	Petroleum Refining and Coal-to-liquids	56.34	52.36
#油品再投入量(-)	Petroleum Products Input (-)		
6.制气	Gas Works		
#焦炭再投入量(-)	Coke Input (-)		
7.天然气液化	Natural Gas Liquefaction		
8.煤制品加工	Briquettes		
9.回收能	Recovery of Energy		
三.损失量	**Loss**		
四.终端消费量	**Total Final Consumption**	**1.89**	**92.63**
1.农、林、牧、渔业	Agriculture, Forestry, Animal Husbandry and Fishery		
2.工业	Industry	1.89	92.63
#用作原料、材料	Non-Energy Use	1.64	75.08
3.建筑业	Construction		
4.交通运输、仓储和邮政业	Transport, Storage and Post		
5.批发和零售业、住宿和餐饮业	Wholesale and Retail Trades, Hotels and Catering Services		
6.其他	Others		
7.居民生活	Residential		
城镇	Urban		
乡村	Rural		
五.平衡差额	**Statistical Difference**		
六.消费量合计	**Total Energy Consumption**	**1.89**	**107.32**

Continued 2

液化石油气(万吨) Liquefied Petroleum Gas (10^4 tons)	炼厂干气(万吨) Refinery Gas (10^4 tons)	其他石油制品(万吨) Other Petroleum Products (10^4 tons)	天然气(亿立方米) Natural Gas (10^8 cu.m)	液化天然气(万吨) Liquefied Natural Gas (10^4 tons)	热力(万百万千焦) Heat (10^{10} kJ)	电力(亿千瓦小时) Electricity (10^8 kW•h)	其他能源(万吨标准煤) Other Energy (10^4 tce)
-15.42		**-50.35**	**28.24**	**-2.76**		**900.66**	**673.42**
			0.25			839.76	673.42
39.53		56.26	27.99	19.70		171.50	
-55.68		-107.96		-23.97		-110.60	
0.73		1.35		1.51			
60.38	**56.42**	**87.64**	**-6.15**	**5.00**	**9930.84**	**1006.51**	**-256.66**
			-1.21		-5550.73	1006.51	-228.63
	-6.87		-1.15		8809.47		-25.83
98.68	63.29	151.10	-3.11				-2.20
-38.30		-63.46					
			-0.68	5.00			
					6672.10		
						62.54	
44.96	**56.42**	**37.29**	**22.09**	**2.24**	**9930.84**	**1844.63**	**416.76**
						34.29	
1.62	56.42	37.29	6.96	2.24	9930.84	1171.56	416.76
0.03		22.88	0.01	0.37			
0.06						25.76	
0.01			5.65			43.93	
16.09			1.00			63.15	
						135.64	
27.18			8.48			370.30	
13.13			8.48			210.81	
14.05						159.49	
83.26	**63.29**	**100.75**	**27.55**	**2.24**	**15481.57**	**1907.17**	**673.42**

6-21 海南能源平衡表(实物量)-2019

项 目	Item	煤合计(万吨) Coal Total (10^4 tons)	原煤(万吨) Raw Coal (10^4 tons)
一.可供本地区消费的能源量	**Total Primary Energy Supply**	**1130.39**	**1130.39**
1.一次能源生产量	Indigenous Production		
2.外省(区、市)调入量	Moving In from Other Provinces	650.09	650.09
3.进口量	Import	582.44	582.44
4.境内飞机和轮船在境外的加油量	Domestic Airplanes&Ships Refueling Abroad		
5.本省(区、市)调出量(−)	Sending Out to Other Provinces(-)	-102.48	-102.48
6.出口量(−)	Export(-)		
7.境外飞机和轮船在境内的加油量(−)	Oversea Airplanes&Ships Refueling Domestically(-)		
8.库存增(−)、减(+)量	Stock Change	0.34	0.34
二.加工转换投入(−)产出(+)量	**Input(-) & Output(+) of Transformation**	**-885.70**	**-885.70**
1.火力发电	Thermal Power	-835.79	-835.79
2.供热	Heating Supply	-49.91	-49.91
3.煤炭洗选	Coal Washing		
4.炼焦	Coking		
5.炼油及煤制油	Petroleum Refining and Coal-to-liquids		
#油品再投入量(−)	Petroleum Products Input (-)		
6.制气	Gas Works		
#焦炭再投入量(−)	Coke Input (-)		
7.天然气液化	Natural Gas Liquefaction		
8.煤制品加工	Briquettes		
9.回收能	Recovery of Energy		
三.损失量	**Loss**		
四.终端消费量	**Total Final Consumption**	**244.69**	**244.69**
1.农、林、牧、渔业	Agriculture, Forestry, Animal Husbandry and Fishery		
2.工业	Industry	244.69	244.69
#用作原料、材料	Non-Energy Use		
3.建筑业	Construction		
4.交通运输、仓储和邮政业	Transport, Storage and Post		
5.批发和零售业、住宿和餐饮业	Wholesale and Retail Trades, Hotels and Catering Services		
6.其他	Others		
7.居民生活	Residential		
城镇	Urban		
乡村	Rural		
五.平衡差额	**Statistical Difference**		
六.消费量合计	**Total Energy Consumption**	**1130.39**	**1130.39**

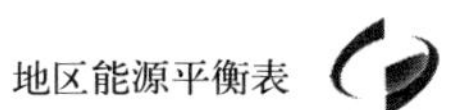

Energy Balance of Hainan (Physical Quantity) -2019

洗精煤 (万吨) Cleaned Coal (10^4 tons)	其他洗煤 (万吨) Other Washed Coal (10^4 tons)	煤制品 (万吨) Briquettes (10^4 tons)	煤矸石 (万吨) Gangue (10^4 tons)	焦炭 (万吨) Coke (10^4 tons)	焦炉煤气 (亿立方米) Coke Oven Gas (10^8 cu.m)	高炉煤气 (亿立方米) Blast Furnace Gas (10^8 cu.m)	转炉煤气 (亿立方米) Converter Gas (10^8 cu.m)	其他煤气 (亿立方米) Other Gas (10^8 cu.m)
				0.03				
				0.03				
				0.03				
				0.03				
				0.03				

6-21 续表 1

项　目	Item	其他焦化产品(万吨) Other Coking Products (10^4 tons)	油品合计(万吨) Petroleum Products Total (10^4 tons)
一.可供本地区消费的能源量	**Total Primary Energy Supply**		**507.77**
1.一次能源生产量	Indigenous Production		30.50
2.外省(区、市)调入量	Moving In from Other Provinces		455.08
3.进口量	Import		1039.38
4.境内飞机和轮船在境外的加油量	Domestic Airplanes&Ships Refueling Abroad		
5.本省(区、市)调出量(-)	Sending Out to Other Provinces(-)		-569.05
6.出口量(-)	Export(-)		-407.01
7.境外飞机和轮船在境内的加油量(-)	Oversea Airplanes&Ships Refueling Domestically(-)		
8.库存增(-)、减(+)量	Stock Change		-41.13
二.加工转换投入(-)产出(+)量	**Input(-) & Output(+) of Transformation**		**-63.38**
1.火力发电	Thermal Power		-0.03
2.供热	Heating Supply		-10.53
3.煤炭洗选	Coal Washing		
4.炼焦	Coking		
5.炼油及煤制油	Petroleum Refining and Coal-to-liquids		496.91
#油品再投入量(-)	Petroleum Products Input (-)		-549.73
6.制气	Gas Works		
#焦炭再投入量(-)	Coke Input (-)		
7.天然气液化	Natural Gas Liquefaction		
8.煤制品加工	Briquettes		
9.回收能	Recovery of Energy		
三.损失量	**Loss**		
四.终端消费量	**Total Final Consumption**		**444.39**
1.农、林、牧、渔业	Agriculture, Forestry, Animal Husbandry and Fishery		36.73
2.工业	Industry		102.89
#用作原料、材料	Non-Energy Use		
3.建筑业	Construction		15.31
4.交通运输、仓储和邮政业	Transport, Storage and Post		189.16
5.批发和零售业、住宿和餐饮业	Wholesale and Retail Trades, Hotels and Catering Services		5.93
6.其他	Others		50.28
7.居民生活	Residential		44.09
城镇	Urban		35.54
乡村	Rural		8.55
五.平衡差额	**Statistical Difference**		
六.消费量合计	**Total Energy Consumption**		**507.77**

Continued 1

原油 (万吨) Crude Oil (10^4 tons)	汽油 (万吨) Gasoline (10^4 tons)	煤油 (万吨) Kerosene (10^4 tons)	柴油 (万吨) Diesel Oil (10^4 tons)	燃料油 (万吨) Fuel Oil (10^4 tons)	石脑油 (万吨) Naphtha (10^4 tons)	润滑油 (万吨) Lubricants (10^4 tons)	石蜡 (万吨) Paraffin Waxes (10^4 tons)	溶剂油 (万吨) White Spirit (10^4 tons)
1138.16	**-193.43**	**-26.03**	**-190.67**	**-50.31**	**-45.23**			
30.50								
209.57		120.53						
940.84	33.15	2.47	23.23	24.80				
	-109.14		-91.04	-60.06	-46.01			
	-119.30	-148.17	-127.53	-12.01				
-42.75	1.86	-0.86	4.67	-3.04	0.78			
-1137.35	**301.03**	**157.07**	**278.40**	**56.56**	**45.23**			
			-0.03					
-1137.35	301.03	157.07	278.43	56.56	45.23			
0.81	**107.60**	**131.04**	**87.73**	**6.25**				
	2.21		34.52					
0.81	0.38		4.00	0.17				
	5.83		9.48					
	15.94	131.04	36.10	6.08				
	2.68		1.13					
	47.28		2.50					
	33.28							
	26.31							
	6.97							
1138.16	**107.60**	**131.04**	**87.76**	**6.25**				

6-21 续表 2

项　目	Item	石油沥青(万吨) Bitumen Asphalt (10^4 tons)	石油焦(万吨) Petroleum Coke (10^4 tons)
一.可供本地区消费的能源量	**Total Primary Energy Supply**	**-10.75**	
1.一次能源生产量	Indigenous Production		
2.外省(区、市)调入量	Moving In from Other Provinces		
3.进口量	Import	14.89	
4.境内飞机和轮船在境外的加油量	Domestic Airplanes&Ships Refueling Abroad		
5.本省(区、市)调出量(-)	Sending Out to Other Provinces(-)	-23.34	
6.出口量(-)	Export(-)		
7.境外飞机和轮船在境内的加油量(-)	Oversea Airplanes&Ships Refueling Domestically(-)		
8.库存增(-)、减(+)量	Stock Change	-2.30	
二.加工转换投入(-)产出(+)量	**Input(-) & Output(+) of Transformation**	**10.75**	
1.火力发电	Thermal Power		
2.供热	Heating Supply		
3.煤炭洗选	Coal Washing		
4.炼焦	Coking		
5.炼油及煤制油	Petroleum Refining and Coal-to-liquids	10.75	
#油品再投入量(-)	Petroleum Products Input (-)		
6.制气	Gas Works		
#焦炭再投入量(-)	Coke Input (-)		
7.天然气液化	Natural Gas Liquefaction		
8.煤制品加工	Briquettes		
9.回收能	Recovery of Energy		
三.损失量	**Loss**		
四.终端消费量	**Total Final Consumption**		
1.农、林、牧、渔业	Agriculture, Forestry, Animal Husbandry and Fishery		
2.工业	Industry		
#用作原料、材料	Non-Energy Use		
3.建筑业	Construction		
4.交通运输、仓储和邮政业	Transport, Storage and Post		
5.批发和零售业、住宿和餐饮业	Wholesale and Retail Trades, Hotels and Catering Services		
6.其他	Others		
7.居民生活	Residential		
城镇	Urban		
乡村	Rural		
五.平衡差额	**Statistical Difference**		
六.消费量合计	**Total Energy Consumption**		

Continued 2

液化石油气 (万吨) Liquefied Petroleum Gas (10^4 tons)	炼厂干气 (万吨) Refinery Gas (10^4 tons)	其他石油制品 (万吨) Other Petroleum Products (10^4 tons)	天然气 (亿立方米) Natural Gas (10^8 cu.m)	液化天然气 (万吨) Liquefied Natural Gas (10^4 tons)	热力 (万百万千焦) Heat (10^{10} kJ)	电力 (亿千瓦小时) Electricity (10^8 kW•h)	其他能源 (万吨标准煤) Other Energy (10^4 tce)
-84.51		**-29.46**	**44.12**	**14.73**		**142.98**	**35.61**
			1.03			133.24	35.61
		124.98	49.90			10.25	
				83.59			
-83.51		-155.95		-61.51		-0.51	
			-6.81	-7.35			
-1.00		1.51					
106.26	**34.73**	**83.94**	**-6.13**		**1484.96**	**212.46**	**-34.23**
			-2.92		-1139.55	212.46	-32.72
-2.41	-8.12		-1.73		1484.96		-1.51
113.06	59.46	612.67	-1.48				
-4.39	-16.61	-528.73					
					1139.55		
						18.73	
21.75	**34.73**	**54.48**	**37.99**	**14.73**	**1484.96**	**336.71**	**1.38**
						18.56	
8.32	34.73	54.48	35.86	13.41	1484.96	117.53	1.38
			23.86				
						9.45	
			0.77	1.32		7.52	
2.12			0.54			37.74	
0.50						78.16	
10.81			0.82			67.75	
9.23			0.82			36.80	
1.58						30.95	
28.55	**59.46**	**583.21**	**44.12**	**14.73**	**2624.51**	**355.44**	**35.61**

6-22 重庆能源平衡表(实物量)-2019

项目	Item	煤合计(万吨) Coal Total (10^4 tons)	原煤(万吨) Raw Coal (10^4 tons)
一.可供本地区消费的能源量	**Total Primary Energy Supply**	**5022.94**	**4950.32**
1.一次能源生产量	Indigenous Production	1171.43	1171.43
2.外省(区、市)调入量	Moving In from Other Provinces	4095.55	3828.16
3.进口量	Import		
4.境内飞机和轮船在境外的加油量	Domestic Airplanes&Ships Refueling Abroad		
5.本省(区、市)调出量(-)	Sending Out to Other Provinces(-)	-244.37	-24.62
6.出口量(-)	Export(-)		
7.境外飞机和轮船在境内的加油量(-)	Oversea Airplanes&Ships Refueling Domestically(-)		
8.库存增(-)、减(+)量	Stock Change	0.33	-24.65
二.加工转换投入(-)产出(+)量	**Input(-) & Output(+) of Transformation**	**-2912.12**	**-3289.60**
1.火力发电	Thermal Power	-2054.31	-2053.11
2.供热	Heating Supply	-276.51	-270.07
3.煤炭洗选	Coal Washing	-236.71	-966.42
4.炼焦	Coking	-344.59	
5.炼油及煤制油	Petroleum Refining and Coal-to-liquids		
#油品再投入量(-)	Petroleum Products Input (-)		
6.制气	Gas Works		
#焦炭再投入量(-)	Coke Input (-)		
7.天然气液化	Natural Gas Liquefaction		
8.煤制品加工	Briquettes		
9.回收能	Recovery of Energy		
三.损失量	**Loss**		
四.终端消费量	**Total Final Consumption**	**2110.82**	**1660.72**
1.农、林、牧、渔业	Agriculture, Forestry, Animal Husbandry and Fishery	52.71	30.24
2.工业	Industry	1974.84	1600.34
#用作原料、材料	Non-Energy Use		
3.建筑业	Construction	15.08	8.74
4.交通运输、仓储和邮政业	Transport, Storage and Post	8.53	4.52
5.批发和零售业、住宿和餐饮业	Wholesale and Retail Trades, Hotels and Catering Services	6.76	2.98
6.其他	Others	4.76	2.43
7.居民生活	Residential	48.14	11.47
城镇	Urban	1.84	0.65
乡村	Rural	46.30	10.82
五.平衡差额	**Statistical Difference**		
六.消费量合计	**Total Energy Consumption**	**5022.94**	**4950.32**

Energy Balance of Chongqing (Physical Quantity) -2019

洗精煤 (万吨) Cleaned Coal (10^4 tons)	其他洗煤 (万吨) Other Washed Coal (10^4 tons)	煤制品 (万吨) Briquettes (10^4 tons)	煤矸石 (万吨) Gangue (10^4 tons)	焦炭 (万吨) Coke (10^4 tons)	焦炉煤气 (亿立方米) Coke Oven Gas (10^8 cu.m)	高炉煤气 (亿立方米) Blast Furnace Gas (10^8 cu.m)	转炉煤气 (亿立方米) Converter Gas (10^8 cu.m)	其他煤气 (亿立方米) Other Gas (10^8 cu.m)
71.01	**1.35**	**0.26**	**132.23**	**75.81**				
155.52	45.81	66.06	128.06	75.26				
-111.98	-44.46	-63.31						
27.47		-2.49	4.17	0.55				
-71.01	**448.49**		**-85.52**	**230.62**	**9.08**	**49.85**	**6.19**	
	-1.20		-85.52		-1.54	-55.03	-1.09	
	-6.44				-0.53			
273.58	456.13							
-344.59				230.62	11.15			
						104.88	7.28	
	449.84	**0.26**	**46.71**	**306.43**	**9.08**	**49.85**	**6.19**	
	22.47							
	374.24	0.26	46.71	306.43	9.08	49.85	6.19	
	6.34							
	4.01							
	3.78							
	2.33							
	36.67							
	1.19							
	35.48							
344.59	**457.48**	**0.26**	**132.23**	**306.43**	**11.15**	**104.88**	**7.28**	

6-22 续表 1

项　目	Item	其他焦化产品(万吨) Other Coking Products (10^4 tons)	油品合计(万吨) Petroleum Products Total (10^4 tons)
一.可供本地区消费的能源量	**Total Primary Energy Supply**		**976.48**
1.一次能源生产量	Indigenous Production		
2.外省(区、市)调入量	Moving In from Other Provinces		1029.56
3.进口量	Import		
4.境内飞机和轮船在境外的加油量	Domestic Airplanes&Ships Refueling Abroad		
5.本省(区、市)调出量(-)	Sending Out to Other Provinces(-)		-55.42
6.出口量(-)	Export(-)		
7.境外飞机和轮船在境内的加油量(-)	Oversea Airplanes&Ships Refueling Domestically(-)		
8.库存增(-)、减(+)量	Stock Change		2.34
二.加工转换投入(-)产出(+)量	**Input(-) & Output(+) of Transformation**	**13.48**	**-0.38**
1.火力发电	Thermal Power		-0.38
2.供热	Heating Supply		
3.煤炭洗选	Coal Washing		
4.炼焦	Coking	13.48	
5.炼油及煤制油	Petroleum Refining and Coal-to-liquids		
#油品再投入量(-)	Petroleum Products Input (-)		
6.制气	Gas Works		
#焦炭再投入量(-)	Coke Input (-)		
7.天然气液化	Natural Gas Liquefaction		
8.煤制品加工	Briquettes		
9.回收能	Recovery of Energy		
三.损失量	**Loss**		
四.终端消费量	**Total Final Consumption**	**13.48**	**976.10**
1.农、林、牧、渔业	Agriculture, Forestry, Animal Husbandry and Fishery		31.76
2.工业	Industry	13.48	75.67
#用作原料、材料	Non-Energy Use		
3.建筑业	Construction		55.21
4.交通运输、仓储和邮政业	Transport, Storage and Post		547.45
5.批发和零售业、住宿和餐饮业	Wholesale and Retail Trades, Hotels and Catering Services		68.84
6.其他	Others		28.32
7.居民生活	Residential		168.85
城镇	Urban		123.57
乡村	Rural		45.28
五.平衡差额	**Statistical Difference**		
六.消费量合计	**Total Energy Consumption**	**13.48**	**976.48**

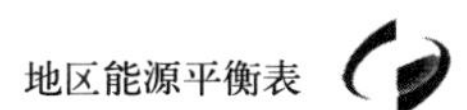

Continued 1

原油 (万吨) Crude Oil (10^4 tons)	汽油 (万吨) Gasoline (10^4 tons)	煤油 (万吨) Kerosene (10^4 tons)	柴油 (万吨) Diesel Oil (10^4 tons)	燃料油 (万吨) Fuel Oil (10^4 tons)	石脑油 (万吨) Naphtha (10^4 tons)	润滑油 (万吨) Lubricants (10^4 tons)	石蜡 (万吨) Paraffin Waxes (10^4 tons)	溶剂油 (万吨) White Spirit (10^4 tons)
	400.08	**102.14**	**407.02**	**18.42**		**2.95**		**0.01**
	418.09	102.56	426.18	18.77		6.75		0.01
	-21.78	-0.02	-18.30	-0.22		-3.70		
	3.77	-0.40	-0.86	-0.13		-0.10		
			-0.34	**-0.04**				
			-0.34	-0.04				
	400.08	**102.14**	**406.68**	**18.38**		**2.95**		**0.01**
	15.28		16.48					
	17.56	1.01	35.68	0.58		2.95		0.01
	16.62	0.44	36.47	0.62				
	165.28	100.69	264.30	17.18				
	41.41		13.28					
	26.35		1.97					
	117.58		38.50					
	93.21		24.62					
	24.37		13.88					
	400.08	**102.14**	**407.02**	**18.42**		**2.95**		**0.01**

6-22 续表 2

项　目	Item	石油沥青(万吨) Bitumen Asphalt (10^4 tons)	石油焦(万吨) Petroleum Coke (10^4 tons)
一.可供本地区消费的能源量	**Total Primary Energy Supply**	**3.44**	**0.90**
1.一次能源生产量	Indigenous Production		
2.外省(区、市)调入量	Moving In from Other Provinces	14.56	0.77
3.进口量	Import		
4.境内飞机和轮船在境外的加油量	Domestic Airplanes&Ships Refueling Abroad		
5.本省(区、市)调出量(−)	Sending Out to Other Provinces(-)	-10.89	
6.出口量(−)	Export(-)		
7.境外飞机和轮船在境内的加油量(−)	Oversea Airplanes&Ships Refueling Domestically(-)		
8.库存增(−)、减(+)量	Stock Change	-0.23	0.13
二.加工转换投入(−)产出(+)量	**Input(-) & Output(+) of Transformation**		
1.火力发电	Thermal Power		
2.供热	Heating Supply		
3.煤炭洗选	Coal Washing		
4.炼焦	Coking		
5.炼油及煤制油	Petroleum Refining and Coal-to-liquids		
#油品再投入量(−)	Petroleum Products Input (-)		
6.制气	Gas Works		
#焦炭再投入量(−)	Coke Input (-)		
7.天然气液化	Natural Gas Liquefaction		
8.煤制品加工	Briquettes		
9.回收能	Recovery of Energy		
三.损失量	**Loss**		
四.终端消费量	**Total Final Consumption**	**3.44**	**0.90**
1.农、林、牧、渔业	Agriculture, Forestry, Animal Husbandry and Fishery		
2.工业	Industry	3.44	0.90
#用作原料、材料	Non-Energy Use		
3.建筑业	Construction		
4.交通运输、仓储和邮政业	Transport, Storage and Post		
5.批发和零售业、住宿和餐饮业	Wholesale and Retail Trades, Hotels and Catering Services		
6.其他	Others		
7.居民生活	Residential		
城镇	Urban		
乡村	Rural		
五.平衡差额	**Statistical Difference**		
六.消费量合计	**Total Energy Consumption**	**3.44**	**0.90**

Continued 2

液化石油气（万吨） Liquefied Petroleum Gas (10^4 tons)	炼厂干气（万吨） Refinery Gas (10^4 tons)	其他石油制品（万吨） Other Petroleum Products (10^4 tons)	天然气（亿立方米） Natural Gas (10^8 cu.m)	液化天然气（万吨） Liquefied Natural Gas (10^4 tons)	热力（万百万千焦） Heat (10^{10} kJ)	电力（亿千瓦小时） Electricity (10^8 kW•h)	其他能源（万吨标准煤） Other Energy (10^4 tce)
28.22		**13.30**	**103.51**			**605.34**	**70.60**
			110.53			256.60	
28.57		13.30				408.06	70.60
-0.51			-7.02			-59.32	
0.16							
			-7.34	**22.74**	**5350.30**	**554.85**	**-62.65**
			-3.72		-2704.33	554.85	-61.83
			-0.22		5255.99		-0.82
			-3.40	22.74			
					2798.64		
			0.44			**50.21**	
28.22		**13.30**	**95.73**	**22.74**	**5350.30**	**1109.98**	**7.95**
			1.25			3.97	
0.24		13.30	64.15	1.88	5350.30	627.17	7.95
			31.57				
1.06			0.33	0.42		27.53	
			8.12			32.30	
14.15			5.54	4.52		73.14	
			0.10	1.04		141.24	
12.77			16.24	14.88		204.63	
5.74			16.24	12.44		133.17	
7.03				2.44		71.46	
28.22		**13.30**	**100.37**	**22.74**	**8054.63**	**1160.19**	**70.60**

6-23 四川能源平衡表(实物量)-2019

项　目	Item	煤合计(万吨) Coal Total (10^4 tons)	原煤(万吨) Raw Coal (10^4 tons)
一.可供本地区消费的能源量	**Total Primary Energy Supply**	**7713.47**	**8320.04**
1.一次能源生产量	Indigenous Production	3396.64	3396.64
2.外省(区、市)调入量	Moving In from Other Provinces	5915.62	5302.96
3.进口量	Import		
4.境内飞机和轮船在境外的加油量	Domestic Airplanes&Ships Refueling Abroad		
5.本省(区、市)调出量(-)	Sending Out to Other Provinces(-)	-1512.34	-310.37
6.出口量(-)	Export(-)		
7.境外飞机和轮船在境内的加油量(-)	Oversea Airplanes&Ships Refueling Domestically(-)		
8.库存增(-)、减(+)量	Stock Change	-86.45	-69.20
二.加工转换投入(-)产出(+)量	**Input(-) & Output(+) of Transformation**	**-4139.53**	**-5109.49**
1.火力发电	Thermal Power	-1690.96	-1670.05
2.供热	Heating Supply	-292.72	-292.72
3.煤炭洗选	Coal Washing	-516.79	-3067.82
4.炼焦	Coking	-1637.68	-67.04
5.炼油及煤制油	Petroleum Refining and Coal-to-liquids		
#油品再投入量(-)	Petroleum Products Input (-)		
6.制气	Gas Works		
#焦炭再投入量(-)	Coke Input (-)		
7.天然气液化	Natural Gas Liquefaction		
8.煤制品加工	Briquettes	-1.37	-11.86
9.回收能	Recovery of Energy		
三.损失量	**Loss**		
四.终端消费量	**Total Final Consumption**	**3573.95**	**3210.55**
1.农、林、牧、渔业	Agriculture, Forestry, Animal Husbandry and Fishery	46.65	34.80
2.工业	Industry	3415.65	3075.81
#用作原料、材料	Non-Energy Use	61.38	45.02
3.建筑业	Construction	10.71	3.89
4.交通运输、仓储和邮政业	Transport, Storage and Post	2.34	2.34
5.批发和零售业、住宿和餐饮业	Wholesale and Retail Trades, Hotels and Catering Services	15.74	12.78
6.其他	Others	10.73	10.73
7.居民生活	Residential	72.13	70.20
城镇	Urban	0.20	
乡村	Rural	71.93	70.20
五.平衡差额	**Statistical Difference**		
六.消费量合计	**Total Energy Consumption**	**7713.47**	**8320.04**

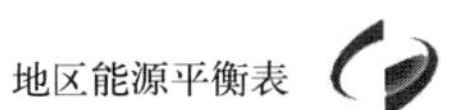

Energy Balance of Sichuan (Physical Quantity) -2019

洗精煤 (万吨) Cleaned Coal (10^4 tons)	其他洗煤 (万吨) Other Washed Coal (10^4 tons)	煤制品 (万吨) Briquettes (10^4 tons)	煤矸石 (万吨) Gangue (10^4 tons)	焦炭 (万吨) Coke (10^4 tons)	焦炉煤气 (亿立方米) Coke Oven Gas (10^8 cu.m)	高炉煤气 (亿立方米) Blast Furnace Gas (10^8 cu.m)	转炉煤气 (亿立方米) Converter Gas (10^8 cu.m)	其他煤气 (亿立方米) Other Gas (10^8 cu.m)
272.58	**-884.82**	**5.68**	**19.14**	**186.46**				
412.80	186.82	13.04	19.00	226.54				
-119.42	-1070.77	-11.78		-39.39				
-20.80	-0.87	4.42	0.14	-0.69				
-272.32	**1231.79**	**10.49**	**79.37**	**1100.74**	**31.47**	**235.89**	**5.72**	**0.73**
	-20.92		-131.98		-7.61	-105.86	-12.61	
			-7.10		-2.15	-14.10		
1298.32	1252.71		218.46					
-1570.64				1116.21	41.23			
								0.73
				-15.48				
		10.49						
						355.85	18.33	
0.26	**346.97**	**16.17**	**98.51**	**1287.20**	**31.47**	**235.89**	**5.72**	**0.73**
	8.35	3.50		0.62				
0.26	331.80	7.78	98.51	1280.51	25.04	235.89	5.72	0.73
	16.36			22.00				
	6.82			5.56	2.50			
				0.36	0.16			
		2.96		0.10	1.19			
				0.02	0.73			
		1.93		0.03	1.85			
		0.20			1.55			
		1.73		0.03	0.30			
1570.90	**367.89**	**16.17**	**237.60**	**1302.68**	**41.23**	**355.85**	**18.33**	**0.73**

6-23 续表 1

项　目	Item	其他焦化产品 (万吨) Other Coking Products (10^4 tons)	油品合计 (万吨) Petroleum Products Total (10^4 tons)
一.可供本地区消费的能源量	**Total Primary Energy Supply**	**-24.22**	**2689.09**
1.一次能源生产量	Indigenous Production		8.41
2.外省(区、市)调入量	Moving In from Other Provinces		2624.90
3.进口量	Import		
4.境内飞机和轮船在境外的加油量	Domestic Airplanes&Ships Refueling Abroad		17.71
5.本省(区、市)调出量(−)	Sending Out to Other Provinces(-)	-24.22	-1.52
6.出口量(−)	Export(-)		
7.境外飞机和轮船在境内的加油量(−)	Oversea Airplanes&Ships Refueling Domestically(-)		-10.21
8.库存增(−)、减(+)量	Stock Change		49.82
二.加工转换投入(−)产出(+)量	**Input(-) & Output(+) of Transformation**	**59.44**	**-287.16**
1.火力发电	Thermal Power		-3.99
2.供热	Heating Supply		-21.02
3.煤炭洗选	Coal Washing		
4.炼焦	Coking	59.44	
5.炼油及煤制油	Petroleum Refining and Coal-to-liquids		-218.09
#油品再投入量(−)	Petroleum Products Input (-)		-44.06
6.制气	Gas Works		
#焦炭再投入量(−)	Coke Input (-)		
7.天然气液化	Natural Gas Liquefaction		
8.煤制品加工	Briquettes		
9.回收能	Recovery of Energy		
三.损失量	**Loss**		
四.终端消费量	**Total Final Consumption**	**35.22**	**2401.93**
1.农、林、牧、渔业	Agriculture, Forestry, Animal Husbandry and Fishery	0.50	106.47
2.工业	Industry	34.72	224.55
#用作原料、材料	Non-Energy Use		0.67
3.建筑业	Construction		320.53
4.交通运输、仓储和邮政业	Transport, Storage and Post		945.98
5.批发和零售业、住宿和餐饮业	Wholesale and Retail Trades, Hotels and Catering Services		174.15
6.其他	Others		165.28
7.居民生活	Residential		464.97
城镇	Urban		275.09
乡村	Rural		189.88
五.平衡差额	**Statistical Difference**		
六.消费量合计	**Total Energy Consumption**	**35.22**	**2689.09**

Continued 1

原油 (万吨) Crude Oil (10^4 tons)	汽油 (万吨) Gasoline (10^4 tons)	煤油 (万吨) Kerosene (10^4 tons)	柴油 (万吨) Diesel Oil (10^4 tons)	燃料油 (万吨) Fuel Oil (10^4 tons)	石脑油 (万吨) Naphtha (10^4 tons)	润滑油 (万吨) Lubricants (10^4 tons)	石蜡 (万吨) Paraffin Waxes (10^4 tons)	溶剂油 (万吨) White Spirit (10^4 tons)
1010.17	**654.58**	**129.42**	**669.44**	**21.74**	**10.87**	**-1.52**	**0.24**	**0.24**
8.41								
976.69	621.16	129.78	668.94	21.50	10.87		0.25	0.25
		17.71						
						-1.52		
		-10.21						
25.07	33.42	-7.85	0.50	0.24			-0.01	-0.01
-1010.17	**262.39**	**84.78**	**242.83**	**-15.72**	**0.21**	**1.96**		
			-0.65	-1.63				
				-10.17				
-1010.17	262.39	84.78	243.48	28.32	0.21	1.96		
				-32.24				
	916.97	**214.20**	**912.27**	**6.02**	**11.08**	**0.44**	**0.24**	**0.24**
	3.14	0.09	101.34	0.10				
	18.41	0.85	78.39	1.83	11.08	0.40	0.24	0.24
	0.40					0.09	0.18	
	20.56	1.80	95.09	3.62		0.04		
	240.07	210.94	493.81	0.46				
	93.80	0.20	69.79					
	96.98	0.30	65.85					
	444.01	0.02	8.00					
	258.66		5.20					
	185.35	0.02	2.80					
1010.17	**916.97**	**214.20**	**912.92**	**50.06**	**11.08**	**0.44**	**0.24**	**0.24**

6-23 续表 2

项　目	Item	石油沥青(万吨) Bitumen Asphalt (10^4 tons)	石油焦(万吨) Petroleum Coke (10^4 tons)
一.可供本地区消费的能源量	**Total Primary Energy Supply**	**140.72**	**22.35**
1.一次能源生产量	Indigenous Production		
2.外省(区、市)调入量	Moving In from Other Provinces	143.00	22.49
3.进口量	Import		
4.境内飞机和轮船在境外的加油量	Domestic Airplanes&Ships Refueling Abroad		
5.本省(区、市)调出量(−)	Sending Out to Other Provinces(-)		
6.出口量(−)	Export(-)		
7.境外飞机和轮船在境内的加油量(−)	Oversea Airplanes&Ships Refueling Domestically(-)		
8.库存增(−)、减(+)量	Stock Change	-2.28	-0.14
二.加工转换投入(−)产出(+)量	**Input(-) & Output(+) of Transformation**	**62.51**	
1.火力发电	Thermal Power		
2.供热	Heating Supply		
3.煤炭洗选	Coal Washing		
4.炼焦	Coking		
5.炼油及煤制油	Petroleum Refining and Coal-to-liquids	62.51	
#油品再投入量(−)	Petroleum Products Input (-)		
6.制气	Gas Works		
#焦炭再投入量(−)	Coke Input (-)		
7.天然气液化	Natural Gas Liquefaction		
8.煤制品加工	Briquettes		
9.回收能	Recovery of Energy		
三.损失量	**Loss**		
四.终端消费量	**Total Final Consumption**	**203.23**	**22.35**
1.农、林、牧、渔业	Agriculture, Forestry, Animal Husbandry and Fishery		
2.工业	Industry	4.63	22.35
#用作原料、材料	Non-Energy Use		
3.建筑业	Construction	198.60	
4.交通运输、仓储和邮政业	Transport, Storage and Post		
5.批发和零售业、住宿和餐饮业	Wholesale and Retail Trades, Hotels and Catering Services		
6.其他	Others		
7.居民生活	Residential		
城镇	Urban		
乡村	Rural		
五.平衡差额	**Statistical Difference**		
六.消费量合计	**Total Energy Consumption**	**203.23**	**22.35**

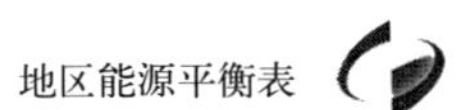

Continued 2

液化石油气（万吨） Liquefied Petroleum Gas (10^4 tons)	炼厂干气（万吨） Refinery Gas (10^4 tons)	其他石油制品（万吨） Other Petroleum Products (10^4 tons)	天然气（亿立方米） Natural Gas (10^8 cu.m)	液化天然气（万吨） Liquefied Natural Gas (10^4 tons)	热力（万百万千焦） Heat (10^{10} kJ)	电力（亿千瓦小时） Electricity (10^8 kW•h)	其他能源（万吨标准煤） Other Energy (10^4 tce)
28.94		**1.90**	**262.34**	**-57.71**		**2148.29**	**586.33**
			441.35			3415.41	418.67
28.13		1.83				116.00	167.66
			-179.01	-58.06		-1383.13	
0.81		0.07		0.35			
23.90	**60.33**	**-0.18**	**-29.67**	**136.59**	**8293.08**	**487.54**	**-165.10**
	-1.71		-5.16		-3972.97	487.54	-162.70
-0.21	-10.64		-4.05		5744.29		-2.40
25.63	72.68	10.12					
-1.52		-10.30					
			-20.46	136.59			
					6521.76		
			4.25			**194.10**	
52.84	**60.33**	**1.72**	**228.42**	**78.88**	**8293.08**	**2441.73**	**421.22**
1.80			0.65			18.58	100.37
24.44	60.33	1.35	150.90	6.32	8293.08	1441.72	105.63
			34.58				
0.45		0.37	0.22			54.80	
0.70			5.65	72.55		64.71	46.56
10.36			12.56			143.49	8.14
2.15			7.38			234.72	0.92
12.94			51.06			483.72	159.60
11.23			45.35			276.18	
1.71			5.71			207.53	159.60
54.57	**72.68**	**12.02**	**243.49**	**78.88**	**12266.05**	**2635.83**	**586.33**

6-24 贵州能源平衡表(实物量)-2019

项目	Item	煤合计(万吨) Coal Total (10^4 tons)	原煤(万吨) Raw Coal (10^4 tons)
一.可供本地区消费的能源量	**Total Primary Energy Supply**	**12086.03**	**14157.73**
1.一次能源生产量	Indigenous Production	13167.94	13167.94
2.外省(区、市)调入量	Moving In from Other Provinces	1158.87	1158.87
3.进口量	Import		
4.境内飞机和轮船在境外的加油量	Domestic Airplanes&Ships Refueling Abroad		
5.本省(区、市)调出量(−)	Sending Out to Other Provinces(-)	-2346.51	-286.75
6.出口量(−)	Export(-)		
7.境外飞机和轮船在境内的加油量(−)	Oversea Airplanes&Ships Refueling Domestically(-)		
8.库存增(−)、减(+)量	Stock Change	105.73	117.67
二.加工转换投入(−)产出(+)量	**Input(-) & Output(+) of Transformation**	**-7826.21**	**-10022.47**
1.火力发电	Thermal Power	-6839.91	-4585.24
2.供热	Heating Supply	-15.60	-15.60
3.煤炭洗选	Coal Washing	-440.23	-5415.26
4.炼焦	Coking	-531.38	
5.炼油及煤制油	Petroleum Refining and Coal-to-liquids		
#油品再投入量(−)	Petroleum Products Input (-)		
6.制气	Gas Works		
#焦炭再投入量(−)	Coke Input (-)		
7.天然气液化	Natural Gas Liquefaction		
8.煤制品加工	Briquettes	0.91	-6.38
9.回收能	Recovery of Energy		
三.损失量	**Loss**		
四.终端消费量	**Total Final Consumption**	**4377.96**	**4253.39**
1.农、林、牧、渔业	Agriculture, Forestry, Animal Husbandry and Fishery	183.67	142.17
2.工业	Industry	2341.87	2258.81
#用作原料、材料	Non-Energy Use	505.97	505.11
3.建筑业	Construction	3.80	3.80
4.交通运输、仓储和邮政业	Transport, Storage and Post	1.50	1.50
5.批发和零售业、住宿和餐饮业	Wholesale and Retail Trades, Hotels and Catering Services	788.34	788.34
6.其他	Others	564.77	564.77
7.居民生活	Residential	494.00	494.00
城镇	Urban	85.43	85.43
乡村	Rural	408.57	408.57
五.平衡差额	**Statistical Difference**	**-118.14**	**-118.14**
六.消费量合计	**Total Energy Consumption**	**12204.17**	**14275.87**

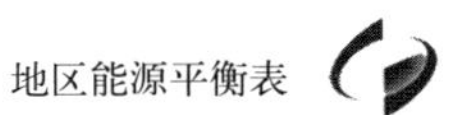

Energy Balance of Guizhou (Physical Quantity) -2019

洗精煤 (万吨) Cleaned Coal (10^4 tons)	其他洗煤 (万吨) Other Washed Coal (10^4 tons)	煤制品 (万吨) Briquettes (10^4 tons)	煤矸石 (万吨) Gangue (10^4 tons)	焦炭 (万吨) Coke (10^4 tons)	焦炉煤气 (亿立方米) Coke Oven Gas (10^8 cu.m)	高炉煤气 (亿立方米) Blast Furnace Gas (10^8 cu.m)	转炉煤气 (亿立方米) Converter Gas (10^8 cu.m)	其他煤气 (亿立方米) Other Gas (10^8 cu.m)
-2064.65	**-5.25**	**-1.80**	**-1.25**	**-167.88**				
-2059.76				-176.90				
-4.89	-5.25	-1.80	-1.25	9.02				
2064.65	**124.32**	**7.29**	**13.03**	**391.69**	**3.33**	**39.08**	**2.94**	
	-2254.67		-103.87		-2.04	-18.69	-1.62	
2596.03	2378.99		116.90					
-531.38				391.69	10.47			
					-5.10			
		7.29						
						57.77	4.56	
	119.07	**5.49**	**11.78**	**223.81**	**3.33**	**39.08**	**2.94**	
	41.50							
	77.57	5.49	11.78	223.81	2.37	39.08	2.94	
	0.86			4.46				
					0.96			
					0.96			
531.38	**2373.74**	**5.49**	**115.65**	**223.81**	**10.47**	**57.77**	**4.56**	

6-24 续表 1

项 目	Item	其他焦化产品(万吨) Other Coking Products (10^4 tons)	油品合计(万吨) Petroleum Products Total (10^4 tons)
一.可供本地区消费的能源量	**Total Primary Energy Supply**	**-23.62**	**1173.66**
1.一次能源生产量	Indigenous Production		
2.外省(区、市)调入量	Moving In from Other Provinces		1154.71
3.进口量	Import		
4.境内飞机和轮船在境外的加油量	Domestic Airplanes&Ships Refueling Abroad		
5.本省(区、市)调出量(-)	Sending Out to Other Provinces(-)	-23.62	-0.31
6.出口量(-)	Export(-)		
7.境外飞机和轮船在境内的加油量(-)	Oversea Airplanes&Ships Refueling Domestically(-)		
8.库存增(-)、减(+)量	Stock Change		19.26
二.加工转换投入(-)产出(+)量	**Input(-) & Output(+) of Transformation**	**24.28**	**-2.67**
1.火力发电	Thermal Power		-2.67
2.供热	Heating Supply		
3.煤炭洗选	Coal Washing		
4.炼焦	Coking	24.28	
5.炼油及煤制油	Petroleum Refining and Coal-to-liquids		
#油品再投入量(-)	Petroleum Products Input (-)		
6.制气	Gas Works		
#焦炭再投入量(-)	Coke Input (-)		
7.天然气液化	Natural Gas Liquefaction		
8.煤制品加工	Briquettes		
9.回收能	Recovery of Energy		
三.损失量	**Loss**		
四.终端消费量	**Total Final Consumption**	**0.66**	**1170.99**
1.农、林、牧、渔业	Agriculture, Forestry, Animal Husbandry and Fishery		42.00
2.工业	Industry	0.66	63.23
#用作原料、材料	Non-Energy Use		
3.建筑业	Construction		57.46
4.交通运输、仓储和邮政业	Transport, Storage and Post		505.96
5.批发和零售业、住宿和餐饮业	Wholesale and Retail Trades, Hotels and Catering Services		92.00
6.其他	Others		357.00
7.居民生活	Residential		53.34
城镇	Urban		24.37
乡村	Rural		28.96
五.平衡差额	**Statistical Difference**		
六.消费量合计	**Total Energy Consumption**	**0.66**	**1173.66**

Continued 1

原油(万吨) Crude Oil (10[4] tons)	汽油(万吨) Gasoline (10[4] tons)	煤油(万吨) Kerosene (10[4] tons)	柴油(万吨) Diesel Oil (10[4] tons)	燃料油(万吨) Fuel Oil (10[4] tons)	石脑油(万吨) Naphtha (10[4] tons)	润滑油(万吨) Lubricants (10[4] tons)	石蜡(万吨) Paraffin Waxes (10[4] tons)	溶剂油(万吨) White Spirit (10[4] tons)
	465.68	**59.12**	**583.44**	**0.16**		**0.26**		**0.01**
	454.04	59.82	573.66	0.16		0.22		0.01
	11.64	-0.70	9.78			0.04		
			-2.67					
			-2.67					
	465.68	**59.12**	**580.77**	**0.16**		**0.26**		**0.01**
	6.00	1.00	35.00					
	2.31	0.15	19.29	0.16		0.26		0.01
	22.39	2.97	32.10					
	211.49	55.00	239.48					
	47.00		40.00					
	155.00		200.00					
	21.50		14.90					
	11.50		1.90					
	10.00		13.00					
	465.68	**59.12**	**583.44**	**0.16**		**0.26**		**0.01**

6-24 续表 2

项　　目	Item	石油沥青（万吨） Bitumen Asphalt (10^4 tons)	石油焦（万吨） Petroleum Coke (10^4 tons)
一.可供本地区消费的能源量	**Total Primary Energy Supply**	**2.66**	**38.31**
1.一次能源生产量	Indigenous Production		
2.外省(区、市)调入量	Moving In from Other Provinces	2.63	39.94
3.进口量	Import		
4.境内飞机和轮船在境外的加油量	Domestic Airplanes&Ships Refueling Abroad		
5.本省(区、市)调出量(-)	Sending Out to Other Provinces(-)		
6.出口量(-)	Export(-)		
7.境外飞机和轮船在境内的加油量(-)	Oversea Airplanes&Ships Refueling Domestically(-)		
8.库存增(-)、减(+)量	Stock Change	0.03	-1.63
二.加工转换投入(-)产出(+)量	**Input(-) & Output(+) of Transformation**		
1.火力发电	Thermal Power		
2.供热	Heating Supply		
3.煤炭洗选	Coal Washing		
4.炼焦	Coking		
5.炼油及煤制油	Petroleum Refining and Coal-to-liquids		
#油品再投入量(-)	Petroleum Products Input (-)		
6.制气	Gas Works		
#焦炭再投入量(-)	Coke Input (-)		
7.天然气液化	Natural Gas Liquefaction		
8.煤制品加工	Briquettes		
9.回收能	Recovery of Energy		
三.损失量	**Loss**		
四.终端消费量	**Total Final Consumption**	**2.66**	**38.31**
1.农、林、牧、渔业	Agriculture, Forestry, Animal Husbandry and Fishery		
2.工业	Industry	2.66	38.31
#用作原料、材料	Non-Energy Use		
3.建筑业	Construction		
4.交通运输、仓储和邮政业	Transport, Storage and Post		
5.批发和零售业、住宿和餐饮业	Wholesale and Retail Trades, Hotels and Catering Services		
6.其他	Others		
7.居民生活	Residential		
城镇	Urban		
乡村	Rural		
五.平衡差额	**Statistical Difference**		
六.消费量合计	**Total Energy Consumption**	**2.66**	**38.31**

Continued 2

液化石油气 (万吨) Liquefied Petroleum Gas (10^4 tons)	炼厂干气 (万吨) Refinery Gas (10^4 tons)	其他石油制品 (万吨) Other Petroleum Products (10^4 tons)	天然气 (亿立方米) Natural Gas (10^8 cu.m)	液化天然气 (万吨) Liquefied Natural Gas (10^4 tons)	热力 (万百万千焦) Heat (10^{10} kJ)	电力 (亿千瓦小时) Electricity (10^8 kW•h)	其他能源 (万吨标准煤) Other Energy (10^4 tce)
24.02			**34.66**			**151.07**	**48.77**
			3.17			867.00	48.77
24.23			31.50	0.20		1.81	
-0.31						-717.75	
0.10				-0.20			
			-2.71	**8.22**	**1096.79**	**1389.61**	**-43.95**
			-3.49		-4337.06	1389.61	-43.95
					241.39		
			2.10				
			-1.32	8.22			
					5192.46		
						85.35	
24.02			**31.96**	**8.22**	**1096.79**	**1455.32**	**4.82**
						10.90	
0.08			5.18	3.72	824.53	896.71	4.82
			0.01	0.32			
						34.93	
			4.00			36.78	
5.00			7.00			46.26	
2.00			6.00			90.35	
16.94			9.78	4.50	272.26	339.40	
10.97			7.80	4.50	272.26	214.09	
5.96			1.98			125.31	
24.02			**35.63**	**8.22**	**5433.85**	**1540.68**	**48.77**

6-25 云南能源平衡表(实物量)-2019

项目	Item	煤合计(万吨) Coal Total (10^4 tons)	原煤(万吨) Raw Coal (10^4 tons)
一.可供本地区消费的能源量	**Total Primary Energy Supply**	**7532.73**	**7727.06**
1.一次能源生产量	Indigenous Production	5522.91	5522.91
2.外省(区、市)调入量	Moving In from Other Provinces	4300.22	3778.44
3.进口量	Import		
4.境内飞机和轮船在境外的加油量	Domestic Airplanes&Ships Refueling Abroad		
5.本省(区、市)调出量(-)	Sending Out to Other Provinces(-)	-2313.13	-1620.68
6.出口量(-)	Export(-)		
7.境外飞机和轮船在境内的加油量(-)	Oversea Airplanes&Ships Refueling Domestically(-)		
8.库存增(-)、减(+)量	Stock Change	22.73	46.39
二.加工转换投入(-)产出(+)量	**Input(-) & Output(+) of Transformation**	**-3471.89**	**-3857.60**
1.火力发电	Thermal Power	-1521.95	-1521.95
2.供热	Heating Supply	-89.92	-81.61
3.煤炭洗选	Coal Washing	-452.59	-2141.84
4.炼焦	Coking	-1384.71	-71.99
5.炼油及煤制油	Petroleum Refining and Coal-to-liquids		
#油品再投入量(-)	Petroleum Products Input (-)		
6.制气	Gas Works	-22.51	-22.51
#焦炭再投入量(-)	Coke Input (-)		
7.天然气液化	Natural Gas Liquefaction		
8.煤制品加工	Briquettes	-0.21	-17.70
9.回收能	Recovery of Energy		
三.损失量	**Loss**		
四.终端消费量	**Total Final Consumption**	**4060.84**	**3869.47**
1.农、林、牧、渔业	Agriculture, Forestry, Animal Husbandry and Fishery	206.59	205.82
2.工业	Industry	3323.33	3176.29
#用作原料、材料	Non-Energy Use	361.57	346.70
3.建筑业	Construction	34.43	34.13
4.交通运输、仓储和邮政业	Transport, Storage and Post	11.42	11.42
5.批发和零售业、住宿和餐饮业	Wholesale and Retail Trades, Hotels and Catering Services	102.27	100.59
6.其他	Others	55.07	54.88
7.居民生活	Residential	327.74	286.34
城镇	Urban	16.53	13.38
乡村	Rural	311.21	272.96
五.平衡差额	**Statistical Difference**		**-0.01**
六.消费量合计	**Total Energy Consumption**	**7532.73**	**7727.07**

Energy Balance of Yunnan (Physical Quantity) -2019

洗精煤 (万吨) Cleaned Coal (10^4 tons)	其他洗煤 (万吨) Other Washed Coal (10^4 tons)	煤制品 (万吨) Briquettes (10^4 tons)	煤矸石 (万吨) Gangue (10^4 tons)	焦炭 (万吨) Coke (10^4 tons)	焦炉煤气 (亿立方米) Coke Oven Gas (10^8 cu.m)	高炉煤气 (亿立方米) Blast Furnace Gas (10^8 cu.m)	转炉煤气 (亿立方米) Converter Gas (10^8 cu.m)	其他煤气 (亿立方米) Other Gas (10^8 cu.m)
348.88	**-542.98**	**-0.23**	**77.96**	**120.74**				
379.43	142.35		73.19	563.54				
-11.03	-673.63	-7.79		-435.51				
-19.52	-11.70	7.56	4.77	-7.29				
-348.88	**717.10**	**17.49**	**-71.07**	**999.55**	**25.25**	**204.49**	**16.26**	
			-71.49		-0.47	-83.09	-7.33	
	-8.31							
963.84	725.41		0.42					
-1312.72				999.55	25.93			
					-0.21			
		17.49						
						287.58	23.59	
	174.12	**17.26**	**6.89**	**1120.29**	**25.25**	**204.49**	**16.26**	
		0.77		2.42				
	139.98	7.06	6.89	1117.69	20.27	204.49	16.26	
	14.36	0.51		24.80				
	0.30							
		1.68			2.82			
		0.19			0.17			
	33.84	7.56		0.18	1.98			
	2.05	1.10		0.08	1.98			
	31.79	6.46		0.10				
1312.72	**182.43**	**17.26**	**78.38**	**1120.29**	**25.72**	**287.58**	**23.59**	

6-25 续表 1

项 目	Item	其他焦化产品(万吨) Other Coking Products (10^4 tons)	油品合计(万吨) Petroleum Products Total (10^4 tons)
一.可供本地区消费的能源量	**Total Primary Energy Supply**	**-58.27**	**1507.03**
1.一次能源生产量	Indigenous Production		
2.外省(区、市)调入量	Moving In from Other Provinces		1174.62
3.进口量	Import		1085.11
4.境内飞机和轮船在境外的加油量	Domestic Airplanes&Ships Refueling Abroad		1.74
5.本省(区、市)调出量(-)	Sending Out to Other Provinces(-)	-58.27	-751.10
6.出口量(-)	Export(-)		
7.境外飞机和轮船在境内的加油量(-)	Oversea Airplanes&Ships Refueling Domestically(-)		-1.74
8.库存增(-)、减(+)量	Stock Change		-1.60
二.加工转换投入(-)产出(+)量	**Input(-) & Output(+) of Transformation**	**59.16**	**-60.23**
1.火力发电	Thermal Power		-0.33
2.供热	Heating Supply		-15.86
3.煤炭洗选	Coal Washing		
4.炼焦	Coking	56.24	
5.炼油及煤制油	Petroleum Refining and Coal-to-liquids		46.25
#油品再投入量(-)	Petroleum Products Input (-)		-90.29
6.制气	Gas Works	2.92	
#焦炭再投入量(-)	Coke Input (-)		
7.天然气液化	Natural Gas Liquefaction		
8.煤制品加工	Briquettes		
9.回收能	Recovery of Energy		
三.损失量	**Loss**		
四.终端消费量	**Total Final Consumption**	**0.89**	**1446.78**
1.农、林、牧、渔业	Agriculture, Forestry, Animal Husbandry and Fishery		33.84
2.工业	Industry	0.89	176.81
#用作原料、材料	Non-Energy Use		79.27
3.建筑业	Construction		71.71
4.交通运输、仓储和邮政业	Transport, Storage and Post		873.71
5.批发和零售业、住宿和餐饮业	Wholesale and Retail Trades, Hotels and Catering Services		70.96
6.其他	Others		41.64
7.居民生活	Residential		178.11
城镇	Urban		89.12
乡村	Rural		88.99
五.平衡差额	**Statistical Difference**		**0.01**
六.消费量合计	**Total Energy Consumption**	**0.89**	**1507.01**

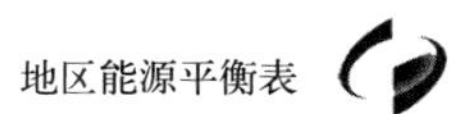

Continued 1

原油 (万吨) Crude Oil (10^4 tons)	汽油 (万吨) Gasoline (10^4 tons)	煤油 (万吨) Kerosene (10^4 tons)	柴油 (万吨) Diesel Oil (10^4 tons)	燃料油 (万吨) Fuel Oil (10^4 tons)	石脑油 (万吨) Naphtha (10^4 tons)	润滑油 (万吨) Lubricants (10^4 tons)	石蜡 (万吨) Paraffin Waxes (10^4 tons)	溶剂油 (万吨) White Spirit (10^4 tons)
1086.58	**69.69**	**17.65**	**253.63**	**0.23**		**0.75**	**0.01**	**0.09**
	340.65	187.88	521.51	0.23		1.43	0.01	0.09
1085.11								
		1.74						
	-277.39	-148.31	-282.97			-0.60		
		-1.74						
1.47	6.43	-21.92	15.09			-0.08		
-1086.51	**397.65**	**110.01**	**419.40**					
			-0.33					
			-0.01					
-1086.51	397.65	110.01	419.74					
0.07	**467.34**	**127.65**	**673.03**	**0.23**		**0.75**	**0.01**	**0.09**
	9.25	0.08	24.51					
0.07	4.03	0.09	41.41	0.23		0.36	0.01	0.09
	0.15	0.02	0.60					0.09
	25.76	2.04	43.91					
	230.32	125.31	517.69			0.39		
	41.78		13.37					
	29.79	0.13	9.67					
	126.41		22.47					
	67.96		8.28					
	58.45		14.19					
1086.58	**467.34**	**127.65**	**673.37**	**0.23**		**0.75**	**0.01**	**0.09**

6-25 续表 2

项　目	Item	石油沥青(万吨) Bitumen Asphalt (10^4 tons)	石油焦(万吨) Petroleum Coke (10^4 tons)
一.可供本地区消费的能源量	**Total Primary Energy Supply**	**0.02**	**82.71**
1.一次能源生产量	Indigenous Production		
2.外省(区、市)调入量	Moving In from Other Provinces	4.84	82.06
3.进口量	Import		
4.境内飞机和轮船在境外的加油量	Domestic Airplanes&Ships Refueling Abroad		
5.本省(区、市)调出量(-)	Sending Out to Other Provinces(-)	-1.95	
6.出口量(-)	Export(-)		
7.境外飞机和轮船在境内的加油量(-)	Oversea Airplanes&Ships Refueling Domestically(-)		
8.库存增(-)、减(+)量	Stock Change	-2.87	0.65
二.加工转换投入(-)产出(+)量	**Input(-) & Output(+) of Transformation**	**16.62**	**14.32**
1.火力发电	Thermal Power		
2.供热	Heating Supply		-15.85
3.煤炭洗选	Coal Washing		
4.炼焦	Coking		
5.炼油及煤制油	Petroleum Refining and Coal-to-liquids	16.62	30.17
#油品再投入量(-)	Petroleum Products Input (-)		
6.制气	Gas Works		
#焦炭再投入量(-)	Coke Input (-)		
7.天然气液化	Natural Gas Liquefaction		
8.煤制品加工	Briquettes		
9.回收能	Recovery of Energy		
三.损失量	**Loss**		
四.终端消费量	**Total Final Consumption**	**16.64**	**97.03**
1.农、林、牧、渔业	Agriculture, Forestry, Animal Husbandry and Fishery		
2.工业	Industry	16.64	97.03
#用作原料、材料	Non-Energy Use	16.31	62.07
3.建筑业	Construction		
4.交通运输、仓储和邮政业	Transport, Storage and Post		
5.批发和零售业、住宿和餐饮业	Wholesale and Retail Trades, Hotels and Catering Services		
6.其他	Others		
7.居民生活	Residential		
城镇	Urban		
乡村	Rural		
五.平衡差额	**Statistical Difference**		
六.消费量合计	**Total Energy Consumption**	**16.64**	**112.88**

Continued 2

液化石油气 (万吨) Liquefied Petroleum Gas (10^4 tons)	炼厂干气 (万吨) Refinery Gas (10^4 tons)	其他石油制品 (万吨) Other Petroleum Products (10^4 tons)	天然气 (亿立方米) Natural Gas (10^8 cu.m)	液化天然气 (万吨) Liquefied Natural Gas (10^4 tons)	热力 (万百万千焦) Heat (10^{10} kJ)	电力 (亿千瓦小时) Electricity (10^8 kW•h)	其他能源 (万吨标准煤) Other Energy (10^4 tce)
21.32		**-25.65**	**17.04**	**-4.09**	**7.56**	**1499.20**	**176.85**
						3149.32	176.85
22.27		13.65	6.69	0.58	7.56	0.01	
			10.35			13.92	
-0.77		-39.11		-4.77		-1636.64	
						-27.41	
-0.18		-0.19		0.10			
23.95	**16.63**	**27.70**	**-2.89**	**7.02**	**1462.75**	**316.31**	**-61.68**
					-4762.30	316.31	-60.28
			-0.03		1264.02		-1.40
65.52	16.63	76.42	-2.16				
-41.57		-48.72					
			0.28				
			-0.98	7.02			
					4961.03		
						142.27	
45.27	**16.63**	**2.05**	**14.14**	**2.93**	**1470.31**	**1669.77**	**115.17**
			0.01			22.78	
0.23	16.63		12.53	2.58	1467.18	1110.74	115.17
0.03							
						52.96	
				0.35		41.46	
15.81			0.19		3.13	68.53	
		2.05	0.04			128.58	
29.23			1.37			244.72	
12.88			1.37			118.83	
16.35						125.89	
						3.47	
86.84	**16.63**	**50.77**	**16.07**	**2.93**	**6232.61**	**1812.04**	**176.85**

6-26 陕西能源平衡表(实物量)-2019

项　目	Item	煤合计 (万吨) Coal Total (10^4 tons)	原煤 (万吨) Raw Coal (10^4 tons)
一.可供本地区消费的能源量	**Total Primary Energy Supply**	**21530.01**	**29125.29**
1.一次能源生产量	Indigenous Production	63630.04	63630.04
2.外省(区、市)调入量	Moving In from Other Provinces	2373.35	1996.79
3.进口量	Import		
4.境内飞机和轮船在境外的加油量	Domestic Airplanes&Ships Refueling Abroad		
5.本省(区、市)调出量(-)	Sending Out to Other Provinces(-)	-44163.49	-36231.48
6.出口量(-)	Export(-)		
7.境外飞机和轮船在境内的加油量(-)	Oversea Airplanes&Ships Refueling Domestically(-)		
8.库存增(-)、减(+)量	Stock Change	-309.90	-270.07
二.加工转换投入(-)产出(+)量	**Input(-) & Output(+) of Transformation**	**-17871.82**	**-25533.74**
1.火力发电	Thermal Power	-7223.46	-6040.67
2.供热	Heating Supply	-776.83	-731.81
3.煤炭洗选	Coal Washing	-1892.13	-11922.47
4.炼焦	Coking	-7562.60	-6417.03
5.炼油及煤制油	Petroleum Refining and Coal-to-liquids	-417.22	-417.22
#油品再投入量(-)	Petroleum Products Input (-)		
6.制气	Gas Works		
#焦炭再投入量(-)	Coke Input (-)		
7.天然气液化	Natural Gas Liquefaction		
8.煤制品加工	Briquettes	0.42	-4.54
9.回收能	Recovery of Energy		
三.损失量	**Loss**		
四.终端消费量	**Total Final Consumption**	**3676.98**	**3613.45**
1.农、林、牧、渔业	Agriculture, Forestry, Animal Husbandry and Fishery	19.49	19.49
2.工业	Industry	3216.97	3156.17
#用作原料、材料	Non-Energy Use	1533.98	1533.98
3.建筑业	Construction	13.35	13.35
4.交通运输、仓储和邮政业	Transport, Storage and Post	10.74	10.74
5.批发和零售业、住宿和餐饮业	Wholesale and Retail Trades, Hotels and Catering Services	47.50	47.50
6.其他	Others	84.23	84.23
7.居民生活	Residential	284.70	281.96
城镇	Urban	48.85	48.42
乡村	Rural	235.85	233.54
五.平衡差额	**Statistical Difference**	**-18.80**	**-21.91**
六.消费量合计	**Total Energy Consumption**	**21548.81**	**29147.19**

Energy Balance of Shaanxi (Physical Quantity) -2019

洗精煤 (万吨) Cleaned Coal (10^4 tons)	其他洗煤 (万吨) Other Washed Coal (10^4 tons)	煤制品 (万吨) Briquettes (10^4 tons)	煤矸石 (万吨) Gangue (10^4 tons)	焦炭 (万吨) Coke (10^4 tons)	焦炉煤气 (亿立方米) Coke Oven Gas (10^8 cu.m)	高炉煤气 (亿立方米) Blast Furnace Gas (10^8 cu.m)	转炉煤气 (亿立方米) Converter Gas (10^8 cu.m)	其他煤气 (亿立方米) Other Gas (10^8 cu.m)
-1766.61	**-5828.87**	**0.20**	**3.78**	**-3937.25**				
187.71	186.85	2.00	4.53	179.97				
-1920.38	-6011.63			-4082.39				
-33.94	-4.09	-1.80	-0.75	-34.83				
1766.61	**5890.35**	**4.96**	**24.63**	**4686.63**	**11.34**	**49.77**	**5.48**	
	-1182.79		-411.54		-55.38	-36.98	-1.28	
	-45.01		-0.91			-33.64		
2912.19	7118.15		437.08					
-1145.57				4686.63	66.72			
		4.96						
						120.40	6.76	
	58.37	**5.16**	**28.41**	**750.78**	**11.34**	**49.77**	**5.48**	
	58.37	2.42	28.41	746.53	11.34	49.77	5.48	
				36.92				
				4.03				
				0.02				
				0.20				
		2.74						
		0.43						
		2.31						
	3.11			**-1.40**				
1145.57	**1286.18**	**5.16**	**440.86**	**750.78**	**66.72**	**120.40**	**6.76**	

6-26 续表 1

项　目	Item	其他焦化产品 (万吨) Other Coking Products (10^4 tons)	油品合计 (万吨) Petroleum Products Total (10^4 tons)
一.可供本地区消费的能源量	**Total Primary Energy Supply**	**-165.55**	**741.26**
1.一次能源生产量	Indigenous Production		3543.23
2.外省(区、市)调入量	Moving In from Other Provinces		208.32
3.进口量	Import		
4.境内飞机和轮船在境外的加油量	Domestic Airplanes&Ships Refueling Abroad		
5.本省(区、市)调出量(-)	Sending Out to Other Provinces(-)	-165.55	-3031.43
6.出口量(-)	Export(-)		
7.境外飞机和轮船在境内的加油量(-)	Oversea Airplanes&Ships Refueling Domestically(-)		
8.库存增(-)、减(+)量	Stock Change		21.14
二.加工转换投入(-)产出(+)量	**Input(-) & Output(+) of Transformation**	**179.09**	**171.30**
1.火力发电	Thermal Power		-0.34
2.供热	Heating Supply		-1.90
3.煤炭洗选	Coal Washing		
4.炼焦	Coking	345.04	
5.炼油及煤制油	Petroleum Refining and Coal-to-liquids	-165.96	194.54
#油品再投入量(-)	Petroleum Products Input (-)		-21.00
6.制气	Gas Works		
#焦炭再投入量(-)	Coke Input (-)		
7.天然气液化	Natural Gas Liquefaction		
8.煤制品加工	Briquettes		
9.回收能	Recovery of Energy		
三.损失量	**Loss**		
四.终端消费量	**Total Final Consumption**	**13.53**	**914.95**
1.农、林、牧、渔业	Agriculture, Forestry, Animal Husbandry and Fishery		50.98
2.工业	Industry	13.53	159.66
#用作原料、材料	Non-Energy Use	13.33	8.77
3.建筑业	Construction		64.90
4.交通运输、仓储和邮政业	Transport, Storage and Post		432.32
5.批发和零售业、住宿和餐饮业	Wholesale and Retail Trades, Hotels and Catering Services		53.88
6.其他	Others		23.20
7.居民生活	Residential		130.01
城镇	Urban		84.64
乡村	Rural		45.37
五.平衡差额	**Statistical Difference**		**-2.39**
六.消费量合计	**Total Energy Consumption**	**179.49**	**743.65**

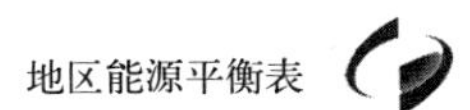

Continued 1

原油 (万吨) Crude Oil (10^4 tons)	汽油 (万吨) Gasoline (10^4 tons)	煤油 (万吨) Kerosene (10^4 tons)	柴油 (万吨) Diesel Oil (10^4 tons)	燃料油 (万吨) Fuel Oil (10^4 tons)	石脑油 (万吨) Naphtha (10^4 tons)	润滑油 (万吨) Lubricants (10^4 tons)	石蜡 (万吨) Paraffin Waxes (10^4 tons)	溶剂油 (万吨) White Spirit (10^4 tons)
1835.35	**-334.14**	**12.45**	**-299.80**	**-154.07**	**-21.21**	**-0.11**	**-42.59**	**0.04**
3543.23								
	88.74	15.20	82.45	3.79		0.17		0.04
-1719.84	-422.26		-386.57	-157.45	-21.32	-0.20	-44.14	
11.96	-0.62	-2.75	4.32	-0.41	0.11	-0.08	1.55	
-1777.40	**640.01**	**78.67**	**676.38**	**161.03**	**25.14**	**0.31**	**42.59**	
			-0.34					
			-0.10					
-1777.40	640.02	78.67	676.91	162.58	38.74	0.31	42.59	
	-0.01		-0.08	-1.55	-13.59			
60.34	**305.87**	**91.12**	**376.58**	**6.96**	**3.93**	**0.20**		**0.04**
	9.08		41.13					
60.34	20.01	0.30	60.31	1.72	3.93	0.20		0.04
	0.11		1.07		3.93			
	10.26	0.24	25.53	1.86				
	119.73	89.55	218.59	1.68				
	28.50	0.38	15.66	0.83				
	11.24	0.65	10.39	0.87				
	107.06		4.96					
	77.31		0.26					
	29.74		4.70					
-2.39								
1837.74	**305.88**	**91.12**	**377.11**	**8.51**	**17.53**	**0.20**		**0.04**

6-26 续表 2

项　　目	Item	石油沥青(万吨) Bitumen Asphalt (10^4 tons)	石油焦(万吨) Petroleum Coke (10^4 tons)
一.可供本地区消费的能源量	**Total Primary Energy Supply**	**4.38**	**-5.03**
1.一次能源生产量	Indigenous Production		
2.外省(区、市)调入量	Moving In from Other Provinces	12.01	1.55
3.进口量	Import		
4.境内飞机和轮船在境外的加油量	Domestic Airplanes&Ships Refueling Abroad		
5.本省(区、市)调出量(-)	Sending Out to Other Provinces(-)	-10.61	-7.03
6.出口量(-)	Export(-)		
7.境外飞机和轮船在境内的加油量(-)	Oversea Airplanes&Ships Refueling Domestically(-)		
8.库存增(-)、减(+)量	Stock Change	2.98	0.45
二.加工转换投入(-)产出(+)量	**Input(-) & Output(+) of Transformation**	**22.15**	**14.88**
1.火力发电	Thermal Power		
2.供热	Heating Supply		
3.煤炭洗选	Coal Washing		
4.炼焦	Coking		
5.炼油及煤制油	Petroleum Refining and Coal-to-liquids	22.15	14.88
#油品再投入量(-)	Petroleum Products Input (-)		
6.制气	Gas Works		
#焦炭再投入量(-)	Coke Input (-)		
7.天然气液化	Natural Gas Liquefaction		
8.煤制品加工	Briquettes		
9.回收能	Recovery of Energy		
三.损失量	**Loss**		
四.终端消费量	**Total Final Consumption**	**26.53**	**9.86**
1.农、林、牧、渔业	Agriculture, Forestry, Animal Husbandry and Fishery		
2.工业	Industry	0.38	9.86
#用作原料、材料	Non-Energy Use	0.32	1.58
3.建筑业	Construction	26.15	
4.交通运输、仓储和邮政业	Transport, Storage and Post		
5.批发和零售业、住宿和餐饮业	Wholesale and Retail Trades, Hotels and Catering Services		
6.其他	Others		
7.居民生活	Residential		
城镇	Urban		
乡村	Rural		
五.平衡差额	**Statistical Difference**		
六.消费量合计	**Total Energy Consumption**	**26.53**	**9.86**

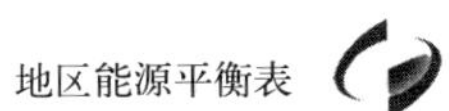

Continued 2

液化石油气 (万吨) Liquefied Petroleum Gas (10^4 tons)	炼厂干气 (万吨) Refinery Gas (10^4 tons)	其他石油制品 (万吨) Other Petroleum Products (10^4 tons)	天然气 (亿立方米) Natural Gas (10^8 cu.m)	液化天然气 (万吨) Liquefied Natural Gas (10^4 tons)	热力 (万百万千焦) Heat (10^{10} kJ)	电力 (亿千瓦小时) Electricity (10^8 kW•h)	其他能源 (万吨标准煤) Other Energy (10^4 tce)
-31.95		**-222.07**	**144.54**	**-157.08**		**50.01**	**90.83**
			473.42			332.78	90.83
3.97		0.40		10.52		262.18	
-35.29		-226.73	-328.88	-166.31		-544.95	
-0.63		4.26		-1.29			
65.11		**222.41**	**-54.93**	**258.21**	**19332.63**	**1860.45**	**-31.99**
			-1.24		-2814.64	1860.45	-31.99
	-1.80		-5.12		15869.36		
65.11	1.80	228.18	-9.10				
		-5.77					
			-39.47	258.21			
					6277.91		
						77.60	
33.16		**0.35**	**89.61**	**101.13**	**19332.63**	**1832.85**	**58.83**
0.77						36.85	
2.21		0.35	56.16	1.84	10201.33	1181.21	58.77
1.77							
0.86			0.09		75.53	34.92	
2.77			3.65	99.29	134.26	77.48	0.06
8.51			7.44		890.58	93.91	
0.06			0.74		1833.19	146.30	
17.99			21.53		6197.74	262.19	
7.06			20.84		6197.74	161.22	
10.93			0.69			100.97	
33.16	**1.80**	**6.11**	**108.91**	**101.13**	**22147.27**	**1910.46**	**90.83**

6-27 甘肃能源平衡表(实物量)-2019

项　目	Item	煤合计(万吨) Coal Total (10^4 tons)	原煤(万吨) Raw Coal (10^4 tons)
一.可供本地区消费的能源量	**Total Primary Energy Supply**	**6810.16**	**6667.26**
1.一次能源生产量	Indigenous Production	3684.59	3684.59
2.外省(区、市)调入量	Moving In from Other Provinces	4930.61	4465.61
3.进口量	Import		
4.境内飞机和轮船在境外的加油量	Domestic Airplanes&Ships Refueling Abroad		
5.本省(区、市)调出量(-)	Sending Out to Other Provinces(-)	-1469.72	-1150.60
6.出口量(-)	Export(-)		
7.境外飞机和轮船在境内的加油量(-)	Oversea Airplanes&Ships Refueling Domestically(-)		
8.库存增(-)、减(+)量	Stock Change	-335.32	-332.34
二.加工转换投入(-)产出(+)量	**Input(-) & Output(+) of Transformation**	**-5309.51**	**-5282.59**
1.火力发电	Thermal Power	-3639.44	-3639.44
2.供热	Heating Supply	-852.10	-828.35
3.煤炭洗选	Coal Washing	-179.80	-736.36
4.炼焦	Coking	-631.93	-78.44
5.炼油及煤制油	Petroleum Refining and Coal-to-liquids		
#油品再投入量(-)	Petroleum Products Input (-)		
6.制气	Gas Works	-5.75	
#焦炭再投入量(-)	Coke Input (-)		
7.天然气液化	Natural Gas Liquefaction		
8.煤制品加工	Briquettes	-0.49	
9.回收能	Recovery of Energy		
三.损失量	**Loss**		
四.终端消费量	**Total Final Consumption**	**1500.65**	**1384.67**
1.农、林、牧、渔业	Agriculture, Forestry, Animal Husbandry and Fishery	39.51	34.01
2.工业	Industry	1056.99	1012.51
#用作原料、材料	Non-Energy Use	76.93	68.54
3.建筑业	Construction	14.50	14.50
4.交通运输、仓储和邮政业	Transport, Storage and Post	17.80	17.80
5.批发和零售业、住宿和餐饮业	Wholesale and Retail Trades, Hotels and Catering Services	23.10	23.10
6.其他	Others	21.30	21.30
7.居民生活	Residential	327.45	261.45
城镇	Urban	46.69	21.19
乡村	Rural	280.76	240.26
五.平衡差额	**Statistical Difference**		
六.消费量合计	**Total Energy Consumption**	**6810.16**	**6667.26**

Energy Balance of Gansu (Physical Quantity) -2019

洗精煤 (万吨) Cleaned Coal (10^4 tons)	其他洗煤 (万吨) Other Washed Coal (10^4 tons)	煤制品 (万吨) Briquettes (10^4 tons)	煤矸石 (万吨) Gangue (10^4 tons)	焦炭 (万吨) Coke (10^4 tons)	焦炉煤气 (亿立方米) Coke Oven Gas (10^8 cu.m)	高炉煤气 (亿立方米) Blast Furnace Gas (10^8 cu.m)	转炉煤气 (亿立方米) Converter Gas (10^8 cu.m)	其他煤气 (亿立方米) Other Gas (10^8 cu.m)
302.50	**-246.63**	**87.03**	**-0.25**	**76.28**				
376.71		88.29		71.33				
-73.27	-245.85							
-0.94	-0.78	-1.26	-0.25	4.95				
-302.50	**287.00**	**-11.42**	**6.49**	**449.40**	**10.90**	**93.55**	**5.56**	**2.18**
			-38.67		-0.88	-13.29	-1.29	
	-9.70	-14.05	-7.48			-0.03	-0.10	
250.99	305.57		52.64					
-553.49				449.40	11.78			
	-5.75							2.18
	-3.12	2.63						
						106.87	6.95	
	40.37	**75.61**	**6.24**	**525.68**	**10.90**	**93.55**	**5.56**	**2.18**
		5.50						
	40.37	4.11	6.24	525.68	10.70	93.55	5.56	2.18
	5.26	3.13		26.38				
		66.00			0.20			
		25.50			0.20			
		40.50						
553.49	**58.94**	**89.66**	**52.39**	**525.68**	**11.78**	**106.87**	**6.95**	**2.18**

6-27 续表 1

项　目	Item	其他焦化产品(万吨) Other Coking Products (10^4 tons)	油品合计(万吨) Petroleum Products Total (10^4 tons)
一.可供本地区消费的能源量	**Total Primary Energy Supply**	**11.18**	**860.25**
1.一次能源生产量	Indigenous Production		903.55
2.外省(区、市)调入量	Moving In from Other Provinces	11.18	589.63
3.进口量	Import		
4.境内飞机和轮船在境外的加油量	Domestic Airplanes&Ships Refueling Abroad		
5.本省(区、市)调出量(-)	Sending Out to Other Provinces(-)		-604.44
6.出口量(-)	Export(-)		
7.境外飞机和轮船在境内的加油量(-)	Oversea Airplanes&Ships Refueling Domestically(-)		
8.库存增(-)、减(+)量	Stock Change		-28.49
二.加工转换投入(-)产出(+)量	**Input(-) & Output(+) of Transformation**	**25.67**	**-174.98**
1.火力发电	Thermal Power		-0.89
2.供热	Heating Supply		-10.28
3.煤炭洗选	Coal Washing		
4.炼焦	Coking	25.67	
5.炼油及煤制油	Petroleum Refining and Coal-to-liquids		-163.81
#油品再投入量(-)	Petroleum Products Input (-)		
6.制气	Gas Works		
#焦炭再投入量(-)	Coke Input (-)		
7.天然气液化	Natural Gas Liquefaction		
8.煤制品加工	Briquettes		
9.回收能	Recovery of Energy		
三.损失量	**Loss**		
四.终端消费量	**Total Final Consumption**	**36.85**	**685.27**
1.农、林、牧、渔业	Agriculture, Forestry, Animal Husbandry and Fishery		38.50
2.工业	Industry	36.85	173.78
#用作原料、材料	Non-Energy Use		30.04
3.建筑业	Construction		36.65
4.交通运输、仓储和邮政业	Transport, Storage and Post		254.14
5.批发和零售业、住宿和餐饮业	Wholesale and Retail Trades, Hotels and Catering Services		18.90
6.其他	Others		65.47
7.居民生活	Residential		97.83
城镇	Urban		60.13
乡村	Rural		37.70
五.平衡差额	**Statistical Difference**		
六.消费量合计	**Total Energy Consumption**	**36.85**	**860.25**

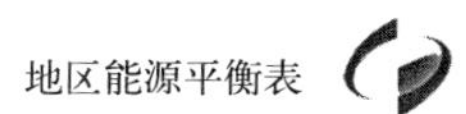

Continued 1

原油 (万吨) Crude Oil (10⁴ tons)	汽油 (万吨) Gasoline (10⁴ tons)	煤油 (万吨) Kerosene (10⁴ tons)	柴油 (万吨) Diesel Oil (10⁴ tons)	燃料油 (万吨) Fuel Oil (10⁴ tons)	石脑油 (万吨) Naphtha (10⁴ tons)	润滑油 (万吨) Lubricants (10⁴ tons)	石蜡 (万吨) Paraffin Waxes (10⁴ tons)	溶剂油 (万吨) White Spirit (10⁴ tons)
1479.96	**-224.71**	**-104.91**	**-267.00**	**0.17**	**-4.96**	**-0.04**	**-3.29**	**-0.36**
903.55								
572.08						0.41		
	-204.85	-99.68	-259.11		-4.61		-3.26	-0.35
4.33	-19.86	-5.23	-7.89	0.17	-0.35	-0.45	-0.03	-0.01
-1465.63	**433.49**	**115.40**	**548.60**	**3.28**	**7.31**	**0.16**	**3.30**	**0.39**
			-0.18	-0.02				
			-0.04					
-1465.63	433.49	115.40	548.82	3.30	7.31	0.16	3.30	0.39
14.33	**208.78**	**10.49**	**281.60**	**3.45**	**2.35**	**0.12**	**0.01**	**0.03**
	4.00		34.50					
14.33	1.46	0.15	13.20	3.45	2.35	0.12	0.01	0.03
		0.12	0.26		2.35	0.04		
	12.70		14.50					
	53.60	10.34	190.20					
	12.80		4.50					
	47.97		17.50					
	76.25		7.20					
	47.75		2.20					
	28.50		5.00					
1479.96	**208.78**	**10.49**	**281.82**	**3.47**	**2.35**	**0.12**	**0.01**	**0.03**

6-27 续表 2

项　目	Item	石油沥青(万吨) Bitumen Asphalt (10^4 tons)	石油焦(万吨) Petroleum Coke (10^4 tons)
一.可供本地区消费的能源量	**Total Primary Energy Supply**	**14.78**	**-14.02**
1.一次能源生产量	Indigenous Production		
2.外省(区、市)调入量	Moving In from Other Provinces	14.30	
3.进口量	Import		
4.境内飞机和轮船在境外的加油量	Domestic Airplanes&Ships Refueling Abroad		
5.本省(区、市)调出量(-)	Sending Out to Other Provinces(-)		-14.21
6.出口量(-)	Export(-)		
7.境外飞机和轮船在境内的加油量(-)	Oversea Airplanes&Ships Refueling Domestically(-)		
8.库存增(-)、减(+)量	Stock Change	0.48	0.19
二.加工转换投入(-)产出(+)量	**Input(-) & Output(+) of Transformation**		**40.09**
1.火力发电	Thermal Power		
2.供热	Heating Supply		
3.煤炭洗选	Coal Washing		
4.炼焦	Coking		
5.炼油及煤制油	Petroleum Refining and Coal-to-liquids		40.09
#油品再投入量(-)	Petroleum Products Input (-)		
6.制气	Gas Works		
#焦炭再投入量(-)	Coke Input (-)		
7.天然气液化	Natural Gas Liquefaction		
8.煤制品加工	Briquettes		
9.回收能	Recovery of Energy		
三.损失量	**Loss**		
四.终端消费量	**Total Final Consumption**	**14.78**	**26.07**
1.农、林、牧、渔业	Agriculture, Forestry, Animal Husbandry and Fishery		
2.工业	Industry	5.33	26.07
#用作原料、材料	Non-Energy Use	0.25	3.84
3.建筑业	Construction	9.45	
4.交通运输、仓储和邮政业	Transport, Storage and Post		
5.批发和零售业、住宿和餐饮业	Wholesale and Retail Trades, Hotels and Catering Services		
6.其他	Others		
7.居民生活	Residential		
城镇	Urban		
乡村	Rural		
五.平衡差额	**Statistical Difference**		
六.消费量合计	**Total Energy Consumption**	**14.78**	**26.07**

Continued 2

液化石油气 (万吨) Liquefied Petroleum Gas (10^4 tons)	炼厂干气 (万吨) Refinery Gas (10^4 tons)	其他石油制品 (万吨) Other Petroleum Products (10^4 tons)	天然气 (亿立方米) Natural Gas (10^8 cu.m)	液化天然气 (万吨) Liquefied Natural Gas (10^4 tons)	热力 (万百万千焦) Heat (10^{10} kJ)	电力 (亿千瓦小时) Electricity (10^8 kW•h)	其他能源 (万吨标准煤) Other Energy (10^4 tce)
3.00		**-18.37**	**32.46**	**3.43**		**471.33**	**25.50**
			1.58			842.66	25.50
2.84			30.88	3.43		367.93	
		-18.37				-739.26	
0.16							
20.98	**79.84**	**37.81**	**-2.03**		**16231.24**	**826.57**	**-24.38**
	-0.69		-0.96		-622.56	826.57	-23.96
	-10.24		-1.07		14534.57		-0.42
20.98	90.77	37.81					
					2319.23		
						60.30	
23.98	**79.84**	**19.44**	**30.43**	**3.43**	**16231.24**	**1227.75**	**1.12**
						44.88	
8.00	79.84	19.44	9.17	3.43	9168.00	901.18	1.12
7.82		15.36	2.79	0.04			
					86.00	15.61	
			4.70		338.00	55.73	
1.60			3.70		915.00	37.60	
			6.80		898.00	64.30	
14.38			6.06		4826.24	108.45	
10.18			6.06		4826.24	59.56	
4.20						48.89	
						9.85	
23.98	**90.77**	**19.44**	**32.46**	**3.43**	**16853.80**	**1288.05**	**25.50**

6-28 青海能源平衡表(实物量)-2019

项 目	Item	煤合计(万吨) Coal Total (10[4] tons)	原煤(万吨) Raw Coal (10[4] tons)
一.可供本地区消费的能源量	**Total Primary Energy Supply**	**1541.92**	**1523.42**
1.一次能源生产量	Indigenous Production	1286.45	1286.45
2.外省(区、市)调入量	Moving In from Other Provinces	196.40	161.51
3.进口量	Import		
4.境内飞机和轮船在境外的加油量	Domestic Airplanes&Ships Refueling Abroad		
5.本省(区、市)调出量(-)	Sending Out to Other Provinces(-)	-22.28	-8.16
6.出口量(-)	Export(-)		
7.境外飞机和轮船在境内的加油量(-)	Oversea Airplanes&Ships Refueling Domestically(-)		
8.库存增(-)、减(+)量	Stock Change	81.35	83.62
二.加工转换投入(-)产出(+)量	**Input(-) & Output(+) of Transformation**	**-966.57**	**-948.87**
1.火力发电	Thermal Power	-465.15	-465.15
2.供热	Heating Supply	-252.82	-252.82
3.煤炭洗选	Coal Washing	-13.01	-68.58
4.炼焦	Coking	-235.58	-162.32
5.炼油及煤制油	Petroleum Refining and Coal-to-liquids		
#油品再投入量(-)	Petroleum Products Input (-)		
6.制气	Gas Works		
#焦炭再投入量(-)	Coke Input (-)		
7.天然气液化	Natural Gas Liquefaction		
8.煤制品加工	Briquettes		
9.回收能	Recovery of Energy		
三.损失量	**Loss**	**2.99**	**2.99**
四.终端消费量	**Total Final Consumption**	**572.37**	**571.56**
1.农、林、牧、渔业	Agriculture, Forestry, Animal Husbandry and Fishery	2.32	2.32
2.工业	Industry	474.87	474.06
#用作原料、材料	Non-Energy Use	5.24	4.43
3.建筑业	Construction	4.06	4.06
4.交通运输、仓储和邮政业	Transport, Storage and Post	5.04	5.04
5.批发和零售业、住宿和餐饮业	Wholesale and Retail Trades, Hotels and Catering Services	5.95	5.95
6.其他	Others	15.11	15.11
7.居民生活	Residential	65.02	65.02
城镇	Urban	19.22	19.22
乡村	Rural	45.81	45.81
五.平衡差额	**Statistical Difference**		
六.消费量合计	**Total Energy Consumption**	**1541.92**	**1523.42**

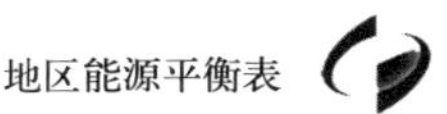

Energy Balance of Qinghai (Physical Quantity) -2019

洗精煤 (万吨) Cleaned Coal (10^4 tons)	其他洗煤 (万吨) Other Washed Coal (10^4 tons)	煤制品 (万吨) Briquettes (10^4 tons)	煤矸石 (万吨) Gangue (10^4 tons)	焦炭 (万吨) Coke (10^4 tons)	焦炉煤气 (亿立方米) Coke Oven Gas (10^8 cu.m)	高炉煤气 (亿立方米) Blast Furnace Gas (10^8 cu.m)	转炉煤气 (亿立方米) Converter Gas (10^8 cu.m)	其他煤气 (亿立方米) Other Gas (10^8 cu.m)
34.53	**-16.03**		**2.27**	**45.01**				
34.89			2.27	42.02				
	-14.11							
-0.35	-1.92			2.99				
-34.53	**16.84**			**191.05**	**1.76**	**14.68**	**1.15**	
						-5.58		
38.72	16.84							
-73.26				191.05	1.76			
						20.25	1.15	
	0.81		**2.27**	**236.06**	**1.76**	**14.68**	**1.15**	
	0.81		2.27	236.06	1.76	14.68	1.15	
	0.81			38.65				
73.26	**0.81**		**2.27**	**236.06**	**1.76**	**20.25**	**1.15**	

6-28 续表 1

项　目	Item	其他焦化产品 (万吨) Other Coking Products (10^4 tons)	油品合计 (万吨) Petroleum Products Total (10^4 tons)
一.可供本地区消费的能源量	**Total Primary Energy Supply**	**-7.29**	**332.99**
1.一次能源生产量	Indigenous Production		228.00
2.外省(区、市)调入量	Moving In from Other Provinces		182.40
3.进口量	Import		
4.境内飞机和轮船在境外的加油量	Domestic Airplanes&Ships Refueling Abroad		
5.本省(区、市)调出量(-)	Sending Out to Other Provinces(-)	-7.08	-79.49
6.出口量(-)	Export(-)		
7.境外飞机和轮船在境内的加油量(-)	Oversea Airplanes&Ships Refueling Domestically(-)		
8.库存增(-)、减(+)量	Stock Change	-0.21	2.08
二.加工转换投入(-)产出(+)量	**Input(-) & Output(+) of Transformation**	**7.61**	**-11.84**
1.火力发电	Thermal Power		-0.03
2.供热	Heating Supply		
3.煤炭洗选	Coal Washing		
4.炼焦	Coking	7.61	
5.炼油及煤制油	Petroleum Refining and Coal-to-liquids		-11.81
#油品再投入量(-)	Petroleum Products Input (-)		
6.制气	Gas Works		
#焦炭再投入量(-)	Coke Input (-)		
7.天然气液化	Natural Gas Liquefaction		
8.煤制品加工	Briquettes		
9.回收能	Recovery of Energy		
三.损失量	**Loss**		
四.终端消费量	**Total Final Consumption**	**0.32**	**321.15**
1.农、林、牧、渔业	Agriculture, Forestry, Animal Husbandry and Fishery		9.21
2.工业	Industry	0.32	93.10
#用作原料、材料	Non-Energy Use		20.16
3.建筑业	Construction		22.01
4.交通运输、仓储和邮政业	Transport, Storage and Post		122.11
5.批发和零售业、住宿和餐饮业	Wholesale and Retail Trades, Hotels and Catering Services		21.63
6.其他	Others		15.44
7.居民生活	Residential		37.65
城镇	Urban		20.82
乡村	Rural		16.83
五.平衡差额	**Statistical Difference**		
六.消费量合计	**Total Energy Consumption**	**0.32**	**332.99**

Continued 1

原油 (万吨) Crude Oil (10^4 tons)	汽油 (万吨) Gasoline (10^4 tons)	煤油 (万吨) Kerosene (10^4 tons)	柴油 (万吨) Diesel Oil (10^4 tons)	燃料油 (万吨) Fuel Oil (10^4 tons)	石脑油 (万吨) Naphtha (10^4 tons)	润滑油 (万吨) Lubricants (10^4 tons)	石蜡 (万吨) Paraffin Waxes (10^4 tons)	溶剂油 (万吨) White Spirit (10^4 tons)
156.45	**13.76**	**-3.35**	**103.49**	**-3.93**		**0.29**		
228.00								
	13.92		101.95			0.29		
-72.86		-2.70		-3.94				
1.30	-0.16	-0.65	1.53	0.01				
-154.04	**53.01**	**3.37**	**65.56**	**4.13**				
			-0.03					
-154.04	53.01	3.37	65.59	4.13				
2.41	**66.78**	**0.02**	**169.05**	**0.20**		**0.29**		
	2.27		6.66			0.29		
2.41	6.48		15.96	0.20				
			0.06	0.07				
	4.71		13.03					
	13.95	0.02	108.14					
	4.95		7.36					
	6.03		9.41					
	28.39		8.49					
	17.13		3.16					
	11.27		5.33					
156.45	**66.78**	**0.02**	**169.08**	**0.20**		**0.29**		

6-28 续表 2

项　目	Item	石油沥青(万吨) Bitumen Asphalt (10^4 tons)	石油焦(万吨) Petroleum Coke (10^4 tons)
一.可供本地区消费的能源量	**Total Primary Energy Supply**	**7.53**	**55.74**
1.一次能源生产量	Indigenous Production		
2.外省(区、市)调入量	Moving In from Other Provinces	7.53	55.74
3.进口量	Import		
4.境内飞机和轮船在境外的加油量	Domestic Airplanes&Ships Refueling Abroad		
5.本省(区、市)调出量(-)	Sending Out to Other Provinces(-)		
6.出口量(-)	Export(-)		
7.境外飞机和轮船在境内的加油量(-)	Oversea Airplanes&Ships Refueling Domestically(-)		
8.库存增(-)、减(+)量	Stock Change		
二.加工转换投入(-)产出(+)量	**Input(-) & Output(+) of Transformation**		
1.火力发电	Thermal Power		
2.供热	Heating Supply		
3.煤炭洗选	Coal Washing		
4.炼焦	Coking		
5.炼油及煤制油	Petroleum Refining and Coal-to-liquids		
#油品再投入量(-)	Petroleum Products Input (-)		
6.制气	Gas Works		
#焦炭再投入量(-)	Coke Input (-)		
7.天然气液化	Natural Gas Liquefaction		
8.煤制品加工	Briquettes		
9.回收能	Recovery of Energy		
三.损失量	**Loss**		
四.终端消费量	**Total Final Consumption**	**7.53**	**55.74**
1.农、林、牧、渔业	Agriculture, Forestry, Animal Husbandry and Fishery		
2.工业	Industry	3.27	55.74
#用作原料、材料	Non-Energy Use	3.27	16.77
3.建筑业	Construction	4.27	
4.交通运输、仓储和邮政业	Transport, Storage and Post		
5.批发和零售业、住宿和餐饮业	Wholesale and Retail Trades, Hotels and Catering Services		
6.其他	Others		
7.居民生活	Residential		
城镇	Urban		
乡村	Rural		
五.平衡差额	**Statistical Difference**		
六.消费量合计	**Total Energy Consumption**	**7.53**	**55.74**

Continued 2

液化石油气 (万吨) Liquefied Petroleum Gas (10^4 tons)	炼厂干气 (万吨) Refinery Gas (10^4 tons)	其他石油制品 (万吨) Other Petroleum Products (10^4 tons)	天然气 (亿立方米) Natural Gas (10^8 cu.m)	液化天然气 (万吨) Liquefied Natural Gas (10^4 tons)	热力 (万百万千焦) Heat (10^{10} kJ)	电力 (亿千瓦小时) Electricity (10^8 kW•h)	其他能源 (万吨标准煤) Other Energy (10^4 tce)
2.98		**0.03**	**52.92**	**-5.77**		**612.30**	
			64.00			778.78	
2.96						78.76	
			-11.08	-5.77		-245.24	
0.01		0.03					
7.11	**5.39**	**3.63**	**-1.33**	**5.83**	**4316.57**	**104.17**	
			-0.02		-733.60	104.17	
			-0.42		4291.23		
7.11	5.39	3.63					
			-0.88	5.83			
					758.93		
			0.02		**8.87**	**25.51**	
10.09	**5.39**	**3.65**	**51.57**	**0.06**	**4307.70**	**690.95**	
						2.51	
	5.39	3.65	31.51	0.06	3898.50	608.03	
			12.03				
			0.33			4.90	
			3.22			8.20	
9.31			4.16		118.08	12.41	
			5.16		53.15	21.85	
0.77			7.19		237.96	33.05	
0.54			5.57		237.96	22.98	
0.24			1.62			10.07	
10.09	**5.39**	**3.65**	**52.12**	**0.06**	**5050.17**	**716.47**	

6-29 宁夏能源平衡表(实物量)-2019

项目	Item	煤合计(万吨) Coal Total (10^4 tons)	原煤(万吨) Raw Coal (10^4 tons)
一.可供本地区消费的能源量	**Total Primary Energy Supply**	**13724.06**	**13411.39**
1.一次能源生产量	Indigenous Production	7476.87	7476.87
2.外省(区、市)调入量	Moving In from Other Provinces	7232.23	6733.81
3.进口量	Import		
4.境内飞机和轮船在境外的加油量	Domestic Airplanes&Ships Refueling Abroad		
5.本省(区、市)调出量(-)	Sending Out to Other Provinces(-)	-999.81	-755.34
6.出口量(-)	Export(-)		
7.境外飞机和轮船在境内的加油量(-)	Oversea Airplanes&Ships Refueling Domestically(-)		
8.库存增(-)、减(+)量	Stock Change	14.76	-43.94
二.加工转换投入(-)产出(+)量	**Input(-) & Output(+) of Transformation**	**-10889.68**	**-10810.70**
1.火力发电	Thermal Power	-7019.27	-6967.90
2.供热	Heating Supply	-926.46	-866.08
3.煤炭洗选	Coal Washing	-223.13	-1143.34
4.炼焦	Coking	-1074.58	-189.77
5.炼油及煤制油	Petroleum Refining and Coal-to-liquids	-1637.81	-1637.81
#油品再投入量(-)	Petroleum Products Input (-)		
6.制气	Gas Works	-7.44	
#焦炭再投入量(-)	Coke Input (-)		
7.天然气液化	Natural Gas Liquefaction		
8.煤制品加工	Briquettes	-0.99	-5.79
9.回收能	Recovery of Energy		
三.损失量	**Loss**		
四.终端消费量	**Total Final Consumption**	**2834.33**	**2600.59**
1.农、林、牧、渔业	Agriculture, Forestry, Animal Husbandry and Fishery	3.90	3.90
2.工业	Industry	2762.15	2529.53
#用作原料、材料	Non-Energy Use	1208.70	1135.25
3.建筑业	Construction	3.24	3.24
4.交通运输、仓储和邮政业	Transport, Storage and Post	2.78	2.78
5.批发和零售业、住宿和餐饮业	Wholesale and Retail Trades, Hotels and Catering Services	3.31	3.31
6.其他	Others	18.63	18.63
7.居民生活	Residential	40.32	39.20
城镇	Urban	1.73	1.73
乡村	Rural	38.59	37.47
五.平衡差额	**Statistical Difference**	**0.05**	**0.10**
六.消费量合计	**Total Energy Consumption**	**13724.01**	**13411.29**

Energy Balance of Ningxia (Physical Quantity) -2019

洗精煤 (万吨) Cleaned Coal (10^4 tons)	其他洗煤 (万吨) Other Washed Coal (10^4 tons)	煤制品 (万吨) Briquettes (10^4 tons)	煤矸石 (万吨) Gangue (10^4 tons)	焦炭 (万吨) Coke (10^4 tons)	焦炉煤气 (亿立方米) Coke Oven Gas (10^8 cu.m)	高炉煤气 (亿立方米) Blast Furnace Gas (10^8 cu.m)	转炉煤气 (亿立方米) Converter Gas (10^8 cu.m)	其他煤气 (亿立方米) Other Gas (10^8 cu.m)
374.80	**-65.71**	**3.58**		**-164.32**				
350.15	144.08	4.20		428.27				
-30.36	-214.10			-587.16				
55.01	4.31	-0.61		-5.43				
-374.83	**295.32**	**0.54**	**1.06**	**790.75**	**16.14**	**24.84**	**1.62**	**2.29**
	-51.37		-78.49		-0.77	-29.34		
	-56.11	-4.27	-2.02		-0.93	-0.24		
509.97	410.24		81.57					
-884.81				790.75	17.84			
	-7.44							2.29
		4.81						
						54.42	1.62	
	229.60	**4.14**	**0.88**	**626.57**	**16.14**	**24.84**	**1.62**	**2.29**
	229.60	3.02	0.88	626.57	16.14	24.84	1.62	2.29
	73.45			198.37	5.57			
		1.12						
		1.12						
-0.04	**0.02**	**-0.03**	**0.18**	**-0.14**				
884.81	**344.51**	**8.41**	**81.39**	**626.57**	**17.84**	**54.42**	**1.62**	**2.29**

6-29 续表 1

项　目	Item	其他焦化产品(万吨) Other Coking Products (10^4 tons)	油品合计(万吨) Petroleum Products Total (10^4 tons)
一.可供本地区消费的能源量	**Total Primary Energy Supply**	**-42.30**	**51.81**
1.一次能源生产量	Indigenous Production		
2.外省(区、市)调入量	Moving In from Other Provinces	3.42	746.41
3.进口量	Import		
4.境内飞机和轮船在境外的加油量	Domestic Airplanes&Ships Refueling Abroad		
5.本省(区、市)调出量(-)	Sending Out to Other Provinces(-)	-45.52	-742.35
6.出口量(-)	Export(-)		
7.境外飞机和轮船在境内的加油量(-)	Oversea Airplanes&Ships Refueling Domestically(-)		
8.库存增(-)、减(+)量	Stock Change	-0.19	47.75
二.加工转换投入(-)产出(+)量	**Input(-) & Output(+) of Transformation**	**54.04**	**-61.26**
1.火力发电	Thermal Power		-0.32
2.供热	Heating Supply		-0.03
3.煤炭洗选	Coal Washing		
4.炼焦	Coking	54.04	
5.炼油及煤制油	Petroleum Refining and Coal-to-liquids		158.53
#油品再投入量(-)	Petroleum Products Input (-)		-219.44
6.制气	Gas Works		
#焦炭再投入量(-)	Coke Input (-)		
7.天然气液化	Natural Gas Liquefaction		
8.煤制品加工	Briquettes		
9.回收能	Recovery of Energy		
三.损失量	**Loss**		
四.终端消费量	**Total Final Consumption**	**11.82**	**394.02**
1.农、林、牧、渔业	Agriculture, Forestry, Animal Husbandry and Fishery		6.22
2.工业	Industry	11.82	256.57
#用作原料、材料	Non-Energy Use	11.52	223.65
3.建筑业	Construction		24.28
4.交通运输、仓储和邮政业	Transport, Storage and Post		90.85
5.批发和零售业、住宿和餐饮业	Wholesale and Retail Trades, Hotels and Catering Services		1.75
6.其他	Others		1.68
7.居民生活	Residential		12.68
城镇	Urban		8.95
乡村	Rural		3.73
五.平衡差额	**Statistical Difference**	**-0.08**	**0.07**
六.消费量合计	**Total Energy Consumption**	**11.82**	**455.29**

Continued 1

原油(万吨) Crude Oil (10^4 tons)	汽油(万吨) Gasoline (10^4 tons)	煤油(万吨) Kerosene (10^4 tons)	柴油(万吨) Diesel Oil (10^4 tons)	燃料油(万吨) Fuel Oil (10^4 tons)	石脑油(万吨) Naphtha (10^4 tons)	润滑油(万吨) Lubricants (10^4 tons)	石蜡(万吨) Paraffin Waxes (10^4 tons)	溶剂油(万吨) White Spirit (10^4 tons)
459.62	**-186.05**	**-24.99**	**-116.93**	**79.16**	**0.19**	**0.12**		**-14.96**
464.41	30.32		38.68	98.30	11.82	0.10		
	-237.18	-24.95	-174.34	-12.58	-14.73			-15.35
-4.79	20.81	-0.05	18.73	-6.56	3.11	0.02		0.38
-459.61	**205.81**	**25.00**	**237.17**	**-79.15**	**149.18**			**14.96**
			-0.24	-0.08				
			-0.03	-0.01				
-459.61	205.81	25.00	237.44	61.85	149.18			14.96
				-140.91				
	19.63	**0.01**	**120.31**	**0.05**	**149.36**	**0.12**		
	0.66		5.56					
	0.70	0.01	5.62	0.05	149.36	0.12		
	0.04		0.15		138.79	0.01		
	1.34		20.55					
	3.25		87.60					
	0.95		0.48					
	1.21		0.47					
	11.52		0.03					
	8.35							
	3.17		0.03					
	0.13		**-0.06**	**-0.03**	**0.01**			
459.61	**19.63**	**0.01**	**120.58**	**141.05**	**149.36**	**0.12**		

6-29 续表 2

项目	Item	石油沥青 (万吨) Bitumen Asphalt (10^4 tons)	石油焦 (万吨) Petroleum Coke (10^4 tons)
一.可供本地区消费的能源量	**Total Primary Energy Supply**	**-0.73**	**56.12**
1.一次能源生产量	Indigenous Production		
2.外省(区、市)调入量	Moving In from Other Provinces	0.63	56.99
3.进口量	Import		
4.境内飞机和轮船在境外的加油量	Domestic Airplanes&Ships Refueling Abroad		
5.本省(区、市)调出量(-)	Sending Out to Other Provinces(-)	-3.50	-13.29
6.出口量(-)	Export(-)		
7.境外飞机和轮船在境内的加油量(-)	Oversea Airplanes&Ships Refueling Domestically(-)		
8.库存增(-)、减(+)量	Stock Change	2.15	12.42
二.加工转换投入(-)产出(+)量	**Input(-) & Output(+) of Transformation**	**5.22**	
1.火力发电	Thermal Power		
2.供热	Heating Supply		
3.煤炭洗选	Coal Washing		
4.炼焦	Coking		
5.炼油及煤制油	Petroleum Refining and Coal-to-liquids	5.22	
#油品再投入量(-)	Petroleum Products Input (-)		
6.制气	Gas Works		
#焦炭再投入量(-)	Coke Input (-)		
7.天然气液化	Natural Gas Liquefaction		
8.煤制品加工	Briquettes		
9.回收能	Recovery of Energy		
三.损失量	**Loss**		
四.终端消费量	**Total Final Consumption**	**4.52**	**56.10**
1.农、林、牧、渔业	Agriculture, Forestry, Animal Husbandry and Fishery		
2.工业	Industry	2.13	56.10
#用作原料、材料	Non-Energy Use	2.03	44.18
3.建筑业	Construction	2.39	
4.交通运输、仓储和邮政业	Transport, Storage and Post		
5.批发和零售业、住宿和餐饮业	Wholesale and Retail Trades, Hotels and Catering Services		
6.其他	Others		
7.居民生活	Residential		
城镇	Urban		
乡村	Rural		
五.平衡差额	**Statistical Difference**	**-0.04**	**0.02**
六.消费量合计	**Total Energy Consumption**	**4.52**	**56.10**

Continued 2

液化石油气 (万吨) Liquefied Petroleum Gas (10^4 tons)	炼厂干气 (万吨) Refinery Gas (10^4 tons)	其他石油制品 (万吨) Other Petroleum Products (10^4 tons)	天然气 (亿立方米) Natural Gas (10^8 cu.m)	液化天然气 (万吨) Liquefied Natural Gas (10^4 tons)	热力 (万百万千焦) Heat (10^{10} kJ)	电力 (亿千瓦小时) Electricity (10^8 kW•h)	其他能源 (万吨标准煤) Other Energy (10^4 tce)
-2.65		**-197.09**	**35.58**	**-74.10**		**-297.08**	
						322.07	
36.17		8.99	35.58	99.93		293.29	
-39.49		-206.95		-172.67		-912.43	
0.67		0.86		-1.37			
46.13		**197.57**	**-15.76**	**75.12**	**11480.20**	**1380.98**	
			-3.62	-0.03	-611.21	1380.98	-13.11
			-1.05		10008.43		
112.78		209.45					
-66.65		-11.88					
			-11.09	75.15			
					2082.98		13.11
						25.44	
43.61		**0.30**	**19.82**	**1.02**	**11480.20**	**1058.46**	
						21.53	
42.17		0.30	12.02	0.51	8187.23	947.48	
38.44		0.01	2.92				
					95.73	5.12	
			2.76	0.33	18.07	8.84	
0.32			1.10	0.18	507.00	17.10	
			0.63		823.10	27.27	
1.13			3.30		1849.06	31.12	
0.60			2.91		1849.06	19.77	
0.53			0.39			11.36	
-0.13		**0.18**					
110.26		**12.18**	**25.21**	**1.05**	**12091.41**	**1083.90**	**13.11**

6-30 新疆能源平衡表(实物量)-2019

项 目	Item	煤合计 (万吨) Coal Total (10^4 tons)	原煤 (万吨) Raw Coal (10^4 tons)
一.可供本地区消费的能源量	**Total Primary Energy Supply**	**22757.37**	**22446.73**
1.一次能源生产量	Indigenous Production	24165.25	24165.25
2.外省(区、市)调入量	Moving In from Other Provinces	422.09	118.00
3.进口量	Import	146.36	146.36
4.境内飞机和轮船在境外的加油量	Domestic Airplanes&Ships Refueling Abroad		
5.本省(区、市)调出量(-)	Sending Out to Other Provinces(-)	-1399.45	-1399.45
6.出口量(-)	Export(-)	-0.08	-0.08
7.境外飞机和轮船在境内的加油量(-)	Oversea Airplanes&Ships Refueling Domestically(-)		
8.库存增(-)、减(+)量	Stock Change	-576.80	-583.35
二.加工转换投入(-)产出(+)量	**Input(-) & Output(+) of Transformation**	**-20600.82**	**-20559.42**
1.火力发电	Thermal Power	-13188.10	-13187.90
2.供热	Heating Supply	-2921.61	-2917.83
3.煤炭洗选	Coal Washing	-180.11	-1050.00
4.炼焦	Coking	-3411.55	-2508.21
5.炼油及煤制油	Petroleum Refining and Coal-to-liquids		
#油品再投入量(-)	Petroleum Products Input (-)		
6.制气	Gas Works	-895.48	-895.48
#焦炭再投入量(-)	Coke Input (-)		
7.天然气液化	Natural Gas Liquefaction		
8.煤制品加工	Briquettes	-3.97	
9.回收能	Recovery of Energy		
三.损失量	**Loss**		
四.终端消费量	**Total Final Consumption**	**3101.31**	**2832.07**
1.农、林、牧、渔业	Agriculture, Forestry, Animal Husbandry and Fishery	124.52	124.52
2.工业	Industry	2396.88	2127.64
#用作原料、材料	Non-Energy Use		
3.建筑业	Construction	12.68	12.68
4.交通运输、仓储和邮政业	Transport, Storage and Post	8.35	8.35
5.批发和零售业、住宿和餐饮业	Wholesale and Retail Trades, Hotels and Catering Services	38.00	38.00
6.其他	Others	55.00	55.00
7.居民生活	Residential	465.88	465.88
城镇	Urban	38.21	38.21
乡村	Rural	427.67	427.67
五.平衡差额	**Statistical Difference**	**-944.76**	**-944.76**
六.消费量合计	**Total Energy Consumption**	**23702.13**	**23391.49**

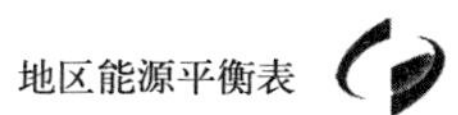

Energy Balance of Xinjiang (Physical Quantity) -2019

洗精煤（万吨）Cleaned Coal (10^4 tons)	其他洗煤（万吨）Other Washed Coal (10^4 tons)	煤制品（万吨）Briquettes (10^4 tons)	煤矸石（万吨）Gangue (10^4 tons)	焦炭（万吨）Coke (10^4 tons)	焦炉煤气（亿立方米）Coke Oven Gas (10^8 cu.m)	高炉煤气（亿立方米）Blast Furnace Gas (10^8 cu.m)	转炉煤气（亿立方米）Converter Gas (10^8 cu.m)	其他煤气（亿立方米）Other Gas (10^8 cu.m)
305.32	**6.81**	**-1.49**	**214.25**	**-972.45**				
291.34	10.43	2.32	214.27	46.01				
				-992.31				
				-9.09				
13.98	-3.62	-3.81	-0.02	-17.06				
-305.32	**252.03**	**11.89**	**-160.87**	**1988.86**	**55.25**	**108.15**	**11.84**	**1.99**
	-0.20		-148.52		-15.18	-17.37	-4.68	
	-3.78		-26.24		-18.12	-10.07	-14.63	
598.02	271.87		13.89					
-903.34				1988.86	88.55			
								0.66
	-15.86	11.89						
						135.59	31.15	1.33
	258.84	**10.40**	**53.38**	**1016.41**	**55.25**	**108.15**	**11.84**	**1.99**
	258.84	10.40	53.38	1016.41	55.25	108.15	11.84	1.99
903.34	**278.68**	**10.40**	**228.14**	**1016.41**	**88.55**	**135.59**	**31.15**	**1.99**

6-30 续表 1

项 目	Item	其他焦化产品 (万吨) Other Coking Products (10^4 tons)	油品合计 (万吨) Petroleum Products Total (10^4 tons)
一.可供本地区消费的能源量	**Total Primary Energy Supply**	**-214.59**	**1512.34**
1.一次能源生产量	Indigenous Production		2752.08
2.外省(区、市)调入量	Moving In from Other Provinces		11.66
3.进口量	Import		1100.43
4.境内飞机和轮船在境外的加油量	Domestic Airplanes&Ships Refueling Abroad		3.02
5.本省(区、市)调出量(-)	Sending Out to Other Provinces(-)	-208.75	-2356.61
6.出口量(-)	Export(-)		
7.境外飞机和轮船在境内的加油量(-)	Oversea Airplanes&Ships Refueling Domestically(-)		-0.60
8.库存增(-)、减(+)量	Stock Change	-5.84	2.36
二.加工转换投入(-)产出(+)量	**Input(-) & Output(+) of Transformation**	**225.03**	**-39.68**
1.火力发电	Thermal Power		-0.36
2.供热	Heating Supply		-5.86
3.煤炭洗选	Coal Washing		
4.炼焦	Coking	254.96	
5.炼油及煤制油	Petroleum Refining and Coal-to-liquids	-29.93	58.00
#油品再投入量(-)	Petroleum Products Input (-)		-91.46
6.制气	Gas Works		
#焦炭再投入量(-)	Coke Input (-)		
7.天然气液化	Natural Gas Liquefaction		
8.煤制品加工	Briquettes		
9.回收能	Recovery of Energy		
三.损失量	**Loss**		
四.终端消费量	**Total Final Consumption**	**10.44**	**1472.66**
1.农、林、牧、渔业	Agriculture, Forestry, Animal Husbandry and Fishery		101.27
2.工业	Industry	10.44	499.99
#用作原料、材料	Non-Energy Use		
3.建筑业	Construction		102.64
4.交通运输、仓储和邮政业	Transport, Storage and Post		601.25
5.批发和零售业、住宿和餐饮业	Wholesale and Retail Trades, Hotels and Catering Services		27.00
6.其他	Others		13.26
7.居民生活	Residential		127.25
城镇	Urban		95.39
乡村	Rural		31.86
五.平衡差额	**Statistical Difference**		
六.消费量合计	**Total Energy Consumption**	**10.44**	**1512.34**

 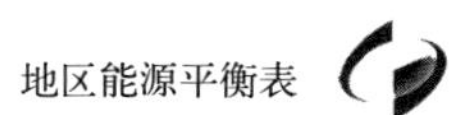

Continued 1

原油 (万吨) Crude Oil (10^4 tons)	汽油 (万吨) Gasoline (10^4 tons)	煤油 (万吨) Kerosene (10^4 tons)	柴油 (万吨) Diesel Oil (10^4 tons)	燃料油 (万吨) Fuel Oil (10^4 tons)	石脑油 (万吨) Naphtha (10^4 tons)	润滑油 (万吨) Lubricants (10^4 tons)	石蜡 (万吨) Paraffin Waxes (10^4 tons)	溶剂油 (万吨) White Spirit (10^4 tons)
2376.51	**-115.82**	**-49.17**	**-265.39**	**-30.94**	**-16.03**	**0.35**	**0.01**	**0.21**
2752.08								
				0.01		4.62	0.01	0.16
1100.43								
		3.02						
-1487.09	-116.37	-48.32	-279.95	-31.83	-18.03	-5.17		
		-0.60						
11.09	0.55	-3.27	14.56	0.88	2.00	0.90		0.05
-2335.63	**423.23**	**110.61**	**856.87**	**31.59**	**16.03**			
			-0.30	-0.06				
	-0.01		-0.02	-0.05				
-2335.63	423.24	110.61	857.19	31.70	17.37			
					-1.34			
40.88	**307.41**	**61.44**	**591.48**	**0.65**		**0.35**	**0.01**	**0.21**
	31.14	2.19	67.62			0.01		
40.88	6.42	0.05	63.74	0.65		0.18	0.01	0.21
	6.02		24.11			0.01		
	127.88	59.20	413.34			0.11		
	7.25		18.20			0.01		
	10.80		2.30			0.01		
	117.90		2.17			0.02		
	91.64		0.55			0.01		
	26.26		1.62			0.01		
2376.51	**307.42**	**61.44**	**591.80**	**0.76**	**1.34**	**0.35**	**0.01**	**0.21**

6-30 续表 2

项　目	Item	石油沥青(万吨) Bitumen Asphalt (10^4 tons)	石油焦(万吨) Petroleum Coke (10^4 tons)
一.可供本地区消费的能源量	**Total Primary Energy Supply**	**-85.41**	**-49.88**
1.一次能源生产量	Indigenous Production		
2.外省(区、市)调入量	Moving In from Other Provinces	4.58	2.28
3.进口量	Import		
4.境内飞机和轮船在境外的加油量	Domestic Airplanes&Ships Refueling Abroad		
5.本省(区、市)调出量(-)	Sending Out to Other Provinces(-)	-79.03	-46.48
6.出口量(-)	Export(-)		
7.境外飞机和轮船在境内的加油量(-)	Oversea Airplanes&Ships Refueling Domestically(-)		
8.库存增(-)、减(+)量	Stock Change	-10.96	-5.68
二.加工转换投入(-)产出(+)量	**Input(-) & Output(+) of Transformation**	**183.07**	**197.60**
1.火力发电	Thermal Power		
2.供热	Heating Supply		
3.煤炭洗选	Coal Washing		
4.炼焦	Coking		
5.炼油及煤制油	Petroleum Refining and Coal-to-liquids	185.34	197.60
#油品再投入量(-)	Petroleum Products Input (-)	-2.27	
6.制气	Gas Works		
#焦炭再投入量(-)	Coke Input (-)		
7.天然气液化	Natural Gas Liquefaction		
8.煤制品加工	Briquettes		
9.回收能	Recovery of Energy		
三.损失量	**Loss**		
四.终端消费量	**Total Final Consumption**	**97.66**	**147.72**
1.农、林、牧、渔业	Agriculture, Forestry, Animal Husbandry and Fishery		
2.工业	Industry	25.36	147.72
#用作原料、材料	Non-Energy Use		
3.建筑业	Construction	72.30	
4.交通运输、仓储和邮政业	Transport, Storage and Post		
5.批发和零售业、住宿和餐饮业	Wholesale and Retail Trades, Hotels and Catering Services		
6.其他	Others		
7.居民生活	Residential		
城镇	Urban		
乡村	Rural		
五.平衡差额	**Statistical Difference**		
六.消费量合计	**Total Energy Consumption**	**99.93**	**147.72**

Continued 2

液化石油气 (万吨) Liquefied Petroleum Gas (10^4 tons)	炼厂干气 (万吨) Refinery Gas (10^4 tons)	其他石油制品 (万吨) Other Petroleum Products (10^4 tons)	天然气 (亿立方米) Natural Gas (10^8 cu.m)	液化天然气 (万吨) Liquefied Natural Gas (10^4 tons)	热力 (万百万千焦) Heat (10^{10} kJ)	电力 (亿千瓦小时) Electricity (10^8 kW•h)	其他能源 (万吨标准煤) Other Energy (10^4 tce)
-12.35		**-239.75**	**111.99**	**-113.94**		**173.35**	**-2.38**
			342.03			841.30	
						9.08	
			457.19				
-10.81		-233.53	-687.44	-113.76		-677.03	
-1.54		-6.22	0.21	-0.18			-2.38
40.56	**101.52**	**334.87**	**-1.09**	**114.53**	**53870.01**	**2829.19**	**10.22**
			-3.43		-3297.73	2829.19	-10.12
	-5.78		-15.82		52961.83		
51.55	121.69	397.34	-0.01				
-10.99	-14.39	-62.47					
			27.88	50.29			
			-9.71	64.24			
					4205.91		20.34
						104.55	
28.21	**101.52**	**95.12**	**110.90**	**0.59**	**53870.01**	**2897.99**	**7.84**
0.31			0.03		20.00	131.22	
18.13	101.52	95.12	78.24	0.59	26432.97	2396.06	7.84
0.20			0.04		32.30	24.13	
0.72			10.60		110.00	42.41	
1.54			6.94		3843.20	44.54	
0.15			1.40		4448.68	149.60	
7.16			13.65		18982.86	110.03	
3.19			12.77		18982.86	68.65	
3.97			0.88			41.38	
39.20	**121.69**	**157.59**	**131.00**	**0.59**	**57167.74**	**3002.54**	**17.96**

七、香港、澳门特别行政区能源数据

Chapter 7　Energy Data for Hong Kong and Macao Special Administrative Region

7-1 香港主要能源及相关指标
Major Energy and Related Indicators of Hong Kong

项　目 Item	1990	2000	2005	2010	2015	2016	2017
一次能源供应总量（百万吨标准油） Total Primary Energy Supply (Mtoe)	8.62	13.59	12.57	13.67	13.90	15.45	14.02
能源净进口量（百万吨标准油） Net Energy Imports (Mtoe)	11.81	19.82	23.00	31.47	28.90	30.85	31.64
油净进口量（百万吨标准油） Net Oil Imports (Mtoe)	6.45	12.86	13.58	21.25	18.44	20.35	21.48
油可供量（百万吨标准油） Oil Supply (Mtoe)	3.21	6.58	3.09	3.36	3.34	4.85	3.76
发电量（百万千瓦小时） Electricity generation (GWh)	28938	31331	38451	38387	38028	38264	37027
能源最终消费量（百万吨标准油） Total Final Consumption of Energy (Mtoe)	5.22	9.38	7.46	8.20	8.96	9.18	9.38
人口数（百万人） Population (million)	5.7	6.7	6.8	7.0	7.3	7.3	7.4
国内生产总值（10亿美元,2010年价） GDP (10^9 US$,2010 prices)	104.1	153.4	188.6	228.6	264.4	270.1	280.3
人均国内生产总值（美元,2010年价） Per Capita GDP (US$,2010 prices)	18263	22896	27735	32657	36219	37000	37878
人均能源供应量（吨标准油/人） TPES/Population (toe/capita)	1.51	2.04	1.85	1.95	1.90	2.11	1.90
人均电力消费量（千瓦小时/人） Electricity consumption/Population(kWh/capita)	4178	5447	5879	5974	6397	6392	6293

资料来源：国际能源署《世界能源平衡表》。
Sources: World Energy Balances, IEA.

7-2 香港电力、煤气、水消费量
Consumption of Electricity, Gas and Water of Hong Kong

用　　途	Use	2013	2014	2015	2016	2017	2018	2019
电力（万亿焦耳）	**Electricity (terajoule)**							
住宅	Residential	39941	43415	42368	43120	42127	41965	42937
商业	Commercial	101683	102885	103893	103739	103893	105689	107162
工业	Industrial	11190	11281	11436	11252	11196	11081	10815
街灯	Street Lighting	387	386	386	390	389	382	377
出口中国内地	Export to the Mainland of China	5940	4414	4273	4338	4828	2002	
总计	Total	159141	162381	162356	162838	162432	161118	161291
煤气（万亿焦耳）	**Gas (terajoule)**							
住宅	Residential	15266	15400	14941	15437	15319	15466	15021
商业	Commercial	11678	11762	11813	11900	12161	12368	11867
工业	Industrial	1612	1673	1649	1477	1569	1717	1824
总计	Total	28556	28835	28403	28814	29049	29550	28712
水(万立方米)	**Water (10^4 Cubic Meters)**	**93300**	**95900**	**93700**	**98700**	**98000**	**101300**	**99600**

资料来源:《中国统计年鉴》。
Sources: China Statistical Yearbook.

7-3 香港油产品净进口量
Hong Kong Net Imports of Oil Products

年 份 Year	航空汽油与煤油 (千公升) Aviation Gasoline and Kerosene (kilolitre)	无铅车用汽油 (千公升) Unleaded Motor Gasoline (kilolitre)	轻质柴油、重质柴油与石脑油(千公升) Gas Oil, Diesel Oil and Naphtha (kilolitre)	燃料油 (千公升) Fuel Oil (kilolitre)	液化石油气 (公吨) Liquefied Petroleum Gas (ton)	天然气 (公吨) Natural Gas (ton)
2007	6261518	471418	4762939	7089613	385614	2019160
2008	6003457	447546	3582774	6625377	393208	2335754
2009	5807816	485331	7457229	6949268	381818	2268441
2010	6510406	512091	6576001	9731120	389001	2819069
2011	6990394	535880	5357958	7715460	399725	2245129
2012	6674012	546563	4492756	7263198	390508	2067391
2013	7050700	546062	4286927	7492322	375612	1947708
2014	6959479	497730	4090929	6309426	398240	1872188
2015	7380462	684924	6045939	7644214	377958	2388734
2016	7878127	671717	6779194	7242194	361962	2452208
2017	7787355	625679	7269099	8075000	377769	2444030
2018	8262736	634495	7857171	7477189	373268	2366549
2019	8056042	594940	7866795	6802047	347076	2444048

资料来源:《香港能源统计》。
Sources: Hong Kong Energy Statistics.

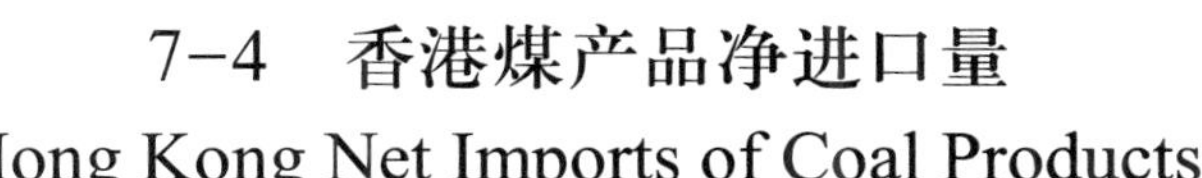

7-4 香港煤产品净进口量

Hong Kong Net Imports of Coal Products

单位：公吨 (ton)

年 份 Year	蒸馏煤与其他煤产品 Steam Coal and Other Coal	木炭 Wood Charcoal	无烟煤 Anthracite
2007	12261438	3945	
2008	11344961	7374	162
2009	12331385	5831	389
2010	10324200	3932	99
2011	12528714	6094	163
2012	12350726	4954	9
2013	12971504	2524	2
2014	13788766	6935	131
2015	11184339	4908	141
2016	11161173	3470	
2017	10502586	3283	
2018	10884169	3761	3
2019	10035245	3249	38

资料来源：《香港能源统计》。
Sources: Hong Kong Energy Statistics.

7-5 香港电力生产、消费和进出口

Hong Kong Electricity Production, Consumption, Imports and Exports

单位：万亿焦耳 (terajoule)

年 份 Year	本地发电厂产电 Electricity Generated at Local Plants	由中国内地进口 Imports of Electrcity from Mainland of China	系统损耗 System Loss	出口往中国内地 Exports of Electricity to Mainland of China	由电表量度的本地电力耗用 Local Electricity Consumption as Measured at Meter Point
2007	140212	37233	15847	14527	147072
2008	136765	38883	15514	12789	147345
2009	139420	39468	16089	13432	149366
2010	137850	37838	15590	9392	150705
2011	140495	38646	17064	10645	151432
2012	139506	40160	18139	6617	154911
2013	140628	35889	17376	5940	153201
2014	143291	37038	17948	4414	157967
2015	136525	42272	16441	4273	158083
2016	137356	41835	16352	4338	158500
2017	132902	45274	15744	4828	157604
2018	131254	45357	15492	2002	159116
2019	132462	44571	15742		161291

资料来源：《香港能源统计》。
Sources: Hong Kong Energy Statistics.

7-6 澳门电力供应及消费
Supply and Consumption of Electricity of Macao

单位：百万千瓦小时 (GWh)

项目 Item	2005	2010	2014	2015	2016	2017	2018
总供应量 Total available supply	2368	3864	4740	5017	5294	5417	5567
生产 Gross production	2027	1077	641	962	988	1465	656
进口 Imports	341	2786	4099	4054	4306	3952	4911
本地购入 Local purchases							
总消耗量 Total consumption	2368	3864	4740	5017	5294	5417	5567
产电量损耗及流失量 Losses during production	80	48	42	59	57	66	57
输电及配电流失量 Transmission and distribution losses	128	160	166	124	158	139	150
自耗量 Own consumption of the energy sector	47	40	64	52	41	42	41
最终消耗 Final consumption	2112	3615	4469	4781	5037	5170	5319
免费电力供应 Free supply of electricity	6	5	6	6	6	6	6
售电量 Sales volume	2106	3610	4463	4775	5031	5164	5313
售电价值（百万澳门元） Sales value (Million MOP)	2596	4379	5916	6245	6299	6272	6729

资料来源：《澳门统计年鉴》。
Sources: Macao Statistical Yearbook.

7-7 澳门电力、燃料及水消费量
Consumption of Electricity, Fuel and Water of Macao

用途	Use	2014	2015	2016	2017	2018	2019
电力（万千瓦小时）	Electricity (10^4 kWh)						
住宅	Residential	105859	109745	111588	111439	113686	119593
工业	Industrial	13484	14520	15642	16224	15713	15440
商业及公共照明	Commercial and Public Light	327523	353807	376479	389319	402477	419845
燃料	Fule						
重油(万公升)	Fule Oil (10^4 litres)	5760	15058	15903	12289	4397	3445
轻柴油(万公升)	Gas oil and Diesel (10^4 litres)	12271	13504	12243	11786	11413	11087
汽油(万公升)	Gasoline (10^4 litres)	9959	10020	10231	10413	10905	11097
液化石油气(公吨)	Liquefied Petroleum Gas (ton)	44686	44374	44607	41936	42297	40905
水(万立方米)	Water (10^4 Cubic Meters)	8349	8494	8670	8844	9094	9281

资料来源：《中国统计年鉴》。
Sources: China Statistical Yearbook.

附录 1　台湾省能源数据

Appendix Ⅰ　Energy Data for Taiwan Province

附录1-1 台湾省主要能源及相关指标
Major Energy Related Indicators of Taiwan Province

项目 Item	1990	2000	2005	2010	2015	2016	2017
能源生产量（百万吨标准油） Energy Production (Mtoe)	10.65	11.79	12.48	12.95	12.31	10.86	8.42
净进口量（百万吨标准油） Net Imports (Mtoe)	41.67	79.23	95.32	101.46	101.70	103.22	106.01
一次能源供应量（百万吨标准油） Total Primary Energy Supply (Mtoe)	47.75	84.84	102.27	110.80	109.10	109.67	110.09
油净进口量（百万吨标准油） Net Oil Imports (Mtoe)	28.68	45.08	48.37	47.96	46.13	46.66	46.30
油供应量（百万吨标准油） Oil Supply (Mtoe)	25.86	38.27	43.27	44.17	42.59	42.93	42.48
发电量（百万千瓦小时） Electricity Supply (GWh)	88398	181188	224475	244647	254990	261388	265071
终端能源消费量（百万吨标准油） Total Final Consumption of Energy (Mtoe)	29.42	48.69	61.03	68.07	69.38	70.28	70.05
人口数（百万人） Population (million)	20.30	21.80	22.60	23.10	23.40	23.60	23.60
国内生产总值（10亿美元，2010年价） GDP (10^9 US$,2010 prices)	155.10	296.70	361.60	446.10	506.10	513.70	528.00
人均国内生产总值（美元，2010年价） Per Capita GDP (US$, 2010 prices)	7640	13610	16000	19312	21628	21767	22373
人均能源供应量（吨标准油/人） Per Capita Energy Supply (toe/capita)	2.35	3.89	4.53	4.80	4.66	4.66	4.66
人均电力消费量（千瓦小时/人） Electricity consumption/population (kWh/capita)	4177	8095	9701	10304	10669	10867	10987

资料来源:国际能源署《世界能源平衡表》。
Sources: World Energy Balances, IEA.

附录1-2 台湾省分行业电力消费量
Taiwan Province Electricity Consumption by Sector

单位：百万千瓦小时 (GWh)

年份 Year	总计 Total	农、林、牧、渔业 Farming,Forestry, Animal Husbandry, Fishery	采掘业 Mining and Quarrying	制造业 Manufacturing	建筑业 Construction	批发及零售业 Wholesale and Retail Trades	运输及仓储业 Transport and Storage	住宿及餐饮业 Hotels and Catering Services
2007	128226	2620	462	91042	575	6302	2669	2574
2008	128644	2600	380	91207	566	6020	3005	2545
2009	121348	2582	338	85298	488	5701	3003	2547
2010	134135	2616	419	97113	472	5631	3143	2680
2011	138161	2726	435	101220	501	5461	3211	2744
2012	139134	2708	416	102170	542	5372	3277	2776
2013	142529	2751	469	105131	561	5320	3394	2854
2014	144579	2833	495	106758	626	5239	3494	2940
2015	145302	2916	482	106852	630	5243	3605	3047
2016	148697	2919	457	109594	589	5273	3727	3166
2017	153116	3034	448	113340	564	5167	3839	3212
2018	155640	3115	451	115293	542	5052	3892	3237
2019	155126	2855	222	114553	744	6871	4211	3441

资料来源：中国台湾省编辑的《统计年鉴》，下同。
Sources: Statistical Yearbook, Taiwan Province of China, the same applies to tables following.

附录1-3 台湾省能源供给总量及构成
Taiwan Province Energy Supply and Composition

年份 Year	供给量总计 (百万公升油当量) Total Supply (10^3 kl oil equivalent)	占供给总量的比重(%) As Percentage of Total Supply (%)						
		煤炭 Coal	石油 Petroleum	天然气 Natural Gas	生物质及废弃物 Biomass and waste	水力发电 Hydro power	核能发电 Nuclear Power	其他 Other
2007	143961	30.1	52.4	7.8	1.1	0.3	8.2	0.1
2008	139289	30.3	50.8	8.8	1.3	0.3	8.5	0.1
2009	136415	28.3	52.6	8.7	1.2	0.3	8.8	0.1
2010	143008	29.5	50.1	10.3	1.2	0.3	8.4	0.1
2011	138819	31.7	46.1	11.7	1.2	0.3	8.8	0.2
2012	141611	30.0	47.8	12.1	1.2	0.4	8.3	0.2
2013	144069	30.6	47.4	11.8	1.2	0.4	8.4	0.2
2014	148532	29.6	48.4	12.1	1.2	0.3	8.3	0.2
2015	146132	29.7	48.2	13.2	1.2	0.3	7.2	0.2
2016	146628	29.4	48.9	13.7	1.1	0.4	6.3	0.2
2017	146572	30.2	48.5	15.2	1.1	0.4	4.4	0.3
2018	148629	29.4	48.2	15.2	1.1	0.3	5.4	0.4
2019	148401	29.9	46.9	15.0	1.1	0.4	6.3	0.4

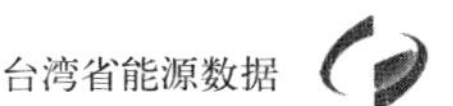

附录1-4 台湾省能源消费总量及分部门消费构成

Taiwan Province Energy Consumption and Composition by Sector

年 份 Year	消费总计(百万公升油当量) Total Energy Consumption (10^3 kl oil equivalent)	占消费总量比重(%) As Percentage of Total Energy Consumption(%)						
		农业部门 Agriculture	工业部门 Industry	能源部门 Energy	运输部门 Transportation	服务业部门 Services	住宅部门 Residential	非能源消费 Non-energy Use
2008	78785	0.9	32.6	6.7	16.0	7.6	8.1	28.0
2009	78225	0.9	30.1	7.3	16.2	7.5	8.2	29.8
2010	83999	0.8	31.5	7.8	15.6	7.2	7.6	29.5
2011	81588	0.8	33.1	7.8	16.3	7.2	7.9	26.9
2012	81881	0.9	32.6	7.9	15.9	7.0	7.7	28.0
2013	84576	0.9	32.2	7.8	15.4	6.9	7.4	29.5
2014	85751	0.9	31.4	8.4	15.3	7.0	7.4	29.7
2015	86013	0.9	30.6	8.4	15.6	7.0	7.4	30.1
2016	86589	0.9	30.7	8.3	16.0	7.0	7.6	29.6
2017	86038	0.8	31.0	8.2	15.9	7.1	7.7	29.3
2018	87569	0.9	31.2	8.4	15.2	6.6	7.5	30.1
2019	84910	1.0	31.5	8.8	15.8	6.8	7.7	28.4

附录1-5 台湾省发电量和售电量

Taiwan Province Electricity Generation and Sale

单位: 百万千瓦小时 (GWh)

年 份 Year	发电量 Electricity Generation					售电量 Electricity Sale			损失 Loss
	总计 Total	水力发电 Hydro power	火力发电 Thermal Power	核能发电 Nuclear Power	再生能源发电 Renewable Power	总计 Total	工业用电 Industry Consumption	住户及商业用电 Residence and Commerce	
2008	200241	3459	152636	39260	4886	186931	128644	58288	8584
2009	193605	3290	145756	39981	4579	179239	121348	57890	9418
2010	207385	3047	159112	40029	5197	193313	134135	59179	9669
2011	213042	2889	164085	40522	5546	198637	138161	60476	10149
2012	211708	2924	162621	38887	7276	198391	139134	59256	9360
2013	213429	3174	162857	40079	7319	201945	142529	59416	7251
2014	219224	3108	166527	40801	8787	205956	144579	61377	8960
2015	219104	3023	165417	35143	15521	206491	145302	61189	8145
2016	225793	3282	180451	30461	11599	212531	148697	63835	8682
2017	231080	3322	194952	21560	11246	217213	153116	64097	8827
2018	233289	3359	191859	26656	11414	219108	155640	63468	9200
2019	232472	3196	184082	31147	14047	218727	155126	63601	8984

附录 2　有关国家和地区能源数据

Appendix Ⅱ　Energy Data for Related Countries or Areas

附录2-1　人口数
Population

单位：百万人 (million)

国家和地区	Country or Area	1973	1980	1990	2000	2005	2010	2016	2017	比重% Percent of World
世界总计	**World**	**3915.5**	**4438.7**	**5285.8**	**6117.0**	**6514.3**	**6925.4**	**7433.4**	**7518.8**	**100.00**
OECD合计	**OECD Total**	**919.8**	**984.9**	**1076.7**	**1160.0**	**1200.3**	**1243.2**	**1288.0**	**1295.4**	**17.23**
美国	United States	211.9	227.7	250.2	282.4	296.0	309.8	323.7	326.0	4.34
日本	Japan	108.9	117.1	123.6	126.8	127.8	128.0	126.9	126.7	1.69
墨西哥	Mexico	57.1	70.4	87.1	100.9	107.0	114.1	122.1	123.4	1.64
德国	Germany	79.0	78.3	79.4	81.5	81.3	80.3	82.3	82.7	1.10
土耳其	Turkey	38.1	44.4	55.1	64.3	68.4	73.1	79.3	80.3	1.07
法国	France	53.3	55.2	58.3	60.9	63.2	65.0	66.8	67.1	0.89
英国	United Kingdom	56.2	56.3	57.2	58.9	60.4	62.8	65.6	66.0	0.88
意大利	Italy	54.8	56.4	56.7	56.9	58.2	59.8	60.6	60.5	0.80
韩国	Korea	34.1	38.1	42.9	47.0	48.2	49.6	51.2	51.4	0.68
西班牙	Spain	35.3	38.0	39.3	40.6	43.7	46.6	46.5	46.5	0.62
波兰	Poland	33.4	35.6	38.0	38.3	38.2	38.5	38.4	38.4	0.51
加拿大	Canada	22.5	24.5	27.7	30.7	32.2	34.0	36.1	36.5	0.49
澳大利亚	Australia	13.6	14.8	17.3	19.3	20.5	22.0	24.2	24.6	0.33
非OECD合计	**NON-OECD Total**	**2995.7**	**3453.8**	**4209.2**	**4957.0**	**5314.1**	**5682.2**	**6145.4**	**6223.4**	**82.77**
中国	China	881.9	981.2	1135.2	1262.6	1303.7	1337.7	1378.7	1386.4	18.44
印度	India	593.1	696.8	870.1	1053.1	1144.1	1231.0	1324.2	1339.2	17.81
印度尼西亚	Indonesia	124.2	147.5	181.4	211.5	226.7	242.5	261.1	264.0	3.51
巴西	Brazil	102.6	121.2	149.4	175.3	186.9	196.8	207.7	209.3	2.78
巴基斯坦	Pakistan	63.1	78.1	107.7	138.5	153.9	170.6	193.2	197.0	2.62
尼日利亚	Nigeria	60.1	73.5	95.3	122.4	138.9	158.6	186.0	190.9	2.54
孟加拉	Bangladesh	68.7	81.5	106.2	131.6	143.4	152.1	163.0	164.7	2.19
俄罗斯	Russia			148.3	146.6	143.5	142.8	144.3	144.5	1.92
埃塞俄比亚	Ethiopia	31.0	35.3	48.1	66.5	76.7	87.7	102.4	105.0	1.40
菲律宾	Philippines	39.0	47.4	61.9	78.0	86.3	93.7	103.3	104.9	1.40
埃及	Egypt	37.5	44.1	57.4	69.9	76.8	84.1	95.7	97.6	1.30
刚果	Dem. Rep. of the Congo	21.7	26.4	34.6	47.1	54.8	64.5	78.7	81.3	1.08
伊朗	Islamic Republic of Iran	30.9	38.7	56.2	66.1	70.4	74.6	80.3	81.2	1.08

资料来源：国际能源署《世界能源平衡表》，下同。
Sources: World Energy Balances,IEA, the same applies to tables following.

附录2-2 国内生产总值汇率算法(2010年价格)
Gross Domestic Products Using Exchange Rates(2010 US$)

单位：10亿美元 (billion US$)

国家和地区	Country or Area	1973	1980	1990	2000	2005	2010	2016	2017	比重% Percent of World
世界总计	**World**	**22839.0**	**28434.8**	**37951.2**	**50021.6**	**58160.3**	**66114.4**	**77678.1**	**80078.9**	**100.00**
OECD合计	**OECD Total**	**17832.9**	**21567.7**	**29322.4**	**38273.1**	**42630.2**	**44857.1**	**49918.2**	**51132.5**	**63.85**
美国	United States	5466.0	6496.3	9001.2	12620.3	14332.5	14992.1	16972.3	17348.6	21.66
日本	Japan	2392.7	3019.3	4703.6	5348.9	5672.3	5700.1	6025.1	6141.4	7.67
德国	Germany	1729.0	2040.5	2568.6	3123.9	3213.8	3417.1	3801.9	3883.9	4.85
法国	France	1215.4	1482.6	1894.1	2333.5	2536.8	2642.6	2811.8	2875.3	3.59
英国	United Kingdom	1141.8	1225.1	1634.6	2089.9	2403.4	2452.9	2768.2	2818.7	3.52
意大利	Italy	1074.6	1379.8	1749.2	2060.2	2158.7	2125.1	2085.4	2120.6	2.65
加拿大	Canada	620.6	782.4	1014.7	1344.8	1527.3	1617.3	1819.2	1873.4	2.34
澳大利亚	Australia	417.3	502.4	675.5	957.7	1132.4	1299.5	1530.7	1574.1	1.97
西班牙	Spain	558.7	653.9	873.1	1149.5	1358.1	1431.6	1466.1	1509.7	1.89
韩国	Korea	79.5	141.1	362.9	710.0	894.7	1094.5	1305.9	1345.9	1.68
墨西哥	Mexico	347.7	537.8	643.2	915.2	982.7	1057.8	1258.9	1284.9	1.60
土耳其	Turkey	172.2	219.0	364.0	520.9	658.1	771.9	1122.5	1206.0	1.51
荷兰	Netherlands	356.3	428.2	533.8	739.5	790.5	846.6	898.0	923.7	1.15
非OECD合计	**NON-OECD Total**	**5006.1**	**6867.1**	**8628.9**	**11748.5**	**15530.1**	**21257.3**	**27759.9**	**28946.3**	**36.15**
中国	China	223.8	341.4	829.6	2237.1	3569.9	6100.6	9505.2	10161.0	12.69
印度	India	211.0	271.7	466.5	802.8	1111.2	1656.6	2466.2	2630.9	3.29
巴西	Brazil	637.8	1010.5	1192.9	1538.9	1774.9	2208.9	2256.9	2278.9	2.85
俄罗斯	Russian Federation			1413.9	951.6	1281.3	1524.9	1654.4	1680.0	2.10
印度尼西亚	Indonesia	109.8	181.5	309.8	453.4	571.2	755.1	1037.9	1090.5	1.36
沙特阿拉伯	Saudi Arabia	237.6	355.7	293.9	379.2	461.6	528.2	690.1	684.2	0.85
伊朗	Islamic Republic of Iran	284.3	185.2	233.2	316.2	400.3	487.1	540.6	560.9	0.70
中国，台北	Chinese Taipei	35.4	70.4	155.1	296.7	361.6	446.1	513.7	528.0	0.66
尼日利亚	Nigeria	118.5	151.3	144.2	169.2	258.0	363.4	456.8	460.5	0.58
阿根廷	Argentina	186.8	220.6	203.7	303.2	333.6	423.6	447.5	460.3	0.57
南非	South Africa	152.8	192.0	223.0	267.0	322.2	375.3	421.3	426.8	0.53
泰国	Thailand	41.3	66.5	141.6	217.7	283.8	341.1	407.0	422.9	0.53
委内瑞拉	Venezuela	182.8	216.6	235.0	289.0	327.8	393.2	330.1	283.9	0.35

附录2-3 能源生产总量
Total Production of Energy

单位：百万吨标准油 (Mtoe)

国家和地区	Country or Area	1973	1980	1990	2000	2005	2010	2016	2017	比重% Percent of World
世界总计	**World**	**6209.77**	**7297.01**	**8800.74**	**10018.52**	**11545.53**	**12786.90**	**13731.93**	**14034.90**	**100.00**
OECD合计	**OECD Total**	**2457.60**	**2913.38**	**3450.44**	**3845.24**	**3859.30**	**3896.25**	**4066.53**	**4181.07**	**29.79**
美国	United States	1456.38	1553.39	1652.61	1667.39	1631.13	1724.48	1915.69	1992.57	14.20
加拿大	Canada	198.24	207.17	276.46	374.90	401.96	398.39	479.74	509.65	3.63
澳大利亚	Australia	67.99	85.41	157.53	233.56	265.17	323.36	388.85	405.15	2.89
墨西哥	Mexico	47.28	147.04	195.54	229.31	263.50	222.54	180.48	164.88	1.17
法国	France	44.18	52.60	111.89	130.64	137.17	135.65	131.46	129.80	0.92
英国	United Kingdom	108.52	197.86	208.01	272.50	205.34	148.51	120.07	120.15	0.86
德国	Germany	171.66	185.63	186.16	135.22	137.10	128.93	115.92	114.95	0.82
非OECD合计	**NON-OECD Total**	**3752.16**	**4383.64**	**5350.30**	**6173.27**	**7686.22**	**8890.66**	**9665.40**	**9853.82**	**70.21**
中国	China	431.39	615.51	880.88	1123.65	1671.38	2235.42	2360.42	2449.47	17.45
俄罗斯	Russia			1293.22	978.11	1203.37	1279.51	1373.68	1429.25	10.18
沙特阿拉伯	Saudi Arabia	388.54	533.64	368.44	475.84	570.93	531.46	670.60	646.75	4.61
印度	India	144.07	181.11	280.49	350.79	400.71	503.81	551.08	554.44	3.95
印度尼西亚	Indonesia	94.89	125.05	168.57	237.51	279.64	378.39	434.37	448.37	3.19
伊朗	Islamic Republic of Iran	309.73	80.76	187.84	253.67	310.67	342.27	391.24	422.78	3.01
巴西	Brazil	51.25	64.37	104.24	147.81	194.97	246.97	283.88	292.70	2.09
尼日利亚	Nigeria	136.89	144.86	146.30	197.93	233.55	253.98	241.08	249.31	1.78
伊拉克	Iraq	102.86	135.49	110.34	134.92	97.84	124.60	233.63	238.74	1.70
阿联酋	Unite Arab Emirates	76.14	90.22	110.20	153.89	175.40	177.75	236.65	229.36	1.63
卡塔尔	Qatar	29.53	26.48	27.70	59.48	89.33	178.38	228.38	225.21	1.60
哈萨克斯坦	Kazakhstan			90.98	78.58	118.65	156.88	162.69	179.98	1.28
科威特	Kuwait	160.23	93.60	50.37	114.23	146.76	134.56	174.22	162.20	1.16
南非	South Africa	40.36	73.17	114.54	143.53	151.20	155.94	157.54	157.99	1.13
阿尔及利亚	Algeria	56.49	65.74	100.11	142.23	166.67	150.53	153.28	152.85	1.09
委内瑞拉	Venezuela	201.18	137.39	144.75	215.79	223.02	197.94	167.94	150.59	1.07
哥伦比亚	Colombia	17.19	17.71	48.18	72.33	78.60	105.93	124.31	123.48	0.88
马来西亚	Malaysia	5.81	17.24	47.75	76.96	94.84	88.39	96.41	95.85	0.68
安哥拉	Angola	11.68	11.30	28.65	43.06	69.63	96.82	95.01	91.91	0.65
土库曼斯坦	Turkmenistan			73.02	45.98	61.62	47.26	77.04	76.86	0.55

附录2-4 能源生产量/一次能源供应总量(能源自给率)
Energy Production/TPES (self-sufficiency)

国家和地区	Country or Area	1973	1980	1990	2000	2005	2010	2016	2017
世界	**World**	**1.019**	**1.013**	**1.004**	**0.999**	**1.006**	**0.995**	**1.001**	**1.004**
OECD合计	**OECD Total**	**0.657**	**0.716**	**0.759**	**0.724**	**0.696**	**0.717**	**0.770**	**0.788**
澳大利亚	Australia	1.192	1.227	1.829	2.160	2.337	2.540	3.035	3.189
加拿大	Canada	1.244	1.079	1.308	1.478	1.470	1.532	1.706	1.763
美国	United States	0.842	0.861	0.863	0.733	0.703	0.778	0.885	0.925
墨西哥	Mexico	0.899	1.546	1.581	1.520	1.459	1.246	0.976	0.915
瑞典	Sweden	0.238	0.398	0.629	0.642	0.670	0.645	0.706	0.731
英国	United Kingdom	0.498	0.997	1.010	1.222	0.921	0.729	0.670	0.683
荷兰	Netherlands	0.916	1.116	0.910	0.782	0.782	0.861	0.626	0.563
法国	France	0.245	0.274	0.500	0.519	0.503	0.516	0.532	0.525
瑞士	Switzerland	0.226	0.351	0.421	0.479	0.421	0.477	0.477	0.466
以色列	Israel	0.792	0.020	0.037	0.035	0.113	0.166	0.361	0.389
德国	Germany	0.513	0.520	0.530	0.402	0.406	0.395	0.374	0.369
比利时	Belgium	0.142	0.173	0.274	0.237	0.239	0.260	0.276	0.273
西班牙	Spain	0.220	0.233	0.384	0.259	0.212	0.270	0.285	0.267
意大利	Italy	0.171	0.152	0.173	0.164	0.162	0.190	0.222	0.222
韩国	Korea	0.313	0.225	0.243	0.183	0.204	0.180	0.182	0.174
日本	Japan	0.092	0.126	0.170	0.202	0.196	0.203	0.082	0.096
非OECD合计	**NON-OECD Total**	**1.727**	**1.482**	**1.333**	**1.390**	**1.369**	**1.260**	**1.203**	**1.194**
沙特阿拉伯	Saudi Arabia	53.716	17.157	6.351	4.862	4.658	2.865	3.191	3.061
委内瑞拉	Venezuela	10.571	4.213	3.663	4.218	4.086	2.733	3.020	3.022
俄罗斯	Russia			1.471	1.579	1.846	1.857	1.923	1.952
印度尼西亚	Indonesia	2.487	2.245	1.709	1.526	1.564	1.834	1.891	1.837
伊朗	Islamic Republic of Iran	15.026	2.124	2.710	2.062	1.799	1.675	1.598	1.616
南非	South Africa	0.821	1.075	1.277	1.317	1.301	1.183	1.209	1.195
巴西	Brazil	0.625	0.565	0.743	0.788	0.903	0.927	0.995	1.008
阿根廷	Argentina	0.858	0.928	1.051	1.346	1.265	1.011	0.878	0.870
埃及	Egypt	1.228	2.218	1.701	1.324	1.267	1.157	0.818	0.844
中国	China	1.011	1.029	1.008	0.994	0.938	0.881	0.794	0.800
印度	India	0.902	0.905	0.917	0.796	0.778	0.719	0.646	0.629
泰国	Thailand	0.523	0.508	0.634	0.608	0.557	0.599	0.572	0.548
中国，台北	Chinese Taipei	0.286	0.208	0.223	0.139	0.122	0.117	0.099	0.077

附录2-5　一次能源供应总量/GDP(2010年价格)
TPES/GDP(2010 US$)

单位：吨标准油/千美元　　(toe per thousand US$)

国家和地区	Country or Area	1973	1980	1990	2000	2005	2010	2016	2017
世界	**World**	**0.267**	**0.253**	**0.231**	**0.200**	**0.197**	**0.194**	**0.177**	**0.174**
OECD合计	**OECD Total**	**0.210**	**0.189**	**0.155**	**0.139**	**0.130**	**0.121**	**0.106**	**0.104**
韩国	Korea	0.271	0.292	0.256	0.265	0.235	0.228	0.216	0.210
加拿大	Canada	0.257	0.245	0.208	0.189	0.179	0.161	0.155	0.154
墨西哥	Mexico	0.151	0.177	0.192	0.165	0.184	0.169	0.147	0.140
美国	United States	0.317	0.278	0.213	0.180	0.162	0.148	0.127	0.124
比利时	Belgium	0.204	0.173	0.145	0.141	0.129	0.124	0.108	0.105
瑞典	Sweden	0.170	0.156	0.147	0.120	0.114	0.104	0.088	0.086
法国	France	0.148	0.129	0.118	0.108	0.107	0.099	0.088	0.086
西班牙	Spain	0.092	0.104	0.103	0.106	0.105	0.089	0.082	0.083
澳大利亚	Australia	0.137	0.139	0.128	0.113	0.100	0.098	0.084	0.081
荷兰	Netherlands	0.174	0.150	0.125	0.101	0.101	0.098	0.082	0.080
德国	Germany	0.194	0.175	0.137	0.108	0.105	0.096	0.082	0.080
以色列	Israel	0.148	0.118	0.119	0.107	0.098	0.099	0.079	0.077
意大利	Italy	0.111	0.095	0.084	0.083	0.086	0.082	0.072	0.072
日本	Japan	0.134	0.114	0.093	0.097	0.092	0.088	0.071	0.070
英国	United Kingdom	0.191	0.162	0.126	0.107	0.093	0.083	0.065	0.062
瑞士	Switzerland	0.056	0.058	0.056	0.051	0.049	0.044	0.037	0.036
非OECD合计	**NON-OECD Total**	**0.434**	**0.431**	**0.465**	**0.378**	**0.362**	**0.332**	**0.290**	**0.285**
伊朗	Islamic Republic of Iran	0.073	0.205	0.297	0.389	0.431	0.419	0.453	0.466
俄罗斯	Russian Federation			0.622	0.651	0.509	0.452	0.432	0.436
埃及	Egypt	0.286	0.316	0.369	0.294	0.380	0.334	0.329	0.341
印度	India	0.757	0.736	0.655	0.549	0.463	0.423	0.346	0.335
泰国	Thailand	0.378	0.331	0.296	0.332	0.349	0.346	0.341	0.327
南非	South Africa	0.322	0.354	0.402	0.408	0.361	0.351	0.309	0.310
沙特阿拉伯	Saudi Arabia	0.030	0.087	0.197	0.258	0.266	0.351	0.305	0.309
中国	China	1.907	1.752	1.053	0.505	0.499	0.416	0.313	0.301
印度尼西亚	Indonesia	0.348	0.307	0.318	0.343	0.313	0.273	0.221	0.224
中国，台北	Chinese Taipei	0.371	0.396	0.308	0.286	0.283	0.248	0.213	0.208
阿根廷	Argentina	0.191	0.190	0.226	0.203	0.201	0.186	0.193	0.185
委内瑞拉	Venezuela	0.104	0.151	0.168	0.177	0.167	0.184	0.168	0.176
巴西	Brazil	0.129	0.113	0.118	0.122	0.122	0.121	0.126	0.127

附录2-6 人均能源供应量
TPES/Population

单位：吨标准油/人 (toe per capita)

国家和地区	Country or Area	1973	1980	1990	2000	2005	2010	2016	2017
世界	**World**	**1.557**	**1.623**	**1.658**	**1.639**	**1.762**	**1.856**	**1.845**	**1.858**
OECD合计	**OECD Total**	**4.067**	**4.130**	**4.225**	**4.579**	**4.621**	**4.371**	**4.099**	**4.098**
加拿大	Canada	7.085	7.830	7.630	8.263	8.482	7.647	7.788	7.911
美国	United States	8.163	7.925	7.655	8.052	7.834	7.156	6.684	6.611
韩国	Korea	0.632	1.082	2.167	4.003	4.364	5.046	5.511	5.486
澳大利亚	Australia	4.191	4.701	4.984	5.609	5.549	5.778	5.296	5.164
瑞典	Sweden	4.773	4.872	5.514	5.360	5.714	5.428	4.958	4.889
比利时	Belgium	4.729	4.744	4.804	5.663	5.542	5.490	4.923	4.868
荷兰	Netherlands	4.615	4.550	4.451	4.696	4.894	4.979	4.325	4.331
德国	Germany	4.239	4.562	4.426	4.132	4.150	4.065	3.766	3.766
法国	France	3.378	3.477	3.842	4.133	4.316	4.043	3.701	3.684
日本	Japan	2.942	2.943	3.549	4.086	4.088	3.916	3.365	3.410
瑞士	Switzerland	2.936	3.138	3.575	3.435	3.448	3.302	2.811	2.801
西班牙	Spain	1.463	1.782	2.290	3.005	3.251	2.742	2.581	2.708
英国	United Kingdom	3.879	3.523	3.598	3.787	3.689	3.245	2.729	2.663
以色列	Israel	2.368	2.017	2.460	2.892	2.650	3.045	2.687	2.644
意大利	Italy	2.176	2.319	2.584	3.012	3.203	2.904	2.490	2.535
墨西哥	Mexico	0.921	1.351	1.421	1.495	1.688	1.565	1.514	1.460
非OECD合计	**NON-OECD Total**	**0.725**	**0.856**	**0.954**	**0.896**	**1.057**	**1.242**	**1.308**	**1.326**
沙特阿拉伯	Saudi Arabia	1.077	3.193	3.553	4.713	5.127	6.764	6.510	6.416
俄罗斯	Russian Federation			5.930	4.225	4.541	4.823	4.949	5.067
中国，台北	Chinese Taipei	0.838	1.575	2.351	3.885	4.525	4.796	4.656	4.660
伊朗	Islamic Republic of Iran	0.667	0.983	1.233	1.860	2.452	2.740	3.050	3.223
南非	South Africa	1.981	2.286	2.389	2.384	2.381	2.555	2.326	2.331
中国	China	0.484	0.609	0.770	0.895	1.366	1.896	2.155	2.210
泰国	Thailand	0.389	0.464	0.741	1.148	1.513	1.754	2.018	2.001
阿根廷	Argentina	1.412	1.488	1.408	1.661	1.710	1.909	1.968	1.928
委内瑞拉	Venezuela	1.506	2.125	1.990	2.089	2.038	2.495	1.762	1.559
巴西	Brazil	0.799	0.940	0.939	1.071	1.155	1.354	1.374	1.387
埃及	Egypt	0.214	0.342	0.562	0.574	0.802	0.868	0.897	0.951
印度尼西亚	Indonesia	0.307	0.378	0.544	0.736	0.789	0.851	0.880	0.925
印度	India	0.269	0.287	0.351	0.419	0.450	0.569	0.644	0.659

附录2-7 煤生产量
Coal Production

单位：百万吨标准油 (Mtoe)

国家和地区	Country or Area	1973	1980	1990	2000	2005	2010	2016	2017	比重% Percent of World
世界总计	**World**	**1474.00**	**1799.64**	**2222.72**	**2278.41**	**2997.77**	**3662.99**	**3651.88**	**3773.42**	**100.00**
中国	China	206.79	310.72	518.39	713.50	1227.03	1722.49	1718.90	1785.87	47.33
美国	United States	333.36	447.92	542.32	536.86	565.28	531.84	348.46	373.18	9.89
澳大利亚	Australia	40.25	51.90	106.10	164.58	201.58	246.56	292.03	293.10	7.77
印度	India	32.74	47.84	93.34	130.64	163.31	212.87	268.07	269.84	7.15
印度尼西亚	Indonesia	0.09	0.17	5.85	45.45	98.23	186.31	248.85	262.71	6.96
俄罗斯	Russian Federation			192.38	128.54	157.43	166.36	209.16	222.23	5.89
南非	South Atrica	35.14	66.76	100.16	126.93	138.37	143.94	144.55	145.39	3.85
哥伦比亚	Colombia	1.84	2.71	13.89	24.86	38.39	48.33	58.83	58.86	1.56
波兰	Poland	100.73	120.35	98.97	71.30	68.86	55.38	52.31	49.79	1.32
哈萨克斯坦	Kazakhstan			58.01	34.13	38.28	48.55	45.20	49.47	1.31
德国	Germany	141.40	143.14	121.77	60.63	56.48	45.91	39.72	39.44	1.05
加拿大	Canada	11.70	20.25	37.93	34.41	34.55	33.95	30.02	30.53	0.81
乌克兰	Ukraine			86.81	36.35	34.68	33.71	20.15	13.70	0.36
英国	United Kingdom	75.89	73.96	53.61	18.66	12.07	10.84	2.50	1.82	0.05

附录2-8 原油和天然气凝析液生产量
Production of Crude Oil, NGL

单位：百万吨标准油 (Mtoe)

国家和地区	Country or Area	1973	1980	1990	2000	2005	2010	2016	2017	比重% Percent of World
世界总计	**World**	**2938.39**	**3173.56**	**3241.28**	**3702.62**	**4050.78**	**4085.08**	**4473.57**	**4477.21**	**100.00**
美国	United States	534.59	498.35	432.54	365.61	322.55	347.60	560.15	590.85	13.20
沙特阿拉伯	Saudi Arabia	387.01	524.49	348.96	445.06	524.97	471.56	596.42	568.73	12.70
俄罗斯	Russian Federation			526.25	323.26	468.71	506.54	550.36	549.00	12.26
加拿大	Canada	96.53	83.64	94.15	128.43	142.94	167.16	225.60	249.21	5.57
伊朗	Islamic Republic of Iran	298.72	75.86	167.42	202.58	224.22	218.37	217.62	235.46	5.26
伊拉克	Iraq	101.83	134.37	106.85	132.26	95.80	119.96	227.05	231.47	5.17
中国	China	54.58	107.85	138.31	163.08	181.43	203.16	199.89	191.73	4.28
阿联酋	United Arab Emirates	75.09	83.91	93.34	123.01	135.34	136.22	187.10	178.99	4.00
科威特	Kuwait	155.28	87.97	47.08	106.39	136.71	124.97	160.10	148.23	3.31
巴西	Brazil	8.60	9.47	33.39	65.34	86.94	109.59	134.38	140.37	3.14
委内瑞拉	Venezuela	191.53	124.47	122.72	182.20	191.12	169.36	140.01	122.93	2.75
墨西哥	Mexico	27.49	114.64	153.28	171.19	197.52	155.26	124.69	112.77	2.52
尼日利亚	Nigeria	103.54	103.93	90.18	117.60	131.35	129.17	93.57	95.04	2.12
挪威	Norway	1.51	24.34	83.66	167.75	135.28	95.35	91.28	92.24	2.06
哈萨克斯坦	Kazakhstan			26.45	36.10	63.85	82.99	81.30	89.73	2.00
安哥拉	Angola	8.33	7.58	23.83	37.60	63.75	90.26	86.92	80.23	1.79
卡塔尔	Qatar	28.24	23.63	22.14	37.69	49.47	71.08	78.05	75.43	1.68
阿尔及利亚	Algeria	52.57	54.22	61.24	72.32	90.94	78.50	72.68	70.95	1.58
阿曼	Oman	15.20	14.77	35.87	51.27	41.67	43.34	50.66	48.88	1.09
英国	United Kingdom	0.55	82.59	95.25	131.67	88.47	65.45	49.29	48.32	1.08
利比亚	Libya	109.04	92.20	67.98	71.01	88.41	89.90	20.85	46.37	1.04
哥伦比亚	Colombia	9.84	6.65	23.03	35.83	27.42	40.92	46.47	44.75	1.00
印度	India	7.35	10.74	35.32	37.24	37.68	43.14	41.21	41.20	0.92
印度尼西亚	Indonesia	67.43	79.50	74.59	71.60	53.45	48.44	42.63	40.85	0.91
阿塞拜疆	Azerbaijan			12.57	14.09	22.33	51.14	41.28	38.90	0.87
马来西亚	Malaysia	4.43	13.71	30.63	32.28	37.41	34.40	35.18	34.72	0.78
埃及	Egypt	8.64	30.26	46.23	36.11	32.76	35.23	32.24	32.15	0.72
阿根廷	Argentina	22.16	25.97	26.09	41.38	37.76	35.35	29.55	27.94	0.62
厄瓜多尔	Ecuador	10.77	10.65	15.02	21.02	25.99	24.47	28.08	27.14	0.61

附录2-9　天然气生产量
Production of Natural Gas

单位：百万吨标准油　　(Mtoe)

国家和地区	Country or Area	1973	1980	1990	2000	2005	2010	2016	2017	比重% Percent of World
世界总计	**World**	**991.27**	**1240.64**	**1688.82**	**2065.55**	**2370.94**	**2712.70**	**3042.19**	**3162.89**	**100.00**
美国	United States	502.76	454.69	418.21	446.95	421.56	494.79	627.32	641.68	20.29
俄罗斯	Russian Federation			516.82	470.74	515.84	540.16	538.40	580.95	18.37
伊朗	Iran	10.05	3.66	19.12	49.85	83.46	121.72	169.07	182.50	5.77
加拿大	Canada	61.38	63.64	88.58	148.36	154.61	129.42	148.48	153.43	4.85
卡塔尔	Qatar	1.29	2.85	5.56	21.78	39.86	107.30	150.33	149.79	4.74
中国	China	5.01	11.96	12.80	22.76	41.27	80.16	114.54	123.89	3.92
挪威	Norway		22.77	24.15	46.28	75.04	94.72	102.34	108.72	3.44
澳大利亚	Australia	3.38	7.47	17.14	28.54	31.35	44.48	70.88	87.82	2.78
阿尔及利亚	Algeria	3.64	11.48	38.85	69.85	75.61	71.97	80.56	81.83	2.59
沙特阿拉伯	Saudi Arabia	1.54	9.15	19.49	30.78	45.97	59.90	74.17	78.01	2.47
土库曼斯坦	Turkmenistan			68.79	38.21	51.31	36.90	64.97	65.56	2.07
印度尼西亚	Indonesia	0.33	14.97	42.14	61.16	65.58	74.81	64.56	62.66	1.98
马来西亚	Malaysia	0.10	2.24	15.49	42.56	55.37	51.01	57.23	56.09	1.77
阿联酋	United Arab Emirates	1.05	6.30	16.86	30.88	40.06	41.54	49.47	50.26	1.59
乌兹别克斯坦	Uzbekistan			33.01	45.94	49.11	48.96	45.85	46.08	1.46
埃及	Egypt	0.07	1.59	6.73	14.44	42.63	46.41	34.78	42.88	1.36
哈萨克斯坦	Kazakhstan			5.77	7.62	15.83	24.61	35.06	39.72	1.26
尼日利亚	Nigeria	0.35	1.24	3.27	10.18	19.78	26.58	32.92	36.84	1.16
英国	United Kingdom	24.45	31.32	40.93	97.55	79.40	49.79	35.89	36.02	1.14
阿根廷	Argentina	5.75	8.55	17.02	34.32	39.93	35.37	35.96	35.86	1.13
荷兰	Netherlands	53.76	68.91	54.53	52.76	56.18	64.72	38.08	33.17	1.05
阿曼	Oman		0.31	2.44	9.06	17.92	23.76	28.87	29.00	0.92
特立尼达和多巴哥	Trinidad and Tobago	1.59	2.44	4.70	12.19	26.50	35.83	28.06	27.93	0.88
印度	India	0.63	1.26	10.57	23.07	25.94	42.96	25.86	26.60	0.84
墨西哥	Mexico	10.55	21.56	22.76	33.39	38.46	42.58	30.43	26.57	0.84
泰国	Thailand			4.99	15.64	18.50	24.73	25.30	23.62	0.75
巴基斯坦	Pakistan	2.86	5.03	10.08	16.67	25.64	26.99	21.63	18.94	0.60

附录2-10 终端能源消费总量
Total Final Consumption of Energy

单位：百万吨标准油 (Mtoe)

国家和地区	Country or Area	1973	1980	1990	2000	2005	2010	2016	2017	比重% Percent of World
世界	**World**	**4659.06**	**5369.02**	**6263.95**	**7029.94**	**7972.04**	**8833.68**	**9533.58**	**9717.29**	**100.00**
OECD合计	**OECD Total**	**2815.68**	**2945.43**	**3117.71**	**3642.68**	**3761.30**	**3703.75**	**3672.64**	**3711.46**	**38.19**
美国	United States	1315.46	1311.37	1293.56	1546.29	1563.08	1512.99	1517.33	1520.46	15.65
日本	Japan	233.98	235.62	287.34	332.41	335.04	311.93	289.34	292.80	3.01
德国	Germany	241.72	248.67	240.79	231.40	230.69	228.90	224.19	226.98	2.34
加拿大	Canada	131.43	155.07	161.79	191.54	195.96	190.34	192.10	195.93	2.02
韩国	Korea	17.49	31.29	64.91	127.11	140.45	157.69	178.71	183.15	1.88
法国	France	142.23	141.29	141.66	162.16	167.61	159.82	153.68	154.29	1.59
英国	United Kingdom	143.23	131.29	138.17	150.74	148.72	137.99	128.72	127.27	1.31
墨西哥	Mexico	39.74	65.93	83.32	95.27	105.99	117.25	121.76	122.34	1.26
意大利	Italy	96.56	102.23	114.95	128.84	141.29	133.75	117.89	118.93	1.22
西班牙	Spain	38.54	48.12	60.63	85.49	102.06	92.24	82.03	83.54	0.86
澳大利亚	Australia	39.58	46.79	56.66	69.58	72.23	76.58	81.40	81.84	0.84
荷兰	Netherlands	47.66	54.32	53.86	59.33	63.01	65.26	57.72	58.79	0.61
比利时	Belgium	33.73	32.29	32.22	41.80	41.72	42.28	41.40	40.73	0.42
非OECD合计	**NON-OECD Total**	**1659.47**	**2245.43**	**2944.32**	**3113.81**	**3892.85**	**4771.32**	**5464.60**	**5593.31**	**57.56**
中国	China	363.54	487.31	657.59	781.19	1227.11	1645.01	1973.52	1995.06	20.53
印度	India	143.37	173.90	242.88	314.09	358.29	484.50	569.37	591.23	6.08
俄罗斯	Russia			625.05	417.89	411.97	446.65	464.75	487.95	5.02
巴西	Brazil	72.73	95.92	111.40	153.48	172.13	211.30	224.62	227.81	2.34
伊朗	Islamic Republic of Iran	16.60	27.58	54.71	94.79	126.82	157.56	187.72	194.37	2.00
印度尼西亚	Indonesia	34.13	49.65	79.97	120.23	132.45	141.45	165.02	173.73	1.79
沙特阿拉伯	Saudi Arabia	3.07	21.14	39.49	63.52	83.42	120.65	139.48	140.71	1.45
泰国	Thailand	10.88	15.18	28.87	50.58	69.89	84.90	97.18	98.94	1.02
中国，台北	Chinese Taipei	9.41	18.52	29.42	48.69	61.03	68.07	70.28	70.05	0.72
南非	South Africa	37.09	43.74	51.05	54.59	59.98	61.08	63.90	67.81	0.70
阿根廷	Argentina	24.81	29.30	30.07	47.21	50.82	56.70	62.00	61.03	0.63
埃及	Egypt	7.11	13.29	23.20	31.53	42.14	52.90	57.96	60.86	0.63
委内瑞拉	Venezuela	12.29	21.56	25.82	32.82	40.69	49.16	33.04	29.80	0.31

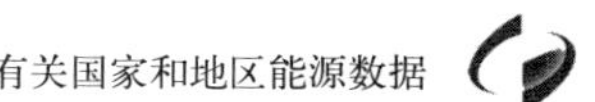

附录2-11　煤炭供应量
Primary Supply of Coal

单位：百万吨标准油　(Mtoe)

国家和地区	Country or Area	1973	1980	1990	2000	2005	2010	2016	2017	比重% Percent of World
世界	**World**	**1496.20**	**1782.69**	**2220.47**	**2316.66**	**2994.44**	**3653.11**	**3741.46**	**3789.93**	**100.00**
OECD合计	**OECD Total**	**844.47**	**965.63**	**1079.92**	**1101.14**	**1148.78**	**1091.61**	**896.43**	**880.32**	**23.23**
美国	United States	311.05	376.23	460.12	533.94	558.36	502.61	341.57	330.75	8.73
日本	Japan	57.86	59.56	76.70	97.01	110.46	115.44	116.44	116.48	3.07
韩国	Korea	8.15	13.53	25.38	41.95	49.66	73.45	81.47	82.60	2.18
德国	Germany	139.40	141.02	128.59	84.82	81.90	78.95	77.23	71.41	1.88
波兰	Poland	74.70	99.80	78.87	56.35	54.66	54.74	49.19	49.42	1.30
澳大利亚	Australia	22.58	27.32	34.89	48.15	51.03	50.47	43.95	43.91	1.16
土耳其	Turkey	5.15	6.99	15.58	22.83	22.39	31.21	38.34	40.09	1.06
加拿大	Canada	15.26	20.58	24.26	31.61	29.66	22.48	16.96	17.02	0.45
捷克	Czech Republic	35.58	33.45	31.45	21.64	20.24	18.73	16.55	15.81	0.42
墨西哥	Mexico	1.82	2.37	4.13	6.88	12.16	13.26	12.38	12.69	0.33
西班牙	Spain	9.00	12.43	19.27	20.94	20.57	7.75	10.50	12.65	0.33
英国	United Kingdom	76.43	68.80	63.11	36.53	37.91	30.97	11.78	9.56	0.25
意大利	Italy	8.10	11.68	14.63	12.56	16.47	13.67	10.98	9.34	0.25
非OECD合计	**NON-OECD Total**	**651.73**	**817.06**	**1140.55**	**1215.53**	**1845.66**	**2561.50**	**2845.03**	**2909.61**	**76.77**
中国	China	204.68	312.53	530.52	664.72	1203.69	1790.42	1929.39	1953.30	51.54
印度	India	31.51	44.31	92.70	145.92	184.22	279.03	372.28	390.94	10.32
俄罗斯	Russian Federation			191.11	119.99	112.58	101.44	113.29	113.58	3.00
南非	South Africa	33.84	47.68	66.54	81.78	91.94	100.50	98.11	98.23	2.59
印度尼西亚	Indonesia	0.08	0.16	3.55	12.01	22.13	31.84	43.31	48.38	1.28
中国，台北	Chinese Taipei	2.28	3.88	11.36	29.91	38.13	40.64	40.67	41.49	1.09
哈萨克斯坦	Kazakhstan			39.95	19.76	28.49	34.51	35.36	38.28	1.01
越南	Viet Nam	1.55	2.27	2.22	4.37	8.26	14.65	28.50	28.20	0.74
乌克兰	Ukraine			83.06	38.55	37.30	38.25	29.73	25.76	0.68
马来西亚	Malaysia	0.01	0.05	1.36	2.31	6.89	14.60	18.82	20.74	0.55
巴西	Brazil	2.31	5.93	9.67	13.01	12.99	14.47	15.92	16.78	0.44
泰国	Thailand	0.10	0.47	3.82	7.67	11.50	16.36	15.42	16.39	0.43

附录2-12 石油供应量
Primary Supply of Oil

单位：百万吨标准油 (Mtoe)

国家和地区	Country or Area	1973	1980	1990	2000	2005	2010	2016	2017	比重% Percent of World
世界	**World**	**2817.71**	**3105.10**	**3232.74**	**3662.67**	**3998.70**	**4135.58**	**4370.87**	**4449.50**	**100.00**
OECD合计	**OECD Total**	**1967.47**	**1945.54**	**1881.48**	**2117.89**	**2194.26**	**1971.65**	**1896.15**	**1912.89**	**42.99**
美国	United States	817.49	796.93	756.84	871.15	929.18	806.52	784.32	790.28	17.76
日本	Japan	248.93	233.68	250.26	255.02	243.14	202.69	176.78	175.99	3.96
韩国	Korea	13.31	26.65	49.73	99.04	92.49	95.11	109.80	109.10	2.45
德国	Germany	158.70	143.86	121.44	124.81	116.76	104.70	101.43	102.97	2.31
加拿大	Canada	79.39	88.52	76.51	87.10	95.02	96.28	99.31	99.92	2.25
墨西哥	Mexico	32.47	64.45	80.79	89.33	102.03	94.43	87.94	85.82	1.93
法国	France	119.81	106.32	84.03	82.22	88.23	77.02	72.32	72.57	1.63
英国	United Kingdom	108.90	79.34	76.37	73.22	72.92	63.65	61.06	60.62	1.36
西班牙	Spain	37.60	49.77	45.47	62.10	68.07	58.16	50.70	53.44	1.20
意大利	Italy	90.30	88.23	83.32	86.85	80.25	65.30	51.53	52.00	1.17
土耳其	Turkey	12.48	15.62	23.40	30.40	28.74	31.50	42.11	44.32	1.00
澳大利亚	Australia	26.58	30.07	31.20	34.15	36.91	41.61	42.90	42.90	0.96
荷兰	Netherlands	30.46	28.86	24.92	27.41	30.84	29.86	27.40	27.86	0.63
非OECD合计	**NON-OECD Total**	**666.32**	**981.39**	**1149.34**	**1271.33**	**1486.55**	**1805.30**	**2078.59**	**2124.37**	**47.74**
中国	China	51.93	88.59	118.79	220.81	317.82	427.96	544.96	568.08	12.77
印度	India	24.28	33.20	61.10	111.99	124.83	162.07	216.74	223.32	5.02
俄罗斯	Russia			263.78	126.11	129.20	139.08	155.31	153.96	3.46
沙特阿拉伯	Saudi Arabia	5.70	21.95	38.51	67.08	76.59	125.60	135.94	133.29	3.00
巴西	Brazil	37.94	55.64	58.89	88.23	87.11	104.73	109.34	110.72	2.49
伊朗	Islamic Republic of Iran	16.40	32.55	50.37	68.50	85.24	79.55	73.97	82.36	1.85
印度尼西亚	Indonesia	10.73	20.23	33.35	57.87	65.18	67.39	69.64	75.59	1.70
泰国	Thailand	7.42	10.71	17.96	31.88	43.57	44.95	55.85	56.12	1.26
伊拉克	Iraq	3.62	8.60	18.18	23.31	24.29	31.69	47.98	53.21	1.20
中国，台北	Chinese Taipei	9.32	20.04	25.86	38.27	43.27	44.17	42.93	42.48	0.95
埃及	Egypt	6.53	11.33	22.85	22.37	28.28	34.04	40.90	41.84	0.94
阿根廷	Argentina	25.33	26.35	21.07	23.47	22.95	31.44	31.22	29.49	0.66
委内瑞拉	Venezuela	9.14	19.57	18.61	23.20	27.94	43.96	28.20	22.72	0.51

附录2-13 天然气供应量
Primary Supply of Natural Gas

单位：百万吨标准油 (Mtoe)

国家和地区	Country or Area	1973	1980	1900	2000	2005	2010	2016	2017	比重% Percent of World
世界	**World**	**977.02**	**1231.88**	**1663.61**	**2072.29**	**2360.51**	**2733.09**	**3031.68**	**3106.80**	**100.00**
OECD合计	**OECD Total**	**706.52**	**778.30**	**849.94**	**1166.06**	**1218.49**	**1324.14**	**1422.16**	**1435.20**	**46.20**
美国	United States	514.66	476.92	438.36	547.74	507.22	556.08	652.88	643.93	20.73
日本	Japan	5.07	21.40	44.12	65.63	70.65	85.88	101.70	100.90	3.25
加拿大	Canada	37.29	45.57	54.74	74.26	81.16	75.70	95.11	100.86	3.25
德国	Germany	28.65	51.21	54.98	71.85	77.78	75.90	70.33	75.34	2.43
英国	United Kingdom	25.11	40.32	47.20	87.40	85.47	84.82	69.49	67.84	2.18
墨西哥	Mexico	10.50	19.14	23.13	35.48	46.11	54.24	66.18	62.60	2.01
意大利	Italy	14.23	22.73	39.00	57.94	70.65	68.06	58.08	61.55	1.98
土耳其	Turkey			2.86	12.64	22.79	31.39	38.26	44.23	1.42
韩国	Korea			2.73	17.01	27.38	38.64	41.31	43.21	1.39
法国	France	13.50	21.64	26.03	35.77	41.03	42.62	38.29	38.49	1.24
澳大利亚	Australia	3.38	7.47	14.79	19.27	18.97	28.44	32.88	31.31	1.01
非OECD合计	**NON-OECD Total**	**270.50**	**453.58**	**813.67**	**906.23**	**1142.02**	**1408.96**	**1609.48**	**1671.54**	**53.80**
俄罗斯	Russian Federation			367.39	319.01	349.67	383.54	371.31	388.33	12.50
中国	China	5.01	11.96	12.80	20.76	38.79	89.38	170.78	195.19	6.28
伊朗	Islamic Republic of Iran	3.22	3.66	17.48	52.63	83.84	122.15	166.36	174.57	5.62
沙特阿拉伯	Saudi Arabia	1.54	9.15	19.49	30.78	45.97	59.90	74.17	78.01	2.51
阿联酋	United Arab Emirates	1.05	4.12	14.18	25.05	35.22	49.35	60.50	59.49	1.91
印度	India	0.63	1.26	10.57	23.07	31.81	54.40	47.98	51.02	1.64
埃及	Egypt	0.07	1.59	6.73	14.44	29.99	35.81	41.46	47.37	1.52
阿根廷	Argentina	7.20	10.43	18.84	30.44	35.82	37.99	44.65	45.13	1.45
卡达尔	Qatar	1.29	2.85	5.56	9.47	13.77	22.93	41.98	40.68	1.31
印度尼西亚	Indonesia	0.33	4.95	15.82	26.57	29.27	38.82	39.09	38.90	1.25
泰国	Thailand			4.99	17.37	25.93	32.97	36.94	36.01	1.16
阿尔及利亚	Algeria	1.55	5.83	12.17	16.84	20.52	23.32	34.66	35.90	1.16
巴西	Brazil	0.17	0.85	3.33	8.13	17.19	23.67	30.68	32.53	1.05
马来西亚	Malaysia	0.10	2.24	6.80	24.73	31.87	31.20	35.76	32.21	1.04
乌兹别克斯坦	Uzbekistan			32.49	41.67	39.91	37.23	29.37	29.04	0.93

附录2-14 总发电量
Total Electricity Generation

单位：百万千瓦小时 (GWh)

国家和地区	Country or Area	1973	1980	1990	2000	2005	2010	2016	2017	比重% Percent of World
世界总计	**World**	**6131143**	**8283485**	**11849753**	**15436187**	**18293204**	**21529222**	**24986473**	**25606248**	**100.00**
中国	China	168689	300630	621268	1355738	2500466	4197204	6187107	6602147	25.78
美国	United States	1965509	2427320	3202813	4025885	4268887	4354363	4299595	4263677	16.65
印度	India	72796	120409	292732	569688	715867	981523	1457323	1532230	5.98
俄罗斯	Russian Federation			1082152	876468	951159	1036116	1088945	1092171	4.27
日本	Japan	465387	572531	861542	1055047	1099417	1164017	1054790	1061015	4.14
加拿大	Canada	270081	373278	482041	605596	620461	603865	666510	658288	2.57
德国	Germany	374352	466340	547650	572313	615800	626583	643531	647732	2.53
巴西	Brazil	64726	139380	222821	348910	403033	515745	578889	589400	2.30
韩国	Korea	14825	37239	105371	288526	387874	496718	558816	562693	2.20
法国	France	182508	257308	417200	535184	571210	564476	559571	557010	2.18
沙特阿拉伯	Saudi Arabia	2949	20452	69208	126191	176124	240067	344814	347852	1.36
英国	United Kingdom	281352	284071	317755	374375	395426	378921	336342	335464	1.31
墨西哥	Mexico	37100	66962	115837	205675	250768	275538	320564	322062	1.26
伊朗	Isiamic Republic of Iran	12093	22380	59102	121383	178088	232959	289094	307968	1.20
土耳其	Turkey	12425	23275	57543	124922	161956	211208	274408	297278	1.16
意大利	Italy	143916	183474	213147	269941	296840	298774	287943	294004	1.15
西班牙	Spain	75660	109226	151209	220917	289452	298320	271302	273438	1.07
中国，台北	Chinese Taipei	20735	42607	88398	181188	224475	244647	261388	265071	1.04
澳大利亚	Australia	64411	95234	154287	209864	228347	252614	256266	257770	1.01
印度尼西亚	Indonesia	2370	7502	32667	93325	127529	169755	247920	254869	1.00
南非	South Africa	64390	98951	165385	207837	242055	256648	249453	250655	0.98
波兰	Poland	83908	120941	134438	143174	155359	157089	166153	169991	0.66
瑞典	Sweden	78060	96316	145984	145231	158364	148445	155891	164225	0.64
乌克兰	Ukraine			298626	171269	185913	188828	162940	154461	0.60

附录2-15 国内生产总值电耗(2010年价)
Electricity Consumption/GDP (2010 US$)

单位：千瓦小时/美元 (kWh per US$)

国家和地区	Country or Area	1973	1980	1990	2000	2005	2010	2016	2017
世界	**World**	**0.247**	**0.268**	**0.287**	**0.283**	**0.288**	**0.300**	**0.298**	**0.296**
OECD合计	**OECD Total**	**0.232**	**0.244**	**0.244**	**0.240**	**0.233**	**0.230**	**0.207**	**0.202**
非OECD合计	**NON-OECD Total**	**0.301**	**0.344**	**0.434**	**0.423**	**0.439**	**0.447**	**0.460**	**0.461**
英国	United Kingdom	0.230	0.215	0.188	0.172	0.158	0.146	0.119	0.116
德国	Gemany	0.213	0.222	0.205	0.175	0.183	0.174	0.151	0.148
意大利	Italy	0.125	0.127	0.134	0.146	0.154	0.153	0.148	0.149
澳大利亚	Australia	0.136	0.173	0.215	0.204	0.188	0.182	0.157	0.155
日本	Japan	0.185	0.182	0.176	0.191	0.187	0.197	0.169	0.167
法国	France	0.138	0.165	0.184	0.189	0.191	0.190	0.173	0.168
印度尼西亚	Indonesia	0.018	0.038	0.095	0.182	0.198	0.204	0.218	0.215
巴西	Brazil	0.089	0.121	0.182	0.216	0.211	0.210	0.230	0.232
美国	United States	0.332	0.345	0.325	0.306	0.283	0.276	0.244	0.236
委内瑞拉	Venezuela	0.079	0.142	0.207	0.223	0.233	0.231	0.222	0.256
加拿大	Canada	0.371	0.401	0.441	0.389	0.357	0.328	0.295	0.278
阿根廷	Argentina	0.129	0.157	0.209	0.254	0.281	0.277	0.305	0.289
韩国	Korea	0.170	0.247	0.280	0.391	0.418	0.440	0.417	0.407
沙特阿拉伯	Saudi Arabia	0.012	0.054	0.222	0.309	0.341	0.414	0.462	0.461
泰国	Thailand	0.157	0.207	0.283	0.419	0.441	0.455	0.485	0.468
伊朗	Islamic Republic of Iran	0.042	0.112	0.227	0.321	0.362	0.403	0.468	0.481
印度	India	0.284	0.365	0.509	0.518	0.484	0.478	0.489	0.482
中国，台北	Chinese Taipei	0.535	0.565	0.547	0.596	0.606	0.534	0.498	0.492
南非	South Africa	0.392	0.524	0.699	0.771	0.689	0.620	0.535	0.532
俄罗斯	Russia			0.700	0.801	0.646	0.600	0.586	0.582
埃及	Egypt	0.260	0.347	0.435	0.493	0.588	0.596	0.629	0.609
中国	China	0.693	0.810	0.699	0.560	0.651	0.645	0.621	0.620

附录2-16　人均电力消费量
Electricity Consumption/Population

单位：千瓦小时/人　　　　(kWh per capita)

国家和地区	Country or Area	1973	1980	1900	2000	2005	2010	2016	2017
世界	**World**	**1442**	**1718**	**2062**	**2315**	**2570**	**2865**	**3110**	**3152**
OECD合计	**OECD Total**	**4502**	**5340**	**6646**	**7928**	**8274**	**8310**	**8041**	**7992**
非OECD合计	**NON-OECD Total**	**502**	**685**	**890**	**1002**	**1282**	**1673**	**2077**	**2144**
加拿大	Canada	10242	12804	16167	17037	16919	15582	14885	14273
美国	United States	8572	9841	11687	13660	13683	13375	12814	12573
中国，台北	Chinese Taipei	1208	2248	4177	8095	9701	10304	10867	10987
韩国	Korea	397	914	2373	5907	7757	9716	10618	10654
澳大利亚	Australia	4158	5869	8419	10129	10430	10727	9929	9922
沙特阿拉伯	Saudi Arabia	415	1961	3995	5638	6590	7973	9872	9576
日本	Japan	4060	4706	6714	8049	8302	8776	7999	8111
法国	France	3155	4422	5967	7226	7654	7740	7264	7209
德国	Gemany	4654	5796	6646	6697	7238	7399	6956	6947
俄罗斯	Russia			6673	5198	5770	6410	6715	6771
意大利	Italy	2458	3105	4145	5300	5709	5443	5081	5202
英国	United Kingdom	4669	4683	5357	6115	6270	5702	5033	4951
中国	China	176	282	511	993	1782	2944	4279	4546
南非	South Africa	2411	3377	4153	4504	4548	4510	4023	4004
伊朗	Islamic Republic of Iran	384	538	943	1535	2060	2631	3153	3326
阿根廷	Argentina	956	1234	1300	2078	2393	2847	3109	3007
泰国	Thailand	161	291	709	1448	1915	2307	2864	2868
巴西	Brazil	553	1013	1457	1892	2007	2361	2504	2521
委内瑞拉	Venezuela	1145	1998	2449	2635	2849	3131	2323	2272
埃及	Egypt	194	375	663	962	1241	1551	1713	1697
印度	India	101	142	273	395	470	644	912	947
印度尼西亚	Indonesia	16	46	163	390	500	634	865	888

附录2-17 煤炭净进口量
Net Import of Coal

单位：百万吨标准油 (Mtoe)

国家和地区	Country or Area	1973	1980	1990	2000	2005	2010	2016	2017
中国	China	-2.11	-3.17	-11.04	-44.09	-40.35	84.26	137.10	141.47
印度	India	-0.26	0.32	4.13	14.22	25.19	69.33	109.41	118.13
日本	Japan	40.89	47.55	72.15	95.59	110.20	114.75	115.74	115.65
韩国	Korea	0.34	3.47	15.73	39.14	46.93	72.95	81.37	81.67
中国，台北	Chinese Taipei	0.10	3.12	12.23	28.99	38.60	40.56	40.57	41.92
德国	Germany	-3.07	-1.34	3.34	21.66	25.95	31.64	38.26	32.30
土耳其	Turkey	0.01	0.53	3.92	9.07	11.72	14.65	23.38	24.74
巴西	Brazil	1.41	3.70	7.90	10.33	10.61	12.11	13.67	15.09
西班牙	Spain	2.13	4.11	7.07	12.84	14.42	6.73	7.75	10.91
法国	France	9.49	20.23	12.82	12.84	13.36	12.08	8.53	10.08
意大利	Italy	7.73	11.65	13.74	13.14	16.37	13.79	10.70	9.36
荷兰	Netherlands	1.54	3.72	8.12	7.72	8.20	7.65	10.10	9.22
英国	United Kingdom	-0.87	1.40	8.53	14.46	27.26	16.05	6.02	5.79
以色列	Israel			2.43	6.04	7.72	7.38	5.23	5.07
比利时	Belgium	4.55	7.18	9.61	7.32	5.24	3.69	3.00	2.94
北朝鲜	DPR of Korea	0.33	0.44	1.65	-0.09	-1.63	-2.76	-13.50	-1.15
波兰	Poland	-26.17	-20.56	-20.12	-16.31	-12.99	-2.74	-5.80	-1.47
哈萨克斯坦	Kazakhstan			-18.06	-14.61	-9.96	-13.18	-10.82	-12.22
加拿大	Canada	2.83	-0.04	-11.90	-4.22	-4.23	-12.21	-13.53	-13.30
蒙古	Mongolia			-0.14	0.01	-1.43	-11.32	-16.08	-19.32
南非	South Africa	-1.30	-19.07	-33.62	-46.05	-46.43	-43.45	-46.45	-47.16
美国	United States	-30.32	-57.01	-65.87	-28.30	-9.86	-36.80	-31.00	-53.48
哥伦比亚	Colombia	-0.05	-0.97	-8.84	-23.12	-34.85	-45.11	-55.01	-67.96
俄罗斯	Russian Federation			-5.33	-10.10	-42.12	-70.64	-95.03	-103.40
印度尼西亚	Indonesia		-0.04	-2.30	-33.45	-76.10	-154.47	-205.54	-214.33
澳大利亚	Australia	-17.65	-27.81	-67.27	-121.43	-150.98	-190.35	-251.74	-244.50

注：负数表示净出口。
Note: Negative numbers show net export.

附录2-18 石油净进口量
Net Import of Oil

单位：百万吨标准油 (Mtoe)

国家和地区	Country or Area	1973	1980	1990	2000	2005	2010	2016	2017
中国	China	-1.84	-17.44	-24.15	74.68	143.52	252.86	380.23	420.21
美国	United States	303.36	340.08	374.40	549.54	659.40	508.20	273.75	228.07
印度	India	17.54	23.27	27.39	77.10	90.32	123.49	182.48	187.71
日本	Japan	273.08	251.70	263.31	270.01	257.69	212.06	185.84	185.79
韩国	Korea	13.22	27.28	51.72	109.50	102.49	108.80	125.54	124.05
德国	Germany	160.84	148.86	122.12	126.89	123.65	112.11	109.24	110.47
新加坡	Singapore	12.24	8.00	24.50	39.71	44.63	60.70	77.95	83.40
法国	France	128.66	112.32	85.91	89.84	95.79	83.20	78.32	80.08
西班牙	Spain	41.01	49.92	49.66	71.50	79.97	69.47	61.76	63.16
意大利	Italy	98.34	92.76	85.14	87.96	78.55	66.80	51.88	52.82
土耳其	Turkey	8.84	13.74	21.24	29.25	28.07	30.55	44.26	46.56
中国，台北	Chinese Taipei	10.35	21.38	28.68	45.08	48.37	47.96	46.66	46.30
泰国	Thailand	8.28	12.16	17.59	27.51	34.70	31.99	38.30	39.61
荷兰	Netherlands	41.73	38.15	32.86	42.69	48.05	44.36	41.20	39.54
比利时	Belgium	31.46	26.41	22.26	29.56	32.53	32.53	29.16	29.39
英国	United Kingdom	115.95	1.93	-11.00	-46.72	-2.74	10.89	25.34	25.71
希腊	Greece	11.58	13.22	14.34	19.32	20.11	17.02	13.95	13.79
厄瓜多尔	Ecuador	-9.15	-6.31	-10.08	-13.68	-17.60	-13.63	-15.87	-15.45
墨西哥	Mexico	5.72	-47.58	-70.41	-76.60	-91.78	-57.24	-31.99	-21.67
利比亚	Libya	-109.39	-87.37	-60.60	-58.77	-74.96	-73.70	-11.54	-36.60
阿曼	Oman	-13.92	-13.58	-33.66	-48.84	-38.93	-38.14	-45.26	-41.90
阿尔及利亚	Algeria	-49.08	-45.75	-51.35	-62.39	-79.28	-61.10	-53.00	-50.71
尼日利亚	Nigeria	-101.01	-95.52	-79.40	-105.64	-117.14	-108.46	-70.63	-68.13
卡塔尔	Qatar	-28.11	-23.21	-20.54	-38.06	-46.13	-65.11	-73.07	-70.39
安哥拉	Angola	-7.27	-6.40	-22.46	-37.91	-61.51	-84.62	-79.11	-72.28
哈萨克斯坦	Kazakhstan			-4.97	-27.67	-54.69	-70.07	-64.60	-73.09
挪威	Norway	6.58	-14.70	-72.83	-157.13	-123.77	-84.85	-82.20	-81.35
委内瑞拉	Venezuela	-181.43	-103.51	-100.78	-157.45	-169.27	-125.27	-110.60	-99.24
科威特	Kuwait	-151.56	-79.06	-42.90	-95.07	-118.43	-104.01	-141.66	-132.81
加拿大	Canada	-14.49	8.44	-14.86	-39.04	-43.87	-69.08	-126.73	-147.64
阿联酋	United Arab Emirates	-74.79	-78.80	-77.86	-104.05	-111.60	-108.27	-145.46	-148.23
伊朗	Iran	-279.48	-42.16	-116.13	-133.63	-139.47	-131.87	-143.78	-154.56
伊拉克	Iraq	-97.64	-125.45	-88.21	-108.25	-70.74	-87.34	-174.89	-177.73
俄罗斯	Russian Federation			-261.26	-192.21	-334.92	-356.33	-378.43	-379.41
沙特阿拉伯	Saudi Arabia	-367.79	-497.39	-307.04	-373.94	-444.33	-349.01	-447.09	-425.41

注：负数表示净出口。
Note: Negative numbers show net export.

附录2-19 天然气净进口量
Net Import of Natural Gas

单位：百万吨标准油 (Mtoe)

国家和地区	Country or Area	1973	1980	1990	2000	2005	2010	2016	2017
日本	Japan	2.79	19.54	42.29	63.47	67.86	82.65	99.22	98.21
中国	China				-2.01	-2.48	9.22	56.24	71.31
德国	Germany	12.30	35.32	41.75	56.87	61.94	61.64	62.28	68.84
意大利	Italy	1.65	11.77	25.31	47.01	59.84	61.60	53.29	56.82
土耳其	Turkey			2.68	12.05	22.13	30.79	37.61	44.97
韩国	Korea			2.68	17.07	26.11	39.29	39.61	43.63
法国	France	7.56	16.18	24.37	35.78	40.72	39.55	37.90	37.73
英国	United Kingdom	0.67	9.00	6.18	-9.31	5.97	33.90	32.34	30.90
西班牙	Spain	0.93	1.41	3.69	15.47	30.25	30.95	24.72	27.62
中国，台北	Chinese Taipei			0.76	5.17	8.35	12.94	15.99	17.80
白俄罗斯	Belarus			12.69	14.21	16.70	17.91	15.48	15.79
比利时	Belgium	7.11	8.89	8.22	13.28	14.82	16.79	14.38	14.25
泰国	Thailand				1.73	7.43	8.24	11.64	12.39
波兰	Poland	1.39	4.31	6.77	6.61	8.53	8.87	11.47	12.01
乌克兰	Ukraine			73.48	47.27	48.26	29.55	8.81	11.26
阿根廷	Argentina	1.45	1.89	1.82	-3.89	-4.11	2.61	8.69	9.26
阿联酋	United Arab Emirates		-2.18	-2.68	-5.83	-4.84	7.81	11.03	9.23
捷克	Czech Republic	0.72	2.41	4.79	7.48	7.53	6.85	6.72	7.33
美国	United States	22.12	21.68	33.19	82.21	84.18	60.76	16.87	-4.03
文莱	Brunei Darssalam	-1.27	-7.77	-6.26	-7.63	-8.16	-7.59	-6.77	-7.07
阿曼	Oman				-3.67	-10.48	-8.86	-7.78	-8.24
乌兹别克斯坦	Uzbekistan			-0.52	-4.26	-9.20	-11.73	-16.48	-17.04
尼日利亚	Nigeria				-4.42	-10.76	-17.75	-19.01	-22.68
印度尼西亚	Indonesia		-10.02	-26.32	-34.60	-36.31	-35.98	-25.47	-23.76
马来西亚	Malaysia		-0.01	-8.69	-17.83	-23.50	-19.81	-21.47	-23.88
土库曼斯坦	Turkmenistan			-56.53	-27.31	-37.06	-19.55	-43.62	-44.21
阿尔及利亚	Algeria	-2.09	-5.65	-26.68	-53.01	-55.09	-48.65	-45.90	-45.93
加拿大	Canada	-22.78	-18.38	-32.52	-81.35	-79.57	-60.42	-51.75	-50.96
澳大利亚	Australia			-2.35	-9.27	-12.38	-16.04	-38.00	-56.51
挪威	Norway		-21.90	-22.17	-42.14	-70.97	-88.48	-96.76	-103.99
卡塔尔	Qatar				-12.31	-26.09	-84.36	-108.34	-109.11
俄罗斯	Russian Federation			-145.28	-146.07	-161.22	-150.68	-167.78	-180.34

注：负数表示净出口。
Note: Negative numbers show net export.

附录2-20　主要高耗能产品单位能耗中外比较
Energy Consumption for Main Energy Intensive Products by Comparing China with Selected Countries

1. 火电厂发电煤耗 Gross Coal Consumption Rate for Fossil-Fired Power Plant

单位：克标准煤/千瓦小时 (gce/kW·h)

国家	Country	1990	1995	2000	2005	2010	2011	2012	2013	2014	2015	2016	2017	2018	2019
中国①	China	392	379	363	343	312	308	305	302	300	297	294	292	290	289
日本②	Japan	317	315	303	301	294	295	294	291	287					

注(Notes)：①6MW以上机组(>6MW Unit).

②九大电力公司平均(Average level of 9 key electricity companies).

资料来源(Sources)：1.中国电力企业联合会(China Electricity Council).

2.The Institute of Energy Economics, Japan, Handbook of Energy and Economic Statistics in Japan.

2. 火电厂供电煤耗 Net Coal Consumption Rate for Fossil-fired Power Plant

单位：克标准煤/千瓦小时 (gce/kW·h)

国家	Country	1990	1995	2000	2005	2010	2011	2012	2013	2014	2015	2016	2017	2018	2019
中国	China	427	412	392	370	333	329	325	321	319	315	312	309	308	306
日本	Japan	332	331	316	314	306	306	305	302	298					
意大利	Italy	326	319	315	288	275	274								

资料来源(Sources)：1.中国电力企业联合会(China Electricity Council).

2.The Institute of Energy Economics, Japan, Handbook of Energy and Economic Statistics in Japan.

3.International Energy Agency, Electricity Information.

2019年电源结构 2019 Power Generation by Source

单位：% (%)

国家	Country	石油 (Petroleum)	天然气 (Natural Gas)	煤炭 (Coal)	核电 (Nuclear Power)	水电 (Hydropower)	可再生能源 (Renewable Energy)	其他 (Others)
中国	China	0.1	3.1	64.7	4.6	16.9	9.8	0.8
美国	United States	0.5	38.6	24.0	19.3	6.2	11.1	0.3
日本	Japan	4.3	35.0	31.5	6.3	7.1	11.7	4.1
意大利	Italy	3.6	44.6	10.5	—	15.9	23.8	1.6

资料来源(Sources)：BP Statistical Review of World Energy.

3. 钢可比能耗 Comparable Energy Consumption for Steel

单位：千克标准煤/吨 (kgce/ton)

国家	Country	1990	1995	2000	2005	2006	2010	2011	2012	2013	2014	2015	2016	2017	2018	2019
中国[①]	China	997	976	784	732		681	675	674	662	654	644	640	634	613	605
德国	Germany			602		576										
日本	Japan	629	656	646	640		612	614	616	608	615					

注(Notes)：①大中型钢铁企业平均值(Average level of key enterprises).

*综合能耗中的电耗，均按发电煤耗折算标准煤(In the full energy consumption, all of conversion from electric to coal equivalent according to gross coal consumption for fossil-fired power plant).

资料来源(Sources)：1.中国钢铁工业协会(China Iron and Steel Association).

2.德国钢铁协会(German Steel Federation).

3.The Institute of Energy Economics, Japan, Handbook of Energy and Economic Statistics in Japan.

4. 电解铝交流电耗 Alternating Current Power Consumption for Electrolytic Aluminium

单位：千瓦时/吨 (kW·h/ton)

国家	Country	1990	1995	2000	2005	2010	2011	2012	2013	2014	2015	2016	2017	2018	2019
中国	China	17100	16620	15418	14575	13979	13913	13844	13740	13596	13562	13599	13577	13555	13257
国际先进水平	International Advanced Level	14400	14400	14400	14100	12900	12900	12900	12900	12900	12900	12900			

资料来源(Sources)：中国有色金属工业协会(China Ferrous Metals Industry Association).

5. 水泥综合能耗 Fully Energy Consumption for Cement

单位：千克标准煤/吨 (kgce/ton)

国家	Country	1990	1995	2000	2005	2010	2011	2012	2013	2014	2015	2016	2017	2018	2019
中国	China	201	199	172	149	143	142	140	139	138	137	135	135	132	131
德国	Germany					101				97					
日本	Japan	123	124	126	127	130	116	122	126	111					

注(Notes)：综合能耗中的电耗，均按发电煤耗折算标准煤(In the full energy consumption, all of conversion from electric to coal equivalent according to gross coal consumption for fossil-fired power plant).

资料来源(Sources)：1.中国水泥协会(China Cement Association).

2.德国水泥工程协会(Verein Deutscher Zementwerke,VDZ).

3.The Institute of Energy Economics, Japan, Handbook of Energy and Economic Statistics in Japan.

6. 乙烯综合能耗 Fully Energy Consumption for Ethylene

单位: 千克标准煤/吨 (kgce/ton)

国家 Country	1990	2000	2005	2010	2011	2012	2013	2014	2015	2016	2017	2018	2019
中国[①] China	1580	1125	1073	950	895	893	879	860	854	842	841	840	800
国际先进水平 International Advanced Level	897	714	629[②]	629	629	629	629	629	629	629			

注(Notes): ①主要用石脑油作原料(Feedstocks of ethylene production is used naphtha mainly).

②中东地区平均值，主要用乙烷作原料(Average level of Middle-East region, feedstocks of ethylene production is uesd ethane mainly).

*综合能耗中的电耗，均按发电煤耗折算标准煤(In the full energy consumption, all of conversion from electric to coal equivalant according to gross coal consumption for fossil-fired power plant).

资料来源(Sources): 中国石油和化学工业联合会(China Petroleum and Chemical Industry Federation).

7. 合成氨综合能耗 Fully Energy Consumption for Sythetic Ammonia

单位: 千克标准煤/吨 (kgce/ton)

国家 Country	1990	1995	2000	2005	2010	2011	2012	2013	2014	2015	2016	2017	2018	2019
中国[①] China	2035	1849	1699	1650	1587	1568	1552	1532	1540	1495	1486	1463	1453	1418
美国[②] United States	1000	1000	1000	990	990	990	990	990	990	990	990			

注(Notes): ①大、中、小型装置平均值，2014年煤占合成氨原料76%(Average level of large. medium and small size installation. In 2014, the coal amount to 76% of the feedstocks for sythetic ammonia).

②以天然气为原料的大型装置的平均值，2010年天然气占合成氨原料98%(Average level of large size installation by natural gas. In 2010, the natural gas amount to 98% of the feedstocks for sythetic ammonia).

资料来源(Sources): 同表6 (Same Table 6).

8. 纸和纸板综合能耗 Full Energy Consumption for Paper and Paperboard

单位: 千克标准煤/吨 (kgce/ton)

国家 Country	1990	2000	2005	2010	2011	2012	2013	2014	2015	2016	2017	2018	2019
中国 China	1550	1540	1380	1200	1170	1128	1087	1050	1045	1027	1006	981	962
日本 Japan	744	678	640	581	531	508	530	506					

注(Notes): 产品能耗为自制浆企业平均(Average level of enterprises which made pulp by oneself).

资料来源(Sources): 1.中国造纸协会(China Paper Association).

2 .The Institute of Energy Economics, Japan, Handbook of Energy and Economic Statistics in Japan, 2016 Edition.

附录 3　主要统计指标解释

Appendix Ⅲ　Explanatory Notes of Main Statistical Indicators

主要统计指标解释

国内生产总值(GDP) 指一个国家所有常住单位在一定时期内生产活动的最终成果。国内生产总值有三种表现形态，即价值形态、收入形态和产品形态。从价值形态看，它是所有常住单位在一定时期内生产的全部货物和服务价值与同期投入的全部非固定资产货物和服务价值的差额，即所有常住单位的增加值之和；从收入形态看，它是所有常住单位在一定时期内创造并分配给常住单位和非常住单位的初次收入之和；从产品形态看，它是所有常住单位在一定时期内最终使用的货物和服务价值与货物和服务净出口价值之和。在实际核算中，国内生产总值有三种计算方法，即生产法、收入法和支出法。三种方法分别从不同的方面反映国内生产总值及其构成。

三次产业 三产业的划分是世界上较为常用的产业结构分类，但各国的划分不尽一致。根据《国民经济行业分类》(GB/T 4754—2017）和《三次产业划分规定》，我国的三次产业划分是：

第一产业 是指农、林、牧、渔业（不含农、林、牧、渔服务业）。

第二产业 是指采矿业（不含开采辅助活动)，制造业（不含金属制品、机械和设备修理业)，电力、热力、燃气及水生产和供应业，建筑业。

第三产业 即服务业，是指除第一产业、第二产业以外的其他行业。

一次能源生产总量 指一定时期内全国（地区）一次能源生产量的总和，是观察全国（地区）能源生产水平、规模、构成和发展速度的总量指标。包括：原煤、原油、天然气、水电、核电及其他动力能（如风能、地热能等）发电量等。不包括低热值燃料生产量和由一次能源加工转换而成的二次能源产量。

能源消费总量 指一定地域内（国家或地区）国民经济各行业和居民家庭在一定时期消费的各种能源的总和。能源消费总量分为三部分，即终端能源消费量、能源加工转换损失量和能源损失量。

(1) 终端能源消费量指一定时期内用于消费（而非用于加工转换产出其他能源）的各种能源之和。

(2) 能源加工转换损失量指一定时期内全国（地区）投入加工转换的各种能源数量之和与产出各种能源产品之和的差额。它是观察能源在加工转换过程中损失量变化的指标。

(3) 能源损失量指一定时期内能源在输送、分配、储存过程中发生的损失和由客观原因造成的各种损失量。不包括各种气体能源放空、放散量。

能源生产弹性系数 是研究能源生产增长速度与国民经济增长速度之间关系的指标。计算公式：

$$能源生产弹性系数=\frac{能源生产总量年平均增长速度}{国民经济年平均增长速度}$$

本资料采用国内生产总值指标计算国民经济年平均增长速度。

电力生产弹性系数 是研究电力生产增长速度与国民经济增长速度之间关系的指标。计算公式：

$$电力生产弹性系数=\frac{电力生产量年平均增长速度}{国民经济年平均增长速度}$$

能源消费弹性系数 反映能源消费增长速度与国民经济增长速度之间关系的指标。计算公式：

$$能源消费弹性系数=\frac{能源消费总量年平均增长速度}{国民经济年平均增长速度}$$

电力消费弹性系数 反映电力消费增长速度与国民经济增长速度之间关系的指标。计算公式：

$$电力消费弹性系数=\frac{电力消费量年平均增长速度}{国民经济年平均增长速度}$$

能源加工转换效率 指一定时期内能源经过加工转换后，产出的各种能源产品的数量与投入加工转换的各种能源数量的比率。它是观察能源加工转换装置和生产工艺先进与落后、管理水平高低等的重要指标。计算公式：

$$能源加工转换效率=\frac{能源加工转换产出量}{能源加工转换投入量}\times 100\%$$

Explanatory Notes on Main Statistical Indicators

Gross Domestic Product (GDP): refers to the final products produced by all resident units in a country during a certain period of time. Gross domestic product is expressed in three different perspectives, namely value, income, and products respectively. GDP in its value perspective refers to the balance of total value of all goods and services produced by all resident units during a certain period of time, minus the total value of input of goods and services of the nature of non-fixed assets; in other words, it is the sum of the value-added of all resident units. GDP from the perspective of income includes the primary income created by all resident units and distributed to resident and non-resident units. GDP from the perspective of products refers to the value of all goods and services for final demand by all resident units plus the net exports of goods and services during a given period of time. In the practice of national accounting, gross domestic product is calculated from three approaches, namely production approach, income approach and expenditure approach, which reflect gross domestic product and its composition from different angles.

Three Strata of Industry: Classification of economic activities into three strata of industry is a common practice in the world, although the grouping varies to some extent from country to country. In China, according to *Industrial classification for National Economic Activities* (GB/T 4754—2017) and *Dividing Basis of Three Industries*, economic activities are categorized into the following three strata of industry:

Primary industry: refers to agriculture, forestry, animal husbandry and fishery industries (not including services in support of agriculture, forestry, animal husbandry and fishery industries).

Secondary industry: refers to mining and quarrying (not including support activities for mining), manufacturing (not including repair service of metal products, machinery and equipment), production and supply of electricity, heat, gas and water, and construction.

Tertiary industry: refers to all other economic activities not included in the primary or secondary industries.

Total Primary Energy Production: refers to the total production of primary energy in a given period of time. It is a comprehensive indicator to show the capacity, scale, composition and development of energy production of the country (region). It includes that of coal, crude oil, natural gas, hydro power and electricity generated by other means such as wind power and geothermal power, etc. However, it excludes the production of fuels of low calorific value, solar thermal and the secondary energy converted from the primary energy.

Total Energy Consumption: refers to the total consumption of energy of various kinds of national economy industries and residents in a certain area (country or region) in a given period of time. Total energy consumption can be divided into three parts:

(1) Final Energy Consumption: refers to the various kinds of energy used for consumption, not involving the energy for transformation in a given of period time.

(2) Losses During Energy Transformation: refers to the total input of various kinds of energy for transformation, minus the total output of various kinds of energy in the country in a given period of time. It is an indicator to show the losses that occurs during the process of energy transformation.

(3) Other Losses: refers to the total of the losses of energy during the course of energy transport, distribution and storage and the losses caused by any objective reason in a given period of time. The losses of various kinds of gas due to gas discharges and stocktaking is excluded.

Elasticity Ratio of Energy Production: is an indicator to show the relationship between the growth rate of energy production and the growth rate of the national economy. The formula is:

$$\text{Elasticity Ratio of Energy Production} = \frac{\text{Average Annual Growth Rate of Energy Production}}{\text{Average Annual Growth Rate of National Economy}}$$

The gross domestic products (GDP) is used to calculate the growth rate of national economy in this book.

Elasticity Ratio of Electricity Production: is an indicator to show the relationship between the growth rate of electricity production and the growth rate of the national economy. The formula is:

$$\text{Elasticity Ratio of Electricity Production} = \frac{\text{Average Annual Growth Rate of Electricity Production}}{\text{Average Annual Growth Rate of National Economy}}$$

Elasticity Ratio of Energy Consumption: is an indicator to show the relationship between the growth rate of energy consumption and the growth rate of the national economy. The formula is:

$$\text{Elasticity Ratio of Energy Consumption} = \frac{\text{Average Annual Growth Rate of Energy Consumption}}{\text{Average Annual Growth Rate of National Economy}}$$

Elasticity Ratio of Electricity Consumption: is an indicator to show the relationship between the growth rate of electricity consumption and the growth rate of the national economy. The formula is:

$$\text{Elasticity Ratio of Electricity Consumption} = \frac{\text{Average Annual Growth Rate of Electricity Consumption}}{\text{Average Annual Growth Rate of National Economy}}$$

Efficiency Ratio of Energy Transformation: refers to the ratio of the total output of energy products after transformation and the total input of energy for transformation in the same reference period. It is an indicator to show the current conditions of energy transformation equipment, production technique and management. The formula is:

$$\text{Efficiency of Energy Transformation} = \frac{\text{Output of Energy after Transformation}}{\text{Input of Energy for Transformation}} \times 100\%$$

附录4　各种能源折标准煤参考系数

Appendix Ⅳ　Conversion Factors from Physical Units to Coal Equivalent

各种能源折标准煤参考系数

能源名称	平均低位发热量	折标准煤系数
原煤	20 908 千焦 / (5 000 千卡) / 千克	0.7143 千克标准煤 / 千克
洗精煤	26 344 千焦 / (6 300 千卡) / 千克	0.9000 千克标准煤 / 千克
其他洗煤		
洗中煤	8 363 千焦 / (2 000 千卡) / 千克	0.2857 千克标准煤 / 千克
煤泥	8 363～12 545 千焦 / (2 000～3 000千卡)/ 千克	0.2857～0.4286 千克标准煤 / 千克
焦炭	28 435 千焦 / (6 800 千卡) / 千克	0.9714 千克标准煤 / 千克
原油	41 816 千焦 / (10 000 千卡) / 千克	1.4286 千克标准煤 / 千克
燃料油	41 816 千焦 / (10 000 千卡) / 千克	1.4286 千克标准煤 / 千克
汽油	43 070 千焦 / (10 300 千卡) / 千克	1.4714 千克标准煤 / 千克
煤油	43 070 千焦 / (10 300 千卡) / 千克	1.4714 千克标准煤 / 千克
柴油	42 652 千焦 / (10 200 千卡) / 千克	1.4571 千克标准煤 / 千克
液化石油气	50 179 千焦 / (12 000 千卡) / 千克	1.7143 千克标准煤 / 千克
炼厂干气	45 998 千焦 / (11 000 千卡) / 千克	1.5714 千克标准煤 / 千克
天然气	32 238～38 931千焦 / (7 700～9 310 千卡) / 立方米	1.1000～1.3300 千克标准煤 / 立方米
焦炉煤气	16 726～17 981千焦/ (4 000～4 300千卡)/ 立方米	0.5714～0.6143 千克标准煤 / 立方米
其他煤气		
发生炉煤气	5 227 千焦 / (1 250 千卡) / 立方米	0.1786 千克标准煤 / 立方米
重油催化裂解煤气	19 235 千焦 / (4 600 千卡) / 立方米	0.6571 千克标准煤 / 立方米
重油热裂解煤气	35 544 千焦 / (8 500 千卡) / 立方米	1.2143 千克标准煤 / 立方米
焦炭制气	16 308 千焦 / (3 900 千卡) / 立方米	0.5571 千克标准煤 / 立方米
压力气化煤气	15 054 千焦 / (3 600 千卡) / 立方米	0.5143 千克标准煤 / 立方米
水煤气	10 454 千焦 / (2 500 千卡) / 立方米	0.3571 千克标准煤 / 立方米
煤焦油	33 453 千焦 / (8 000 千卡) / 千克	1.1429 千克标准煤 / 千克
粗苯	41 816 千焦 / (10 000 千卡) / 千克	1.4286 千克标准煤 / 千克
热力(当量)		0.03412 千克标准煤 / 百万焦耳 (0.14286 千克标准煤 / 1000 千卡)
电力(当量)	3 600 千焦 / (860 千卡) / 千瓦小时	0.1229 千克标准煤 / 千瓦小时
(等价)	按当年火电发电标准煤耗计算	
生物质能		
人粪	18 817 千焦 / (4 500 千卡) / 千克	0.643 千克标准煤 / 千克
牛粪	13 799 千焦 / (3 300 千卡) / 千克	0.471 千克标准煤 / 千克
猪粪	12 545 千焦 / (3 000 千卡) / 千克	0.429 千克标准煤 / 千克
羊、驴、马、骡粪	15 472 千焦 / (3 700 千卡) / 千克	0.529 千克标准煤 / 千克
鸡粪	18 817 千焦 / (4 500 千卡) / 千克	0.643 千克标准煤 / 千克
大豆秆、 棉花秆	15 890 千焦 / (3 800 千卡) / 千克	0.543 千克标准煤 / 千克
稻秆	12 545 千焦 / (3 000 千卡) / 千克	0.429 千克标准煤 / 千克
麦秆	14 635 千焦 / (3 500 千卡) / 千克	0.500 千克标准煤 / 千克
玉米秆	15 472 千焦 / (3 700 千卡) / 千克	0.529 千克标准煤 / 千克
杂草	13 799 千焦 / (3 300 千卡) / 千克	0.471 千克标准煤 / 千克
树叶	14 635 千焦 / (3 500 千卡) / 千克	0.500 千克标准煤 / 千克
薪柴	16 726 千焦 / (4 000 千卡) / 千克	0.571 千克标准煤 / 千克
沼气	20 908 千焦 / (5 000 千卡) / 立方米	0.714 千克标准煤 / 立方米

Conversion Factors from Physical Units to Coal Equivalent

Energy	Average Low Calorific Value	Conversion Factor
Raw Coal	20 908 kjoule / (5 000 kcal) / kg	0.7143 kgce / kg
Cleaned Coal	26 344 kjoule / (6 300 kcal) / kg	0.9000 kgce / kg
Other Washed Coal		
Middlings	8 363 kjoule / (2 000 kcal) / kg	0.2857 kgce / kg
Slimes	8 363～12 545 kjoule / (2 000～3 000kcal)/ kg	0.2857～0.4286 kgce / kg
Coke	28 435 kjoule / (6 800 kcal) / kg	0.9714 kgce / kg
Crude Oil	41 816 kjoule / (10 000 kcal) / kg	1.4286 kgce / kg
Fuel Oil	41 816 kjoule / (10 000 kcal) / kg	1.4286 kgce / kg
Gasoline	43 070 kjoule / (10 300 kcal) / kg	1.4714 kgce / kg
Kerosene	43 070 kjoule / (10 300 kcal) / kg	1.4714 kgce / kg
Diesel	42 652 kjoule / (10 200 kcal) / kg	1.4571 kgce / kg
Liquefied Petroleum Gas	50 179 kjoule / (12 000 kcal) / kg	1.7143 kgce / kg
Refinery Gas	45 998 kjoule / (11 000 kcal) / kg	1.5714 kgce / kg
Natural Gas	32 238～38 931kjoule / (7 700～9 310 kcal) / cu.m	1.1000～1.3300 kgce / cu.m
Coke Oven Gas	16 726～17 981kKjoule/ (4 000～ 4 300kcal)/ cu.m	0.5714～0.6143 kgce / cu.m
Other Coal Gas		
By Gas Furnace	5 227 kjoule / (1 250 kcal) / cu.m	0.1786 kgce / cu.m
By Heavy Oil Catalytic Cracking	19 235 kjoule / (4 600 kcal) / cu.m	0.6571 kgce / cu.m
By Heavy Oil Thermal Cracking	35 544 kjoule / (8 500 kcal) / cu.m1.2143 kgce / cu.m	
Coke Gas	16 308 kjoule / (3 900 kcal) / cu.m	0.5571 kgce / cu.m
By Pressure Gasification	15 054 kjoule / (3 600 kcal) / cu.m	0.5143 kgce / cu.m
Water Coal Gas	10 454 kjoule / (2 500 kcal) / cu.m	0.3571 kgce / cu.m
Coal Tar	33 453 kjoule / (8 000 kcal) / kg	1.1429 kgce / kg
Benzene	41 816 kjoule / (10 000 kcal) / kg	1.4286 kgce / kg
Heat (in calorific value)	0.03412 kgce / Mjoule	(0.14286 kgce / 1000 kcal)
Electricity (in calorific value)	3 600 kjoule / (860 kcal) / kW·h	0.1229 kgce / kW·h
(in coal equivalent)	calculated by average coal input for thermal power generation in the year	
Biomass Energy		
Night Soil	18 817 kjoule / (4 500 kcal) / kg	0.643 kgce / kg
Cow Dung	13 799 kjoule / (3 300 kcal) / kg	0.471 kgce / kg
Pig Dung	12 545 kjoule / (3 000 kcal) / kg	0.429 kgce / kg
Sheep/Donkey/Horse/Mule Dung	15 472 kjoule / (3 700 kcal) / kg	0.529 kgce / kg
Poultry Manure	18 817 kjoule / (4 500 kcal) / kg	0.643 kgce / kg
Soybean Stalk, Cotton Stalk	15 890 kjoule / (3 800 kcal) / kg	0.543 kgce / kg
Paddy Stalk	12 545 kjoule / (3 000 kcal) / kg	0.429 kgce / kg
Wheat stalk	14 635 kjoule / (3 500 kcal) / kg	0.500 kgce / kg
Maize Stalk	15 472 kjoule / (3 700 kcal) / kg	0.529 kgce / kg
Fireweed	13 799 kjoule / (3 300 kcal) / kg	0.471 kgce / kg
Leaves	14 635 kjoule / (3 500 kcal) / kg	0.500 kgce / kg
Firewood	16 726 kjoule / (4 000 kcal) / kg	0.571 kgce / kg
Biogas	20 908 kjoule / (5 000 kcal) / cu.m	0.714 kgce / cu.m